清世祖

顺治传

刘小沙 ◎ 编著

团结出版社

图书在版编目（CIP）数据

顺治传 / 刘小沙编著. -- 北京：团结出版社，
2015.8（2023.1重印）
　　ISBN 978-7-5126-3747-4

　　Ⅰ.①顺… Ⅱ.①刘… Ⅲ.①顺治帝（1638～1661）
—传记 Ⅳ.①K827=49

中国版本图书馆CIP数据核字(2015)第176318号

出　　版：团结出版社
　　　　　（北京市东城区东皇城根南街84号　邮编：100006）
电　　话：（010）65228880　65244790（出版社）
　　　　　（010）65238766　85113874　65133603（发行部）
　　　　　（010）65133603（邮购）
网　　址：http://www.tjpress.com
E-mail：zb65244790@163.com（出版社）
　　　　　fx65133603@163.com（发行部邮购）
经　　销：全国新华书店
印　　刷：唐山楠萍印务有限公司

开　　本：650毫米×920毫米　16开
印　　张：25
字　　数：370千字
版　　次：2016年1月　第1版
印　　次：2023年1月　第3次印刷

书　　号：978-7-5126-3747-4
定　　价：68.00元

前　言

悠悠几千年，纵横五万里，站在中国文明辽阔而又源远流长的历史天幕下，仰望着令无数人叹为观止的帝王将相的流光溢彩的天空，尽阅朝代更迭的波澜起伏，无处不闪耀着先人用心、用生命谱写的辉煌。

封建帝王将相是历史的缩影，自嬴政以来，秦皇汉武，唐宗宋祖……他们或以盖世雄才称霸天下，或以绝妙文采震烁古今，或以宏韬伟略彪炳史册，或以残暴不仁毁灭帝业，铸就了一部洋洋洒洒长达两千余年的封建帝王史……

恍然间，我们看到了"千古一帝"秦始皇"横扫六合"的雄伟身姿；大汉朝开国皇帝刘邦从"市井无赖"到"真龙天子"的大变身；汉武帝刘彻雄赳赳地将中华带上顶峰的威风场景；光武帝刘秀吞血碎齿战八方，于乱世中成就霸业的冲天豪情；乱世枭雄曹操耍尽"奸计"，玩转三国的高超智慧；亡国之君隋炀帝的骄纵狂妄；唐高祖李渊率众起义、揭竿而起，建立唐王朝的惊天伟业；唐太宗李世民玄武门兵变的狠辣果断；一代女皇武则天勇于创造命运的步步惊心；宋太祖赵匡胤"杯酒释兵权"的聪明睿智；元世祖忽必烈以蒙古铁骑横扫欧亚大陆的英雄豪迈；一代天骄成吉思汗开创铁血王朝的钢铁毅力；"草根帝"朱元璋从"乞丐"到"皇帝"的辛酸血泪；清太祖努尔哈赤以十三副铠甲起兵，开辟锦绣前程的创业史；大清王朝第一帝皇太极夺取江山的谋略手段；少年天子顺治为爱妃做到极致的痴心情意；清军入关的第二位皇帝康熙除权臣，平叛逆，锐意改革的天才谋略；最富争议的皇帝雍正的精彩人生；乾隆皇帝钟情于香妃的风流韵事；慈禧太后将皇帝与权臣操纵于股掌之间的惊天手段；历代名相为当朝政务呕心沥血，助帝王打造繁荣盛世……

在浩瀚无边的中国历史长河之中，帝王将相始终是核心人物，或直接或间接地掌控着历史的舰舵，影响着历史的进程。虽然他们已是昨日黄花、过眼云烟，但查看他们的传奇人生，研究他们的功过是非，仍然可以让读者借鉴与警醒！

即便如此，很多人依然会"坚定"地摇着头回答："NO!"因为在他们看来，"历史、帝王将相"等于"正统、严肃"，这些东西早被当年的历史考试浇到了冰点！尽管明知"读史可以使人明智"，也再没有耐心去研读、探索那些"枯燥"的历史了。其实，历史并不是课本上那些无聊的年份表，帝王将相也不是人物事件的简单罗列。真实的帝王将相的生活要丰富得多，有趣得多。

为了解决这个问题，让读者心甘情愿地"抢读"历史，本套图书精心挑选了在历史上影响力颇大的帝王或名相，突破了枯燥无味、干巴巴的"讲授"形式，以一种幽默诙谐的语言，用一种立体的方式将一个帝王或名相的多样性与丰富性展现在广大的读者面前。

全书妙语如珠，犀利峥嵘，细述每个帝王或名相的政治生活、历史功绩、家庭生活、情感轶事等，充满了故事性、知识性与趣味性，让读者在轻松愉悦的享受中体味人生的变化莫测；在"观看历史大片"的过程中收取成功的法门秘诀。

为了保证书稿的质量，编辑工作者查阅了大量的相关资料与文献，并且专门请教了很多长期从事历史教学与研究的专家学者。不过，由于时间与精力有限，如果本套图书存在些许错误，敬请广大的读者朋友们批评指正。

"古人不见今时月，今月曾经照古人"，与浩瀚的宇宙相比，人类的生命短暂得微不足道。因此，在这有限的时光中，我们要尽一切可能多学知识，少走弯路，让我们的人生变得更加绚丽多彩！

目　录

目

录

第一章

赏菊花孝庄思忆苦　争红帐姑侄弄酸波

仲秋。

北京的秋天显得分外美丽动人。

畅春园已经变成了菊花的海洋，姹紫嫣红，简直美丽极了。此时，一老一少祖孙二人正徜徉在菊花的海洋里面赏菊闲谈。

看着满园飘香的菊花，孝庄太皇太后忍不住想起了自己的儿子——爱新觉罗·福临，即顺治帝。

当年福临葬身爱情的坟墓中，成为孝庄太皇太后一生的遗憾……

爱新觉罗·福临，去世之后被尊谥为"体天隆运定统建极英睿钦文显武大德弘功至仁纯孝章皇帝"，庙号世祖，年号顺治，人们一般称为章皇帝、世祖、顺治皇帝或者是顺治帝。顺治帝身为清朝入关之后的第一位皇帝，他的一生短暂而奇特，那么，就让我们翻开历史的画卷，从头开始说起吧。

盛京的御花园里，奶娘纳喇氏正在低声吟唱着一首满族的歌曲，九阿哥福临依偎在她的怀里，大眼睛忽闪忽闪地，懵懵懂懂，听着这熟悉的歌声……

小福临挣脱了奶妈的怀抱，昂首阔步地向前走着，一脸的顽皮，忽然他一抬脚踢到了什么，这才低下头来。

"哎呀，这是哪个宫里的孩子，这么不懂规矩，你怎么可以在皇后娘娘的面前大摇大摆呢？"

随着宫女的一声呵斥，小福临才发现他差一点儿闯了祸，脸上得意的笑容僵住了，他愣愣地站着有些不知所措。

奶娘纳喇氏早已看见了皇后博尔济吉特氏和她的随从，但她却无法制止福临的顽皮表演只得慌忙跪在一旁："奴婢请娘娘大安，这是永福宫的九阿哥福临，他年幼无知，是奴婢教养不周，奴婢请娘娘治罪。"

"这孩子是永福宫的？我说呢，跟他额娘一个德性，不知天高地厚的！还不一边退下，多加管教。皇上这些日子龙体欠安，看不得小孩子没规没矩地四处乱跑。庄妃还没来吗？她总是不慌不忙，磨磨蹭蹭的，岂有此理！"

在一旁发愣的福临好像忽然意识到了什么，直直地跪倒在皇后的面前，响亮地喊着："儿臣福临给皇额娘请安！恭祝皇额娘凤体安康，笑口常开！"

听着福临那稚气的声音，皇后脸上有了一丝喜悦："这个孩子，真是一个机灵鬼儿！看他的模样长得挺俊的，嗯，长得和他的额娘一样。就是现在还这样小，什么时候才可以为皇上分忧解难呢？"

"永福宫庄妃叩见皇后娘娘！奶娘，福临是不是又闯祸了？"

粉色的旗袍，娇媚的身姿，鬓儿弯弯的，髻儿高高的，压在白嫩的颈子上，显得黑白是如此的分明。庄妃淡施粉黛，反而比那些包围在皇后身边的粉妆玉琢的嫔妃们更胜一筹呢。

"哟，看看你这身打扮，鲜嫩嫩的像是一个新嫁娘。你那一双不安分的眼睛什么时候才可以目不斜视呢？"

原本满心欢喜的庄妃被皇后迎面泼来的凉水湿透了，心里忍不住嘀咕起来：唉，说起来还是我的亲姑姑呢，为什么每次看见我总要冷嘲热讽的？庄妃实在受不了了，就反驳几句。谁知，皇后大发雷霆。最后，庄妃只好低头认错，此事才得以平息。

在皇太极的五宫后妃之中，永福宫的庄妃算得上是最年轻的，虽然排名在五宫之末实在让庄妃十分苦恼，但是现在有儿子福临作为依靠，心里的怨气也减少了很多。再说皇太极的五宫位序带着非常浓烈的政治色彩，并非凭借自己的恩宠与喜好决定。就说皇后大福晋，现在已经是五十多岁的人了，皇上怎么可能还会再喜欢一个人老珠黄的人呢？就是因为大福晋在后宫中的资格最老，总理后宫之后也从无过失，又加上她来自科尔沁，皇上需要依靠科尔沁的坚强牢固的联盟呢！还有，大福晋仅仅生下三个女儿，若是有一天老了她还可以指望谁呢，这也就怪不得她的脾气越来越坏了。此外，麟趾宫贵妃与衍庆宫淑妃曾经是蒙古察哈尔部首领林丹汗的妻子，皇太极将她们收纳为妃并列入五宫之内仅仅是表示对察哈尔部的尊敬，这是一种政治需要。再说，她们现在也已经到了不惑之年，还有什么风韵呢？康惠淑妃不能生育，只抚养了一个女儿嫁给了睿亲王多尔衮，而贵妃虽然生了一个儿子博穆博果尔，但是因为脾气暴躁、性格鲁莽从而不得皇上的欢心。如此一来，五宫就只剩下永福宫的庄妃与关雎宫的宸妃了。这样说来，若是当初对宸妃还存在一点点的嫉妒的话，那么现在庄妃对宸妃就只有爱怜了。宸妃是庄妃的亲姐姐，姊妹俩同侍一夫，这让她觉得自豪又惴惴不安。后来入宫的姐姐赢得了皇上的欢心，因此逐渐冷落了妹妹庄妃。好景不长，宸妃的儿子不到两岁就夭折了，这样的打击让宸妃痛不欲生，从此她变得失神落魄，郁郁寡欢了。这么一来，庄妃对姐姐便一点恨意都没有了。现在，五宫之中，只有她庄妃才有个活蹦乱跳又聪明又健康的儿子，她有决心让自己的儿子赢得皇上的欢心！这么一想，庄妃怎么可能不心花怒放呢？

关雎宫里，皇太极正斜倚在榻上，宸妃坐在他的身前，眼圈红红的，正拿着一方丝帕揩着眼睛。

两个人不时说几句体己的话，但都不愿意提及那个最伤心的事情。两年前，他们的爱子——八阿哥尚未来得及取名字就夭折了，皇太极十分偏爱这个八王子，本有立他为嗣之意，怎奈这个儿子命如薄纸，无福消受便匆匆告别了人世。从那以后，宸妃的脸上便失去了笑容，身子一天天地消瘦了下来。两个人都明白，他们之间是不会再有一男半女的了。尽管皇太极不承认，但一种力不从心的感觉却时常困扰着他，他才五十出头，按理说正是壮年，怎么会老了呢？

"眼下，我大清军正与明军在松锦一带进行一场大规模争夺战，鹿死谁手，实难预测，这场战役对大清来说至关重要。"皇太极十分惬意地翻了个身，让宸妃给他揉搓后背和腰部。对这些军事上的事宸妃并不关心，她能给皇太极的只是一些体贴和安慰，这一点与她的妹妹庄妃相比就不一样了。庄妃不仅贤淑还有一副颇为聪明灵活的头脑，对国事家事她分析得头头是道呢。但对皇太极而言，此刻他需要的是一个能全心全意听他倾诉的人，这个人当然非宸妃莫属了。

于是，皇太极与他的宸妃一起追忆着年轻时的事情……

庄妃病了，说不出是哪里的毛病，就觉得心烦意乱浑身不舒服。

"姐姐还是吃些汤药吧，整天不吃不喝的可怎么受得了哇！"贴身侍女乌兰是庄妃当初陪嫁过来的，主仆二人情同手足，平日里就以姐妹相称。

"乌兰，我害的是心病，没什么汤药能医得好的。"庄妃叹了口气，一脸的忧郁。

"要不，我陪您出去散散心？外面秋高气爽的，总比待在这冷冷清清的宫里舒服呀。"

"这十几年了，我已经惯了。倒是苦了妹妹你了，让你陪我在这儿受苦！明儿我求皇上给你找个主儿，嫁出去吧，你早该有个家了。"

"姐姐！"乌兰急得直跺脚。她放下了汤药，扶庄妃坐了起来。"姐姐，我早就发过誓了，一辈子不离开您！您要我嫁人就是要我去死！结婚成家又有什么好处？还不是要受男人的气？姐姐您不是有家了吗，还是庄妃娘娘呢，为什么您还总是长吁短叹的？"

"找一个老实巴交的普通人，那样你就会感到生活的乐趣。不要像我，嫁入深宫不见天日，门庭冷落形影相吊。唉，我这是何苦呢，明知是个坑，还非得往下跳。人哪，不能有太多的欲望呀，我这是自作自受，怨不得别人。可是，我还把亲姐姐也拉进宫里，让她受这份活罪。"

"姐姐说得不对。宸妃娘娘这些日子正得意着呢。听说皇上一回来就一头扎进了关雎宫，连皇后娘娘都不见，气得皇后娘娘咬牙切齿地骂她是个妖精呢。"

"唉，姐姐也是的，明知道皇上龙体欠安还拉着他不放，能不让皇后怪罪吗？姐姐也是命苦，好端端的一个儿子，怎么就养不活呢？如果上天有知，能赐给姐姐一男半女的，我也就放心了。"

"姐姐！您总是为别人操心，还是多关心关心自己吧！这十几年来，您在皇上身边没少操过心，您孜孜不倦地帮助皇上，走完了从大金到大清这辉煌而又艰难的一步，您跟皇上同喜同悲、同乐同忧，这些都是有目共睹的事实，您付出了这么多，为什么皇上对您却总是不冷不热、若即若离的？我真为您不平哪！"

"大凡男人都喜欢平庸的女人，女子无才便是德嘛，更何况一个皇帝呢？这些年虽然我一心一意为皇上分忧解难，却一直得不到他的欢心，我就悟出了这个道理。皇上是个好强的人，他怎么能容忍身边有个能说会道、给他出谋划策的聪明女人呢？这样不是有损他天子的威严吗？所以，他更爱我姐姐那样的，默默无闻、有着花容月貌的女人，那只是一个花瓶、一件摆设，供他在劳累之余玩赏而已。"

"噢，您说得这么深奥。女人做花瓶有人爱有人怜的有什么不好呢？这说明女人的美丽容颜得到了他人的认可，总比被冷落在一边强得多吧？没有男人赏识，女人活着还有什么意思呢？"

"乌兰，你总算说出了心里话了。是呀，这么漂亮的一个姑娘怎么会没人疼没人爱呢？不要噘嘴，一遇到合适的，我便把你嫁出去，让你尝尝当花瓶的滋味。"

"姐姐，您就饶了我吧。说真的，别人伺候您我还不放心呢。"乌兰抿着嘴笑了。

"这话倒是真的，咱们姐妹一场，你对我的好我会记住的。唉，说起来要不是你脑瓜子机灵，我和福临娘儿俩哪还有今天哪！"庄妃说着眼圈红了。

庄妃说的是崇德三年的事。那一年的冬天特别的冷。身怀六甲的庄妃身子越来越笨，行动不便，皇太极早已把她冷落一边，整日陪着宸妃和他们的儿子八阿哥。永福宫越发冷清，两个上了年纪的太监，两个粗作丫头和两个厨娘，里里外外能拿个主意的就是乌兰了。

　　正月三十这天，又下雪了。凛冽的北风呼啸着一阵紧似一阵。不远处的关雎宫和衍庆宫里传来了喜庆的鞭炮声，笑语喧哗，人声鼎沸。细心的乌兰生怕庄妃心里寂寞，特地将宫里的白纱灯蒙上了一层红绸，倒也显得喜气。

　　"姐姐，有道是瑞雪兆丰年，您怀的阿哥或是格格还没落地，就给我们带来了吉祥。"

　　"听这宫外的北风刮得像刀子似的，我心里真冷哪。宫里的柴火够烧的吗？这个冬天可怎么熬哇。永福宫就像被皇上遗忘了，他怎么就这么无情无义的呢？"

　　"姐姐，本来我不想多说的。就算皇上忘记了，那还有后宫之主皇后娘娘呀。怎么着她也是您的亲姑姑，自己在那边吃香喝辣的，怎么就不派人来问问你的冷暖呢？明知咱们宫今年冬天要添丁进口，可分派下来的食物、木炭、衣料不仅没有增多反而比往日还少一些！她的心也真够狠的！"

　　"许是被管事的太监们克扣了。算了，多一事不如少一事，不要去斤斤计较了。对了，咱们宫里还有些什么吃的没有？我寻思着让厨娘做些龙鳞饼给关雎宫送去，姐姐以前可爱吃这个了，如今八阿哥已经快两岁了，皇上又日夜宠幸她，我真为她高兴啊！"

　　乌兰的嘴一撇，她的唇边长着一颗小黑痣，显得很可爱。"姐姐！那些食物还是给咱们自个儿留着吧，这会儿有皇上在，关雎宫里能缺什么呢？您那位姐姐呀，怎么一点也不念着手足之情呢？想当初要不是您引荐给皇上，她能有今天吗？姐姐，我真为您不值呀！"

　　"现在想想有什么值不值得呢？当时她已经是二十好儿的一个老姑娘了，眼见就要嫁不出去了，我能不着急吗？如今她有了自己的归宿，这不是很好吗？再说，她将近三十岁了才生下龙子，多么不易呀！皇上排行第八，姐姐生下的阿哥也是第八皇子，因此我想皇上才对她们母子俩格外照顾吧，这真是姐姐的福气啊。要是我也可以生一个阿哥就好了，母凭子贵，那三个格格并不可以为我带来好运……"庄妃说着轻声叹了一口气，手一抖，针掉到了地上，她正腆着肚子缝制婴儿的衣服呢。

　　"哎哟！快扶扶我！"乌兰也在灯下做着针线活，根本没有注意到庄妃的脸色此时已经十分难看了。

"我想要弯下腰捡针，没想到，肚子竟然疼起来。快，吩咐海公公前去请御医，我怕是要生了！"话音没落，庄妃的额头上已经冒出了豆大的冷汗。

"来人啊，海公公，赶快去请御医！胡水妈，快生火烧水！赶快，快来人啊！"乌兰毕竟只是一个姑娘家，遇到这种情况一时间慌了手脚，看着蜷缩在床上痛苦万分的庄妃，只有干着急的份儿。

"回姑娘的话，两位公公去关雎宫的公公那里喝酒聊天去了。丫头们也不知道跑到哪里去了，现在就剩下奴婢一个人。我是先烧水还是去请御医呢？"胡水妈披着棉袍，一副睡眼惺忪的样子，很显然这是刚刚从被窝里面爬起来。

"真是反了，无法无天了！"乌兰气得柳眉倒竖。她一咬牙冲出了永福宫。

"永福宫的？这天儿这样冷，御医早就睡下了，明天再说吧"

乌兰一听，急得要哭了，用力拍着门板："叶公公，您老就行个好吧，救命如救火呀！"

"你就是把门拍烂了也白搭！这三更半夜的，天儿太冷了，你看看可不可以让庄妃娘娘忍一个晚上呢。再说，她前边不是已经生过三位格格了吗，这一次应该不会有什么大事，她们母子一定会平安的，这一次没准还是一个格格呢。"

屋里再也没了动静，灯也灭了，乌兰气得抬脚猛踢着门板，疼得她龇牙咧嘴的：这些朝三暮四的小人，势利眼，丧良心的，赶明个娘娘生个阿哥，头一个就收拾你！不行，我找皇上去，他总不能见死不救吧？

冰冷的雪片被狂风裹卷着，直往乌兰光溜溜的脖子里灌。乌兰心里憋着火，倒忘记了寒冷，调头朝关雎宫走去。

"哟，这不是永福宫的乌兰姑娘吗，大冷天的还想着来看哥哥？来，让我摸摸你的手，啧啧，冻得像个石头，可真让我哈朗心疼哟！"

"呸！"乌兰憋足了力气朝哈朗啐了一口，扭着身子想躲开，不想却摔倒在雪地里。年纪颇大的穆公公实在于心不忍，走了过来："乌兰姑娘，这么晚了，有事吧？""是的，皇上是不是在关雎宫？我有急事求见，请公公通报一声。"

"这可不行，皇上有令，谁也不得打扰他。"

"赖总管发过话，谁也不得擅自打搅皇上。咱们是帮不上忙呀。快回去吧，我可要关门了。"

"哎，乌兰姑娘，听说东边的园子里住了几个萨满妈妈，你去请她们帮帮忙吧。不过，这冰天雪地的路可不好走哇，何不让你们宫的海老弟跑一趟呢？"

"我们宫里的两位公公不知去哪里玩去了，连个人影都看不见。"

"嘻嘻！海中天这个滑头准是躲在哪儿搓骨牌呢。"

乌兰一听没指望了，谢过了两位太监，跌跌撞撞地挣扎着离开了。关雎宫的大门"咣当"一声关了起来，乌兰的心里冷得像冰一样。

终于，四个萨满妈妈被乌兰请进了永福宫，但是这时候的庄妃已经被疼痛折磨得说不出话来了。乌兰像是一个雪人一般，头发上了冻，就连眉毛上都结了冰，她的两只脚早已麻木冻僵了。

胡水妈拧亮了宫灯，手脚麻利地摆好了一张神桌，四个萨满妈妈脱去了斗篷，吸足了大烟之后来了精神。她们年岁也不小了，但是却打扮得妖妖娆娆，描红抹绿的，有的还在粉白的脸颊或者在下巴上点上一个黑痣。

第二章
祥云现小福临降生　炫战功多尔衮遭贬

只见，庄妃忍着剧痛躺在床上，看上去已经筋疲力尽了。她的乌黑浓密的长发散在脸上，越发衬得面色苍白。她的双眼紧密，牙关紧咬，在与命运做着苦苦的较量。"我才是这世界上最可怜的人，天神阿布凯恩都里，求求你帮帮我吧！皇太极，您的心真的好狠啊。我入宫已经十年有余，难道我的一言一行就一点都不得您的欢心吗？这简直太不公平了！在这后宫，我的贤惠、我的聪颖、我的才干，又有哪一个不知道？宸妃入宫前，我一直深受恩宠却从未恃势凌人。宸妃入宫之后，她深得皇上宠爱，我却要经常独居深宫直到天明，但是从来没有醋海生波！皇上，您现在心里还有我的位置吗？也许我就要给大清国生出一位龙子了，皇上您会对我刮目相待的！皇上……"庄妃的嘴唇轻轻嚅动着，没人注意到她的表情，因为萨满妈妈们已经开始了神秘莫测的跳神，铃鼓作响吸引了人们的注意力。

头上插着花的萨满妈妈们腰上还系着一串小铜铃铛，当她们一扭一捏地走动起来的时候那铃儿便叮当作响，十分悦耳。她们左手拿着闪亮的弯刀，右手擎着系着铃铛的桦木棍，先恭恭敬敬地在神座前行了礼，然后开始跳神。她们摇着叮当作响的桦木杆儿，舞着银光闪闪的弯刀，跳踏舞步哼唱起来。

萨满妈妈们舞得起劲，唱得卖力。歌声悠悠，铃儿叮当，真令人眼花缭乱，神魂飘荡。也不知跳了多久，唱了几遍送子神词，忽然歌声戛然而止，萨满妈妈们齐刷刷地跪倒在神桌前，只听一个威严的声音从远而近缓缓传来："天神阿布凯恩都里赐谕：今有帝星罕尼乌西哈降生为博尔济吉特氏之子，帝星马踏之地，皆为大清国土。博尔济吉特氏，你要小心抚育。"

屋里静极了，忽然庄妃大叫一声："火龙，满地满炕的火龙！"接着只听"哇"的一声一个白胖的哈哈济果然降生了！

"姐姐，快睁眼看看，这是一个阿哥，一个哈哈济！"乌兰又哭又喊摇着疲惫不堪的庄妃。

"我……真的放心了……"庄妃干裂的嘴唇渗出血丝，但她的脸上却显出了欣慰的笑容。

不知这是天意，还是巧合，永福宫的庄妃终于如愿以偿。母以子贵呀，五宫之中她终于可以吐气扬眉了！位居五宫之末，那又算得了什么？她庄妃有了皇子，大清国又多了一位龙子，这件事情难道还不足以使皇上回心转意吗？……

乌兰看着庄妃出神的样子，不由得抿嘴儿一乐，庄妃这才回过神来。原来，不知不觉中，乌兰已经一勺一勺地把一小碗热粥喂完了。

"姐姐，您出神的时候样子可真好看，都三十岁的人了，怎么看着还这么年轻呀，倒显得妹妹我干巴巴，又黄又瘦的。"乌兰说着故意噘着嘴巴。

"幸亏我不是个男人，否则你颏下的那颗美人痣还不早把我给勾引去了。"庄妃不由得眉头舒展，微微一笑。

"姐姐的心情看来好多了。得，随您怎么说吧，反正我的脸皮也够厚的。"

"乌兰，把那件礼袍拿来，陪我到清宁宫去给皇后请安。"

"您不是病了嘛，过两天再去不成吗？这回真的有了理由，何不清静几天？"

说归说，乌兰知道庄妃的脾气，一旦做出了决定便很难再更改的，所以她仍旧忙前忙后地为庄妃更衣，梳洗打扮。

这会儿，庄妃唇红齿白，眼睛里盈着笑意，哪里还有一点儿病容？

锦州城里死一般沉寂，战争阴霾笼罩着大地。

入夜，北风猎猎，寒气袭人，城外的清军营帐悄无声息，只一顶大帐篷里闪着亮光。

"众将官，朕怎么也忘不了天聪元年（1627）在松锦城下所遭到的惨败，这是一场硬仗哪！"

"父皇不必多虑。如今我大清如日中天，与昨天已不可同日而语了。而那明朝却如落日西沉，气数将尽。若父皇恩准，儿臣即刻率旗下精兵夜袭锦州，以云梯入城，里应外合，一举拿下锦州！"

"豪格，你也不小了，三十多了怎么还这么鲁莽？朕的八旗精兵养精蓄锐，可不是让他们去送死啊！再说，明军早有准备，全城戒严，防守上固若金汤，我们千万不能贸然出兵！"

肃亲王豪格被父王当众斥责，脸上觉得热辣辣的，棱角分明的脸上现出一副不服气的神情。

清太宗皇太极妻子嫔妃众多，子女有二十几个，然而除了长子豪格之外，其他的儿子或年幼或过早夭折或属无能之辈，唯有豪格有着赫赫的战功，在满朝文武中位高权重，因此不免有些骄横。或许皇太极已经察觉到了豪格的得意忘形，有意要在众人面前压一压他的威风，所以才会板着面孔训斥他。要知道，在满朝文武的眼中，豪格可是太宗的得力助手，是将来继承帝统的最佳人选啊。

"皇上明鉴，锦州的明军已有防范，如果我军踌躇不前反倒给明军援兵提供了时机，到时要拿下锦州就更困难了。臣明了皇上的心愿。"武英郡王阿济格见皇太极听得很认真，便加重了语气并伴以手势比划着："我大清进取之大计，一者攻燕京，此乃刺明心脏之举；二者夺下关门，这是断明喉管之举；三者先得拿下松锦门户，这是为我军入关南下定鼎中原先扫除后顾之忧。如果整个关外都是我大清的天下，则我军可一心一意与明朝决一死战了，所以，我认为必须当机立断，攻占松锦！"

"唔。"皇太极若有所思，阿济格的话不无道理，他与豪格虽为叔侄但年纪却相当，均以勇猛善战著称，但他二人似乎有着相同的缺点，都是狂妄骄横、锋芒毕露之人。

考虑到兄弟之情，所以皇太极并没有像斥责儿子豪格那样斥责阿济格，他捻着下巴上的一缕花白的胡子，颇为赞赏地看着这位同父异母的弟弟："朕记得在天聪元年的时候，你与朕率兵伐明，攻锦州，逼宁远，搅得明军鸡犬不宁，这可惹恼了明总兵满桂，他出城列阵，指名要与朕一决高下，关键时刻，是你挺身而出与满桂在两军阵前厮杀。朕则趁明军精力分散之时，击鼓进军，明军大乱，被打得人仰马翻。哈哈！怎么样，这一回你是不是又想大出风头哇？"

阿济格涨红了脸，众将官们也一起笑了起来。

"多尔衮，你怎么不言语？"

和硕睿亲王多尔衮正值而立之年，为人多才多智，英武超群，一向是皇太极器重的小弟弟，这一次多尔衮受命为"奉命大将军"，率豪格、阿巴泰统左翼军，太宗的侄子岳托为"扬武大将军"，率杜度等统右翼军，分两路攻明，足见皇太极对多尔衮寄予了厚望。

"臣奉圣上之命率军自董家口东二十里处入关，与岳托将军的右翼配合兵分八路向南挺进，在燕京至山东之间的千里之内攻城略地，所向披靡。计入关五个月，转战两千里，败明军五十七阵，破河北、山西、山东、天津府、州、县七十余，掳获明军将领、士兵、金银等不计其数，大胜而还。臣以为明朝在政治、经济、军事、生产各方面都已经受到了巨大的损失，它只有被动地挨打而无还击之力了！"

多尔衮的话音未落，众将军齐声叫好，提议隆重庆贺。皇太极笑着点头应允，夸奖道："多尔衮，你果然是朕的好兄弟！来日方长，以后朕的江山就多靠你来扶持了！"

"多谢皇兄谬赞！维护大清的江山，天下一统，收复中原，这是微臣义不容辞的职责！"多尔衮眼睛发亮，信心十足。一旁的豪格却向这位得意洋洋的小皇叔投来了鄙夷的一瞥。

"朕一向赏罚分明。多尔衮此次率军凯旋而归，朕一定重重有奖！但朕听说你离锦州城远驻，并擅自下令遣返部分军士，你可知你动摇了军心，松懈斗志？"皇太极话锋一转，目光炯炯地盯着多尔衮。

多尔衮听得一愣，笑容僵在脸上。他想为自己辩解："圣上有所不知，因多月征战，将士已疲惫之极，臣因此下令军中一些老弱之人回去，这也是无奈呀！"

"朕不想听你的解释！朕只知道，你已经违背了军法，扰乱了军心，你让我怎么攻城？"

"这……"多尔衮不由得额上冒出了冷汗，"什么扰乱了军心，这简直是小题大做嘛？哼，口口声声说要奖励我，话音还没落地，转脸就要惩治我了。我凭什么出生入死地为你卖命？你是皇帝，我是臣子，可是当初我也有资格继承王位的呀！"

"多尔衮，朕待你与诸子弟不同，良马任你乘，美服任你穿，佳肴任你食，之所以如此加恩于你，是因为你勤劳国政，兢兢业业，对朕忠心耿耿。而现在你违抗朕命，擅自屯兵远居，离锦州城三十里之遥安营扎寨，并遣兵丁回家，你可知罪吗？"

"既然皇上要治罪于我，我也无话可说。皇上也是领兵打仗之人，难道就不能理解士兵们的疾苦吗？"

"住嘴！朕已派内大臣昂邦章京图格尔、大学士范文程做了详细的调查，朕绝不会无辜冤枉你的，收起你的委屈的样子吧，哼！"

豪格见多尔衮尴尬之极，心中不免得意！恨不得让父皇罢免了多尔衮的大统帅才痛快呢。

"肃亲王，你身为睿亲王的参将，明知他失计，为何缄口不言？难道你在幸灾乐祸吗？"

豪格心里一惊，父王好厉害的眼力！连忙垂下了头，不敢正视皇太极的眼睛："父皇明察，儿臣失职，任由父皇惩治。"不过豪格心里却在说，若要治罪首当其冲的是叔叔多尔衮！

多尔衮不禁皱起了眉头，皇上为什么要跟自己过不去呢？看这情形侥幸是过不了关的。唉，他有生杀予夺之大权，他说草是蓝色的，又有谁敢反驳说草是绿色的呢？我两次遣兵回家，一次是每牛录抽三名，另一次是每牛录抽五名，主要是军中人疲马乏，加之粮草不济，不得不令他们轮番回去休整呀。说什么我扰乱了军心，这分明是夸大事实，瞎编滥造嘛。锦州城里的明军仍被我紧紧包围着，明兵怎么可能自由出城运粮采樵呢？哼，不知是什么人别有用心地上了"密折"，在皇上面前告了我一状，走着瞧，顺我者昌，逆我者亡，我多尔衮可不是任由人拿捏的柿子！

"睿亲王，依我大清军律，你罪该当斩不赦。不过，朕念在你多年来随朕出生入死的分上，从轻发落，你可有话说？"

多尔衮心里松了口气，只要不杀头，什么事都好说，留得青山在，何愁没柴烧呢？皇上分明是要给自己一个下马威，得，那就认了吧！

于是多尔衮跨前一步，双膝跪在皇太极的面前："皇上英明，我既掌兵权，又擅自令兵返家，违军令之罪甚重，任凭皇上发落吧！"

豪格见多尔衮挺身认错，并不委过于他人，眼珠子一转，紧跟在多尔衮的身后跪下请罪："睿亲王是王，我也是王，既然与叔父睿亲王共掌兵权，彼既失计，我也有责任，但请皇上从重发落！"

与多尔衮同来的军中几员大将也齐刷刷地跪下认罪，纷纷自责，或请处斩，或请革职，或请贬黜为民，帐中的气氛一时严肃起来。

红烛映着皇太极那张苍老的脸。由于多年来领兵作战，餐风宿露，呕心沥血地操劳国事，原本五十岁的他却更像是个花甲老人。帐篷里静悄悄的，一班子文武大臣们屏住呼吸，神情紧张地注视着皇太极。

皇太极觉得有些燥热，的确，小小的帐篷里聚集了这么多的人，空气能新鲜吗？他抖落了身上的豹皮大氅，露出了绣龙黄缎的御袍。

他脸色涨得通红，面露赞赏之色："好！我八旗将校不愧为英明汗王努尔哈赤的后代，个个敢作敢当，毫不含糊！朕有你们这些左膀右臂的支持，何愁对付不了明朝的军队呢？哈哈哈！"

帐篷里的气氛顿时轻松了许多，众将官们面露喜色，开始窃窃私语："皇上仁慈呀，如此爱惜将士，大清焉有不强盛之理？""睿亲王是个汉子，敢作敢当，不过，他也的确有苦衷，皇上治他的罪也是应该的，这全当是一个教训吧！"

"睿亲王，你可知罪？"

"臣知罪，罪不容诛。"

"那好，范大学士，依我大清军律该如何处治睿亲王呢？"

一时恭候在一侧的范文程没想到皇上给他出了个难题，要他做恶人，要知道，这睿亲王可得罪不起呀！他只觉得头皮发麻，黄脸一下子憋得通红，得，先熬过眼前的这一关吧，以后的事，走哪儿算哪儿吧。

范文程清了清喉咙，心里稍稍平静了一下，不慌不忙地开了腔："回皇上，睿亲王擅下军令本该严惩不贷，以儆效尤。但考虑到皇上的仁慈宽容以及睿亲王爱惜士兵的心理，臣以为可否这样定睿亲王和诸大将官兵的罪：一，睿亲王降为郡王，罚银万两，拨出部下两个牛录；二，肃亲王也降为郡王，罚银八千两，拨出一个牛录；三，其余军中主将俱罚银五千两至两千两不等。请皇上定夺。"

"好，就这么办吧！"

多尔衮瞥了范文程一眼，心里说这个八面玲珑的汉人心眼就是活，他总能想出应变之策，倘若他肯为我出谋划策，将来不愁没有我出头之日。只是，这个范文程一心一意忠实于皇上，他肯为我所用吗？

"谢皇上不杀之恩！臣对皇上的处治口服心服，降爵罚银只会更激发臣对皇上的赤胆忠心。请皇上给臣一个将功补过的机会，臣将继续奔赴松锦前线，以战功来恢复自己的名誉和地位！"

"说得好！朕拭目以待！多尔衮，你领兵去吧！"

多尔衮、豪格率十多名将帅谢恩而去，帐篷里立刻显得松快了许多，皇太极长舒了一口气，疲惫地跌坐在龙椅里。也许是皇太极感到对多尔衮的指责过于严厉，或者因为还牵涉到诸多的王公、贝勒、贝子和大臣，包括自己的长子豪格也在其中，他们都是统兵治政的人才，如果严惩的话必将动摇军心。松锦之战刚刚拉开序幕，只好对他们从轻发落，希望多尔衮他们能以此为戒，日后夹着尾巴做人。唉，这些个王公、贝勒，自恃与众不同，平日里骄横张狂，飞扬跋扈，令皇太极十分头痛。任何人群或人类集团内部都不可能完全一致，由于早婚早育加上多妻多子，使太宗的这个大家族里的关系错综复杂，总的趋向是大多数成员拥护和支持太宗，却也有个别成员敌视他，并演出了种种悲剧。在太宗的大家族中，他子侄人数比兄弟人数约多四倍，他本人有十一个儿子，亲兄弟的儿子约有六十五人，加上叔伯兄弟的儿子，换句话说皇太极比较亲近的子侄有一百六七十人之多！他们年富力强，生机勃勃，如长子豪格、侄子杜度、岳托、萨哈廉等均是战功卓著、年轻有为的人物。

对众多的子侄，皇太极尚能令其以自己马首是瞻，但对于跟自己地位相同的同胞兄弟，皇太极有时未免感到力不从心。这些亲兄弟如老大哥代善等人有拥立之功，为人也比较谦逊稳重，而阿济格、多尔衮、多铎三兄弟也受到皇太极的特殊恩宠和重用，或许是皇太极对当年逼死他们三兄弟的母亲大福晋阿巴亥而心中有愧吧。在皇太极的兄弟中，与他关系不和的有莽古尔泰、德格类、巴布海、费扬果等。尤其是莽古尔泰居然在天聪五年围大凌河时，在太宗御前露刃，犯下了大不敬罪，从此遭了厄运……

同室操戈，勾心斗角，令皇太极痛心不已，不甘心偏安于东北一隅，一心要夺取大明江山，又令皇太极操劳过度，他觉得有些力不从心了。"皇上，天都快亮了，您就安歇一会儿吧。"贴身太监柔和的声音打断了皇太极的思绪，他抬头一望，果然帐外已是天色熹微了。一阵困意袭来，皇太极觉得眼皮格外沉，他吩咐太监吹熄蜡烛，自己勉强起身想到榻上歇息，可就在他一起身的时候，只觉得头晕目眩，他那略显肥胖的身子失去了平衡，重重地摔倒在地上。

崇政殿里，皇太极眉头紧蹙，正来回踱着步子。松锦前线的战争形势越来越复杂，围攻与反围攻大小战役此起彼伏，明清双方都为这关键一战随时准备倾国中之精锐来决一雌雄。形势不容乐观哪！皇太极刚刚接到了和硕郑亲王济尔哈朗的奏报，称明经略洪承畴率总兵六名带兵六万来支援锦州，屯兵于松山北岗。济尔哈朗亲自率兵迎战失利，伤亡甚重！

"冷僧机，八面击鼓，令贝勒群臣速速上殿议事！"

"嗻！"一等御前侍卫冷僧机见皇太极脸色凝重，心知有重大事情发生，于是命人用力敲响了大鼓。

守候在崇政殿外的群臣贝勒们纷纷整理好衣冠，鱼贯而入，叩见之后，在两旁侍立。

"众爱卿诸贝勒，事出紧急，明军的六万名援兵已经驻扎在松山，他们的统帅是洪承畴。朕召你们进殿，是要从速定下计策。各位不要有顾虑，可以畅所欲言。"

皇太极双手倒背，缓步从御座前走到群臣中间。因为天气闷热，他只穿了绣龙黄缎子的长衫，更显得体态臃肿，大腹便便的。

"近二三年来，朕一再尝试攻打锦州，但一直没有成功。明军顽强抵抗，我军多有失利，和硕郑亲王还受了伤，你们说，朕该怎么办？"

皇太极的情绪有些激动，他的嗓门有些嘶哑，呼哧呼哧地喘着粗气。

"臣观今日情势，围困锦州之计实出万全。攻城和围城，当然以前者易见成效，而后者则需要时间，坚持下去才能成功。然而如今情况有变，明军的增援已到，加上驻在锦州城里祖大寿的兵力，我军并不能完全掌握主动权。臣以为当务之急，立即增派援兵，截断洪承畴与祖大寿的联合！"

"范大学士言之有理。不过，锦州的外围已被睿亲王的大军层层包围起来，祖大寿只是锦州城里的一只困兽了，不必多虑。至于洪承畴的明军却不能忽视，他们士气高，加上洪承畴治兵有方，实在是一支很难战胜的力量！"郑亲王济尔哈朗肩上吊着绷带，声音里透着几分疲惫。

"蓟辽总督洪承畴所率的'洪兵'固然强悍，但我八旗精兵已是身经百战，势不可挡！"两黄旗重臣索尼声音洪亮，语气坚定，皇太极听了不由得精神为之一振。这貌似矮小瘦弱的索尼也是由皇太极一手提拔上来的，他精通满蒙汉文，智勇双全而且年富力强，对皇太极忠贞不贰，是皇太极的御前一等侍卫之一。

"依臣之见，如今明国的国运衰竭，连年的旱灾虫祸，又加上流贼叛民，很显然，明国的气数已尽。我大清为什么不乘运奋发，诸王贝勒同心协力，问鼎中原指日可待，时不容缓，机不可失，失不再来，请求皇上立刻出兵，荡平松山！"

"哈哈！知我者非索尼莫属啊！朕还是担心洪承畴会提早逃脱！现在，朕的主意已定，朕要亲自率兵，连夜开往松山，与洪兵一决高下！就由郑亲王济尔哈朗留守盛京，你们就等朕的好消息吧！哈哈哈哈！"

第二章　祥云现小福临降生　炫战功多尔衮遭贬

第三章

皇太极劳军务染疾　睿亲王遣侄孙惊驾

又是一阵爽朗的笑声，皇太极的情绪显得有些激动，脸上泛着红晕。一直以来，皇太极从来没有说过大话空话，但是此时他将这场迫在眉睫的大战说得易如反掌，足见他早已经胸有成竹了。

"退朝！"皇太极的大手一挥，群臣贝勒们面带兴奋之情长长的松了一口气。但是他们并没有注意到，皇太极的手并没有放下，却仰面捂住了鼻子，血正从他的手指缝里往外渗！

夜色浓重，星光闪闪。盛京城外的清兵大营里，萨满们正头戴铜鹰，腰围神裙，敲着神锣、神铃边跳边唱为清军送行："天门地门全打开，萨满妈妈请神来。天神保佑皇太极，马到成功下松山。霞光紫气照盛京，万马欢腾人欢笑。"

众多的萨满妈妈戴着神罩，手持弯刀和桦木杆儿，边舞边唱十分热闹，清兵们围了里三层外三层的，不住地喝彩叫好，看得津津有味。萨满妈妈们的身后还跟着一群老婆婆，手里吹拉弹拨着各种乐器，抑扬宛转，也跟着跳神的脚步，舞来舞去，还故意弄出许多丑态引人发笑。

帐外是欢声笑语，帐内的气氛却有些紧张！

皇太极又流了许多鼻血，伤了元气，这个时候他却执意要御驾出兵，怎能不让人担忧呢？

"你们几位是朕的心腹之人，朕患鼻衄未愈之事不得外传！"

身披战袍的皇太极在灯下显得很威武，一等御前侍卫索尼手捧黄色的披风侍立一旁，神情忧郁，一副欲言又止的样子。

"皇上，臣弟恳请皇上暂且歇息几天，臣弟愿先行一步！"

皇太极的弟弟多罗武英郡王阿济格和豫亲王多铎几乎同时跪下劝阻皇太极。

"快起来，我的好兄弟！"皇太极心头一热，亲手扶起了两位异母弟弟。或许就在这刹那间，他想起了当初自己亲手逼死阿巴亥的那一幕，一时间他的眼中流露出了一丝愧疚的神色。

对于皇太极的夺主即位，曾经有人大加指责，其实只有当事人皇太极最明白他该不该受到指责。显然，这是一场蓄谋已久的逼宫政变，是由皇太极与兄长代善联手完成的。英明汗王努尔哈赤向来重爱情、重亲情，他怎么可能在自己临终之际又"遗命"太妃阿巴亥殉葬而丢下两个十来岁的亲生儿子多尔衮与多铎呢？他们年幼无知，若丧父又丧母，这在冷酷的后宫之中将何以立足呢？"遗命"似乎是有，但却不是"逼大福晋殉葬"的遗命，而是立"九王子"多尔衮为王，这件事代善在场，他就是最好的见证人。真真假假、假假真真，真的"遗命"成了假的，假的"遗命"却成了真的！

大福晋阿巴亥生殉成了后金国的一大疑案，残酷的历史给多尔衮兄弟开了个无情的玩笑，而坐在龙庭里的皇太极却并不感到心中惶然。

只不过偶尔，当面对多尔衮兄弟时，皇太极的内心深处会产生一点点的愧疚，仅此而已。就为了弥补内心深处的一点点愧疚，皇太极对多尔衮兄弟格外重用，因此尽管他们年纪不大，资格不老，地位却比许多兄长高。

然而这种愧疚的念头只是一闪而过，皇太极的声音又恢复了平静："行军制胜，贵在神速！出其不意，攻其不备，朕此时若有翼可飞，恨不得展翅而去，以迅雷不及掩耳之势直赴松山！好了，外面的祭神已经结束，两位兄弟，即刻带兵随朕出征！"

多尔衮带着亲兵部将十数骑连夜回到了营地。风声呼呼，马蹄阵阵，月光下的多尔衮浓眉拧到了一起。

"朕待你与诸子弟不同，良马任你乘，美服任你穿，佳肴任你食……"皇太极威严的声音在多尔衮的耳畔回想。"叭！"多尔衮气恼间又扬起了马鞭，苍龙骥已经跑出了一身汗，它忍着疼痛风驰电掣般地狂奔起来。

几年来，多尔衮出生入死，马不停蹄跟皇太极打天下，争地盘，先后降服了察哈尔和朝鲜，使明朝在辽东失去了两翼，使大清扫除了后顾之忧，多尔衮的军队还接连不断进攻明朝，直捣中原，频频获胜，然而他却万万没有想到，他差一点遭到了灭顶之灾！

"由亲王降为郡王，罚银万两，拨出部下两牛录！"大学士范文程的声音不高但却十分清晰，多尔衮听来十分刺耳。

"唉，这么没日没夜地为他打天下，他却翻脸无情，这种朝不保夕的日子真难挨呀！"

马上的多尔衮重重地叹了口气，松开了缰绳，因为眼前就是他军中的大营了。

营帐里灯火摇曳，五彩的地毯和榻上毛茸茸的皮褥子显得温馨舒适。

多尔衮惬意地躺着，不一会儿就睡着了。

天蒙蒙亮的时候，多尔衮被帐外的争吵声吵醒了，他揉着眼睛正要发作，忽又听到了帐外那颇为熟悉的声音："我有事要禀报王爷，将军如若不允，我可就要硬闯了！"

"你这厮怎敢如此放肆！堂堂睿王爷是你想见就见的吗？快滚开，否则老子的剑可是不认人的！"

多尔衮一掀帐门走了出来，他身材颀长，相貌英俊，颏下是一把修剪得很整齐的短胡须，潇洒中透出几分威严，显得气宇轩昂。

"你们且退下，本王有话跟他说。"

"睿王爷，侄孙这么早就吵醒了您，实在是因为事出有因。"来人一袭黑袍，脸上罩着面具，看不清他的相貌。

"这么说事情很急？好吧，进来说话，阿达礼。"

阿达礼解下了面罩，环顾四周，桌子上已经摆满了热气腾腾的食物：热牛奶、牛油饼、烩牛肉。阿达礼不禁咂吧着嘴讪着脸："王爷，小的一夜没睡，跑得又累又饿……"

多尔衮眼睛一瞪："再累再饿也不在乎这一会儿。快说，那边出什么事了？"

"王爷，昨晚您刚离开不久，皇上他就病了，天还没亮内侍就传出话了，说什么圣躬违和，要去安山（即今辽宁鞍山）温泉疗养，已经动身了。"

"噢？皇上又病了？哼，他如今已是秋后的蚂蚱，没多少气候了。训斥我的时候还是大喊大叫，原来他这是硬撑的，好哇，我倒要看看他还能撑几天？"

"王爷，听说皇上去温泉走的是近道，途中要经过'神仙谷'……"

"嗯？"多尔衮浓眉一挑，眼露杀机，"看来皇上病得不轻呀，想那峡谷地势险峻，两边是悬崖峭壁，自古以来是强人劫道剪径之地，如果皇上受到了惊吓，也许会一病不起了！"

"王爷，侄孙明白您的意思，此事包在小的身上，您瞧瞧，我这副贼人扮相谁能识破呢？"阿达礼紧盯着多尔衮的眼睛，拍着胸脯。

"阿达礼，这件事千万不能露了马脚走了风声。记住，只要想法子吓唬一下煞煞皇上的威风即可，哼，我要让他知道，天外有天！"

"小的明白，请王爷放心，小的日后还想跟着王爷飞黄腾达呢。这一桌子香喷喷的食物……"

"馋嘴的家伙，吃吧，吃饱喝足就办正事去。记住，人不要太多，挑几个轻功好的，带着火铳再放上几箭，一有风吹草动便四下散开，各自回自己的营地。"

"嗻!"

"皇太极，你不仁我可有义呀，你对我有杀母夺旗之恨，这十几年来我把一潭苦水深埋在心里，君子报仇十年不晚，我终于快要扬眉吐气了!来人，请萨满妈妈，本王要祭神!"

鞭子香被点着，冒出了袅袅白烟，萨满妈妈头戴金雀铜翅神帽，身穿八条虎牙长裙，腰系神铃，手摇神鼓，乌牛白马已被牵到了香案前。

众将帅不知道主帅为何要祭神，看着神情严肃的王爷均不敢多问，均戴了神帽披了神裙跪在了多尔衮的身后。神鼓敲起，神铃震耳，众将及侍从们跪在神祭之前随着萨满妈妈咏诵神词。

多尔衮在神前若有所思，他在暗中祈求祖先神灵保佑自己，扫除自己的敌人、对手和绊脚石。众将帅均神情肃穆跪拜着神灵，此时晨光初现，一抹红霞为庄严的祭祀场面增加了几分活力，萨满妈妈手中的神鼓和腰间的神铃交汇成了一首飘飘仙乐⋯⋯

天命五年九月二十八日，后金国发生了一件令众多的王公贵族疑惑不解的事情，英明汗王努尔哈赤在汗宫当着八旗诸贝勒、众大臣宣布，多尔衮兄弟成为八旗旗主，多尔衮虽然年幼，却对当时众贝勒的誓词记忆犹新。

多尔衮欣喜若狂，几乎不相信自己的耳朵：他当上了八旗旗主之一的和硕额真？他们兄弟终于可以出人头地了!当然，这一切的功劳是母亲阿巴亥的，她已经在英明汗王众多妻妾中由侧福晋上升为大福晋，成了后金国臣民的国母!

但众贝勒大臣却对此很不服气私底下窃窃议论⋯⋯

在众贝勒大臣哀怨嫉妒的眼光中，多尔衮兄弟的厄运果然降临了。

天命十一年初，英明汗王努尔哈赤气血攻心，忧怒成疾，痈疽突发，病势急转直下，竟在休息之中病逝于距盛京四十里之遥的瑷鸡堡!

少年多尔衮思念着与英明汗王浓浓的血缘父子之情和殊恩奇宠，更是伤心欲绝。那一夜显得格外的漫长而沉寂，但多尔衮万万没有想到还有更大的灾难在等着他!

皇太极早就对皇位虎视眈眈，努尔哈赤死后，皇太极思前想后，有能力问鼎汗位的只有代善、他皇太极本人以及多尔衮兄弟。

代善果然成不了大气候，在汗宫父汗的龙椅前他就当众宣布放弃汗位并力保王弟皇太极，这一着令皇太极欣喜若狂，对皇太极而言，还有一个危险的敌人，那就是大妃乌拉纳喇氏阿巴亥，当然，她也就是多尔衮兄弟

· 19 ·

的生母。由于她的受宠，她的儿子受到重用，年方冲龄便被封为八和硕额真之一并掌有全旗，多尔衮三兄弟尽管年轻但其实力已经超过了包括皇太极本人在内的三大贝勒！这能不令皇太极惶恐不安吗？不只是皇太极，众贝勒出生入死，血战数十年，又有几个能当上旗主额真呢？阿巴亥在无意之间成了诸王贝勒的敌人，当然更是皇太极登上汗位的最危险的政敌，所以她必须死，皇太极相信，倾巢之下是不会再有完卵的。

于是皇太极借用为父皇殉葬的理由，将大福晋阿巴亥逼死了。

父汗的去世，本来对少年的多尔衮就是一个沉重的打击。生母被逼自杀殉葬父汗，对多尔衮来说简直是晴天霹雳，令他痛不欲生！多尔衮三兄弟从十一日未时到十二日辰时，在不足一昼夜的时间里，经历了父汗去世、汗位失去、生母被逼殉葬的一系列灾难，从一向由父汗宠爱、母后欣赏扶持的有着强大靠山的高贵旗主，一下子降为备受冷落的无依无靠的孤儿弱主。前途渺茫，凶多吉少，身处逆境中的少年多尔衮仿佛一夜间成熟起来了，他把眼泪往肚子里流，把一潭苦水深深埋在心底，夹着尾巴做人，暗中积蓄力量以屈求伸。

"父汗哪，如今儿臣羽毛已丰，风华正茂，而皇兄皇太极则是暮气横秋，体力不支，这大清的江山也应该由我来扛了。我忍气吞声了十几年，戎马倥偬，出生入死，不就是为了等待这一天吗？儿臣谨遵父汗的遗命，尊王敬汗，已经立下了显赫的军功，大清国的缔造也有儿臣的一大功劳呀，他皇太极称帝所用的玉玺不就是我派人奉送的吗？如今他已是病魔缠身，理应由儿臣我来接替他的帝位。如果儿臣成了大清国的皇帝，当务之急就是消灭明朝，统一中原，我要让我们爱新觉罗氏的子孙世世代代成为中原的主人！父汗，儿臣并不是忤逆狂妄之人，儿臣问心无愧，请父汗的在天之灵保佑儿臣早日实现这个梦想！"

多尔衮沉浸在对往事的回忆之中，忽然被一阵锣声惊扰，不由大怒，起身喝道："祭神重地，什么人敢这样大胆喧哗吵闹？"

"不，不好了，王爷，明军人马已经来到了阵前，要向我军挑战呢？"

多尔衮这一回是真的清醒了，他眉头一拧："来而不往非礼也，各牛录额真听令，严阵以待，听本王的调遣！"

多尔衮披上战袍，跨上宝马苍龙骥，带着豪格等将帅登高远望，观敌嘹阵。这一看他心里猛然一惊：天哪，似乎是一夜之间，明军的大队人马漫山遍野四处都是，更令多尔衮感到触目惊心的是，那乌压压的明军军营里旌旗猎猎，醒目地写着"洪"！

"洪承畴来了？莫非他是从地底下钻出来的吗？"多尔衮的脸色阴沉

下来。

洪承畴所统领的军队为"洪兵"。

从清崇德元年（1636）以后，皇太极便把进攻的矛头指向了明朝，在短短的三年时间里，清军数万铁骑五次征明，肆意践踏着大明千里平川的华北大地，令明朝上下人人自危。关键时刻，明廷于崇祯十二年初，特命洪承畴为蓟辽总督，主持对关外的清兵战事，以拱卫京师。

洪承畴针对皇太极长期围困锦州的政策，决定以守为战，步步为营，稳扎稳打。但迫于朝廷速战速决的压力，他不得不进行军事冒险：将兵马粮草留在宁远杏山以及锦州七十里外的海岛笔架山上，亲率六万兵马抢占了松山城北乳峰山，七座大营安营扎寨，一夜之间出现在清军多尔衮大营的阵前。

"主帅，还犹豫什么？趁明军连夜奔波马乏人困之际，我军应速速出击杀他个下马威，让明军无喘息之机。"

"豪格，洪承畴用兵如神，绝不能等闲视之。阿巴泰，你即刻派几名旗牌官向盛京求援，敌兵实重，请皇上速派济尔哈朗前来助战！"

"豪格，带领你手下的精兵向乳峰山西侧的明军进行骚扰，注意保存实力，避开明军的神器红衣大炮！"

"杜度，率你的精兵速速切断洪兵的后路，在松山与杏山之间严防死守，只许成功不许失败！拿去，本主旗下的十牛录兵力归你调遣！"

多尔衮从腰中掏出了令旗，杜度领兵而去。可豪格仍愣愣地站在一旁。

"你？想违抗本王的军令吗？刚才不是你喊得最响吗？"

多尔衮对这个比自己大几岁的侄子并没有好感，甚至在内心深处还处处提防着他。为什么？就因为豪格是皇太极的大阿哥！其实，多尔衮的担忧差不多是多余的，种种迹象表明，豪格一直没得到父皇皇太极的欢心，尽管他有文韬武略和赫赫军功，但他始终未能当上主宰一旗之旗主；他只辖有皇太极麾下的正黄、正蓝和镶黄三旗之中的若干牛录而已！

"豪格只是想请求主帅也拨一些兵马，因为我手中的兵力实在是有限！"

"哦！"多尔衮没有立即表态。

对面明兵安营扎寨的炮声惊动了围锦州的清军，他们看到明军这逼人的气势，无不面露惊恐之色。洪承畴占据的乳峰山东侧，距锦州仅五六里远，他的数万人马环松山城结营，掘起了长壕，竖起了木栅栏，耀武扬威的骑兵队巡游于松山东、西、北三面，防御甚严。

"必须将洪兵的气焰打下去，以振我清兵士气！"多尔衮一字一句，掷地有声。

"豪格，本帅将统辖的正白旗中的十个牛录交与你调遣，你可凭借熟悉的地形对洪兵进行袭击，打乱他们的阵脚，瓦解他们的士气！"

"请主帅放心，豪格此去定能马到成功！"

正午的阳光炙热地烤着黑土地，远处，尘埃飞扬，人欢马嘶，大队人马滚滚而来。

从盛京到锦州有数百里之遥，大队人马马不停蹄已经行进了三天，估计还有三天的路程。

"皇上，前面有一处庙宇，可否请皇上歇息一下？"紧跟在皇太极左右几乎寸步不离的索尼察觉到皇太极脸上的疲惫之色，请求让大队人马稍事休息。

皇太极点头同意，但他的内心却万分焦急。翻身下马，皇太极立刻又觉得一阵头晕目眩，眼疾手快的索尼快步上前扶住了他。"哎呀，皇上您，您又流鼻血了！"

"不要紧张，更不要声张，朕休息片刻就会好的。"脸色苍白的皇太极低声嘱咐着索尼，索尼会意，招手示意，由几位御医和侍卫搀着皇太极进了大庙。

大雄宝殿里宽敞清静，建造精巧，金身佛像闪着亮光，和蔼地冲着皇太极发笑。皇太极心念一动，恭恭敬敬地在佛像前合掌下拜，连连作揖，嘴里念念有词："大慈大悲的佛呵，赐福给大清国，保佑我皇太极此次出兵旗开得胜，马到成功！"

见皇上如此敬佛，跟在身后的索尼、佟图赖等一干内大臣们慌忙趴身下拜，连连磕头。他们心中奇怪，大清国一向最信萨满教，出兵作战或是祭祖祭天都要请萨满跳神，对汉人看重的菩萨庙或是佛祖庙并不感兴趣，皇上这是怎么啦？

佟图赖本为汉人，皇太极于崇德七年（1642）组建汉军八旗之后，佟图赖被授予汉军正蓝旗固山额真，即都统，他由此跨入清军高级将领的行列。

看起来，满汉相互融合，这是历史发展的大趋势呀。目睹着皇太极虔诚敬佛的范文程暗中欢喜，连连点头。

庙里住持赶紧收拾了一间僻静的禅房，竹帘、竹椅加上竹床，皇太极立刻觉得清凉了许多。士兵们早已躺在树荫下或是大殿里呼呼大睡了，可皇太极却辗转反侧，难以入眠，他的心早已飞向了松锦战场……

锦州是明朝设置在辽西的军事重镇之一，自从明清争战以来，锦州的战略地位日益重要。因此，明朝派遣重兵由祖大寿统领，加固城池，力图使锦州成为阻止清兵西进的一座坚强堡垒。很明显，锦州不破，清军就只能囿于东北一隅，毫无前途可言。

然而，自努尔哈赤受阻于宁远城下，到皇太极即位后的十几年间，辽西的多次进兵一直未能取得重大进展，因此形成了明清在宁、锦长期对峙的局面。

"唉！"皇太极回想多年来的坎坷，不禁一声长叹："难道上苍真不助我，我大清只能安于东北一隅么？中原，人杰地灵、土肥水美的中原，何时我皇太极才能骑着大白和小白在那里策马扬鞭呢？"

往事一幕幕浮现在眼前，皇太极无论如何也忘不了那次他承袭汗位的第二年在松锦城下所遭受的败绩，他的父汗努尔哈赤也是因为在宁远战役中失败，受了重伤，窝了一股火不久就去世了。现如今，已经明显感到自己体力不支的皇太极急于拿下这一只拦路虎。他或许是因为觉得自己的时间不多了，十几年了，一个弹丸之地竟然成为了清兵入关的关键，一直心高气傲的皇太极，实在是咽不下这口气！

"你皇太极不过是一员败将！"这讽刺的声音让皇太极坐立不安。他猛然翻身起床，一声怒喝："誓死也要拿下锦州！来人哪，传朕的旨意，大军立刻朝着锦州出发！"

第三章　皇太极劳军务染疾　睿亲王遣侄孙惊驾

第四章

谢父赏福临索黄袍　劝妻降掳将为江山

就在皇太极抱病前往松锦前线日夜督战的时候，忽然传来了宸妃病危的消息，他心急如焚，立刻放下手中的事情，带着大臣与巴牙喇兵拔营回京，但还是没有见到宸妃的最后一面。

进到后宫，宸妃已经入殓，皇太极跪在宸妃的灵柩前，涕泣不止，号啕大哭，完全不顾及自己的君王形象，令看到的人感到心酸。虽然诸王、大臣百般劝慰，但是皇太极因为悲痛而不能自持，下令厚殡宸妃后，皇太极陷入了昏迷中，一直到报喜的鼓声传来，他才渐渐地苏醒过来。

"范大学士求见！"

"得知皇上病体康泰，微臣感到十分安慰。臣以为凡心劳则气动，臣愿皇上清心定志，万寿无疆！一切细务，交由各部分理，不劳皇上费心，臣唯以圣躬为重，伏望皇上息虑养神，幸甚！"范文程跪在皇太极床前，字字诚恳，情真意切，透露着对皇太极的关心。

"范大学士快快请起！"皇太极苍白的脸上浮现了笑意，"好吧，朕就同意你的请求，就由朕口谕，你手书吧。"

内侍太监早就预备好了笔墨，范文程挥起长袖，皇太极字斟句酌地说道："圣躬违和，肆大赦。凡重辟及械系人犯，俱令集大清门外，悉予宽释。又，政事纷繁，望各旗、六部诸大臣酌情办理，不得有误。钦此！"

众人心里都松了口气，看来皇上已经渐渐地摆脱了忧伤。

秋分时节，和风暖日，这正是哨鹿的最佳季节。在诸贝勒、群臣的劝说下，皇太极决定从盛京北上去乌喇、宁古塔祭祀、木兰。

卸下了战袍换上了龙袍，皇太极顿觉轻松惬意。松锦前线有多尔衮、豪格等将帅坐镇，拿下锦州已是指日可待了，皇太极那略显憔悴的脸上露出了难得的笑意。

"皇阿玛，我想骑马！坐在这马车里一点都不好玩！"

"是福临呀，好吧，阿玛就答应你的要求。索尼，将他抱到朕的马上来！"

皇太极此番去狩猎特地带上了三个尚未成年的儿子，即六阿哥高塞——由庶妃纳喇氏所生、七阿哥常舒——由庶妃伊尔根觉罗氏所生以及九阿哥福临——永福宫的庄妃博尔济吉特氏所生。这三个皇子都只有五六岁的年纪，少不更事，天真活泼，整天叫着要出宫去玩，皇太极特地将他们带上，也让他们开开眼界。

　　福临自记事以来似乎第一次与皇太极这么亲近，他坐在皇太极的怀里，可以听见皇阿玛那粗重的呼吸声。

　　"皇阿玛，别搂得太紧，您的胡子怪扎人的。"

　　"哈哈哈哈！"皇太极听了乐不可支，偏要低头去扎胖乎乎的儿子，父子俩在马上嬉闹着，其乐融融。

　　"福临，皇阿玛好不好？"

　　"不好！"福临不假思索地脱口而出。

　　"为什么这么说？你吃的、穿的、住的、玩的哪一样不是阿玛给你的？你看，路边的那间小草房，门口有一个面黄肌瘦脏兮兮的孩子，你愿意过那样的生活吗？"

　　"我是阿哥，怎么可以穿那样破烂的衣服？"福临夺过了皇太极手中的马鞭，嘴里吆喝着："驾！"两条小腿还用力地夹着马肚子。可大白马只听主人皇太极的使唤，对福临的吆喝不理不睬，仍旧慢悠悠地走着。

　　"说呀，你还没回答皇阿玛的问题呢。"

　　"嗯……我都五岁多了，可是皇阿玛抱过我吗？还有，我常看见皇额娘流泪，额娘说你不喜欢她了。为什么我们不能住在一间房子里，像真正的一家人似的？小狗子说每天晚上都是他阿玛和额娘搂着他睡，还讲许多笑话给他听呢。"

　　"小狗子是谁呀？"

　　"是李嬷嬷的儿子呀，我常和他玩儿。"

　　"可是你知道皇阿玛有多少个儿子吗？喏，那车里坐着的是你的六阿哥和七阿哥，大阿哥豪格和四阿哥叶布舒正在与明军作战，五阿哥硕塞喜欢闭门读书，对了，你还有两个小弟弟，十阿哥韬塞和才几个月大的十一阿哥博穆博果尔。你说，皇阿玛怎么可能整天只陪你一个人呢？"

　　"如果皇阿玛喜欢我，就会整天陪我玩了，我额娘也会高兴起来，是吗？"福临一双乌溜溜的黑眼睛看着皇太极。

　　童言无忌呀。皇太极开始喜欢上了这个聪明又顽皮的儿子了，他情不自禁地搂紧了福临，将布满皱纹的老脸贴在了福临那圆润白嫩的脸颊上。闻着儿子身上散发出来的体香，皇太极不觉心潮起伏……

"皇阿玛，快看，那树枝上有一只花鼠！"

"哦？"皇太极收回了悠悠的思绪，顺着福临手指的方向看去，只见前方一株古松上，一只小花鼠子正蹲在树枝上"吱吱喳喳"地叫着，往下探头探脑地看热闹呢。

"皇阿玛，我要用箭把它射下来！侍卫，快把我的箭拿来！"福临以为可以开始射猎了，在马上兴奋地大叫着。

"这可不行，这是神鼠，射不得的。"皇太极和颜悦色地对福临说着，随即命令索尼："传谕，朕要在这株松树下焚香跪拜，以求平安。各色人等，一律停车下马，不得有误！"

萨满妈妈摇着神铃，击着神鼓，开始在老松树下焚香跳神。跪在皇太极身后的小福临觉得好奇，一阵东张西望之后，悄悄起身，跟在一群说拉弹唱的萨满妈妈的身后，胡乱扭着。萨满妈妈的祭神曲刚刚唱完，忽然又响起了一个稚嫩的童声："苍天，祖宗，过往神灵……"

"嗯？"皇太极微微一怔，定睛看去，只见福临手持桦木杆，扭得正欢。福临内穿明黄色绣龙长袍，脚踏齐膝的红皮靴，头上戴着一顶嵌着东珠的小帽，外罩一件猩红色的缎子披风，粉白的脸上一双大眼睛格外有神。

"这孩子，真会胡闹！"皇太极摇着头微微一笑。今天他心情好，若在往日，不伸手赏福临几个耳光才怪呢。

福临见众人看着他发愣，越发得意，小嘴儿一张，接着往下唱："最尊贵的大神阿布凯恩都里，我是大清的九阿哥福临。请你让父王笑口常开，龙体康泰，请你让大清国风调雨顺，平平安安。愿天神保佑我，从此一帆风顺，愿爱新觉罗氏一统天下，唯我独尊！"

在众人的喝彩声中，皇太极脸上的笑意更浓了。索尼连连点头："想不到九阿哥小小年纪，便懂得忧国忧民，皇上，他还请求天神保佑我大清国呢。真是不可思议，不可思议呀？"

"嗯，他总算没有瞎唱，才五岁多的孩子，朕还以为他什么都不懂呢。哈哈，孺子可教，孺子可教哇！"皇太极捻着胡须，满脸的赞许之色。其实，福临是听惯了奶娘唱的那些个民谣，烂熟于心，至于他唱的是什么意思，他也说不准。还好，歪打正着，赢了个满堂彩。

皇太极的大队车马走走停停，这一日终于来到了乌喇小天池。这里水清潭碧，草绿花红，马儿见了只顾低头啃着肥嫩的绿草，再也不愿意向前多挪一步了。

其实这里也是哨鹿的好地方。远远看去，美丽的公鹿在池边用角戏水，母鹿则耸立着耳朵，睁大眼睛四下张望。

皇太极感到有些疲惫，决定就此安营扎寨，休息几天。

秋季正是鹿群繁殖的季节，公鹿母鹿正在寻找配偶，母鹿此时尤其温顺多情。一队巴牙喇士兵悄悄地潜入林子，身披鹿皮，头顶鹿头，口吹木哨，模仿公鹿的叫声："咕咕咕……"不一会儿，便传来了母鹿们的轻声回应，接着一群母鹿慢慢朝这边走来。

"皇阿玛，我看见母鹿来了！"

"嘘！福临哪，赶紧趴在草地上，不要乱动，轻轻地张弓搭箭，今天皇阿玛要与你们几个比一比，看谁射的母鹿又大又肥！好，让它们再走近一些，开始，放箭！"

皇太极一声令下，第一个射出箭矢。只听"刷刷刷"箭矢像雨点般撒落到鹿群里。母鹿受到了惊吓，尖叫着，四散而逃。

"快快上马！"皇太极来了兴致，跨上雪莲似的大白马，扬鞭催马冲进了鹿群，随侍左右的索尼等人不敢怠慢，紧跟在皇太极的身后，生怕皇上有个闪失。这可苦了福临、高塞和常舒这三个五、六岁的小阿哥。他们年纪太小，没有适合他们骑的小种马，只能眼睁睁地看着大人们在鹿群里四处追杀。

"哼，不玩了，什么哨鹿，一点儿也不好玩！"福临恨恨地将弓箭丢在地上，使劲地用脚去踩，气得小脸儿通红。

"哎，福临，咱们一起去采蘑菇吧，那边的水边有不少白花花的口蘑呢。"七阿哥常舒将弓箭背在身上，上前拉住了福临。

"那是女孩子家做的事情，我才不去呢。"福临一甩手，忽然撒腿朝鹿群那边跑去。

"我的小祖宗，九阿哥，这可使不得呀！"一名白脸的老太监急忙追上前去，想拦住福临，福临机灵得像条泥鳅一样，身子往下一滑，硬是从老太监的手指缝里滑了出去。

哨鹿场里人欢马叫，杀声一片，可怜的母鹿们哀鸣着做最后的挣扎。谁也没注意到，小福临已经离鹿群越来越近了。"哼，我要杀死一头母鹿，喝它的血、吃它的肉，让皇阿玛越来越喜欢我！"

福临四下张望，瞅准了一头体形较小的母鹿，悄悄地趴在了草地上，学着兔子一蹦一跳地向前移动。这里的草很茂盛，草里的福临只露出了一个头，还真像只小兔呢。"哎呀，有好几只母鹿朝这边跑来了，我瞄准哪一头好呢？"福临兴奋不已，忙从背后拿下了弓箭。"糟糕！刚才一气之下将所有的箭矢都踩断了，这可怎么办呢？"福临这下子是真急了，抓耳挠腮地没了主意。"咦，我不是还背着一把短剑吗？还是额娘做的剑套呢。"喜出望外的福临丢下弓箭，从剑囊里取出了闪着寒光的匕首，屏住了呼吸。

几头母鹿尖叫着风一样地冲了过来，福临还没来得及反应过来便被撞了个嘴啃泥。"哎哟！"好像是被一只母鹿撞到了肩膀，福临疼得龇牙咧嘴的。好不容易镇定下来，嘿，后面还有一只小母鹿朝这边跑来了。也许它以为这儿是个空档子，可以逃过一劫呢。"来吧，我看你能往哪儿逃！"

福临使出了吃奶的力气，朝着跑来的小母鹿投出了短剑。"嗷！"随着母鹿的哀鸣，它浑身猛地颤抖了一下，血从它的肚子上汩汩往外流。

"噢！我射中它了！快来人哪，帮帮我！"福临从草丛中一跃而起，那受伤的母鹿还在垂死挣扎着，它摇摇晃晃地向前跑了几步，终于瘫倒在草地上，发出了绝望的哀号。

福临快步上前，蹲在受伤的母鹿前，试图拔掉插在它肚子上的短剑，短剑已经深深地插进了母鹿的腹中，只露出一点点剑柄，福临左右摇晃着就是拔不出来，却弄了他一手的血。早就听奶娘说喝鹿血能强身健体，比吃什么补药都好，福临犹豫片刻，闭着眼睛，低下头趴在母鹿的肚子上吸吮起来。

"呸！又咸又腥，恶心死了！"福临忙不迭地扭头呕吐起来，原来他还以为这鹿血像牛奶一样甘醇可口呢。

"哈哈，哈哈哈哈！"闻讯而来的侍卫、太监们和高塞、常舒看着福临那副怪模样，忍不住大笑起来。

"笑！有什么好笑的！"福临忘记了沾了一嘴一脸的鹿血，有些恼怒地瞪着大家。这么一来，大家笑得更厉害了。那个白脸老太监捂着肚子："哎哟祖宗呐，奴才的肚子疼呀！"

或许是上了年纪，或许是体力不支，皇太极此番哨鹿收获并不大，只射伤了一只母鹿。众侍卫们见皇上射箭时的手直哆嗦，又眼见受惊的母鹿四下逃散，个个急得手直痒痒但却不敢大显身手，生怕扫了皇上的兴。草草结束了哨鹿，皇太极疲惫不堪地躺在豹皮铺成的炕上闭目养神。

"皇上，九阿哥领赏来了。"

"嗯？领什么赏？他做了什么事？"

"回皇上，九阿哥亲手杀死了一头母鹿呢，他说您答应要给他奖赏呢。"

"嗯？他真的杀死了一头母鹿？莫不是你们几个在暗中做了手脚吧。"

"这是千真万确的事。奴才亲手将九阿哥的小短剑从母鹿的肚子里拔出来。说来好笑，九阿哥击伤了母鹿，但却拔不出他的剑来！"

皇太极喜动天颜，大为高兴："让他进来，朕许过给他什么东西的吗?"他摸着后脑勺,一下子还真想不起来了。

"父皇在上,儿臣福临叩见父皇,恭请父皇大安!"

"嘀,伶牙俐齿的,说得还挺像那么回事儿。来来,到皇阿玛的跟前来。"极爱怜地揽过了福临,可福临却"哎哟"一声,抱着左膀子直叫唤。"怎么,你受伤了?御医在哪儿?快传!"福临的左肩膀红肿了一大块,御医给擦了药酒,疼得他龇牙咧嘴的。"嗯。说吧,你想要什么?皇阿玛都赏给你。""你是大人,说话得算数吧?别的我都不要,只要你答应过我的那一样""这……"皇太极犯了难,他实在记不起来了什么时候给这孩子许的诺?"皇阿玛赏你一百两黄金,你看可好?""不要。你答应我的不是这个,皇阿玛难道要反悔吗?"福临忽闪着大眼睛,一动不动地看着皇太极。

"不能反悔,皇阿玛是大人嘛,大人就应该言而有信。"皇太极起身踱着步子,随声附和着福临的话,双手一摊。"既然你一个人杀死了一只母鹿,理应受到奖赏。这样吧,你看皇阿玛这帐篷里有哪样东西你喜欢,只管挑一样吧。"

"谢皇阿玛!"福临立刻眉开眼笑,规规矩矩地给皇太极磕头谢恩,然后径直走到了御座前,站着不动了。

"这孩子,莫非……"皇太极一眼瞥见搭在御座前的龙袍,那是自己刚刚脱下来的,难道这孩子想要龙袍?天神,我皇太极有了继承人了,由小看大,将来这孩子一定能成就一番大事。

皇太极面露喜色,静静地等着福临开口。"皇阿玛,我要的是跟这龙袍一个颜色的黄马褂,就像索尼大人身上穿的那样。"

"为什么?你身上穿的不是比黄马褂还漂亮吗?绣金团龙的黄缎子,不比没有花纹和彩绣的黄马褂更好吗?"

"但这是我应得的奖赏呀,您不是说过在打猎时射得鹿的便赏穿黄马褂吗?再说,我见您身边的那些内大臣和侍卫都穿着黄马褂,他们整日都不离您的左右,我穿上了黄马褂以后,也可以整日待在您的身边了。"

"噢……原来是这么回事,哈哈哈!"皇太极乐得胡子直抖,两眼放光,大声喊着:"来人,传朕的旨意,给九阿哥赏穿黄马褂!"

内侍太监尖着嗓子答应着:"嗻!"但因事出仓促,这行营里哪来适合小孩子穿的黄马褂?无奈之中,皇太极笑呵呵地取过自己的龙袍,将小福临裹住,一把抱在了怀里。

前线上捷报连连,皇太极乐不可支,虽然久病缠身,想到中原大地就要成为大清的土地,显然已经坐不住了。

高兴之余,皇太极决定在御花园里宴请众位大臣,赏赐众将士,无论是妃嫔还是亲王，大家沉浸在一片欢声笑语之中，就在这样的氛围中，多尔衮与庄妃互生情愫，如一股暖流在各自的胸前流过。

之前，永福宫永远是冷冷清清，因为皇太极早已将庄妃抛到了脑后，但是今天，永福宫里灯火通明，喜气洋洋。平日里冷清惯了的，一下子红灯高悬，四面挂满了锦绣帘帏，满地铺着又软又厚的绣毯。一走进屋子，真是温柔香艳，闹得老眼昏花的皇太极更加眼花缭乱。

两人缠绵片刻之后，各自进入了梦乡。但是两个人各怀心事，久久不能入眠。大玉儿只要一想到多尔衮，心就开始噗通噗通地跳个不停，对于他的英俊外表，久久不忘。

而皇太极则是为了洪承畴发愁……

因为洪承畴既是颇有韬略的良将，又是忠义之士，誓死不降。皇太极爱才心切，此番好容易抓住他，断然要收为己用。只听说这人是个好色之徒，但是一般的女子又不入其法眼，所以皇太极想要庄妃前去劝说洪承畴。

皇太极似笑非笑地盯着庄妃，看得庄妃浑身不自在。"皇上，您是不是心里有什么想法？这件事情臣妾难道能帮上什么忙吗？"

"当然！"皇太极一拍巴掌，"只要你庄妃亲自出马，一准马到成功！"

庄妃已经明白了几分。皇上如此急不可耐，说明他的确牵挂着洪承畴，而她庄妃如果能劝降洪承畴，一来了却了皇太极的一桩心事，二来也可以显示出自己的能耐，以后有什么事儿也好开口求皇上了，这难道不是一件两全其美的好事吗？可是，若她单独去会那洪承畴，这事传了出去可不太好呀！

庄妃轻轻叹了口气，转身看看窗外，天已经快亮了。男人的心，摸不透，只有这一层上，庄妃是明白的。男人的气量大，固然不错，却就是论到夺爱，不能容忍，因为这不但关乎妒意，还有面子在内，更何况他是一位天子？唉，事已如此，后悔也是没用的了，索性牙一咬，去会一会那个不知好歹的洪承畴吧。

庄妃坐到了桌子前，从容地对镜梳妆，她的脸上又现出了那种妩媚的笑容。

庄妃在心里嘀咕着，用眼神示意乌兰守在外室，自己一挑门帘闪身走进了洪承畴的睡房。

庄妃的美艳令洪承畴迷恋，庄妃的善辩更令洪承畴臣服，可以说这次庄妃成功完成了皇太极交予她的任务。

崇政殿里，清太宗皇太极正在临朝议政。

固山额真墨尔根、李国翰、佟图赖、祖泽润，梅勒章京祖可法、张存仁以及"三顺王"恭顺王孔有德、怀顺王耿仲明、智顺王尚可喜正一齐向太宗奏言：

"……今天意归于皇上，大统攸属，锦州、松山、杏山、塔山，一时俱为我有，明国人心动摇，燕京震骇。唯当因天时，顺人事，大兵前行，炮火继后，直抵燕京而攻破之，是皇上万世鸿基自此而定，四方贡篚，自此而输，上下无不同享其利矣。倘迁延时日，窃虑天时不可长待，机会不可坐失！臣等以为不如率大军直取燕京，控扼山海（关），大业克成，而我兵兵饶裕，不待言矣。"

"尔等建议我八旗兵直取燕京，朕以为不可。"皇太极说着。

"取燕京如伐大树，须先从两旁斫削，则大树自仆，朕今不取关外四城，岂能即克山海（关）？今明国精兵已尽，国势已衰，我兵力日强，若四围纵略，从此燕京可得矣。"

范文程深知皇太极以砍大树做比喻来表明他徐图渐进的战略思想，身为汉人，他也和众汉官们的心情一样，思念故土，渴望早日打回老家去，可是，一口吃不成个胖子呀。于是范文程上奏道："微臣明白皇上的用兵之道，要等待时机成熟方可进兵关内。那明朝如百足之虫，虽死而不僵，而上天给予我清朝的兵力实在有限，如果此时贸然进兵关内，即使稍有损失，我朝如何能受得了？我们有些汉官思乡心切，动不动就张口说航海山东或取山海关，其实他们有些人并不谙熟用兵之道。微臣以为皇上的旨意已经很明确了，那就是我们一方面继续出兵骚扰明朝，另一方面积极准备进兵关内，只待时机成熟，我军便可马到成功，问鼎中原。"

"范先生所言极是！众爱卿还有什么想法吗？"

众人面面相觑，连连摇头。范文程和皇太极一上一下一唱一和地表明了态度，其他人还能再说什么呢？

"范先生，依照你的看法，那洪承畴究竟会不会归顺我大清啊？"由此可见，这是皇太极的一块心病啊。

"皇上请不要担心，根据微臣近几日来察言观色，洪承畴虽然口口声声发誓绝不投降并且用性命相搏，但是微臣认为这件事依然有转圜的余地。"

"噢？快说来听听。"皇太极醒来没有见到庄妃的身影，就知道她已经去了三官庙，但是现在已经是日上三竿，为什么还是迟迟没有消息呢？庄妃与洪承畴不会已经……这么一想，皇太极越来越感到坐立不安了，他此刻有些后悔让庄妃独自一人前去抚慰洪承畴了。唉，不管结果怎样，这件事都有碍于大清国的尊严，若是春光外露，这让他这堂堂的一国之君可如何是好呢？

第五章

皇太极殿前封降将　小福临花园谈心声

就在这个时候，一位太监传来了这样的消息……

"回皇上，明朝降将洪承畴已经剃发更衣，现在睿亲王多尔衮率领贝勒们陪着他，在大清门外等待晋见！"执事太监的声音依旧不紧不慢。

"这是真的吗？"皇太极蓦地站起身来，脸上带着一丝惊喜，略带疑惑地看着范文程。

"恭喜皇上，现在那洪承畴已经剃发梳辫，穿上了大清的衣冠，如今，皇上又多了一个文武兼备的人才啊！"范文程笑容满面。

"天神，朕的苦心总算没有白费！"皇太极长长地舒了一口气，倒背双手来回踱着，忽然他一拍脑门："哎呀，你们，佟图赖、李国翰，还有你们三顺王，还愣在这里干什么？快快出宫前往大清门，带领一班子刚刚投诚的明朝降将，什么祖大寿、祖泽远的，让他们一齐去迎接洪大将军。快，快去呀！"

佟国赖等汉官领命而去，可皇太极还在来回地踱着步子。范文程笑道："皇上，您的心事总算了结了，您又何必坐立不安的呢？微臣以为皇上可以放松一下，好好地休养一阵子了。"

"唉，国事家事，千头万绪的，搅得朕寝食不安哪。这回好了，有了你和洪承畴，一左一右辅佐朕，朕可以高枕无忧了。"

"皇上，洪承畴是投降了庄妃娘娘的，您放心，他日后便是您与庄妃娘娘最可以信任的人了。"范文程说。

"但愿如此，但愿如此呀！"皇太极爆发了一阵大笑，声音十分刺耳。

一班子文臣武将们簇拥着面色苍白、身体虚弱的洪承畴从大清门走到了笃恭殿，再从笃恭殿来到了正殿崇政殿，两旁站满着身披铠甲、手持红缨枪的御林军卫士。执事太监一声奏传："明朝降将洪承畴求见！"

"宣！"

皇太极连忙整了整衣冠，笔直地坐在了龙椅上。

只见洪承畴脚步有些踉跄地走了进来，又高又瘦的个子，前脑门剃得溜光，脑后拖着个新"长"出来的辫子，人虽瘦弱但却双目有神，皇太极暗自赞叹：好相貌，好风采！

"明朝败将洪承畴叩见大清国皇帝，祝吾皇万岁万岁万万岁，谢吾皇不杀之恩！"言罢三跪九叩，垂下了头。

"洪将军免礼平身，快快请起！朕今日能得到将军这等人才，真是大清的喜事呀。来人，给洪将军看座！"

太监们忙不迭地在御座的左面安设了金漆椅一只，金唾盂一只，金壶一个，贮水金瓶一个，香炉两只，香盒二个，还放了一个镀金镶玉的烟袋锅。

洪承畴诚惶诚恐，又要低头叩谢，皇太极连忙摆手："洪将军身体虚弱，快快坐下，你我君臣共商国是。来，你们扶着洪将军就座！"四个御前侍卫及时地扶起了已经有些眩晕的洪承畴。

"慢着，慢着。"皇太极又想起了什么，转身脱下了披着的貂裘，轻轻披到了洪承畴那微微颤抖的肩上，一脸的关切："北地风寒，先生不会感到太寒冷吧？"

洪承畴的喉咙哽咽了，泪流满面，忽然挣脱了侍卫们的扶持，再一次跪倒在皇太极的脚下："奴才蒙皇上厚爱，愿为皇上效犬马之劳，奴才的这条命是皇上的，就全交给皇上发落吧。"

"先生此言差矣！"皇太极亲手扶起洪承畴，将他按坐在椅子上，两眼放光，一脸的喜悦："先生不必过于自责。古语云良禽择木而栖。大明腐朽不堪，其败亡已是指日可待。我大清国运鸿昌，千秋功业须臾而成，如今有了先生的鼎力相助，杀进关内，问鼎中原更是不在话下了。识时务者为俊杰，先生请看，坐在你对面的范先生，坐在那边的'三顺王'孔有德他们，不都是与你一样，成了我大清的俊杰吗？这大清的江山，往后就全靠你们为朕拼搏喽，哈哈哈哈！"

"洪某蒙皇上和娘娘厚爱，大恩大德当涌泉相报。只是，洪某尚有一事不安……"

"先生请讲，朕绝不会让你受到一点儿委屈，感到任何的遗憾！"话说得冠冕堂皇的，可皇太极的心里却有些不是味儿。那庄妃不知用了怎样的妖媚之法活生生改变了洪承畴，而且，他居然还把庄妃挂在嘴边！这满朝文武全都听见了，心里还不知怎么想呢，这事办的真有些窝囊！哼哼，还真不能小看了庄妃的能耐！

善于察言观色的范文程见皇太极脸上有些不悦，心里便有几分明白了，于是他打了个圆场："皇上，时候不早了，日已西斜，早已过了午时了。"

"噢？范先生这么一提醒，朕倒真觉得有些饥肠辘辘了。今儿个高兴，就在崇政宴设御宴，为洪先生接风压惊！海中天，传御膳房的师傅，速速摆上御宴来！"

"嗻……"

洪承畴心里喜忧参半。皇太极将他说了一半的话给拦住了，又说要给自己设宴，可到底也没许给自己个一官半职的，自己现在已经穿上了清人这不三不四的装束，脑门倍儿亮不说，脑勺子后头还拖着一条豚尾似的辫子，唉，真是无颜再见列祖列宗了！

"皇上，微臣斗胆地问一句，您打算怎么安置洪某呢？洪某不求有一官半职的，只求能在沙场上冲锋陷阵，为大清国效力。"洪承畴终于忍不住问道。

"哎呀，朕真是老喽，把这么大的事情也给忘了！范爱卿，怎么你也不提醒一下朕呢？"皇太极干笑两声，上前拍着洪承畴的肩膀："放心，朕已经说过了，绝不会委屈你的，朕就让你与范先生平起平坐，为内院大学士，参赞军机，你看如何？"

"罪臣实不敢当此重任，还望皇上另请高明……"

"哎，洪先生此话差矣！朕主意已定，来人，给洪先生戴上红顶花翎，赏穿黄马褂！在盛京给洪先生一幢宅第，选美女十人日夜服侍，此外的金银财宝、绫罗绸缎多多益善！"

洪承畴连忙跪下称谢，口呼"吾皇万岁"，感恩戴德之情溢于言表。

"哇！好一个威风凛凛的儒将！"皇太极对套了黄马褂又戴上花翎的洪承畴大加赞赏，众人也个个叫好，"洪先生，朕已想好了一个计策，请看！"皇太极走到御案前，拿起笔一挥而就，纸上写着："暂时降清，勉图后报"八个汉字。

洪承畴一时不解，范文程笑道："洪先生，你看皇上为你考虑得多周全呀。为了你家人的安全，皇上才想出此计，你只要在这上面按个手印，便可以迷惑崇祯老儿了。"

洪承畴又惊又喜，忙不迭按了手印，亲眼看着一名侍卫把它带了出去，说是以密书的形式派人悄悄送往燕京。洪承畴感慨万分，再一次跪拜皇太极："吾皇真乃天命之主也，罪臣愿无怨无悔报效大清，虽死无憾！"

"快起来吧，不要弄脏了黄马褂。"皇太极带着笑，提高了声音："今晚在宫中陈百戏设御宴大加庆贺，诸位贝勒、文臣武将尽可携带家小前来助兴，咱们君臣同乐，一醉方休！"

悠闲的日子转瞬即逝，又是一个闷热的夏天。

御花园里，一老一少正在练剑。晨曦初现，清风拂面，鸟雀在枝头喳喳叫着，似乎在为两人加油助兴。

"这一招是白鹤亮翅。"皇太极手执长剑划地一圈，借着身形反身一跃，落地时左腿肚子却有些抽筋，好不容易才站稳了。

"福临，你学一遍。"

"嘻！这个容易，我一个鹞子翻身，再来个金鸡独立，父皇您看怎么样？我的左腿可是一点儿都没抖呢。"

"哼，臭小子，专挑皇阿玛的毛病！皇阿玛当年像你这么大的时候就能识汉字、背唐诗了，可是你呢？等着瞧，天一转凉我就把你关到书房里去。"

"皇阿玛，您就不能多让我玩一些日子？反正长大了凡事也不用我动手，养那些手下人干吗？不就是让他们给办事的吗，我只要动动嘴就成了。"福临仍举着木剑在空中乱舞着。皇太极累得满头大汗，正接过太监送来的毛巾擦汗，看着福临满不在乎的样子不由得抬起一脚，照着福临的小屁股踢了过去："好个不学无术的东西，皇阿玛得给你些颜色看看！"

"皇阿玛，您这一招是什么名堂？这是偷袭！哼，明人不做暗事，皇阿玛耍赖！"福临用手捂着屁股，小脸气得通红。

"你……"皇太极一看福临那委屈的模样，心里又软了下来。"有道是明枪易躲，暗箭难防。将来，无论你做什么事，都要权衡利弊，不能偏听偏信，更不能意气用事，一定要眼观六路，耳听八方，招才纳谏，以诚待人。"

"这样做人该有多累呀？有时候，我真想一个人偷偷跑出宫去，在外面痛痛快快地玩半天，宫里的规矩太多。皇阿玛，到了六岁就一定得读书吗？"

"那当然，看看你的个头，已经快到皇阿玛的胸脯了，你是皇阿哥，你要做得比别人更好，所以你得比别人付出的更多！"

福临似懂非懂，睁着一双黑黑的眼睛望着父皇："皇阿玛，我来给你擦汗吧。给我讲讲你小时候的事情好吗？那个时候你就住在盛京吗？"

"不，那个时候，我跟着母后和父汗住在烟筒山下的赫图阿拉城。好吧，皇阿玛就给你说说我们爱新觉罗的家世吧。"

"海公公，快让人给皇阿玛送些喝的来，皇阿玛淌了许多汗。"

"嗻……"

"你这个孩子，又顽皮又聪明，就是不想读书，整天就知舞刀弄剑的可怎么成呢？"

"怎么不成？您不是常说我女真人是马上民族吗？骑射是我满族立国之根本，这江山不就是靠父皇您一点一点地打下来的吗？等我长大了，要打下更多更多的江山。"

"真是孩子话，创业艰难守业更难，这道理你渐渐地便懂了。坐下来，听皇阿玛给你讲讲家世吧。

"当天刚刚离开地的时候，天神用成千上万的铜镜造成了日月星辰。当地刚刚离开天的时候，天神又用五色神绳铺成了江河湖泊，用金沙银沙堆起了山脉丘岭。威武英俊的天神常常和他那些披着五彩羽饰的侍者神雀们在天地间自由翱翔。在那直插云天的峰顶，有一个波光潋滟的天池，一个仙女误吃了朱果生下了我们爱新觉罗氏的祖先——取名为爱新觉罗·布库里雍顺。"

皇太极说着起身收腹挺胸朝前走了几步，可他的滚圆的肚子却不争气地凸着，乐得福临拍着巴掌：

"皇阿玛真的很魁梧，就像城外那庙里的老佛爷一样。"

"如此说来，你皇阿玛是佛爷转世了？哈哈哈！"他拍打着圆溜溜的肚皮，笑得胡子乱颤。

"皇阿玛再接着说。在赵宋时代，这个族里出了第一个出色的人物，就是金太祖阿骨打，他开疆拓土，宋朝被他搅得鸡犬不宁。后来金国渐衰，蒙古国兴起，蒙古国东征西讨，与南宋各得了半壁江山，那金族的后人便趁乱逃奔到了东北，谁知又过了两百多年，又出了一个大人物来，他就是天女生的爱新觉罗·布库里雍顺！

"自布库里雍顺开基后，子子孙孙相传不绝，人丁兴旺。到了明朝中叶以后，有一个叫觉昌安的继承先业居住在赫图阿拉城，其他的五个弟兄们亦各筑城堡，环卫着赫图阿拉，称为宁古塔。这觉昌安便是你皇阿玛的太爷爷。

"说起那时候的赫图阿拉城呀，有名无实，只十几间土房，没有城墙，没有卫兵守着，与现在的盛京相比那是逊色得多喽！

"可就在这小城里，偏生出大清国第一代皇帝，清朝子孙，称他为太祖，努尔哈赤是他的英名，他就是我的父汗，人称英明汗。"

"皇阿玛，您又说错了，英明汗建的是大金国，而这大清国不是您一手建起的吗？皇额娘告诉过我，那时候您身披龙袍，登基加冕，文武百官山呼万岁，那场面气派得很哪！"

"嘿嘿，您这小脑袋瓜还挺管用的，记得这么清楚？皇阿玛有说错的地方吗？你想呀，没有皇阿玛，哪来的你呀？若没有我父汗的创业，能有我大清的今天吗？饮水思源，这个道理你懂吗？我再给你说说大青马救主定国号的事情吧。

"在我父汗努尔哈赤出生的那一天，大明嘉靖皇帝夜里做了一个梦，一位神人对他说，紫微星已在今天降于东北方，一个脚上生有七颗红痣的人将要推翻大明王朝。于是，嘉靖就通令全国，要杀死那个脚上生有七颗红痣的人，而这个人就是我的阿玛努尔哈赤。

"我父汗成年后在辽东总兵官李成梁手下做亲兵，得到李成梁的赏识，李成梁特别选了一匹奔跑如飞的大青马赏给了他。我父汗十分珍爱大青马，经常给它洗澡、刷毛，每天夜里还不忘起来给它添加草料。大青马也很有灵性，只要一见努尔哈赤，就会仰起脖子叫两声，并且前蹄刨地表示亲昵。

"可是有一天在洗脚的时候，我父汗脚上的七颗红痣被另一个亲兵看见了，这个亲兵便悄悄报告了李成梁。李成梁大惊失色，定计要抓住我父汗献给大明皇上处置。正巧半夜里我父汗起来喂马，无意中听到了这一切，他跑到马圈，牵过大青马，翻身上马逃离了李成梁的家。

"李成梁知道了消息，暴跳如雷，立即亲率亲兵马队前往追赶。大青马载着主人狂奔了一天一夜，可还是甩不掉后面的追兵。渐渐地，大青马太疲劳了，我父汗也累得腰酸腿痛，又饥又渴。正巧前面有一丛一人多高的草丛，我父汗下了马，与马儿并肩躺在草丛里，头一沾地就呼呼大睡起来。

"李成梁的追兵也是人困马乏，但李成梁一心要邀功请赏，他命令亲兵四下搜查，但草丛太大看不见半个人影。李成梁心生毒计，命亲兵放火烧草丛，要把我父汗烧成灰烬。

"火借风势，迅速在草丛中蔓延，浓烟滚滚，火苗乱蹿，李成梁以为我父汗必死无疑，便领兵回去了。

"大青马被火势惊醒了，它拼命地用嘴拱着主人，但他睡得太沉了。无奈之中，大青马一声长啸，冲出火海，在一条小溪中打了一个滚，沾了满身的水，又一头冲进火海，将毛发上的水泼洒在我父汗的周围。就这样，一次、两次，来来回回，大青马也不知道跑了多少回、滚了多少遍，终于将我父汗周围的火势给灭了，而大青马累得再也站不起来，一头栽倒在我父汗的身边，活活累死了。

"也不知过了多长时间，我父汗睡醒了，他被眼前的情形吓了一跳。当弄明白大青马是为了救自己而累死的时候，他一下子扑倒在大青马的身上，伤心不已，并且立下了誓言：大青马，我努尔哈赤有朝一日得了天下，便把我的国家叫作大清，大清一定要吃掉大明。

"我父汗把这个故事告诉了我，为了实现他的遗愿，我便把'大金'

改为'大清',而且,我大清一定要吃掉大明。福临哪,消灭大明,逐鹿中原,定国安邦,这是皇阿玛的毕生心愿。倘若皇阿玛心愿未了,会死不瞑目的,你能帮皇阿玛实现这个愿望吗?"

"能!我一定能!皇阿玛实现了皇玛法的心愿,建立了大清。福临要实现皇阿玛的心愿,统一天下,灭掉大明!"

"真是我的好儿子!皇阿玛听了你这句话,也就无牵无挂了。孩子,记住你答应过皇阿玛的事情,男子汉要说到做到!"

"我发誓!"福临学着大人的样子举起了右手,"大丈夫一言既出,什么马难追?"他一时忘了词,急得抓耳挠腮的。

"大丈夫一言既出,驷马难追!记住了!"

皇太极近来心情很好,万事顺意,只等秋日兵肥马壮之时,便可以大举向明朝宣战了。不过,皇太极一天也不愿意明朝有太平的日子,于是他决定继续从两旁砍削明朝这棵"大树",以从根本上来动摇和瓦解明朝的根基。崇政殿外,八旗精兵纛旗飘扬,金盔耀日,十分壮观。崇政殿里,皇太极正在召见出兵征明的满、蒙、汉军各固山额真、护军统领。

皇太极身披龙袍,精神抖擞,正在慷慨激昂地发表着"演说":"古来用兵征伐,有道者,蒙天佑;无道者,被天谴。自古天下并非永远为一家一族所垄断。历史上,有多少人为帝,又有多少人为王!今大明失德才一次次地败北,而我大清顺天意行事,子孙繁盛,国势日强,上天保佑,终成帝业。明朝是朱氏元璋所创,他乃是皇觉寺的一个和尚,他的王朝已经延续了二百多年,弊病百出,险象环生。明的败亡和大清的崛起都是天意使然,试问,从来帝王有一姓相传永不易传的吗?秦始皇当年幻想万世一系,岂料二世而亡。而今明朝已经行将就木,寿终正寝,我大清为何不把握此良机而问鼎中原呢?时不我待,机不再来,我大清出兵伐明并非好为穷兵黩武,而是顺天意解救大明子民于水深火热之中!阿巴泰听令!"

"臣在!"

"朕命你为奉命大将军,跪受大将军印吧!"

"谢皇上恩宠!"

"阿巴泰,此番你与内大臣图尔格统领八旗将士征明,要严明军纪,不得妄杀妄掠明人。要记住,兵熊熊一个,将熊熊一窝,朕与文武百官在盛京恭候佳音!自古天下,非一姓所常有。天运循环,几人帝?几人王?哪里有帝之后裔就一定是帝,王之后裔就一定是王的道理?当今之世,是我爱新觉罗氏该扬眉吐气的时候了。阿巴泰,朕给你十万人马,分为左右两翼,即日远征伐明,攻城略地,杀他个鸡犬不宁,人仰马翻!"

这一日皇太极在清宁宫召见自家子侄。太宗时期的清皇族已经走上了兴旺发达的繁盛道路，仅以男女老少人员而论，这个大家族至少也有几百人，太宗的大家族成员，其横的范围，主要是他祖父塔克世的诸多子孙，而纵的系统，基本上是三代人，即兄弟辈、子侄辈、孙子辈的成员。

作为大清皇帝，皇太极十分明白这个大家族也并非铁板一块，十个指头还有长短呢，但总的来看倒也能相安无事，所以一有空闲，皇太极就将自家的兄弟子侄们召入皇宫，以联络感情，消除隔阂。

"诸位兄弟子侄，你们久住京城，锦衣玉食的，想不想吃我们满族人以前常吃的小米干饭和饽饽，还有辣椒拌大白菜呀？今晚的宴席咱们就来个新鲜的，除了几道御膳房中的名菜之外，其他菜肴均由你们自己点，只要皇宫里有的，立马让御膳房烧好送过来。你们说这个主意怎么样呀？"

"皇上这么一说，立刻激得我胃口大开。得，我就倚老卖老先点几个菜肴吧！我想吃用黄米面做成的牛舌头饽饽，两面烤得金黄金黄的，再来两碟腌韭菜花和腊肉粥，嘿嘿，我一想到这些美食馋得快要流口水了。"礼亲王代善呵呵笑着，饱经风霜的脸上布满了皱纹。他已过花甲之年，儿孙满堂，他既是皇太极的老大哥，也是德高望重的治国重臣，在崇德元年被皇太极封为和硕礼亲王。此刻，代善与第二子硕托及两个孙子罗洛浑、阿达礼都在场，他们祖孙三代人都是皇太极立国称帝不可忽视的人物，功不可没。

"小弟我的口味可能有些与众不同，既是皇上开了金口，那臣弟也就不客气了！"多尔衮大声嚷嚷着，"我要一大盆红烧牛肉，再来一钵清炖蛇肉，最好再上一壶上好的乌龙茶，去腥除膻又解渴生津！"

"十四哥就是与众不同，那毒蛇恶虫也能摆上御宴？"多尔衮的弟弟多铎皱着眉头，他是圆脸，不像多尔衮有一张棱角分明的四方脸，但兄弟二人的眉目神态还是有些相似之处。"十四哥，我觉得你说话的时候都带着腥味儿。还有哇，睿王府上的福晋格格们整天都抱着个大烟袋，烟味儿呛人，这对她们有什么好哇？"

"你懂什么？萝卜白菜，各人喜爱。再说，我府里的事情也是尊驾您能过问的吗？真是狗拿耗子，多管闲事。"多尔衮有些不快，瞪了多铎一眼，闷头抽起了烟。

皇太极知道多尔衮兄弟俩有些不和，此时见他们话不投机，便打着哈哈笑问道："我说你们这些孩子，你，硕托，阿达礼，还有豪格，硕塞，爱吃什么你们快说呀，不然朕可就全给你们上辣椒拌大白菜了。"

皇太极的话音刚落，这些子孙们便七嘴八舌地喊开了："上一只烤乳

顺治传

猪！""我要吃燎毛肉（带肉猪皮，用火燎，刮净，煮熟用刀子切着吃）蘸大葱！""上几大盆野味，什么狍子肉、鹿肉、野鸡炖山菇，多多益善，来者不拒！""蒸一些腊肉和肉干，多浇一点辣椒酱！""还有酒，皇上，宫里有什么美酒琼浆赏给小的们喝的吗？小的们酒量甚大，今夜要放开肚皮，不醉不归！"

"好好！朕与众兄弟众子侄有福同享，有酒同喝，谁不喝醉不许离席！哈哈哈哈！"

满族人素来豪放，这些王室子孙能在皇宫里痛饮又别有情趣。只见清宁宫的大殿里挂满了红纱灯，正中摆放着一只长长的、宽宽的桌子，足可以让几十人同时入座，尽情吃喝。

不多时，各种美味菜肴便摆满了一桌子，御膳房的小太监们忙得不亦乐乎，一边上菜，一边抬酒坛子，那些花枝招展的宫女们更像彩蝶似的，在桌子前伺候着各位贝勒、贝子，斟酒倒茶，轻颦浅笑。一时间灯红酒绿，酒宴正酣。

物以类聚，人以群分。豪格身边坐着的是大伯礼亲王代善、代善的孙子罗洛浑以及豪格的几个弟弟，而多尔衮三兄弟则紧挨在一起，一会儿低声交谈一会儿放声大笑，在酒宴上很是惹眼，而代善的二儿子硕托和孙子阿达礼也不时地凑上前去，与他们三兄弟吃酒说笑。

豪格显得有些闷闷不乐。看看多尔衮几位叔父，他们现在正是春风得意的时候，他们一个是武英郡王，一个是睿亲王，一个则是禄亲王。这三个兄弟若是联起手来可不好对付！但是豪格的几个弟弟叶布舒、硕塞他们，一则年幼才十几岁，根本不能依靠，而且豪格和他们并不是一母所生，年纪相差二十多岁，在感情上怎么也亲近不起来！虽然说大伯代善一直以来对豪格非常好，但是代善的性格过于软弱，人也比较谦逊，关键时刻成不了大气候。想想看，大伯以他自己对父皇的绝对忠诚和义无反顾的拥立，才受到了父皇的特殊尊重，但大伯为此付出的代价也太大了！他年事已高，两个战功显赫的儿子岳托和萨哈廉先后英年早逝，而二儿子硕托又明显与多尔衮叔父来往密切，是不能指望的了。

豪格想来想去，自己身边能够依靠的人竟寥寥无几！或许，领兵伐明的郑亲王济尔哈朗和贝勒阿巴泰可以助自己一臂之力！

第六章

豪格忌叔父战功赫　太极梦太宗骇冤魂

这样胡乱想着，豪格突然有一种生不逢时的感觉，大清的江山本应该就是他豪格的，但是为什么多尔衮他们又这样年轻、地位显赫而且锋芒毕露呢？父皇真的很能沉住气，年纪大了身体不好还不确定继承人，难道他真的想将自己的皇位交予多尔衮或者是多铎吗？否则，父皇为何会这样重用和赏识他们，又交予二人各一个旗的军权呢？

"唉！"豪格不觉长叹一声，将杯子重重地放在桌子上，粗声粗气地喊："拿碗来！这杯子太小，怎能饮得尽兴？"

"大阿哥，酒能伤身，也会乱性，还是少喝为妙。咱们边喝边聊，不是很好吗？"代善低声地劝说道。

"父皇说了，要让儿臣喝个痛快！父皇，儿臣有一事不明，您为什么那么厚待洪承畴那被俘之囚呢？"

豪格心里想说的是父皇为什么那么厚待多尔衮，可话一到嘴边他又换了个名字。看来，豪格虽已有几分酒意，但脑子还是清醒的。

"是呀，我对于那些投降的汉官，不惜给财物、给宅第、给高官厚禄加以恩养，天天赐宴，为的是什么呢？我是想以此来笼络他们，以图将来的大计呀！"

"哼，我们满族不是人才济济吗？没有这些贰臣，我照样杀进关内，踏平中原！"

"休得放肆！优礼汉官，正是为了实现定鼎中原的宏愿伟业！有了他们的帮助，十余年来朕才能励精图治，举科举、立法度、整军备、兴农业，定国安邦少不了他们的功劳呀。以后我大清大举进攻中原，更少不了他们出谋划策。他们与你豪格和叔父多铎、多尔衮一样，都是我大清的开路先锋呀，哈哈哈！"

"臣弟想那大明的天子也是昏庸至极，听说崇祯认为洪承畴为大明尽了忠，捐了躯，还下令辍朝三日大为痛悼呢！又赐祭十六坛，在城外建立祠堂制了祭文供人吊丧，这不是天大的笑话吗？"多尔衮喝得红光满面，一席话说得众人哄堂大笑。

"这样更好！那洪承畴如今是有家难回，只能死心塌地地为我大清国效劳了。不过，对这种贰臣，皇上还是多提防一些的好。"多铎喝得脸色煞白，半点血色也无。他们这兄弟俩，红脸白脸地坐在一起格外引人注目。

"皇上，听说那洪承畴是冲着庄妃的面子才投诚的，可有此事？"一阵嬉笑之中，有人冒了一句。

"这个，这个嘛……"皇太极的表情有些尴尬，他这副模样更引起了兄弟子侄们一阵善意的哄笑。

"庄妃是有这个能耐，你们之中哪个人的福晋有她这样的胆识和智慧？说起来她这回还为咱们大清立了一大功呢。还有哇，九阿哥福临也十分讨人喜欢，这不也是庄妃的功劳吗？"皇太极不恼不怒，硬着头皮为庄妃开脱，众人听了表示赞同，个个佩服庄妃的手腕。多尔衮盯着腰上系着的那只烟荷包，眯缝着眼睛，想到了庄妃那双柔荑似的纤纤玉手和如花的笑靥，不由得微微一笑……

这些日子令皇太极开心的事情一桩接一桩的。远征伐明的大军捷报频传，大军兵分两路绕过山海关重镇，攻陷蓟州并绕过北京直下天津、山东，在华北平原上纵横驰骋，如入无人之境！而且还掠夺了大量的财物！辽阔的政治版图将明朝紧紧压迫在中间，令它腹背受敌，四面楚歌，摇摇欲坠。

然而，好景不长。处于过度兴奋之中的皇太极忽然"圣躬违和"。大学士范文程和冷僧机等人草拟了一份奏书，请求皇上暂停上朝以保重龙体。

海中天用他那特有的委婉柔和的腔调念着："皇上天纵神武，德被遐方，以仁心爱万民，以仁政治宇内，凡养民恤民，无不周挚，虽当大业创兴，实万世之圣主，当代之明君也。臣等闻：有道者，天赐纯嘏；福履者，景运灵长。今皇上道德醇备，福寿兼隆，虽偶尔不禄，辄获康吉，天之眷我皇躬也昭昭矣，举国臣民不胜欢欣。伏愿皇上保护圣躬，上合天心，下慰人望。况大业垂成，外国来归，正圣心慰悦之时，亦可稍辍忧劳……臣等谬任言官，惟以圣躬为重，伏望息虑养神，幸甚！"

隔着用小米粒大小的东珠串起来的珠帘，皇太极沉默片刻，在发出了一声轻叹之后，他给跪在帘子外的范文程等人下了御旨："爱卿所奏之事正是朕近日心里所想之事。朕之亲理万机，非好劳也，因部臣不能分理，是用躬自裁断。今后诸务可令和硕郑亲王、和硕睿亲王、和硕肃亲王、多罗武英郡王合议完结。钦此！"

清宁宫外，诸王大臣们正在焦急等待，只见范文程等匆匆而来宣布了圣旨。和硕礼亲王代善的脸色有些发白，皇太极在病中做出了此等重大决定，为什么把自己撇在一边呢？他不是口口声声说自己对他有拥立之功吗？

如今和硕郑亲王济尔哈朗出征未归，所以恭候在清宁宫殿外的和硕睿亲王多尔衮、和硕肃亲王豪格以及多罗武英郡王阿济格也有些不知所措，面面相觑。豪格的眉头更是拧到了一起：父皇将日常政务交于我四人负责，而多尔衮兄弟俩都在其中，前景对自己似乎不太妙呀。多尔衮表面不动声色，内心却在窃喜：皇上一病不起，眼见得我多尔衮就可以吐气扬眉了。如今是四王议政，等皇太极的眼睛一闭，我要把四王议政变为我一人独裁！

多罗武英郡王阿济格年纪与皇太极相近，已不再像往日那样为人锋芒毕露了。年轻的时候他性格莽撞，没少挨过皇太极的训斥。甚至当他擅自做主为小弟多铎主婚时，被皇太极一气之下削去了贝勒爵位。不过皇太极对阿济格倒是不抱任何成见，褒则褒，贬则贬，兄弟之间感情倒也与日俱增。曾有一次，阿济格伐明大获全胜，凯旋归来时，皇太极亲自出京迎到十里外，看见阿济格风尘仆仆，积劳瘦瘦，当时便心疼得流下了眼泪。此事一直令阿济格深为感动：唉，年纪都一大把了，儿孙也都争气，只求平平安安颐养天年，阿济格已经心满意足了。皇上在此时能如此看重阿济格，阿济格心里是喜忧参半：皇上可从未做出过如此决定呀，莫非他病得不轻？辅佐皇上临朝处理政务，实在是个出力不讨好的事呀，万一出了什么纰漏，自己的下半辈子也就不要想太平了！

"十四弟，不如我等一起去探望皇上吧，也好当面弄清皇上的旨意，再看看皇上还有没有其他的吩咐。"

"这……小弟只担心皇上的病情，会不会扰了皇上的歇息呢？"多尔衮正想着心事，冷不防被哥哥阿济格一叫，吓了一跳，随口应付了一句。

"我看还是去吧，肃亲王，你看呢？"

"叔父言之有理。皇上将如此大任交于我等四人，我等须完全听从皇上的旨意，随时听皇上的吩咐。"豪格点头赞同，他想借机与阿济格套近乎、联络感情呢！

三个人各怀心事走进了清宁宫，在东暖阁的珠帘外正碰上庄妃出来。庄妃慌忙给三个人行礼，低声说道："皇上刚吃了些汤药，正要睡呢。"

"那我们就待会儿再晋见吧。"阿济格三人犹豫了一下，转身要退下。"多谢三位王爷，皇上有了你们的支持，便可以放心养病了，臣妾真替皇上高兴呀！"庄妃蛾眉微蹙，神色忧郁，眼睑低垂，样子甚为愁楚。

"皇嫂不必过分忧虑。皇上吉人天相，小灾小难与皇上是无缘的，他定会早日康复！臣等四人将不遗余力，秉承皇上的旨意，一丝不苟处理朝政，让皇上放心，让大清安然无恙。"多尔衮上前一步，借着安慰庄妃，说出了言不由衷的话。多少年来在公开场合。多尔衮已经习惯了这样说话，真真假假，谁能看透他内心所想呢？不过，他真心安慰庄妃倒是真的，他真想直言不讳：你庄妃又何必为一个将死的老头子而忧愁呢？如果你担心的是自己将来命运的话，那么告诉你吧，还有我多尔衮呢，以后我就是你和你那九阿哥福临的依靠！当然，你得顺着我点儿，否则就很难说了！

"外面是何人？"珠帘里面传来了皇太极那有些微弱的声音。

"回皇上，是和硕睿亲王和和硕肃亲王他们。"

"有事吗？让他们进来说话！"

"嗻……"海中天一挑珠帘，身子一躬："皇上请几位王爷进去说话。"

阿济格、豪格侧身进去，多尔衮走在最后，他看了庄妃一眼，点点头。庄妃心里愁楚不已，只觉得睿王爷似乎格外关照自己，顿时心中释然。

皇太极半倚在凉椅上，示意他们三人坐下来。

"皇上前日还与我等兄弟共饮，不想今日却龙体欠安，真令人担忧呀。"

"不必担忧，朕此刻觉得好多了。说不定明日朕又可以与众兄弟子侄们欢聚一堂了呢！"皇太极振作起精神，脸上现出一丝笑意。

"说起来，朕也该清心定志，颐养天年了。这几十年来戎马倥偬，哪里有一日的清闲？可喜的是，我大清已根深蒂固，一统天下将指日可待，即使此刻天神召见朕，朕也可以心安理得地面对列祖列宗了。"

"父皇，您道德醇备，福寿兼隆，儿臣正摩拳擦掌，准备护送您迁都燕京呢！"豪格一听皇太极的口气不对，像在交代后事似的，连忙以好言好语劝慰父皇，心里说，父皇，你可不能就这么一走了之呀，起码你对儿臣我的地位也有个交代，免得日后起争端呀？

"夫子说，五十而知天命，朕都五十多了还有什么想不通的？"皇太极摆手示意豪格不要说话，喘着气接着说："山峻则崩，木高则折，年富则衰，这是大自然的规律，何人能抗拒？朕不是神人，自然也要受这一规律的制约。朕心里清楚，朕的日子真的不多了，所以才要你们诸王齐心协力，共同治国安邦，这是对你们的考验啊！"

阿济格也觉得今日皇太极的口气有些反常：这么多年了，他什么时候承认自己力弱、生过病、力不从心了？他什么时候主动让权与诸王，平起平坐议过事？想当初他皇太极刚刚被立为汗时，是由四大贝勒共坐，南面听政。但一个人坐着总比四人共坐更舒坦、更随意，累了甚至可以放心躺下休息一会儿，而四人共坐却是四人都神经紧张，连躺下休息的可能性都没有。于是，先是皇太极宣布废黜镶白旗旗主阿济格，这是后金国有史以来发生的第一次旗主贝勒被废的事件，当时引起了朝野的震动。事后阿济格自己才明白，皇太极不过先从自己开刀，下一步便是要对准其余的三大贝勒了。果然，事隔不久皇太极便赤裸裸地将矛头对准了大贝勒代善、二大贝勒阿敏、三大贝勒莽古尔泰……就这样，皇太极在即位后短短的几年时间里，致四大贝勒并坐共同执政为汗位至上，南面独尊。

皇太极的为人阿济格能不清楚吗？当年为了扫清即位的障碍，他甚至不择手段逼死了自己的母亲阿巴亥！不过，事隔多年，阿济格已经把这些不满与宿怨统统抛在了脑后，既然胳膊拧不过大腿，又何必整日耿耿于怀，自寻烦恼呢？只可惜亲兄弟多尔衮似乎一直不愿意原谅皇太极，的确，杀母夺旗之恨能这么轻易消除吗？有时候，明哲保身的阿济格的确暗地为多尔衮捏着一把汗，他既希望多尔衮能报仇，又担心会连累到自己，所以更多的时候，阿济格觉得有些无可奈何。难道自己也老了吗？不错，快五十岁的人了，心身再也承受不起什么意外打击了，好自为之吧！

"皇上，"阿济格心念一动，起身跪在皇太极的床前，"皇上何出此言呢？您虽偶尔不禄，辄获康吉，臣弟祝愿皇上龙体早日康泰！只是皇上命臣等断理诸务，臣自恃无能但敢不钦承？但何项事应行奏请，伏候圣裁决定，则诸务庶可办理。"

"嘻！未来之事朕有何能预定？尔等只须尽心料理，多与诸王贝勒议结商讨，我爱新觉罗氏子孙人才济济，又有何事解决不了呢？诸王每日黎明齐集，有事则奏，无事则回各衙门办理各自事务。若有当议事务，候旨齐集。朕觉得力乏，想要休息了，你们下去吧！"

皇太极喘着粗气，只觉得胸闷异常。他脸色煞白，吩咐海中天："拿，拿些冰来，朕觉得快要透不过来气了。"

"皇上稍等片刻，奴才这就叫人去取。"海中天慌慌张张跑出东暖阁。就在这时空中一个炸雷"轰隆"一声，皇太极正迷迷糊糊之间猛然吓了一跳，一睁眼，看见了横眉怒目的父汗努尔哈赤就站在他面前！

皇太极吓得两腿发软，扑通一声跪了下去。连忙喊着："父皇，父皇，皇儿……"

皇太极在太监海中天等人惊惶的喊声中悠悠醒来，只觉得头痛欲裂，已经出了一身冷汗。他瞪着一双茫然无助的眼睛，声音嘶哑："着侍卫进殿，护驾，有人要行刺朕！"

海中天心知皇上被梦魇所缠，忙一使眼色让其他的太监为皇上擦汗更衣，自己匆匆去禀报皇后，又差人宣太医火速来看，还不忘另派一个小苏拉去告知永福宫的庄妃。海中天知道皇上这病牵着庄妃的心，作为奴才，他得及时让庄妃了解这里的情况，毕竟，庄妃是他以前的主子。

皇后博尔济吉特氏与众嫔妃已吓得手足无措，正在慌乱之时，太医院针医柳大夫、药医朴大夫等几人火速来到。御医们拜过了皇后，便掀起珠帘走进了东暖阁。皇后博尔济吉特氏脸色苍白地跟了进去。

柳大夫仔细观察了皇太极的脸色，皇太极仍是双手抱头表情十分痛苦，不时地呻吟着。柳大夫开始给皇太极把脉，东暖阁里静得只听到众人气促的喘息声。

皇太极这一病，早惊动了文武百官和诸王爷贝勒，他们一个个神色惶惶到清宁宫来探视问安。闻知皇上已服了汤药，已经安然入睡，无甚大事，才各自散去。

不过是虚惊一场。皇太极不几日便龙体康泰，又去临朝听政了。

其实，多年的鞍马劳顿、内外负重、思虑过度、呕心沥血……这些，都可能是他患病的根由。直到现在，皇太极才发觉自己太不爱惜身体了，太不爱惜生命了。但是，他还有许多事要做，时不我待呀，所以皇太极又颇为自豪。毋庸置疑，他皇太极开创了大清帝国的基业，在他的手中完成了向封建制的转变，在他的手中奠定了进取中原的基础……他皇太极是满族的英雄、大清的皇帝，他是神、是天命之君，谁不羡慕，谁不景仰？

夜深了，兴奋不已的皇太极盘坐在清宁宫的东暖阁里，如往常一样，他常常这样坐着小憩。一天中，似乎只有这会儿才属于他，就让他多休息一会儿，多坐一会儿吧。

海中天和几位内侍们静静地立在珠帘外。皇上太累了，他太需要休息了，可这会儿谁也不敢进去，怕打扰了皇上，尽管坐着休息会不舒服，但毕竟也能休息一会儿呀。

忽然，里面咕咚一声，仿佛一件重物掉到了地上。海中天等人连忙掀起珠帘，天哪，皇上从端坐的炕上一头栽到了地上！

众太监们七手八脚地扶起了皇太极，这才发现皇上已经双眼紧闭，手脚冰凉。"皇上，皇上真的睡着了！"海中天喃喃地说着，泪水涟涟。忽然，他一扭身冲出了东暖阁……

崇德八年（1643）盛夏之夜，盛京的皇宫显得格外的静谧。亥时，清宁宫里骤然哀声大恸——皇上好端端地竟然"端坐而崩"，"无疾而终"！

却说近日来，京城内好事连连，大军凯旋，又加上固伦公主，也就是庄妃的大女儿要出嫁，所以张灯结彩，热闹非凡，却不料就在此时，宫内传出了皇太极"驾崩"的噩耗。

在一阵阵惊天动地揪人心肝的恸哭声中，福临恸哭着由奶娘李氏牵着来到了清宁宫。

众人听着福临那悲痛的哭声莫不感到诧异：这九阿哥，小小年纪就这么孝顺，真是难得呀！

福临随着母亲庄妃、皇叔伯、皇兄弟一起跪在灵床上放声大哭，虽然他不知道人死了就不能复生，他不知道父皇的去世将会给他的生活带来什么样的变化，会给他和额娘带来多大的麻烦和威胁。这个天真无邪的幼童，哪里知道在他周围号啕大哭的那几位皇叔和皇兄正在绞尽脑汁各自盘算着呢！

两黄旗重臣索尼、鳌拜、图赖等人佩剑鱼贯而入，面色凝重，纷纷跪在灵前祭拜。范文程、洪承畴等一班子汉官也匆匆赶来跪拜哭泣，一时间清宁宫里哀声四起，仿佛天塌了似的，众人只是一味地悲戚，全都没了主意。

"眼见天色已明，当务之急应将皇上遗体收殓入棺，放置崇政殿！"索尼擦干了眼泪，对巴牙喇纛章京图赖和"巴图鲁"鳌拜等人建议道。谁都知道出身于御前一等侍卫，现为吏部启心郎的索尼最受皇上器重，对先皇忠心耿耿，所以他的话几乎没有人反对。

"国不可一日无君，民不可一日无主。八固山额真和诸王贝勒应即刻商议，推举新帝即位，以抚慰天下。"身材魁梧的鳌拜尽管压低了声音，但在一片哀声之中仍显得很响亮。也难怪，平日里南征北战粗嗓子喊惯了的，若不是他作战勇猛战功显赫，又怎能被皇上赐予"巴图鲁"称号呢？

"还有，我等要尽快发出讣告，晓谕天下，举国同悲，以告慰先皇在天之灵！"范文程长叹一声，老泪纵横。众人默然无语。

很快，一群披白袍戴白帽的萨满被请到了清宁宫，在一阵刺耳的铃鼓声和祭词之后，文武百官和诸贝勒王爷们对着灵床叩头，大放悲声，预备送殓。

"还有大事未了，父皇遗体且慢收殓！"大阿哥豪格忽然从人群里跳了出来，双眼圆睁，脸色十分阴沉。

"大阿哥，你是皇长子，一定要冷静！"索尼不动声色，一语双关。

"我只想弄清楚，父皇为什么会暴崩？他，昨日上朝还满面春风，怎么到了晚上就殡天了呢？各位大人、王爷，请你们给本王做主，父皇死得蹊跷！本王要查个水落石出！"

此言一出，众人俱大惊失色，哭声锐减："难道，难道皇上死于非命？"

"肃亲王，不可胡言乱语，耸人听闻！此事刑部自有定论！"睿王多尔衮脸色煞白，眼圈红肿，他呵斥着豪格，语气严厉。

"睿亲王，你凭什么指责我？有道是若要人不知，除非己莫为，这件事情我一定要查清楚，为父皇申冤，为父皇报仇！"豪格咬牙切齿地瞪着多尔衮。四目相对，妒火中烧，俩人就像两只好斗的公鸡，粗着脖子红着脸，直勾勾地盯着对方。

"够了！先皇尸骨未寒，你二人怎敢如此吵闹？豪格，你怎么这么莽撞，难道忘了先皇生前对你多次的教诲了吗？给先皇跪下！"皇后博尔济吉特氏实在看不下去了，一边抹着眼泪一边责备豪格。多尔衮讪讪地退下，显然，他对自己刚才的鲁莽感到后悔了，虽然皇后给足了他面子，没有提到他，但多尔衮却感到了自己行为的出格。"天神祖宗，我究竟是怎么了？已经忍耐了二十几年的时间，再忍几个时辰难道不可以吗？我与皇太极为兄弟，现在，他取代了我的位子成为了一国之君，我却变成了臣子，这原本就不公平！照这样下去，现在豪格又开始想要继承大位了，日后他登了九五，我岂不是又要三呼万岁地去朝拜他，天下哪有这样的道理！这也还是小事，只是作为臣子，一旦出现毫厘差池，性命不保，若只是每天战战兢兢，我平生之欲又怎能得逞呢？除非抓住眼前时机，拥兵自立，才能圆我二十年的梦想。罢罢，且等回府再做个妥善的谋划，横竖都不可以让豪格坏了我的好事！"

第二天一大清早，由大学士范文程等人起草了告示晓谕天下："……八旗及外藩蒙古和硕亲王以下，奉国将军以上，公主以下，固山格格以上，和硕福晋以下，奉国将军之妻以上，咸集清宁宫前，诣大行皇帝几筵，梵香跪哭奠酒。固山额真、昂邦章京、承政等以下官员，齐集崇政殿前，其妻等命妇齐集大清门前，各按旗序立举哀。第二日奉梓官安放在崇政殿，王公贝勒大小群臣朝夕哭灵三日，十三日内禁止屠宰……"

第七章

睿亲王生出即位心　豫亲王拼死争高下

夜渐渐深了，盛京沉浸在白幡林立，一片肃杀之中。皇宫西侧的睿王府里同样是一片寂静，摇晃的白纱灯似乎在向人们倾诉着宫闱中的不幸。但是睿王府后院的几间书房里，却是灯火通明，还时不时地传出酒肉的香味儿。

"皇上暴卒，却没有留下遗诏，今天本王召你们前来，就是为了筹划即位的事情。"多尔衮一边举杯，一边用炯炯的目光注视着大家，接着说："大清皇帝虽然有十一个儿子，但是除了长子豪格以外，其余的或者是过早夭折或者虽已获王公封爵但是才能平平，至于福临、博穆博果尔等乳臭未干的小阿哥更不值一提。因此，如今的当务之急就是阻止豪格即位。"

"睿王爷不必多虑，依微臣看来，豪格本身并无实力与睿王您相抗衡。"御前一等侍卫、皇太极的亲信冷僧机不慌不忙地说了话。多尔衮心中一喜，目不转睛地看着冷僧机。

冷僧机虽出身卑微，原为莽古尔泰之妹莽古济的家奴，但为人机警狡黠，善察言观色及阿谀奉承之术。他卖主求荣博得了皇太极的赏识，改隶正黄旗，授三等梅勒章京，私免徭役，世袭不替，由一名卑贱的家仆一跃而为显赫的世职大臣。在皇太极患病前后，善于见风使舵的冷僧机又投靠了多尔衮。虽然对冷僧机的人品和出身有所不齿，但多尔衮此时正需要网罗人才，何况冷僧机身在正黄旗又在大内办事，可以更多地了解宫中及正黄旗的诸多事情，目前是多尔衮难得的一个亲信呢。

"如果按照中原地区明朝的传统，皇上死后由皇子即位，无子，始于宗室亲王中近支者内择立，这样一来，对豪格八弟兄而言便不会造成太多的威胁，尤其是豪格最有可能继承王位。"冷僧机吞了一块牛肉，又咕嘟喝了一碗酒。

"唔。"多尔衮点头不语，这也正是他的心病呀。

"那是中原汉人的传统，与我满族何干？"豫亲王多铎虎目圆睁，一副满不在乎的口气："我女真英明汗王亲定了，八和硕贝勒共治国政，虽被皇

太极抬高了君权，压抑了王威，但以旗主为本旗之统治者的八旗制仍然存在，眼下我们三兄弟拥有能征善战颇具实力的正白旗和镶白旗的兵力，足以与两黄旗相抗衡！谁敢小看我们，便杀它个鸡犬不宁、片甲不留！"

"小弟言之有理。"武英郡王阿济格转向了多尔衮："我们只要坚持这一条，其他人便无话可说。新君仍须由八旗王公大臣议立，其他亲王、郡王与皇子同样也有当皇帝的资格。"

"好！只要我们三兄弟态度一致，不怕占不了上风！"多尔衮面露喜色。

"这么说我们三兄弟都有机会当上新君喽？"多铎笑嘻嘻地看着两位哥哥。

"多铎，此话不可乱说，你以为新君是人人都可以做的吗？两黄旗的重臣们此刻也一定在紧锣密鼓地暗中策划，弄不好将会有一场血战，到头来弄得两败俱伤，于大清国于臣民百姓都无益处呀。"

"照哥哥的意思，难道就坐等那豪格即位不成？想当年我们三兄弟受的奇耻大辱，哥哥能忘记吗？我每每梦中便会梦见母亲在向我哭诉，哼，这杀母夺旗之恨，现在不报，更待何时？"多尔衮咬牙切齿，恨恨地一拳砸在桌子上，震得盘盏一阵叮当作响。

"多尔衮，你且冷静下来。"阿济格摸着自己瘦削的尖下巴，苦笑道："看看为兄这个样子，还不是得过且过地混混日子？为兄之意，我们三兄弟就数你实力最强，论才能论资格论功，那豪格无法与你相比，所以你要怎么做，为兄都不会反对，只是要相机行事，万万不可莽撞，倘若触怒了天神，违背了天意，你我兄弟便只有死路一条了。你想一想，撇下了我们的儿女子孙可怎么办呢？"

"哼，什么儿女子孙？到现在我多尔衮也没生一个男孩，难道命里注定要让我绝后吗？"

"哥哥不要为此烦恼，哥哥一向很疼爱多尔博，就找个日子将他过继给哥哥好了，或许以后哥哥便会多子多福，人丁兴旺呢。"

"嗯，小弟说出了我心里的话，这事就这么定了，多谢小弟成全我。"多尔衮举起酒杯："来，咱们兄弟俩干一杯！"

"睿王爷，依小的看，日后只要您登上大位，三宫六院里免不了会儿女成群的，这只是小事一桩。小的为睿王爷敬酒，恭祝睿王爷心想事成，如愿以偿！"冷僧机不失时机地端起了酒杯，多尔衮笑着一饮而尽。

"本来，按各旗势力而言，豪格拥有很好的竞争条件。八旗之中，先皇亲领三旗，人丁兵将战马之多，超过其他五旗之中任何一位旗主。特别是正黄、镶黄二旗，猛将如云，谋士众多。这些，我们不得不防啊。"固山贝子硕托神色凝重，轻轻叹了口气。

"可是，那是先皇手中的军队，未必就等于是豪格的。"硕托的侄子郡王阿达礼反驳道："豪格虽为'礼、睿、郑、肃'四大亲王之一，但始终未能当上主宰一旗之旗主，不过与我们叔侄一样，只辖有若干牛录的兵力，这就大大影响了豪格继承帝位的实力。如今的八旗早不是铁板一块了，只要我们加紧游说，就有可能争取到更多的力量。"阿达礼已经是一脸的横肉，还在不停地大吃大嚼，满嘴直冒油。

"想当初父汗努尔哈赤十分喜爱我三兄弟，曾明确宣布要使我们三人都成为'全旗之主'，并已经将亲辖的正黄、镶黄二旗交给了我三兄弟，谁料皇太极即位为汗后，便借机将两黄旗据为己有，真是欺人太甚！"多尔衮显然已经有了几分醉意，他双眼通红满嘴酒气，手臂不停地挥舞着，发泄着自己压抑了多年的愤懑之情。

"我如何能忘记二十年前的灭顶之灾！一夜之间，父汗去世，汗位失去，生母被逼殉葬，我三兄弟转眼间从父汗宠爱、母亲呵护的高贵旗主，一下子变成了无依无靠的孤儿弱主！本来同为兄弟，却要每日对着他三叩九拜、三呼万岁，稍有不慎便会招致横祸！哥哥何罪之有？却成了后金国第一个被废黜的主宰一旗的固山贝勒，直到今日不过还是一个郡王！"

此事正是阿济格的心病。如果说其他的事他都差不多已经原谅了皇太极的话，只有这件夺旗之事令阿济格耿耿于怀，这是让他名誉扫地、大权旁落的事呀，非同小可。阿济格脸憋得通红，牙关紧咬，看得出他已经快要忍耐不下去了。

"有了这个教训，我多尔衮只能夹着尾巴做人，因为哥哥当时血气方刚，做事不考虑后果，而多铎弟又年幼无知，无论如何我们三兄弟都不是皇太极的对手。因此我只能把一潭苦水埋在心底，在暗中积蓄力量，以屈求伸。这种提心吊胆、朝不保夕的日子我已经过够了，我们三兄弟扬眉吐气的时候终于来了！来来，大家共饮一杯，预祝我们心想事成、马到成功！"

这时门帘一挑，一名小苏拉提着食盒子进来了。"睿王爷，这是刚烧好的肥田鼠，还有炖狗肉、熏牛肠和蛇羹煲，元妃娘娘吩咐小的立马给您送过来的。"

众人一听有这么多难得的美味，立即拍手叫好。多铎更是直嚷嚷："哥哥把这天底下的美味都吃完了，就只还有一样没尝到了。"

"什么？还有什么更好吃的吗？"

"清蒸小哈哈济呀！"众人哈哈大笑起来。

"你叫什么名字，怎么有些面生？"多尔衮紧盯着这个能说会道的小苏拉。

"回王爷，奴才没有名字，娘娘赏了个，叫兀里虎。"

"嗯，看着倒也机灵。兀里虎，府里的规矩你知道吗？"

"知道。娘娘已经给奴才教导了许多回了。不闻不问，低头做事，手脚勤快，多得赏钱……"兀里虎身子站得笔直，眼睛看着脚面，规规矩矩地背着睿王府里的规矩。

"罢了。你且记住，今晚之事你只当没看见，若是走漏了一丝风声，你的小命可就完了。出去吧。"

兀里虎退出了书房，已经把睿王爷的警告丢在了一边。他心里在嘀咕着：皇上驾崩，睿王爷却在府里大宴宾客，而且他们有说有笑，丝毫也没有难过的样子，这可真是奇怪了。要不要去告诉海中天海公公呢？都是一旮旯儿的人，若没有海公公的帮忙，我也进不了睿王府当差，海公公是宫里的大红人，他吩咐的事不能不办呀。看睿王爷凶巴巴的样子，一定不会是什么好事儿，得，这条小命不会就栽在睿王爷的手里吧？管他呢，先告诉海公公一声吧。兀里虎人小胆子却不小，从小野惯了的，猛虎饿狼都不能把他怎么地，他长这么大还就没怕过什么！

肃亲王豪格府中，两黄旗重臣和朝中元老们出出进进，府门前拴着的一溜宝马良驹就足以证明，一队队着黄马甲的两黄旗巴牙喇兵（护军）在府门前巡游着，为肃王府增色不少。这里的八旗王公大臣们也在筹划着即位之事，但却比睿王府要光明正大得多！

两黄旗重臣索尼、图赖、鳌拜、谭泰、图尔格、遏必隆以及范文程等神情肃穆地端坐在大厅里，不苟言笑。

"据微臣看来，王公之中不仅有想当新君之人，而且势力相当强大，足以与先皇的两黄旗相抗衡。问题严重啊！"范文程作为两朝元老，智谋出众，一向为皇太极所宠信，在两黄旗中威信很高。

"无论如何，我们两黄旗大臣会拥立年长的皇子大阿哥豪格承嗣大统。"索尼眉头紧锁但语气却很坚决。这位御前一等侍卫"巴克什"索尼，在崇德八年的考绩中，进三等甲喇章京。豪格端坐不动，表现出了少有的沉默寡言。此时此刻，沉默是金哪，又有谁能知道他内心的狂喜与不安？当然，豪格有一双大眼睛，黑白分明，很是引人注目。此刻若稍加留意的话，便会发觉这双大眼睛正在不停地转动，偶尔还会流露出一丝笑意。

"末将也这么认为。先帝一向优待我们两黄旗，没有先帝的扶持便没有我等的显赫地位和荣华富贵，拥立皇子便是对先帝效忠，是我们两黄旗大臣应尽的职责。"鳌拜正值壮年，身材魁梧，说话中气十足，在大厅里格外响亮，众人不由得盯着他看。

"你们，都看着我干吗？难道我说错了吗？"鳌拜涨红了脸，瓮声瓮气地问道。

军功累累的巴牙喇纛章京图赖问道："鳌统领，先皇现在几位皇子，不知你拥戴的是哪一位呀？"

"那还用问吗？四阿哥吐布舒、五阿哥硕塞只有十五六岁，六阿哥高塞以下更小，九阿哥福临还没有六岁，全是些不谙世事的孩童，只有大阿哥豪格年长，三十几岁，英俊魁梧，又有文韬武略和显赫军功，这新君之位是非肃亲王豪格莫属了。"

"多谢鳌统领吉言！豪格内心十分惭愧不安，不知我能否顺利登基？刚才范先生已经说了，有的王公正在暗中筹划此事，对王位虎视眈眈，我恐怕……"

"肃亲王不必多虑！"索尼手一摆，一副胸有成竹的样子："父死子承，作为大阿哥，豪格承桃帝业是名正言顺，合情合理的。更何况大阿哥很早就随先皇东征西讨，立下了卓越战功呢！"

"微臣以为，这一次我们的对手十分强硬。无论是家世还是文韬武略以及战功方面，都丝毫不比大阿哥豪格逊色，所以我们绝不可以掉以轻心。"范文程有一个习惯，每当琢磨问题的时候总爱揪颏下的一绺胡子，眼见得这些胡子越来越稀疏了，可他还是改不了这个毛病。眼下，他又在用力扯着胡子了。

众人知道这个智谋出众的大学士又在动脑筋了，便静静地等着他把话说完。

"有道是知己知彼，百战不殆。且让我们先看看大阿哥的弱点吧。大阿哥，请恕微臣直言了。"范文程起身向豪格抱拳行礼，豪格忙说："范先生，您有话只管说，您这是为了本王好，本王哪能怪罪于您呢？"

"微臣屈指算来，大阿哥似乎有三个方面不太尽如人意，恰当与否，还请大阿哥与诸位商讨。这其一是，大阿哥的生母并非贝勒之千金，而且去世又早没有正式封号，她与先皇的嫡福晋、皇后等正宫不能相提并论，这无疑会影响到大阿哥继承帝统。其二是先皇一直不十分器重大阿哥，可能与大阿哥平素做人处事的性格与态度有关。"范文程说着有意停了停，看了豪格一眼，心里说得先杀一杀这位大阿哥的威风，否则日后他即位为帝，更是目中无人了。

第七章　睿亲王生出即位心　豫亲王拼死争高下

豪格此时的态度是出奇的好，他听得很专心，脸上没有一丝一毫恼怒的样子，而且还不停地点头承认自己的这些弱点。见范文程没说完，豪格竟急着问："还有呢？"

"还有就是，大阿哥你不是一旗之主，不能与大伯礼亲王代善、十四叔睿亲王多尔衮、十五叔豫亲王多铎和侄贝勒多洛浑相提并论，他们都是一旗之旗主，拥有兵权呀！唉，先帝也不知是怎么想的，他亲手掌握着正黄、镶黄、正蓝三旗的兵力，却只让大阿哥辖有若干牛录！"

"许是先皇在考验大阿哥呢？谁能料到突然间先皇就驾崩了呢？那么精明强悍的人，怎么会在一夜之间说走就走了呢？这真让人痛心哪！"鳌拜的话引起了人们的伤心流泪，厅里一片唏嘘。

"不过，大阿哥还有明显的优势。"范文程抹了一下眼角的泪水，提高了声音："正如刚才诸位所言，大阿哥有文韬武略和军功，掌管着吏部，他的军功、资历和威望并不亚于他的几位皇叔。更重要的，他是大阿哥，这一条是他打败对手最重要的资本。

"不过，目前大清的皇位继承制度尚不健全，没有明确规定皇位的嫡长继承制，这就给一些拥有实力而且野心勃勃的人提供了可乘之机。"

豪格内心又开始紧张不安起来：唉，若是暗中派个人去刺杀多尔衮这个对头，不就一了百了没有这么多的顾虑了吗？可现在后悔也晚了，多尔衮也不是好对付的，他饲养了那么多的猎犬和大鹰，身边还有武林高手，谁又能害得了他呢？只有走一步看一步了，大不了拼个你死我活，同归于尽！

"我大清有今天的局面全靠连年不断的战争，而八旗王、贝勒、贝子都是统兵征伐久战沙场的统帅猛将，他们都有自己的军队和势力圈子，权势很大，若他们之中有人暗中勾结，觊觎王位，事情就复杂得多了，说不定还会弄出一场内讧，那可是祸国殃民之事呀！"

众人关心的也正是这个问题，所以大家都用心地听着索尼的分析，大厅里静悄悄的，烟雾缭绕，只有"吧嗒吧嗒"地抽烟袋锅的声音。

"我大清依旧奉行以旗主为本旗之统治者的制度，正白、镶白、正红、镶红、镶蓝五旗旗主睿亲王多尔衮、豫亲王多铎、礼亲王代善、贝勒罗洛浑、郑亲王济尔哈朗仍系各旗之主，又是和硕亲王、多罗郡王或多罗贝勒，此外，饶军贝勒阿巴泰、武英郡王阿济格、郡王阿达礼、固山贝子硕托等也辖若干牛录，他们都有显赫军功，同样有被议立为新君的资格呀！"

"如此说来，议立新君岂不是要兵戎相见，引发一场血战吗？"豪格听了半天，越听越泄气。"与其在这里不着边际地胡乱猜测，倒不如杀进崇政殿，等到本王穿上龙袍，坐上龙椅之后，谁敢不服便杀他全家！"

"好哇，由本帅护着大阿哥，一路杀进宫里，谁敢阻拦？"鳌拜摩拳擦掌，跃跃欲试。

"此言差矣！大阿哥承嗣帝统，名正言顺，为什么要硬杀硬闯日后留下骂名呢？"范文程不住地摇头叹息。

"鳌都统被先皇封为'巴图鲁'，难道在先皇尸骨未寒之时你便要在宫里大开杀戒吗？"

"这个……本帅只是替大阿哥着急，照你们几位'巴克什'的分析，要等到何时才能有个结果呀，唉，真是急死人了。"鳌拜一屁股坐在椅子上，闷头猛抽着烟。

索尼与范文程等人互相交换了一下眼色，索尼往众人面前一站，朗声说道："依微臣分析，目前有实力问鼎王位的，只有肃亲王与睿亲王两人！"

终于切入了正题，这是众人早已心照不宣的事了，所以大家并不觉得吃惊。看来关键时刻就要来了，众人不觉屏住了呼吸，注视着目露精光的索尼。

"睿亲王本应是十七年前汗位的继承人，但时过境迁，当今帝位必须由大阿哥豪格来继承！八旗之中，睿亲王与豫亲王领有颇具实力的两白旗，大贝勒永亲王代善祖孙二人领有两红旗。大贝勒已六十多岁，年岁已高，而且萨哈廉和岳托的去世对他的打击很大，所以这两红旗实力大不如从前，争夺皇位已不可能，但要防止被睿亲王拉拢，我们必须即刻派人去表明我们两黄旗重臣的心迹，大贝勒为人谦和，当初对先皇有拥立之功，这一回他肯定也能深明大义，一如既往拥立先皇之子的！"

众人点头称是，豪格也睁大了双眼，等待着那激动人心的时刻到来。

"这样，再去掉先皇领辖的两黄旗和正蓝旗三旗，八旗还有一个旗主就是领有镶蓝旗的郑亲王济尔哈朗！郑亲王身受先皇恩养，位高权重，德高望重，他的立场和态度不容忽视！"

"那么，我们就派素与郑亲王交好的固山额真何洛会和议政大臣杨善前往郑亲王府，直言相告我们欲立肃亲王为新君，以争取得到郑亲王的支持。"

"好，就依范先生之计，你二人速去郑亲王府！"

豪格看着一屋子为了拥立自己而义无反顾的两黄旗的重臣元老们，感到莫大的安慰与自豪。他哪里知道，这些一心一意拥立他的重臣们更多的是为了报答先帝的恩养之情，有道是爱屋及乌，先帝已然归天，膝下就这么一个看来能挑大梁的皇子，不拥立他又拥立谁呢？倘若平日里豪格能收敛一些，不那么蛮横，不那么莽撞，能讨得父皇的欢心，此时在众大臣王公的心目中不就会增加一些分量吗？

既兴奋又紧张不安的大阿哥豪格已经暗暗在心里发誓，要痛改前非，与众王公大臣们携手共创大清美好的未来。只是，亡羊补牢，犹未为晚乎？

自得知皇上驾崩的噩耗之后，庄妃便像朵霜打的鲜花——整个人都蔫了。

睹物思人，庄妃不由得泪流满面。

"姐姐，海公公来了，说有急事求见。"

"哦！天都塌下来了，还能有什么急事呢？就说我身子不爽，让他回去吧。"

"姐姐，海中天可是清宁宫那边的人，消息灵通，您还是见见吧，总比您一个人坐在这里暗自垂泪要好一些吧？"乌兰不知庄妃到底有什么心事，只当是庄妃因皇上驾崩而过度悲伤，所以希望有人来劝慰一下，打个岔也好哇。

"庄妃娘娘，奴才海中天看娘娘来了。"

"难得你有这份孝心，"庄妃强打起精神看着海中天，"海中天，以后宫里的事也许我再也不能做主了，说不定反而要靠你帮忙了。你愿意吗？"

"奴才愿意为娘娘效劳！没有娘娘的提携便没有奴才的今天，奴才怎么会知恩不报呢？请娘娘放心，日后但凡有用得着奴才的地方，娘娘只管吩咐，奴才虽死不辞！"

庄妃心里有些感动，她眼里噙着泪花："我想让你抽空教福临几套防身健体的招术，这孩子像个没上套的野马驹似的，日后可不能这么自由自在的了。"

"这个包在奴才身上。娘娘，奴才还有一事要禀告您，有人告诉我睿王府上聚集了好些个八旗王公大臣，正在密谋夺嗣一事。"海中天压低了声音。

"此事当真？睿王他也有问鼎之心？这……"庄妃大吃一惊，脸色变得煞白。

"听说肃王府上也是人来人往，看样子两位王爷会有一场恶斗。奴才并不关心此事，只唯恐娘娘和九阿哥卷了进去，故特地来通告一声。依奴才之计，还是不闻不问，明哲保身为上策。奴才请娘娘保重，节哀顺变，告辞了。"

海中天匆匆走了，不过他带来的消息却令庄妃心乱如麻。"多尔衮原来也是一个野心勃勃的人！以前只听说他是个花花公子，爱抽烟爱女人，原来在他那双色迷迷的眼睛之后是一双盯着帝位的贪婪的眼睛！我怎么就没想到呢？还差一点要靠他来支持福临呢。唉，看来我又白费了心机！多尔衮与豪格实力相当，无论哪一个承嗣帝统对福临都没有好处，天神，福临今后可怎么办，又得像那些王公大臣们那样靠着浴血奋战来换得爵位吗？唉，福临，额娘的心肝宝贝，娘为你的前程已经操碎了心！现在所有的希望都破灭了，娘再也帮不了你了，今后的路要靠你自己走了！"

庄妃心里犹如万箭穿心，十分悲伤。痛哭了一阵子之后，庄妃忽然心地开朗，她主意已定，揩去了脸上的泪痕，声音嘶哑地喊着："海公公请留步！烦请告诉皇后娘娘，臣妾思念先皇，愿以身殉葬，陪伴先皇一生一世！"

乌兰听了大惊失色，忙和婢女们围住了庄妃，又哭又劝，永福宫霎时乱作一团。

众人闻讯，匆匆赶来。

"皇后娘娘驾到！"海中天带着皇后博尔济吉特氏匆匆赶来，身后跟着闻讯而来的王公大臣们。

"皇后娘娘在上，请受臣妾一拜！臣妾去意已决，愿生死陪伴先皇，求皇后娘娘恩准！"

"胡闹！你还嫌宫里乱得不够吗？"皇后板着脸呵叱着庄妃。

"庄妃娘娘，臣有一言不知当否。"范文程从皇后身边走了过来，对着庄妃抱拳行礼，朗声说道："皇上方逝，皇妃愿以身殉葬，诚然可敬。然三位公主和一位皇子尚且年幼，皇妃应节哀顺变，将年幼子女抚养成人。抚恤先皇骨血，也算报答了先皇的恩宠，又怎能以身殉葬呢？"

"皇子？福临呢，他在哪儿？"庄妃猛然想到了儿子，心一下子揪紧了。是的，自己这么一走，能放心得下才六岁的亲生儿子吗？

"额娘……"福临从人缝中钻了过来，扑到了庄妃的怀里，娘儿俩放声大哭起来。

"你们，为什么要欺负我额娘？皇阿玛在的时候，你们都不敢。现在皇阿玛不在了，还有我保护额娘，我不许你们欺负我额娘！"福临忽然挣脱了庄妃的怀抱，用手指着周围的皇后和王公大臣们，声色俱厉，小脸蛋憋得通红。

"好样的！九阿哥，若有人欺负你和你额娘，只管告诉十四叔，十四叔会为你们母子俩撑腰的！"多尔衮从人群中站了出来，不假思索地大声夸奖着福临并向庄妃投去了关切的一瞥。

庄妃头一低，抽泣着："多谢睿王爷好意。皇后，看来臣妾犯了一个过错。"

"哼！"皇后身子一扭，令庄妃十分尴尬。好在福临又说话了："十四叔为什么你会对我和额娘那么好呢？"

"这个……"多尔衮面上一红但又立即镇定了下来："因为我小时候也有过和你类似的遭遇。我额娘就是被人逼死的。"多尔衮说着环顾着四周，义愤填膺。

"睿王爷，事情已过去快二十年了，还提它有什么用呢？"索尼叹了口气，想就此打消多尔衮的怒气。

"它影响了我的一生，甚至还影响到了我子孙后辈的生活，我能轻易地忘记吗？"多尔衮的双眼似乎要喷出火来，他盯着礼亲王代善，一字一句地问道："代善！你我兄弟一场，我尊敬你是兄长，可十七年前你与已故的皇上究竟做出了什么丧心病狂的事情？今天我要当众弄个明白！"

"你……血口喷人！"脸色蜡黄的代善气得吹胡子瞪眼睛，脸上红一阵白一阵的："先皇对你三兄弟恩宠有加，你怎敢在先皇尸骨未寒之时胡言乱语、搬弄是非？"

"我们三兄弟难道不是你的兄弟吗？哼，如今我三兄弟身强力壮再也不会受人欺负和摆布了。倒是代善你，做了亏心事遭到了报应，要不你的儿子怎么会接二连三地死在你的前面呢？"

"你，你……"代善气得浑身哆嗦，孙子罗洛浑连忙扶住了他，并对多尔衮怒目相视。代善的二儿子硕托和另一个孙子阿达礼也在场，他们却显得无动于衷，谁叫他们早已铁了心要跟随多尔衮呢？

"够了！"皇后博尔济吉特氏终于怒不可遏了，她斥责道："多尔衮，你现在翅膀硬了是不是？你有没有想过，是谁给了你今天的地位和权力？是先皇！忘恩负义的东西，先皇真是看走了眼！"

"是吗？"多尔衮一声冷笑，"说什么我今天的地位是先皇给的，可是如果先皇不剥夺了我的继承资格，那么坐在帝位上的人应该是我多尔衮，而不是皇太极！"

"睿亲王，如此说来你是想造反喽？"豪格往前一站，双手叉腰，一副挑衅的口气。

"我？造反？笑话，我只想拿回原本属于我的东西！"多尔衮目光一凛，冷冷地看着豪格："十七年来，为了能出人头地，我多尔衮出生入死为夺了我汗位的哥哥皇太极效力，南征北战，东驰西骋，征朝鲜，抚额哲，献玉玺，围锦州。试问，我对先皇难道还不忠心吗？现在先皇已去，不该由我多尔衮扬眉吐气了吗？我好心奉劝你小子一句，给我靠边儿站，我手中的鞭子可是不长眼睛的！"

"哼哼，我豪格也不是任你拿捏的柿子，你休想吓倒我！"

"真是反了，反了！天神相宗，这一切都乱了套了，快来救救我们吧！"皇后博尔济吉特氏实在是忍无可忍，突然掩面痛哭起来。

"到此为止吧。"郑亲王济尔哈朗发话了。郑亲王是一位很有影响的王爷，是被皇太极特别宠信的礼、睿、郑、肃四位亲王之一。当然，他只是近支宗室而非嫡派皇室，他的父亲舒尔哈齐是英明汗努尔哈赤同宗之弟，但济尔哈朗做人光明磊落，为人谦恭有度，再加上战功赫赫，在八旗王公大臣中有较高的威望，而且他长期受皇太极的宠信，与多尔衮同为帝王左右手。

多尔衮"哼"了一声，不再发话，算是给了济尔哈朗一个面子。

索尼趁机上前一步："国不可一日无君，趁今天八旗王公大臣都在，不如即刻齐集崇政殿，议立新君！"

"睿亲王，请吧，咱们崇政殿上一见高下！"豪格似乎是在向多尔衮挑战，率先离开了永福宫。众人窃窃私语，脸上的表情捉摸不定。

多尔衮迟疑了一下。事情是不是有些仓促了？可一见豪格那盛气凌人的样子，多尔衮当机立断："好吧，我们就去崇政殿，在先皇的灵柩前，当面锣对面鼓弄个清楚，免得节外生枝！"

"先皇尸骨未寒，他们就撕破了脸皮，大动干戈，这可如何是好哇！"皇后博尔济吉特氏看着众人远去的背影，长吁短叹。

"唉，真不如跟了先皇一走了之！"

"姑姑，刚才您还劝我，怎么您现在又说这样的话了？"庄妃急急劝慰道，"您是正宫皇后，不论谁为新君，谁也不敢冒犯您。只是福临年纪太小，我觉得我们娘儿俩无依无靠，这往后可怎么过呀！"

"唉，皇上他怎么说走就走了，丢下我们这些孤儿寡母的可如何是好呀？"皇后越发伤心，搂着庄妃，姑侄俩泪眼相望，备感凄凉。

"听天由命吧！"庄妃重重地叹息着，擦干了脸上的泪痕。看来她得活着，而且还得好好活着。

"福临，你怎么啦？"庄妃柔声喊道，因为她发现福临一直怔怔地站着，像个小木桩似的。

"孩子，额娘没吓着你吧？放心，额娘以后再也不会离开你了。"庄妃上前想要拉福临的手，不料福临两眼一瞪，说出了几句令庄妃目瞪口呆的话来："他们为什么会吵得这么凶？十四叔一会儿说要对我好，可他怎么对大阿哥那么凶？我不喜欢十四叔，我怕他看我时候的眼神，我不需要他的保护，我也是个男子汉，我自己可以保护自己，还可以保护额娘！"

"孩子，宫里的事情太复杂了，你还小弄不懂的，跟着奶娘一边玩去吧，啊？"庄妃叹了口气。是啊，复杂而艰险的宫廷生活变幻莫测，她知道失去父亲而又失去母亲的年幼子女在宫中将会怎样地生活，那将是多么的孤独寂寞无依无靠呀！庄妃想到了多尔衮兄弟的遭遇，也由此想到了福临的将来，还想到了大妃阿巴亥。唉！她怎么能够如此自私，撇下了福临而不闻不问呢？福临可是她唯一的希望呵？有了福临，就有了希望，虽然这希望微乎其微，极其渺茫，但天无绝人之路呀！

庄妃只是用这样的思想来安慰自己已经几近绝望的心。即便是她再聪睿过人，她也不具备未卜先知的能力，可以提前知道他的爱子福临竟然会登上御座，她母子竟然会绝路逢生！因为在众人眼里，大家都认为，新君不是肃王豪格，就是睿王多尔衮，这已经成为明摆着的事实了！

崇政殿里，一场你死我活的较量正在紧张地进行着。

先皇的棺椁被安放在正中的殿堂里，殿堂里白帏轻飘，白烛闪烁，一片肃穆。冥冥之中人们似乎看到大行皇帝仍旧端坐在龙庭之上，正在威严地注视着这里的一切。

第八章

两亲王争帝欲死拼　老代善为难左右袒

沉默，如死一般的沉默。空气几乎在这一刻凝固了，人们感受到一种无形中的压抑，空气中满是紧张。或许在大行皇帝的灵柩前，在场的每一个人都在扪心自问：我这样做是不是有违天意，是不是会遭到天谴？我该怎样做才能报答先皇的恩养呢？

忽然"哐唥唥"几声巨响，王公们一个个被吓得心惊肉跳。抬头一见，只见那殿门一重一重地被全部打开了，大殿外一字站着两排黄旗巴牙喇兵，一个个全身披挂，张弓挟矢，手中擎着锃亮的刀枪。

多尔衮心里猛地一沉：糟了，看来两黄旗的人已经早有准备，来者不善哪！多尔衮连忙扭头看着阿济格和多铎，他们也是满面惊恐之色。"完了！我白旗三王怎么就没把两个白旗的巴牙喇兵调到大清门外呢，这下子让两黄旗占了上风，看样子只能与他们慢慢周旋了！"

两黄旗巴牙喇兵原为大行皇帝的护兵，戍卫宫室本在情理之中。但此时这些身穿黄马甲耀武扬威的护兵已经全副武装，包围了大殿，他们名为护卫，实际是在向多尔衮示威！霎时，一股浓烈的火药气息弥漫在殿里，与大行皇帝灵前的白烛和香火形成了极不相称的对照。

多尔衮倒吸了一口凉气，眉头紧蹙，正在犹豫不决时，从殿门外一前一后大摇大摆走进了两黄旗重臣索尼和鳌拜。他二人先跪在大行皇帝的灵柩前叩头致哀，然后又依次向两侧的八旗王公们行礼，最后站到了大行皇帝的灵柩前。

多尔衮冷眼注视着这两人的一举一动，心里焦急地盘算着对策。

"先皇恩养我们多年，养育之恩比同天地，今天倘若不立先皇之子为帝，我们宁愿以死相从先帝于地下！"索尼和鳌拜声音洪亮，久久在殿里回荡。

"哼，好一个以死相从！本王看你们是想以死相拼！"多尔衮猛然起身，大声斥责着。

索尼和鳌拜受到训斥，下意识地用手按住了佩在腰间的宝剑，毫不示弱地看着多尔衮。

"你们二人吃了豹子胆了吗？胆敢擅闯崇政殿，坏了我大清的规矩，你们知罪吗？"

"这……"鳌拜心里一慌，用肘子捣着索尼，低声埋怨着："看看，捅娄子了吧？都怪你！"

索尼不慌不忙，沉声应道："我两黄旗官兵食于帝、衣于帝，养育之恩与天同大，我等没齿不忘。今大行皇帝归天，皇室无主，群龙无首，为了大清的江山千秋万代，遵循祖制，理应拥立皇子为后续之人。我们两黄旗重臣已在大清门外立过重誓，若不立先帝之子，则宁死从帝于地下而已！睿亲王，我两黄旗做事光明磊落，拥立皇子，何罪之有？"

"索尼，你仗着大行皇帝生前的恩宠，就可以在这里胡搅蛮缠，忘乎所以了吗？你也不看看，坐在这里的全是八旗王公贝勒贝子，有你说话的地方吗？你口口声声倡言'立皇子'，这议立新君的大事也是你随便说了算的吗？"

索尼擅闯崇政殿，又倡言"立皇子"，这本就是一种破例的非常行动，多尔衮一阵惊慌之后立即抓住了索尼的把柄，反咬一口，令索尼有口难辩。倘若此时豪格等人能抓住时机，一起逼迫多尔衮同意拥立"皇子"，则议立新君之事几可定矣。可是豪格似乎对眼前的这场意外事变没有反应过来，他耳朵里听见的只是"立皇子"几个字，这足以令他欣喜若狂了，哪里还会顾虑到索尼的尴尬？

"你们二人暂且退出殿外，没有诸王贝勒的允许不许擅自入内！"郑亲王济尔哈朗朝索尼一使眼色，索尼就势下台行礼退出，一路上忿忿地想：肃亲王真没有眼力，这么好的时机他竟然无动于衷，唉，我厚着脸皮，拼了身家性命又是图个什么呢？先帝呀，您若在地下有知，我索尼已经尽了力了，就请您保佑您的皇子早日被册立为帝吧！

索尼、鳌拜虽暂时退下，但两黄旗巴牙喇兵仍护卫在宫殿四周，两黄旗大臣们又站在殿内，手扶剑柄气势汹汹，大有剑拔弩张之势。多尔衮明白，这一切都是冲着他来的，何去何从他必须有个了断，当然，要慎之又慎，否则后果将不堪设想。两黄旗出其不意，先声夺人，对多尔衮震动很大，他不得不小心谨慎应付，以防不测。

"崇政殿是先皇生前议论朝政的地方，现在先皇的梓宫就停放在这里。诸王大臣齐集于此议立新君，本意是对大行皇帝的尊重，但如果双方相持不下，以兵戎相见，血溅梓宫，这样便会亵渎先帝的圣灵，酿成丑闻和悲剧。我想这是列位都不愿意看到的吧？"郑亲王济尔哈朗侃侃而谈，语言中毫无偏袒之处，令争论的双方暗中称是。

这便是济尔哈朗的精明过人之处。他明白自己的地位——他只是近支宗室而非嫡派皇室，能得到皇太极的青睐与恩宠被封为亲王，已经心满意足了。所以，没有非分之想的济尔哈朗说话做事很容易得到双方的理解。身材有些发胖的济尔哈朗不时摸着自己浑圆的肚子，表情显得轻松自在，实际上他很清楚，这中间人不好做！肃亲王和睿亲王已是剑拔弩张，都对帝位志在必得，得罪了哪一方都不会有好结果的。从感情上说，济尔哈朗当然愿意支持豪格即位为君，一来是因为他曾受过太皇厚恩应予回报，二来豪格也有这个实力，如今又有两黄旗重臣的拥戴，若济尔哈朗支持豪格，日后便有了拥戴之功，地位将更加优越和巩固。但，济尔哈朗也深知多尔衮的能力，白旗三王并非等闲之辈，惹恼了他们对自己并没有好处。所以，权衡利弊，济尔哈朗并不急于表态，他还得等待、观望，他要给自己留条后路。因此，他出来打圆场之后，便坐在一旁，密切注意黄白四旗的动向，冷眼旁观，相机行事。

在座的贝勒贝子们大都面无表情地呆坐着。事不关己，高高挂起，在此非常情形之下，又何必引火烧身呢。

终于，英郡王阿济格、豫亲王多铎沉不住气了，他们双双起身，打破了僵局："睿亲王劳苦功高，正值壮年，才智过人，功勋卓著。何况昔日太祖临终前也有立他为嗣之意。现在大行皇帝已经去世，理应由睿亲王承嗣帝统，即位为帝，早登大宝。我两白旗王公大臣愿拥戴睿亲王！"

这是多尔衮三兄弟事先约定好的行动步骤，由阿济格和多铎挑明观点，众人对睿亲王的资格和功劳自是没有异议。是呀，再怎么说睿亲王原先也是有可能继承汗位的人呀，这时候多尔衮只消点一点头，形势便会大大的有利于他了。可是，多尔衮却坐着没动，把多铎和阿济格气得直瞪眼！

"你们白旗三王，口口声声说先皇恩养你们，难道你们此举就是对先皇的报答吗？"豪格见没有人为自己说话，坐不住了。唉，好端端的开头，怎么会弄成了这个样子？

"豪格，睿亲王在大行皇帝的麾下忠心耿耿效忠了十七年，你还要他怎么样？"郡王阿达礼嚷嚷开了，他是铁杆睿王派，才不考虑这样做的后果呢。

"兄弟，现在只要你一句话了，我们兄弟已经尽力了！"阿济格没想到多尔衮仍然沉默不语，气得一跺脚又坐了下去。

"我……"多尔衮话到嘴边又咽了回去，尽管心情异常激动，但多尔衮竭力保持一张平静的脸。他知道他有问鼎的实力和希望，难道这不是他

期待已久、朝思暮想的吗？更重要的是，现在的局势对他有利，他已经反被动为主动，但他却不能轻易点头应允。他不敢轻举妄动呀！看看殿下两黄旗重臣索尼、鳌拜他们剑拔弩张的举动吧，想想外面两黄旗巴牙喇兵虎视眈眈的样子吧，若是一点头，他们三兄弟还能活着走出崇政殿吗？他不敢拿自己的生命来冒这个险。自己的两白旗尚在宫门外，远水不解近渴呀！等到他们杀进来，说不定自己早已身首异处了！

"哥哥，小弟已经仁至义尽。"多铎身子一转突然高声说道："既是睿王不允，就应立我豫王，太祖皇帝的遗诏里有我多铎的名字。"

这一次多尔衮不再沉默了，总不能让多铎把这有利于自己的局面给搅了呀。这个多铎如此没有耐力，竟然毛遂自荐，毫无谦让之意！

"肃亲王的名字也是太祖遗诏中提到的。"多尔衮言下之意是，并不是太祖遗诏中提到的名字就可以即位，不仅你多铎不可以，皇长子豪格也不行。多尔衮是旁敲侧击，一语双关，一箭双雕。

"哥哥，你今天是吃错药了吗？怎么处处与小弟作对？"多铎不明其意，气得大喊大叫，脸色涨得通红。"那好，你不立，我不立，肃亲王也不够资格，论长应当立礼亲王！"多铎在气头上，顾不得看连连给他使眼色的多尔衮，一拱手又将帝位推给了代善！

多尔衮没料到年轻气盛的弟弟多铎竟又转移了目标，气得他脸色铁青，握紧了拳头恨不得冲上去狠揍多铎几巴掌！这是什么场合，他竟可以颠三倒四，胡说八道？

不独多尔衮吃惊和恼怒，礼亲王代善也很意外，他原本蜡黄的脸立即涨得通红，表情十分不自然："既然，豫亲王提到了我，我就表个态吧。"代善吭吭哧哧地说着，额上沁出了一层细汗。

代善虽然名位至尊，又拥有两红旗的兵力，但他已经六十出头，身体瘦弱，两个很有前途和功劳的儿子萨哈廉和岳托又英年早逝对他打击很大，而二儿子硕托又一心一意跟着多尔衮，所以代善知道自己的分量。早在十七年前他就全力退出对汗位的争夺拥立了皇太极，现在他怎么可能还有觊觎皇位之心呢？充其量，代善只能作为平衡多尔衮与豪格双方势力的一个砝码而已，所以从会议开始到现在，代善一直一言不发，他本不想卷进这个冲突里去，可现在，想逃避也不可能了。

代善知道众人的目光都在注视着他，他甚至能感觉到多尔衮射来的阴冷的目光。多尔衮有理由恨他，就因为当初代善没有奉行遗诏，舍弃了辅佐多尔衮而拥立了皇太极！为了弥补内心深处的愧疚不安，代善轻轻咳了两声，毫无表情地说道："有关议立新君之事，本王是万万不能胜任的。

睿亲王如果应允，这乃是我大清的福气；不然的话，就当立先皇之长子承继大统。我身为帝兄，年老体衰，很久就不干预朝政了。我就倚老卖老，先行回去，在家恭候佳音了！告辞！"

代善径自离去，离开了这个是非之地。他先抬睿王又抬皇子，看来是谁也不想得罪，明摆着，他已经老了，再也经不起大的折腾了。

问题总算又绕回了原处，多尔衮稍稍松了口气，甚至在心里多少有些感激兄长代善了。照此下去，再耗上一段时间，豪格也许会甘拜下风的，这样就可以化解一场生死攸关的危机，而自己则不费一兵一卒便可以登上帝位，这不是很圆满吗？

多尔衮心里窃窃自喜，正打着如意算盘，忽然阿济格站了起来，粗声大气地说了句："这里的空气憋得我透不过气了，本王回府歇息去了。"说着甩手而去。

在座的颇有影响的几个人，郑王一言不发，豫王低头不语，睿王则脸色阴沉，肃王豪格的精神已近崩溃。他猛然起身，愤愤说道："既是这样，本王也先行告退！我福小德薄，难当大任，无意于此！告辞！"

豪格的本意是以退席相威胁，逼迫多尔衮表态。他们双方都清楚，鹿死谁手尚很难下结论，他们任何一方都没有绝对的优势，但又都绝不会眼睁睁地看着对方披上龙袍，两人之间没有商讨的余地，没有退让的余地，如果硬拼起来，不是鱼死，便是网破。

这时，两黄旗大臣见形势在逆转，皇长子豪格竟亲口说出他无意于王位的话，这不让他们的心血白费了吗？于是，他们齐齐上前拦住豪格，恳求道："请肃亲王不要感情用事，有我等两黄旗大臣在，就必须议立皇子为帝！"

豪格也正为自己的失言而后悔，他怎么可能甩手就走呢？那样会抱憾终生的！难怪父皇在世时一再责备自己莽撞，今天又差一点儿坏了大事！唉，我怎么就不能像睿亲王那样沉得住气，不动声色而左右大局呢？

多尔衮的脸色阴沉得可怕，血色全无。一向聪明绝顶的他已经意识到，事情已到了最关键的时候！形势已经很明显，自己若要开口坚持登基，可能等不到黄袍加身，宫里就会发生一场血战，两黄两白四旗将士将两败俱伤受到重创，八旗劲旅从此元气大伤，更不要说挥师南下逐鹿中原了！

多尔衮不动声色地盯着豪格，豪格被他看得心里有些发毛，哼了一声调过身去。"怎样才能两全其美，既避免了一场火并，又可以让自己左右政权？皇子，豪格？对了，豪格并不是大行皇帝唯一的皇子呀！主意有了！"

多尔衮不愧为"睿"亲王，果然足智多谋，经验老到。两黄旗重臣索尼他们口口声声说拥立皇子，并没指明就是拥立皇长子豪格！这就给多尔衮提供了一个变通的机会。如果拥立其他皇子，而自己又可以加以辅佐的话，不照样可以左右大清的局势吗？先皇现尚有十来个皇子，除了长子豪格之外，还有高塞、常舒、福临……对，就立福临！说不清是什么原因，多尔衮一下子就选中了福临，当然，这肯定得归功于福临的母亲庄妃，谁让她在后宫嫔妃里那么美艳惹眼呢？

多尔衮无声地笑了，这是一种胜利的微笑，因为他已经预测到了大清的未来会按他设计好的路线发展下去的，他胸有成竹。

睿亲王多尔衮微微一笑，立时缓解了大殿里令人窒息的紧张气氛。

"巴克什索尼和巴图鲁鳌拜，请你二人上来说话！"

"嗻……"

豪格、多铎和济尔哈朗都迷惑不解地看着多尔衮，他们实在是弄不清多尔衮的葫芦里卖的是什么药！

索尼和鳌拜也没料到睿亲王会允许他二人陈述意见，这可是难得的机会呀。可是一开始睿王爷不是把他二人训斥了一通又喝令退下去的吗？

二十多年来，大清任何军政大事都是由清王室的八旗王公贝勒商议解决，这就是由努尔哈赤确立的"八和硕贝勒共议国政"的制度，侍卫、固山额真、巴牙喇纛章京、梅勒额真等将官虽然可以列席会议，可以发言，但必须是在王公贝勒尤其是八旗旗主讲完之后而且被君汗贝勒允许时才可以陈述意见。而像议立新君这样的头等重要大事，只有八和硕贝勒才有发言权和决定权，八王之外的大臣是没有任何发言权的。这一次八王一起列会议政，议立新君，正是清太祖"共议国政"的遗风，除了两黄旗的大臣外，其他各旗的宗室大臣都没有参加会议，这不能不说是破例了，而索尼和鳌拜一开始就倡言"立皇子"，更是违反了祖制，因此睿王出面喝退也是在情理之中的。

机不可失，既然又有了可以表态的机会，那还犹豫什么？索尼对鳌拜一使眼色，两人笔挺地站着，理直气壮地将所立的誓言又说了一遍："我们这些人，吃的是皇帝的饭，穿的是皇帝的衣，皇帝的养育之恩比天大，比海深。如果不立皇帝之子，我们宁可死从先帝于地下！"

"好！两黄旗之重臣对于太宗皇帝赤胆忠心，是大清国不可多得的人才，本王深表敬佩！肃王，你可有话说？"

"我？"豪格眼珠子一转，瞪着多尔衮："两黄旗重臣的誓言便代表了本王的心声，还有必要让本王再重述一遍吗？"豪格内心狂喜，事已至此，那宝座皇冠和龙袍不都将属于他皇长子豪格的了吗？他情不自禁地朝正中大殿之上的御座看了几眼，恨不得立马就坐上去。

"郑亲王、豫亲王，你们也都听明白了吧？"多尔衮微笑着征求济尔哈朗和多铎的意见，济尔哈朗明确地点着头，而多铎却不满地看着哥哥，嘟哝了一句："我们又不是聋子！"

"既是这样，本王以为议立新君之事可以定矣！"多尔衮不慌不忙，双眼炯炯发亮，缓缓说道："本王以为两黄旗重臣的倡言是正确和明智的，新君当立先帝之子！"他故意将"先帝之子"这几个字加重了语气，然后看着大家的反应。

"早知如此，又何必当初？"豫亲王多铎狠狠瞪着哥哥，垂头丧气地瘫坐在椅子上。

郑亲王济尔哈朗面露赞许之色："这样最好，我等可以告慰先帝的在天之灵了。"

"多谢睿亲王和郑亲王的拥戴！"豪格喜不自胜，眉开眼笑，笑嘻嘻地看着多尔衮。

多尔衮收起了脸上的笑容，单刀直入："既然大家都无继承大统之意，皇长子豪格又谦让退出，为了尊重两黄旗重臣的意见，也为了告慰先帝的在天之灵，本王以为当立先皇的第九子福临为帝！"

"什么？"豪格闻听此言如五雷轰顶，大惊失色："你，你，你安的是什么心？"

多尔衮目光一凛，直视着豪格："你自认为福小德薄，难当大任，我只好退而求其次了。难道有什么不妥吗？诸位王公大臣，"多尔衮转过身来，面对众人不解的神色侃侃而谈："我同意两黄旗重臣的建议，拥立先皇之子为帝。正如你们所听到的那样，皇长子豪格无意承嗣帝统，幸好先皇还有其他众多的儿子，年幼的就有高塞、常舒、韬塞、博穆博果尔和福临五个，又选谁为帝呢？"

多尔衮说得合情合理，既然你豪格不愿意当皇帝，那只有从其他诸多的皇子中选了，豪格你又怪得了谁呢？两黄旗重臣索尼和鳌拜略一思忖，表示同意睿王的说法。睿亲王已经明确无误地说了要拥立皇子为帝，他们自然也就无话可说了。

"我为什么选福临呢？诸位心里都清楚，先皇去世前对福临非常喜爱，福临本人又非常健康聪明，他的母亲庄妃又是先皇的五宫之一，地位尊贵，因此我以为除了皇长子豪格以外，福临便是最佳的人选。"

多尔衮有意抬出了福临的生母庄妃，意在贬低其他皇子包括皇长子豪格在内的生母的地位。高塞、常舒的生母均为太宗皇帝的庶妃，韬塞的母

亲身份不明,博穆博果尔虽是麟趾宫贵妃所生,但贵妃早年侍奉察哈尔林丹汗,已失了名节,如果将为帝母说不定要招天下人的耻笑。至于庄妃,她的贤惠、聪颖是众贝勒大臣有目共睹的,深为他们所赞赏。对于庄妃,无论是人品、出身,还是才能,人们都无可挑剔。

"可是,九阿哥才六岁,还什么都不懂呢!"多铎冒了一句,听他的口气已经同意了哥哥的决定。

"这个不足为虑。福临天姿聪敏,生母又尊贵贤淑,其他皇子自然是望尘莫及,只是年龄尚幼,就由我和郑亲王济尔哈朗左右辅政,分掌八旗军兵,到他年长之后,立即归政!"睿亲王多尔衮终于将心中所想之事和盘托出,心里松了一口气。他这番话说得光明磊落,滴水不漏,口口声声是为了抚慰先皇在天之灵,一心一意拥立先皇之子为帝,不仅索尼和鳌拜他们无话可说,就是皇长子豪格也是干瞪眼。豪格虽然心里有一百个不愿意,但现在被举为皇帝的并不是多尔衮和别人,而是自己的弟弟福临。尽管出乎众大臣的意料之外,但两黄旗重臣们看来已经默认了,豪格没有了两黄旗重臣的支持,也只有仰天长叹,追悔莫及了!

"这个折中方案实属上策!"郑亲王济尔哈朗击掌叫好。济尔哈朗捋着颔下焦黄的胡须,脸上露出十分满意的笑容。而豪格却两眼发呆,像一只泄了气的皮球瘫在椅子上。

接着,多尔衮发誓要效忠皇帝,誓死不变。

永福宫里,庄妃娘娘听到这个消息之后,猛然尖叫一声,身子一软,瘫倒在地上。

有人欢喜有人忧。从大殿出来之后,索尼、图赖、鳌拜等人来到三官庙进行秘密商议,他们担心的是,以后自己的日子不好过。福临即位之后,这大清就成了多尔衮的囊中之物,他要呼风唤雨,他要百官朝贺,他要坐镇龙庭,都是指日可待的事了,而九阿哥福临只是一个有名无实的傀儡皇帝了。而事实就是如此。

永福宫门前,内侍大太监海中天扬着嗓子喊道:"今日大清国举行新王登基大典,八旗王公大臣和外藩蒙古王公已齐集在笃政殿前候驾,恭请幼主出宫!"

真是想不到,未谙世事的六龄童福临侥幸被推上了皇帝的宝座,他还没登基,便被这些惯于阿谀谄媚的御用文人们吹捧成了"至圣至睿""尽善尽美"的小超人了。

笃政殿里,太子福临身穿龙袍,高坐在金銮殿上,南面为君。此时此刻的他忽闪着乌黑的眸子,饶有兴致地看着前来朝贺的文武百官,显得气度雍容，毫不胆怯。

摄政两亲王睿亲王与郑亲王率领内外诸王贝勒贝子加上文武群臣纷纷而至，乌泱泱地跪了一地，面对着六龄幼主福临行三跪九叩首大礼。太监们立下香案，赞礼官手捧誓书大声诵读起来："……我等八旗王公大臣文武百官奉先帝第九子福临继承大位，誓当遵守先帝定制，敬事幼主，精忠报国。嗣后若有藐视皇上、私结党羽、欺君怀奸、妄自尊大、不从众议之人，天地谴之，令短折而死！"

第八章　两亲王争帝欲死拼　老代善为难左右袒

第九章

小福临登上皇帝位　多尔衮稳坐龙庭前

大礼完毕之后，多尔衮和济尔哈朗一前一后上了龙庭，坐在福临的两侧。

福临总是觉得不自在，原本是他一个人高高在上，可以尽情享受着百官的朝贺与祝福，但是现在坐了三个人，到底谁才是真正的皇帝啊？

"两位皇叔，我……"福临话还没说完，坐在他右侧的多尔衮低声喝道："不要乱说话，且听下面阁臣宣诏！"

"宣什么诏？我怎么一点儿也不知道？"福临眼睛一瞪，毫不示弱地看着多尔衮。

"你……"多尔衮万万没料到这孩子倒挺难对付的，不由得拧起了眉头。

这时，赞礼官的声音又响了起来："两黄旗大臣、侍卫焚香对天地盟誓！"

"嗯？这是怎么回事？"多尔衮心头一凛，询问地看着济尔哈朗。

"不知道，许是两黄旗重臣们当场要表示对幼主的忠心吧，嗯，看来他们真的是对先皇忠心耿耿的忠臣。"济尔哈朗面露赞许之色，多尔衮不便发作，闷闷地说了句："这事且不与他们计较。嗣后朝廷所有事务，须经我二人同意，不准擅自办理，否则……哼！"

"这么看来，并不需要我这个儿皇帝坐在这里喽？我本以为皇上临朝很有趣，其实乏味得很，还不如回宫去与下人们捉迷藏好玩，我不干了！"福临说着便要起身，慌得两位辅政王一左一右按着他，低声劝慰说："今天是皇上登基大礼，非同小可，皇上且忍耐一下，万万不能离开呀！"

"那……"福临眼珠子一转，要拿两位叔伯开心："我憋不住了，要撒尿！"

"这个……"多尔衮没想到还有这等麻烦事，急得他抓耳挠腮不知如何是好。

"若是尿湿了龙袍……"福临一屁股又坐了下来，笑眯眯地看着多尔衮。

"使不得，万万使不得呀！天神祖宗，你可不能添乱子呀！"济尔哈朗急得黄脸越发地黄了，低声恳求着。

"嘻！那就请十四叔把你头上戴的帽子拿来做我的尿壶吧，一会儿我再让人给你送一顶新的！"福临扑哧一笑，乐不可支。

"唉，小祖宗你可真会开玩笑！"济尔哈朗放了心，重又坐了下来。多尔衮被福临弄得又气又恼又不好发作，脸上还得带着笑，心里却恨得直咬牙："不知好歹的王八羔子，若惹恼了本王爷，让你吃不了兜着走！"

幸亏殿下两黄旗大臣侍卫们又乌压压地跪了一地，文武大臣们没注意到龙庭上叔侄三人的小插曲。

"两黄旗大臣、侍卫图赖、鳌拜、索尼、巩阿岱、图尔格、谭泰、锡翰、希福、范文程、遏必隆等两百零七人，对天地盟誓：我等若以主上冲幼，不尽心竭力如效先帝时，谄事诸王，与诸王、贝勒、贝子等结党谋逆、徇私庇奸、挟仇害人、妒忌构谗、蔽抑人善、徇隐人恶者，天地谴之，即加显戮！……"

两黄旗大臣侍卫们个个神情肃穆，他们发自肺腑的盟誓令龙庭之上的多尔衮听了头皮发麻，脸色大变：索尼这一招果然厉害！哼，他六人已经在三官庙盟誓，今天又唆使两百多人一起上朝盟誓，这不明摆着是向我示威和提出警告吗？不过，我多尔衮会因此而被你们吓倒吗？看来你们低估了本王爷的才干、抱负和雄心壮志！别看现在你们几百人同心，气势汹汹，过不了几个月，顶多一二年，本王便会瓦解你们，让你们一个一个地拜倒在本王的脚下！

这些昭告天地誓书，不过是一纸空文，能奈何得了谁？当初皇太极不也在即位时信誓旦旦地宣过誓吗？可到后来，他不还是一样地大权独揽，翻云覆雨？索尼呀索尼，你一向智谋过人，怎能相信这一纸誓书誓词呢？嘿嘿，你跟我斗，还嫩了些！

两黄旗大臣和侍卫们陆陆续续退到两旁，太监们撤去了香案。大学士冷僧机手捧黄色诏书当众宣诏："幼主即位，以明年为顺治元年。尊皇考为太宗文皇帝，嫡母生母并为皇太后。王大臣以下，各加一级，普天同庆！"

殿下王公大臣以及文武百官叩头致谢，纷纷退朝。福临注视着群臣们陆陆续续退朝的背影，似乎若有所思。

过了一年，便是大清国顺治元年，明崇祯十七年，这一年是明亡清兴的关键之年。元旦清晨，顺治帝龙袍加身，坐在八角龙庭上接受百官朝贺，外藩蒙古朝鲜各国，也遣使入觐。一时间正是"九天阊阖开宫殿，万国衣

· 71 ·

冠拜冕旒",自有一番升平景象。

笃政殿里,顺治已没了踪影,和一群小太监们玩乐去了。对于福临学习这件事,多尔衮似乎并不上,因为他担心福临日后会更加不把他放在眼里,现在反而更好一些。

这时,梅勒章京冷僧机等人持笏上奏,请求郑睿二王由辅政王改为"摄政王"。多尔衮微笑不语,看着济尔哈朗。叹气归叹气,济尔哈朗权衡利弊还得当庭表态:"前者众议公誓,凡国家大事,必众议合同,然后结案。今思盈庭聚讼,纷纭不决,反误国家政务,耽误各王公大臣的时间和精力。由此看来,就由睿王和我二人同为摄政,日后所有荣辱全由我二人担当,不知睿王以为如何?"

多尔衮不住地点头,心里说你济尔哈朗这一回总算开了窍!

殿下坐着的八旗王公大臣闻听之后立即议论纷纷。"肃亲王,冷僧机的做法被睿王一接受,这不是变更了祖制了吗?""哼,不但变更了祖制,而且违背了誓言,我大清此后要任由他独断专行了。"

豫亲王多铎和英武郡王阿济格也是愤愤不平。本来,他们尚有权与众八旗王公贝勒、贝子一起当朝议政,往后被剥夺了议政之权,便只有听命于龙庭之上的两位亲王了。长此以往,这大清国不就是郑、睿二王的天下了吗?

礼亲王代善见众人面有不悦之色,又瞥着多尔衮两眼,见多尔衮嘴角挂着冷笑,心里十分无奈地叹着气,拍着巴掌示意众人安静下来,自己率先表态:"两位亲王所虑诚是,为我大清国利益着想,不如各司其职,权力集中。老臣十分赞同两位亲王由辅政王改为摄政王。"

众人愕然。礼亲王代善这是怎么啦?先皇在时他备受尊宠、一言九鼎,是何等的风光?怎么今天变成了胆小怕事唯唯诺诺之人?不过众人再一细想,仿佛又能从代善的遭遇上找到一些答案。说起来,代善落到今天这个地步已经够凄惨的了,昔日礼亲王府煊赫一时的声势早已荡然无存。如今幼主无知,睿王专权,顺我者昌,逆我者亡,只有明哲保身才是万全之计呀!

豪格等人思索再三,虽然很不满意却不敢公开反对,于是便跟着礼亲王之后,当庭表态:"今两位王爷之言,实为万全之策。皇上冲年,初登帝位,我等王公更应各勤部务,宣力国家,以尽忠尽职!我等皆定议以为然,无不遵者!"

多尔衮当然知道众王公大臣有不满、勉强之意,但既然他们都已当众表了态,日后若有不满之辞,即可量刑定罪,看看谁敢不服?

豫亲王多铎眼见得木已成舟，心里憋了一肚子的气。同为一母所生，当哥哥的一心要独揽朝纲，就毫不留情地将小弟拒之门外？这些年来多铎一直跟在多尔衮的屁股后面当枪使，又落了什么好处？在崇政殿上议立新君之时，多铎依计力荐多尔衮，反遭多尔衮一顿训斥，多铎一气之下毛遂自荐要登基为帝，更遭多尔衮反对。多尔衮作为兄长出尔反尔，那么为小弟的多铎又何必对他恭敬如一呢？

"臣有一事不知当讲否？"多铎上前一步，盯着多尔衮。

多尔衮心里恼怒呀，心想你又来添什么乱子？都是平日里宠坏了，若是说得过分，做得出格，照样治你的罪！杀鸡给猴看，他们自然也不敢轻举妄动了。

"什么事？"多尔衮尽量忍耐着自己不耐烦的心情。

"如今皇上年幼，朝廷诸事繁杂，臣恐两位摄政王有精神不济的地方，小王和肃王都值壮年，有力无处使，不如每天入宫帮着两位摄政王办理国事。"

众人听了直摇头，心里说豫王也是太不知趣了，睿王爷已经取消了诸王上朝议政，又岂能容你和肃王同起同坐？这不与当初天聪汗即位时的四大贝勒议政是一个翻版吗？豪格也拿眼睛瞪着多铎，心里直埋怨：十五叔你想从你哥哥碗里分得一些残羹剩饭，又何必拉上小侄我呢？此事须从长计议，岂有当面张口索要之理？真是不知好歹，不识时务呀！

果然，只听多尔衮一声冷笑："豫王和肃王的好意本摄政王心领了。如今我睿郑两王已经是骑虎难下，便只有咬着牙担当了，此后大清国办得好，是我二人的功，办得不好，是我二人的罪，不用两位费心！人多主意杂，反会把国家的大事耽误了！"

一席话说得多铎哑口无言。多铎偷偷看着豪格，两人一使眼色，连声诺诺一起退出了大殿。

肃亲王豪格对日益专权的睿亲王多尔衮极为不满，怨气冲天，常在府里与亲信近臣密议，一而再再而三地诅咒睿王多病，不久将夭折短命。豪格对失去的帝位悔恨不已，若不是睿王插手，这帝位是非他莫属，他能不怨恨？再则，平日里入朝办事或在大庭广众之下，豪格总是尽量沉默寡言，表现出一副唯唯诺诺的样子，但心里憋得难受哇！如果不发泄出来，他会发疯的！所以，回到府里之后，贪杯的豪格总是喝得酩酊大醉，然后便骂骂咧咧，将心中积压的怨恨一吐为快。

可是，没有不透风的墙。豪格对睿王的攻讦谩骂和恶意诅咒很快就传到了睿王的耳朵里。原来，豪格用人无方，识人不明。他不仅怨恨睿王多

顺治传

尔衮坏了自己大事，而且对索尼、图赖、图尔格等对先帝太宗和幼君福临忠贞不贰的重臣也憎恨不已，辱骂他们背叛故主，投靠睿王，而对何洛会这样首鼠两端的见利忘义之徒却信赖无疑，多次邀他们在府中吃酒，毫无隐瞒地向他们宣泄着内心的不满。豪格忠奸不分，势单力薄，岂能斗过权势急增的睿亲王多尔衮？

结果，在固山额真何洛会等的讦告下，摄政王多尔衮召集了众八旗王、贝勒、贝子以及内大臣会审豪格，以"乱政""悖乱""为乱""罪过多端""大逆"等重罪，将其幽禁，后虽释放，但已被夺去所属七牛录人员，罚银五千两，废为庶人。

多尔衮由此去掉了心头之患，但心里却并不轻松。身为清廷的最高决策人，多尔衮正面临着一个艰难的选择，是继续执行皇太极"持重自国"的方针，还是抓住时机，进取中原？

此时，中原大地上，烽烟正浓。李自成与张献忠的农民军揭竿而起，带领陕西的饥民起兵攻明，起义军所到之处，一呼百应。李自成便自称"闯王"，率领所属的十三家七十二营共几十万大军打进了西安，杀死明朝亲王秦王，改西安为西京，自己便建立了"大顺国"，建元永昌，与此同时，自称"八大王"的张献忠所率的农民军也于武昌建立了政权并向四川进发，与陕西的李自成遥相呼应。

明朝的崇祯皇帝已经无力阻止滚滚向前的历史车轮，朱明王朝将近三百年的气数即将告终。

多尔衮心绪纷乱，将手中的毛笔往案上一丢，重重地叹了口气，究竟何时攻明，他无法骤然决定。但是为了证明他摄政王的才干，多尔衮又急于再立军功，只有这样，他这摄政王的位子才会越坐越稳。满洲八旗靠战争起家，一日不征战，八旗众多的部将和子民将坐吃山空，怨声载道。时日一长，军心不稳，人心也就不稳了。怎么办？

多尔衮正在踌躇之时，忽有太监来报："大学士范文程和武英郡王阿济格求见！"

"范文程！他不是患病在温泉'坐汤'去了吗？匆匆赶回，必有要事！"多尔衮急忙吩咐："传！"他本人则端坐在御案之后，案上除了笔墨纸砚以及一堆奏折以外，还有一件国宝——元世祖的传国玉玺！

"臣等参见摄政王！"

"大学士不必多礼，快快请坐！"尽管此前多尔衮对足智多谋的范文程心有芥蒂，但此时大清国似乎还少不了他这样的高参，所以，多尔衮尽量对范文程以礼相待，并对豫王调戏大学士之妻一事做出了惩罚，亲手替大学士出了怒气，以赢得大学士的支持。再说范文程是何等圆滑聪明的人哪？眼见得睿王专擅，范文程虽有不满却也无可奈何。他只是一个文人，一个军师，没有实权，只要摄政王能一心辅弼幼主，范文程又有什么话说？

"大学士不是身体不适吗？为什么不在温泉多待些日子，好好将养一下？"

"多谢摄政王的关心和厚爱！老夫此刻是一时也坐不住了。王爷，有天大的喜事呀！"

"噢？快说来听听！给大学士和武英郡王上茶！"

"王爷有所不知，明都燕京已被闯贼攻破，臣闻那崇祯已经自尽十多日了。"范文程习惯地捋着花白的胡须。

"此事当真？那李闯这么厉害？"多尔衮闻听心中喜忧参半：喜的是大明终于灭亡了，大清可以趁机向关内扩张了；忧的是，大清终于要面对如日中天的农民军了，果真打起来，实在是胜负难测呀？

多尔衮大口抽着烟，鼻孔中不停往外冒着呛人的烟雾。"看来，这个李闯也不好对付呀！他从山西起兵，天下响应，忽然间就长驱入京做了中原的皇帝，想是有些本领的。这一回咱们大清真正遇到强敌了。"

"臣倒不以为然，"武英郡王阿济格发了话，"臣听部将们议论说，那闯贼虽拥兵百万，却暴虐无常，烧杀淫掠无恶不作，明朝臣民莫不切齿痛恨。臣以为，此时正是我大清出兵的好机会！"

"不然。李闯若没有人心，怎么能得天下呢？也许哥哥所听的传闻均来自朝廷官宦之口，他们与李闯不共戴天，当然对他切齿痛恨了。依本王之见，这当然是一个大举进攻的绝好机会，但须得先探明李闯的虚实，另外，大明国都虽破，但各地还有大量的官员和军队，这也是我们发兵所不可以忽视的呀！"

"睿王所见甚是全面。有道是'知己知彼，百战不殆'。据老夫的打探和琢磨，这闯贼目前虽说风头正盛，但农民军军纪散乱，大小将官在燕京城吃喝嫖赌，李闯则占据了紫禁城，将那后宫的佳丽一个个临幸，忙得不亦乐乎。俗话说'骄兵必败'，老夫以为既然我大清与闯贼的决战势在必行，迟打不如早打，趁闯贼毫无防备，尚未在燕京站稳脚跟之际，一举消灭它！睿王爷，机不可失呀！"

"真如大学士所言，那我大清入主中原之日则是指日可待了！"多尔衮眼中放光，脸上露出了笑容。

范文程知道，多尔衮为人处事素来谨慎，平时脸上不动声色，让人难以揣摩。但，只要一旦拿定了主意，脸上便会浮出笑容，不论是好事还是坏事。于是，范文程趁热打铁，进一步试探着说："老夫心里还有一些想法，又恐耽误了摄政王的宝贵时间，于是便写在了奏折之上，请睿王闲暇之时看一看。"

"哦？"多尔衮接过了范文程递过来的奏折，打开一看，上面写满了密密麻麻的蝇头小字，不由得叹道："大学士不愧是饱学之人，一肚子文章呀，等到本王读完了这篇奏折，再弄明白其中蕴含的意思，恐怕今儿晚上也睡不成了。不如请大学士先简要说一说，本王愿闻其详，因为，本王实在是等不及一字一句去读那蝇头小字了，本王的心已经飞过了榆关，被那燕京紫禁城的宏伟壮观深深地吸引了！"

一番话说得几个人笑了起来，这时郑亲王济尔哈朗也闻讯赶来，多尔衮吩咐内侍太监送上酒菜，就在西暖阁的炕上，几个人团团围坐，边吃边谈，气氛格外融洽和谐。

"统一华夏，入主中原，这是我满族几代人为之呕心沥血所追求的，也是父兄多年来的夙愿，倘能在我辈手中实现，岂不是一件光宗耀祖名垂青史的大好事吗？来来来，干杯！"

"只要我等精诚团结，一致对外，就没有实现不了的事。"济尔哈朗虽说受到了多尔衮的排挤，但此时仍以大局为重，暂且忘记了个人的恩怨，满脸的喜悦之情："本王刚从城外的军营回来，我八旗将士们个个摩拳擦掌，士气高昂，正盼着出兵呢！"

"那我们还等什么？现在我们占尽了天时地利，吴三桂那厮已经从宁远撤兵奉命回守了，我大清可以长驱直入，直下燕京！不如，今晚就发兵吧？"阿济哥喝得脸放红光，大声地喊了起来。

"就哥哥你一喝就醉的样子，今晚能领兵作战吗？"多尔衮笑着往嘴里塞了块红烧牛肉。说不清是什么原因，多尔衮对牛肉百吃不厌，对牛油、牛奶也是嗜之如命。

"摄政王，武英郡王，老夫还想再多说几句。借着酒兴，如果说得不对，请摄政王原谅。"

"嗨，大学士多虑了！想当初先皇在世时，他对你是言听计从，今天先皇虽然不在了，可大清国还是他一手创建的，为了把大清国引向光明的坦途，大学士尽管直言，本王洗耳恭听！"

"谢睿亲王厚爱！"范文程滴酒不沾，只喝热腾腾的牛奶，他撩开胡须咕嘟喝了一大口，抹着嘴角说："刚才武英郡王说我大清已占了天时地利。此话不假，但倘若再占了人和岂不更佳？那么我大清出兵，定会马到成功！"

"人和？我看不出来呀？"阿济格正龇着牙剔牙缝里的肉。

"那李闯原是个流寇的头子，非常暴虐，他和手下的那班人马将京城女子玉帛劫掠一空，又将活捉的明朝高官，剖腹挖心，灼肉折胫，手段异常毒辣凶残，那明朝的遗老遗少，莫不切齿痛恨。若我大清乘此出师，借着吊民伐罪的名义，那失魂落魄的明朝臣民必望风归附，驱流贼，定中原，正在此举呀！"

"吊民伐罪，争取明朝臣民归顺我大清？高，真是高人一等，范先生真乃高人矣！佩服，本王佩服之至！"多尔衮恍然大悟，拍案叫绝。

"为什么？难道要我满族八旗为他汉人的鸟皇帝致哀送葬？这是什么道理，我想不通！莫非范先生有心怜悯那个吊死在歪脖树上的汉人皇帝，才出了这么个馊主意？"阿济格虎眼圆睁，满脸的不高兴。

"哥哥休得对范先生无理。"多尔衮大声呵斥着阿济格，又和颜悦色地对范文程说："干脆，你再说得详细一些，先让我这位哥哥心服口服，我们都弄明白了，此事也就无可争议了。"

"也罢。简而言之，老夫以为那闯贼必败无疑。"众人愕然，都停下了吃喝看着范文程。"李闯已定鼎燕京，如日中天，范先生何出此言？"

"依老夫看来，那闯贼大军有三个弱点，若我八旗抓住不放，反其道而行之，必能将其逼败。"范文程不慌不忙，手不停地捋着胡子。

"这其一，闯贼身为大明臣民，却逼死君主，实为大逆不道，必触怒上苍，受到应有的惩罚；其二，闯贼以及部将残害无辜，侮辱缙绅世家，已经引起了旧明官僚的痛恨；再次，闯贼劫掠百姓，烧杀奸淫无恶不作，更使百姓恨之入骨。有了这三个弱点，我大清就足可以一举而破之！当然，倘若我大清只想坐守关东，成为一方之霸，那又另当别论了。"

"此话怎讲？"多尔衮追问道。

"从前我满洲八旗曾多次入关，每次都是攻城劫掠兼施，满载而归，已经招致了明人的不满和惶恐。倘若我大清想要统一中原，则必须从头来过，安恤百姓，申严军纪，妄杀者论罪，并打着吊民伐罪、为明朝臣民复君父之仇的旗号，一则我清兵入关有了正当理由，二则那明朝遗老必望风归附，那么，我大清可以乘机驱逐闯贼，定鼎中原！"

"好！我依范先生之计行事！我满洲八旗立即修整兵器，储粮秣马，俟四月初大举伐贼！"

范文程等人直吃到日落西山，才喷着酒气打着饱嗝出了宫。多尔衮已经有了几分醉意，头疼欲裂，但他仍在细读着范文程的奏折，不时喝上几口浓茶。大举出兵伐明讨贼，成败在此一举，马虎不得呀！

"大学士范文程敬呈摄政王殿下：窃以为明朝灭亡之日就在眼前！叛匪流寇，踞于西土；水陆诸寇，環于南方，兵民煽乱于北疆，我满洲八旗则伐其于东北。大明四面受敌，君臣安能相安无事？历太祖太宗两代，我大清八旗劲旅百战百胜，名声远扬。今诸王大臣祗承先帝成业，夹辅冲主，忠孝格于苍穹，天神潜为启佐，此正为我摄政王建功立业之良机也。窃惟成应业以垂休万祀者此时，失机会而贻悔将来者亦此时也。盖明之劲敌，唯在我国，而流寇复蹂躏中原。我国虽与明争天下，实与流寇相角逐也。为今日计，当严申纪律，秋毫勿犯，任贤抚众，使近悦远来，官仍其职，民仍其业，录其贤能，恤其无辜，而大河以北可传檄而定也。此行或直趋燕京，或相机攻取，要于入边之后，山海关之西，择一坚城顿兵，以为门户，则我师往来出入甚便，唯我摄政王察之！"

多尔衮看完之后，叹了一口气，说道："这范老头儿的分析的确很准确，我多尔衮大显身手之时就在眼前，如今豪格已经被贬为庶人，宫中没有事情，福临每天只会玩乐，我完全可以放心地率兵去往前线！"

一想到有朝一日能够问鼎燕京，威武地坐在紫禁城里南面为君，从容不迫地致力天下，多尔衮忍不住心潮澎湃，高兴不已。到时候他就可以毫无顾忌地皇袍加身，当一个名副其实的中原的皇帝，这是多么威风、多么气派啊！

多尔衮信步走出了大殿……

第十章

多尔衮英勇占明城 小福临威武迁京都

笃政殿里，幼主顺治黄袍加身，正在为即将率兵启程的多尔衮颁布敕令。

多尔衮与阿济格、多铎三兄弟一身戎装，在大殿里面显得格外耀眼。

"朕的兄长豪格，虽然现在被削爵成为庶人，但是看在他以往屡立战功的情分上，让他随军从征，希望可以将功补过！"福临语出惊人，实在令人措手不及。

多尔衮听了不觉得心里一颤：这究竟是谁出的主意？济尔哈朗、范文程，还是庄妃呢？豪格，现在我不可以任意诛杀你，等到了军中我一定会让你死无葬身之地，你就到阴曹地府去立军功吧！

"睿王多尔衮听赏！"

多尔衮心里又是一怔：今天这么多的道道绝不是年幼无知的顺治所能想到的，他一方面封赏我，一方面又抬出了豪格，这不明摆着要与我作对吗？盛名之下，其实难副。如今全大清国的人都盯着我的一举一动，我能轻举妄动吗？我能任意除掉豪格吗？

多尔衮心事重重叩头谢恩，趁机瞅了济尔哈朗一眼，正与济尔哈朗的目光相遇。

午时三刻，大清门外炮声震天。大军出发。

山海关，古称榆关，据说秦时大将蒙恬奉秦始皇之命北伐匈奴时，在此关植榆为塞，所以这里多榆木，榆关之名由此而得。

多尔衮将大军驻扎在山林里，自己带着军师、洪承畴以及两个兄弟阿济格和多铎等登高远望，察看情况。

遥见榆关城楼巍峨，箭楼高耸，飞阁重檐，高遏云天，接长城，临南海，真有个"关锁金龙接燕翼，天开海岳镇辽东"之势。

"好个险要之所在，真是一夫当关，万夫莫开呀！"多尔衮身披战袍，眉头紧蹙。

"原先的榆关在抚宁附近，四周土地空旷无险可据。"范文程穿着厚厚的蓝袍，腰间系一条银白丝带，须发飘飘，很有些脱俗不凡的样子。"当时明初魏国公徐达北伐残元势力，率军至此，见这里林密壑深，河道纵横，又'枕山襟海，实辽蓟咽喉'，非常险要，便将关城移至此处，成为万里长城东部的一个重要关隘，由于它倚山临海，所以人们称它为山海关。有'西京锁钥无双地，万里长城第一关'之美誉。"

"就是这个该死的关隘，多次阻挠了我清兵南下，此番一定得将它拿下！"阿济格恨恨地朝地上啐了一口。

"谈何容易？"大学士洪承畴手指着对面那高耸的关城，有些无奈："此关系土筑砖包，城高约三丈六尺，厚两丈有余，周长八里多。全城有四座主要城门，东为镇东门，西为迎恩门，南为望洋门，北是威远门。东西二门外有延伸出去用以加强防御的城圈，分称东、西罗城。城的四周有护城河环绕，有吊桥横于河上。吴三桂的大军驻扎在关东门外约二里处的欢喜岭上，那是他精心构筑的一座固若金汤的城池，名曰威远城，当初，我率军驰援松锦之时曾在威远城逗留过，实在是坚不可摧呀！"

"是的，我清军绝不可以掉以轻心！想当年在天聪和崇德年间，我八旗几次奉命入关征明，每次都不得不避开山海关而绕道西行，有时从蒙古科尔沁草原进入喜峰口，或入山西趋宣化大同，或由延庆入居庸关，或由墙子岭毁边墙而入，就是不能从靠近山海关的长城上通过，都是因为有了这一座不可逾越的屏障呀！奈何，奈何！"多尔衮牙齿咬得咯咯响，怒视着对面那魏峨的关城。

"现在情况不同了嘛！"豫亲王多铎不以为然，"松锦四城被我清军拿下之后，我们已经打通了通往山海关的通道，若不是先皇一再坚持什么'北京如大树，不先削其两旁，何能倾仆'稳扎稳打的做法，说不定我大军早已直取北京了。你们两位大学士，何必要长敌人威风，灭自己信心呢？"

"住嘴，休得对两位军师无理！"多尔衮呵斥着弟弟，"他二人对这一带地势了如指掌，最有发言权。有道是'知己知彼，百战不殆'，明知这是一座天险，我们更不可以贸然行事了。范先生，我记得明人蒋一葵也有一篇描写山海关的文章，是怎么说的？"

"噢，大将军真是学识渊博之人，对汉人的文化了解得如此清楚，倒叫微臣心中惴惴不安了。"洪承畴不失时机地恭维多尔衮。

"哪里，哪里，一知半解，一知半解呀。与汉人打了这么多年的交道，我不得不佩服汉文化的博大精深哪！倘能加以吸收为我大清所用，我大清必将立于不败之地！"

"明朝对此一直比作咽喉，常年驻守重兵，兵役繁兴，商贾辐辏，仿佛成了一个城坚池固的都会，实难逾越呀。"

"要不，此次还是绕道西行走老路，毁边墙而入，辎重在后，精兵在前，出其不意，从蓟州、密云取捷径直逼京师？"阿济格摩拳擦掌，跃跃欲试。

"是的，流寇今得京城，财足志骄，已无固志，一旦闻我军至，必焚其宫殿府库，循而西行，则京师必为我掌握，而后大行封赏，晓谕天下，吊民伐罪，我大清则可乘势而得天下也！"看得出多尔衮也对山海关重镇望而生畏，有心绕过去以保存实力。

"可是，大将军难道想重蹈我八旗前几次攻明的覆辙吗？即使如大将军所言，我一举夺下了北京，然背后仍有山海关为心腹之患，隔断与盛京的联系，到时候我大军必寝食不安，如芒刺在背，何言夺取天下？"

"这个……"多尔衮思忖着，一时踌躇不决。

"我兵之强，天下无敌，将帅同心，部伍整肃，流寇可一战而除，宇内可计日而定。为今之计，应在此观望两日，相机行事。"

"可是，若贻误战机将会终生懊悔！不如趁流寇尚未赶到，先杀进关去！"多铎跟大哥阿济格心情一样，急于建立战功。

"不妥！"多尔衮连连摇头，"流寇十余年来，用兵已久，不可忽视。而山海关有吴三桂把守，这个人首鼠两端，很难对付。他手中有四万精兵，如果硬拼很可能两败俱伤。再与闯军乏力相争，则我清军就难以招架了。"

"报！山海关总兵吴三桂送来了求援书信，两名使节正在帐外等候！"

"噢？快将书信拿来，请范先生念一念。"众人屏住呼吸，一起盯着那封血书。

"三桂受大明厚恩，欲兴师问罪讨贼，奈京东地小，兵力未集，特泣血求助。现在贼兵已派出十余万大军浩荡而来，意在一举拿下山海关，我驻守孤城，孤立无援，听说大将军已经出兵至宁远一带，倘能不计前嫌出兵驰援，三桂将感激不尽！

"今我与那贼子李闯不共戴天，君父之仇没齿不忘！乞念我亡国孤臣忠义之言，速选精兵，直入中协西协，三桂自率所部，合兵以抵都门，并打开关门迎接大王入关。倘流寇被灭，则我朝报之北朝者，岂惟财帛？将裂土以酬，不敢食言！"

"好一个裂土以酬！哈哈，本王还想一口吞掉中原呢，随便割下一块弹丸之地就想打发我大清？"多尔衮面露喜色，看着范文程等人："此乃天赐良机，但不知吴三桂这厮有几分诚意？"

"据卑职分析，不到紧急关头，吴三桂不会写出这样的求助血书。他的父兄以及爱妾均被贼人掳去，更断绝了他与贼人求和的可能。不过，此前风闻吴三桂已经接受了李闯的四万两犒师银，现在他又给我大清写来了求援书，真真假假，实难预料。"洪承畴摇着头。

"是呀，从信中看吴三桂确实处境不妙，心急如焚，他是万不得已走投无路才向我们求救的。但他已经表明，此番是向我借兵而不是归降。"范文程一言中的，多尔衮听得连连点头。

"大将军请看这信，吴三桂要我大军直入中协——喜峰口一带和西协——密云一带，却只字不提让我军从山海关合兵进京，这说明他对我存有戒心，但不管怎么样，他已经想到要依赖于我们，因此老夫以为这是个好机会。"

"对！吴三桂已向我迈出了第一步，只要我们抓住时机，步步诱降，同时派重兵压境，他就必须做出选择！"多尔衮主意已定，立即让范文程复书吴三桂，同时速派人回锦州召佟图赖等统领的红衣大炮营日夜兼程，向山海关进发。

"我听说流寇攻陷京师，明主惨亡，不胜发指！于是率仁义之师，沉舟破釜，誓不返旌，期必灭贼，出民水火！今接到总兵书信，深为喜悦，为你思报主恩，与流贼不共戴天之壮志所感动。我八旗精锐之师已奉命奔赴山海关，期盼与总兵联合，拒流贼于千里之外！你过去虽然驻辽东，一直与我大清为敌，但那都已经过去，如今局势已经发生了变化，我们都应该不计前嫌携手朝前看！总兵是识时务之人，若真心率众归顺我大清，一定会被加官晋爵封为藩王，顺便说一句，当初你的顶头上司洪承畴被掠后已投诚，现在是内院大学士，参与军机，位高权重，享尽了荣华富贵！足见我大清招贤纳士之真心！

"足下不必犹豫，投奔大清，一来国仇可报，二来自家可保，此后子孙永享富贵荣华，如山河永驻！望足下三思！奉命大将军摄政和硕睿亲王多尔衮谨致。"

吴三桂一口气读完了多尔衮的回信，跌坐在皮褥子里："这、这不是在诱降本帅吗？还有那个洪承畴，他没死？呸，见利忘义贪生怕死的小人，枉我皇上还亲自为他发丧！"

"报——！总兵大人，闯贼、闯贼的大军已抵永平，不日即将兵临城下！"

"什么？"吴三桂闻听如五雷轰顶，脸色惨白。半晌，跌跌撞撞走向书案，伸出颤抖的手拿起了毛笔。惊恐万分的吴三桂此时除了向多尔衮称降妥协以外，已经无路可走了。现在，他寄一线希望于清兵的救援，以首尾夹攻，相机剿灭闯贼。

与此同时，清兵在多尔衮的号令下，人不卸甲，马不离鞍，日夜兼程，置人马饥渴于不顾，一昼夜驰行二百里，要抢在李自成大军之前先到山海关！

深夜，从山海关方向隐约传来了轰轰炮声，骑在苍龙骥上的多尔衮大叫一声："晚了，李闯那贼已经抢先一步到达山海关了！"

"大将军不必多虑！老夫料闯贼一天两天决拿不下山海关，只等两军各受削弱之时，我八旗精兵杀进关去接应吴三桂，一举驱逐李闯，定会大胜。"

"好，好！我依范先生的主意办。只是这半夜三更的，难道让我大军露宿路边不成？驰行了一天，他们已疲劳已极，人困马乏。"

"大将军，前面就是欢喜岭，如果吴三桂那厮诚心降清，就应打开威远城门，让我大军人马驻扎于此，一来可以养精蓄锐，二来则可以伺机出兵。"洪承畴指着前方黑黢黢的山岭，月光下，一幢幢白墙隐约可见。

"妙极，妙极！"多尔衮咧嘴一笑，大手一挥："朝欢喜岭进发！"

山海关之西的石河战场上，吴三桂率军已与农民军展开了决战。从早晨杀到日暮，双方各自鸣金收兵。惊魂未定的吴三桂在关内升堂检点军士，发现有多人伤亡，心中更加惶恐，一心只盼清兵早日来到。

正巧探子来报，说清兵大队人马已驶向威远城，豫王多铎、英王阿济格率领的两白旗已先头抵达关下。吴三桂不禁转悲为喜，吩咐众将士："弟兄们，我们有救了！清军已到，只等天明我去商议，共同驱走李闯。今夜弟兄们要格外小心守好关门，不得麻痹！"

此时，聚集于山海关的部队共有三支：吴三桂的精兵以及临时纠集的地方力量约八万人，处于防守地位；李自成的军队约十万人，处于进攻状态；多尔衮所率清兵十四万铁骑，是休整多日的精锐之师，伺机行事，虎视眈眈。一场空前大战即将在山海关拉开战幕。

次日上午，在关城之西的石河战场上，吴三桂率军与农民军又展开了殊死的决战，只见杀声雷动，血流成河。农民军越战越勇，主帅李自成更是亲临战场，神态自若。他骑着一匹枣红色高头大马，身边的卫兵高擎着黄盖，盔甲耀日，威风凛凛。眼见得吴三桂军已经被打得溃不成军，李自成的脸上露出了笑意，似乎已经胜券在握了。

忽然，东山之中响起呜呜的号角声，随着一阵风卷黄沙，只见涌出了一大队打着白旗穿着白袍的铁骑。顿时，金鼓、呐喊之声震耳欲聋，炮声如雷，矢集如雨。

"莫非吴三桂请来了天兵天将？"正在高坡上观望的李自成大惊失色。清吴联军将对农民军造成灭顶之灾，李自成做梦也不会想到会有这样的后果！

"退兵！"李自成的心在滴血。他太轻敌了。两日的激战，农民军消耗很大，又无援兵，真是"强弩之末，难穿鲁缟"，面对如此强悍犹如万马奔腾而来的清兵，李自成自己策马先逃，留下了许多英勇无畏的将士在奋力苦战。

山海关内又是一番景象，清军挥动着各色旗幡浩浩荡荡开进关内，平西伯吴三桂率众将官跪在道旁尽行剃发，吴三桂首先遵令，剃发已毕，上前拜见大将军多尔衮，哭诉闯贼不道、残毁宫阙、故主自尽、全家被掳的情形，哽咽道："我父吴襄已叛国投贼，他既然不能成为忠臣，三桂也难成孝子。自今日起，三桂剃发称臣，一心一意投靠大将军摄政王，只盼王爷仗义兴师，为三桂报国恨家仇！"

多尔衮端坐在大堂上，神情悠然自得："平西伯快快请起！此番我八旗劲旅若得定中原，当以王爵相报大帅！现在我以大清摄政王的名义，晋封平西伯吴三桂为平西王！"

吴三桂悲喜交集，连连叩头称谢，一转身，只见洪承畴、祖大寿等人笑容满面站在一旁，承畴是三桂故帅，大寿是三桂母舅，吴三桂见他二人神采奕奕，身着官袍将袍，顶戴花翎，满面春风，知道他们混得不错，心里也就放了心。这时卫兵给吴三桂送来了将袍和顶戴花翎，吴三桂摇身一变，也与他二人一般了。几个寒暄着，谈及明室的情形，各自叹息起来，神色黯然。

善于把握历史偶然机会的又往往能取得意外的成功，多尔衮就是这么一个人，撇开他的野心和狂妄的性格，多尔衮把他的父兄"马上得天下"的征战格言真正变成了现实，他真正成了顺治初年赫赫的有功之臣。

这一日，多尔衮召集满洲八旗王公商议迁都一事。入京已过数月，他为安定民心所采取的一系列措施，已经略见成效，京畿地区人心稳定，故明官民感恩戴德，无不称满蒙八旗兵为仁义之师，可以名垂青史，万古流芳。

而多尔衮决定迁都北京这个想法的确是目光远大。北京左环沧海，右拥太行，北枕居庸，南襟河济，形胜甲天下。北京又是一座悠久的历史名城，金元都以此为首都，它的位置极为重要，沃野千里，山川形胜，足以控四夷、制天下，成为帝王万世之都也。明朝自永乐四年（1406）开始营建北京宫殿城池，到永乐十八年宫阙告成，都城由应天府城（今南京）正式迁都到北京。清以水为偏旁，而明字含火义，以清代明，犹如以水灭火，正符合古代五德终始的传统说法，因此，明已灭，迁都北京也就是自然的了。

"轰！轰！轰！"连着九声炮响，震耳欲聋，北京城里的百姓争相传播着："大清的皇帝来了，这回才是真龙天子！""听说只是个七岁的孩子！""小皇帝真够幸运的，外面有叔父摄政王撑着，只管在深宫大内享清福！"几个月以来，百姓人人都知道，紫禁城的武英殿上已经坐着一个赫赫有名的摄政王，他很年轻，又英俊又有才干，面皮白净，双目炯炯。一直以来，人们以为那满洲鞑子个个如狼似虎，野蛮粗暴，长相更是凶巴巴的，鹰鼻鹞眼。可没料到这风华正茂的摄政王却非常儒雅，玉树临风的样子却文武兼备，令人刮目相看。

摄政王多尔衮早已接到消息，知道圣驾已快到北京了，便急令文武大臣侍卫太监先在御道上设行殿，令司监设帷幄御座，尚衣监备好冠服，锦衣卫去监卤簿仪仗，旗手卫去陈金鼓旗帜，教坊司去备各种细乐，然后率满汉王公大臣和一班子故明降官降将，出城九里，恭接圣驾。

銮驾两旁龙旗焕采，鸾辂和铃，金鼓仪仗，合奏着铙歌大乐，一队的蓝翎侍从和数十名穿着鲜艳黄马褂的侍卫骑队紧紧护卫着銮舆，场面十分威严壮观。

大清帝国的历史，从这里拉开了新的一幕。

乾清宫是顺治皇帝的寝宫，当初明代有十四个皇帝住过这里。金色的琉璃瓦在阳光下熠熠生辉，第一次到了北京，又第一次住进了这巍峨壮丽、宏伟博大的皇宫，顺治帝欣喜若狂：天神祖宗，盛京的皇宫怎能与北京的紫禁城相比呀，得，我就在这儿住下了，等日后有了机会再回盛京看看吧。

顺治一下子就喜欢上了乾清宫，他东瞅瞅西看看，兴致勃勃。乾清宫是后三宫的主体建筑，建于明永乐十八年，殿高七丈二尺，为重檐庑殿式建筑，殿内正中设有金漆九龙宝座、御案等，正厅两侧设有东西暖阁。这里原是明代皇帝居住和处理日常政务的重要地方，原来只有皇帝和皇后才可以在此居住，其他嫔妃只能依旨进御，当晚即应离开，除非皇帝允诺才可留住。到明嘉靖帝亲政后，终日在深宫里与嫔妃玩乐，从此他的身影金銮殿上难得一见，却常在乾清宫里拥着十几名姿色出众的妃子荒淫嬉戏。为了享乐，嘉靖帝居然在乾清宫设置了可以同时进御二十七位嫔妃的居室，通宵达旦地与宫女和妃子们取乐，使乾清宫成了污浊不堪的淫乱场所。

幼小的顺治帝当然还不知道这些，他只觉得这殿里雕梁画栋，铺红挂

第十章　多尔衮甬占明城　小福临威武迁京都

绿的，住在里面十分舒服。出了乾清宫，宫门两侧一字摆着十口金光闪闪的鎏金大铜缸，背衬红色宫墙，耀目生辉。顺治歪头想了片刻，眼睛里闪出一丝顽皮的笑意。他动作麻利地撩开大袍，"哗哗"便往铜缸里撒起尿来。他一个一个地换着尿，竟不由自主地咯咯笑了起来。

"万岁爷可真有心哪，日后也不用往这铜缸里加水了，万岁爷的龙便足可以浇灭宫中任何一处的大火。"太监吴良辅在一旁笑嘻嘻地看着，见顺治撒完了，便慌着给他提上裤子，理好袍子。

"吴良辅，陪朕在宫里四处走走吧，多好的天哪。"

"嗻！可是万岁爷走不了这许多路呀，这紫禁城合算七十多亩地哪，有九千多间的殿宇、楼阁、庙堂，大得很哪。"

"那就坐着辇车吧，让御马监的兀里虎选两匹伊犁小种马来驾车。"

福临坐上了御辇，吴良辅忙着递上了暖水袋，又盖上了一床豹皮褥子，后背还塞了一个圆圆的鹅绒垫子，把福临伺候得舒舒服服的。

穿过月华门，进入一座大殿，上写着"懋勤殿"，内设宝座围屏，十分庄严。绕出乾清宫，对面也有一座大殿，挂着绣帘，上面挂着坤宁宫匾额，东西各有一座暖殿。吴良辅小眼睛一陜："万岁爷，等明儿个您大婚之后，就得与皇后娘娘住在这坤宁宫了。喏，您仔细瞧好了，是喜欢东暖殿还是西暖殿呀？"

"这不都差不多吗？依朕看，还是乾清宫的暖阁住着舒服。这个殿这么大，也没人住，显得空荡荡的，冷冷清清，朕不太喜欢。"

"嘻！到时候您就喜欢了，皇后娘娘一住进来，伺候她的宫女太监们来来往往的就热闹了。"

"为什么非得住这坤宁宫？到时候朕要把皇后叫到乾清宫去住！"福临转身上了御辇。

"那就太巧了！万岁爷，您还不知道吧？当初大明的嘉靖皇帝曾经在乾清宫里与二三十个妃子同宿呢，敢情您想超过他？"吴良辅瞅着福临，不怀好意地嘿嘿笑着。

"那又有什么？朕是天子，只要乐意，谁敢说个不字？"

"说得好！别看万岁爷年纪不大，口气却不小，奴才还指望着日后跟着万岁爷四处玩乐，四处风光呢。"有道是近墨者黑，这吴良辅虽只有二十来岁，但却是个从底层熬出来的小太监，既知道怎么侍奉"上边"，也明白如何使唤下人，心眼儿忒坏！有了这么一个太监整天在顺治帝身边转，小皇帝能学好吗？

坤宁宫正北有一座钦安殿，绕过钦安殿便是御花园的神武门，一座假山高高耸起，山上还修有八角凉亭，若是盛夏去乘凉倒是个好地方。

"万岁爷，要不奴才先领着您去东西六宫转转？"

"这么多宫殿呀，朕都分辨不出来了，都是红墙金瓦，金碧辉煌的，简直像天堂一样美！"福临嘴里不住地啧啧称赞，这会子他早已将盛京的皇宫给忘到脑后去了，得陇望蜀呀，小皇帝也不例外！

"万岁爷，这东西六宫是您日后得常来的地方，您千万得弄清楚喽。从明朝以来，皇上的妃嫔就居于这些宫里。号称九百九十九间半房的紫禁城内，实际主要分为东西六宫。西六宫有永寿宫、翊坤宫、储秀宫、太极殿、咸福宫、长春宫；东六宫有钟粹宫、景阳宫、承乾宫、永和宫、景仁宫、延禧宫。"吴良辅掰着手指如数家珍似的一口气说出了十几个后宫的名称，听得福临小嘴直撇："住了这么多的妃嫔还不得吵死人吗？"

"嘻！万岁爷，您现在还不懂男女之事，奴才恐怕到时候您就不会嫌后宫的妃子多了，只怕还得让奴才在外头给您找呢！"

"反正我不会要那么多的妃子，整天叽叽喳喳地烦死人了。兀里虎，你怎么傻看着一声不吭？"

"我……"兀里虎的确一直没说话，自打他一进这紫禁城，只见宫墙巍峨，殿角森严，一色黄瓦，画栋飞檐，把个兀里虎看得头昏眼花，晕头转向找不着北了！

"奴才、奴才的两只眼睛都看不过来了，到现在还转向呢。"

吴良辅一直在打量着这个唇红齿白的小太监，见他老实乖巧人又生得俊俏，不由得便喜欢上了他，正暗自琢磨着要把这个小太监弄到自己的身边伺候自己呢。

"依你看，这紫禁城比盛京的皇宫怎样？"

"奴才觉得，它们根本无法相提并论！就好比说，紫禁城是王爷住的，而那盛京城只是个乡官住的，土里土气的。"

"哈！真有你的。兀里虎，朕听说你为了进盛京的皇宫才自个儿净了身，这会儿又说起盛京的坏话来了，赶明儿还得把你送回盛京去。"福临笑着逗着兀里虎。这个十几岁的小太监面色通红，慌忙恳求道："奴才净身就是为了伺候皇上，皇上到哪儿奴才就跟到哪儿，无怨无悔。皇上可千万别赶奴才走呀！"

"难道说你想伺候皇上就能伺候吗？这紫禁城里大大小小的太监成千上百的，哪里轮得到你？"吴良辅从鼻子里哼了一声。

"这、这可怎么办呢？"

"干脆，吴良辅，你就收兀里虎做徒弟吧。日后咱们主仆就可以在一起

玩儿了。"

兀里虎这回可不再犯傻了，他"通"地一声给吴良辅跪下了，眼巴巴地瞅着他："吴、吴公公，您就收下徒儿吧。"

"嘿嘿，真是得来全不费工夫！"吴良辅此时心里美滋滋的，熬到这个分儿上，他终于可以在宫里出人头地了，白天伺候皇上，晚上还有小太监来伺候自己，怎么算自己都不吃亏！但是吴良辅的脸上却看不到笑容，板着脸说："起来吧！既然是万岁爷开了金口，我就收了你吧，至于这宫里的规矩以后我会慢慢教你的。"

"谢万岁爷！奴才晚上就写信告诉我的家人，让奴才的额娘也跟着高兴一下。"

第十一章

福临误学摄政王喜　百官同谏小福临怒

东西六宫已经游赏完毕，福临有些困了。东西六宫，各有宫墙、宫门，自成一体。建筑风格上也各有一体，其中的陈设布置更是各不相同，都极度的奢侈豪华。宫里年纪稍长一些的宫女都已经被遣送出宫，留下来的太监也是些年轻健康、腿脚利索和手脚勤快的。

清代入关之前没有宦官制度。早在天命六年时，太祖努尔哈赤就曾告谕诸贝勒："凡尔诸贝勒家，所蓄奴厮宜乘幼时宫之，则其父母可因其子而获富贵。不然，奴厮既长，往往与府中妇女私通，事觉必死，则姑息之爱，适以害之也。"要求诸贝勒对那些服侍女眷的男性家奴从小阉割生殖器，免得长大招惹是非。被阉者虽为太监性质，但因当时受害人数不多，故尚未形成阶层，也就没有相应的管理太监的机构和制度。

清廷入关后迁都北京，承袭故明宫廷旧制，沿用宦官，归内务府管辖，但对明朝遗留下来的为数几千名之众的宦官感到人数太庞杂，于是便下令裁减。此令一出，昔日在宫里威风凛凛的大小太监脸上全变了颜色，有的当场就晕过去了，更多的是捶胸顿足号啕大哭："唉呀，这叫我们怎么活呀！天哪！"

"还得请摄政王开恩，赏奴才们一条活路呀！"

"出了宫，还怎么有脸见人哟！"

"梁园虽好，亦非久恋之地。"在一片哭天抢地的哭泣之后，一些年老的、力衰的、脚腿不利索的太监各自卷起了铺盖。据说，那些日子，在夜深人静之时，紫禁城外的筒子河也常常有一声声尖利的惨叫："救命啊，救命啊！"有的太监出了神武门，觉得无路可走，一时心窄，便一头扎进了护城河里，像吴良辅这样，不仅没被裁汰，反而吉星高照的太监实在是为数不多。

幼主福临闲来无事，整日与几个随侍太监一起在后宫东走走西逛逛，逗蛐蛐儿、捉迷藏，很是逍遥自在，可文武百官们却看在眼里急在心上。这一日，大学士冯铨和洪承畴又上殿奏请摄政王多尔衮为顺治帝延师讲学

开设经筵，二人奏道："上古帝王，无不懋修君德，首重经筵，以修德勤学为首务，故金世宗、元世祖皆博综典籍，勤于文学，至今犹被后人称颂不衰。今幼主顺治承祖、太宗之大统，聪明天纵，前代未有，正宜及时典学。今皇上满书俱已熟习，但帝王修身养性治国之道尽备之于四书五经，一日之间，万机待理，必须习汉文晓汉语，方能上意得达，而下情乃通。伏祈择端雅儒臣，日择进大学衍义及尚书典谟数条，朝文进讲，则圣德日进，而治化亦光矣。"

叔父摄政王多尔衮最烦心的就是让福临接受教育的事了。前几日已经有大臣提出了此事，现在再找借口予以回绝似乎说不过去了。福临已经七岁，完全需要也应该上学听讲受教育了，现在身为多尔衮心腹的大学士冯铨和洪承畴又为此事专奏，真令他左右为难。多尔衮皱着眉头，气恼地盯着冯、洪二人，在心里责骂他二人不识好歹。半晌，他才说道："好哇，为幼主请开经筵，祀阙，是有益于大清新政的大好事嘛，只是，此事须得慎之又慎。眼下，我大清尚未统一天下，西北有闯贼几十万大军的骚扰，东南还有南明小朝廷上百万大军虎视眈眈。依本王之见，当务之急是先稳固大清的江山！事实证明，我大清马上得天下，也能马上治天下！至于为幼主延师讲学之事，以后再谈不迟！"

冯铨和洪承畴听得面面相觑，得，他二人这回马屁拍歪了，两人对望了一眼，灰溜溜地退下殿来。似他二人受睿王的专宠尚被不加理睬、不加批示，满朝文武还有谁敢再奏及此事？

多尔衮的话说得自有一些道理。此时大清正面临着错综复杂的局势。北京在不到半年的时间里，明亡李败清迁都，二易国主。然而，谁又能担保顺治的金銮殿能稳如泰山呢？正在密切关注中原局势的文武百官们谁也没有这么乐观，这恰巧就成了多尔衮拒绝的一个绝好理由。

此时，张献忠领导的农民军以成都为西京建立了大西政权，这样，大顺、大西、南明在南京的小朝廷以及北京的大清"三方四国"鼎足而立，它们都会对大清的稳固和统治造成致命的威胁。清朝迁都北京，实在只是统一天下的开始，至于何时才能真正一统天下，多尔衮心里没有底，他不能不感到忧心忡忡。无论是南明的残军势力，还是农民军的余部，都是大清夺取天下的障碍，但无论是政治上的需要，还是此时的实际情况，多尔衮都把农民军当成了头号的威胁，并由此而确定了先平西北，次定东南的战略部署，以避免兵力分散，两线作战。

经过精心修缮的睿王府十分巍峨高大，引人注目。正中的银安殿红墙绿瓦，与紫禁城里的大殿似乎一般无二。府里城墙高峻，正门两边各有一尊石狮，静静地守卫在门旁。这儿屋宇栉比，由多进四合院组成，院宇宏大，回环四合，极有气派。西边有荷花池和大花园，东边有马厩、鹰房，后边还有神殿、佛堂。睿王府不仅品级高，而且建筑规模大，王府的正房称为殿，殿顶覆盖绿琉璃瓦，殿中设有屏风和宝座，外表看上去就像是一个缩小了的宫廷。由于睿王实权在握，一言九鼎，一切军政要事以及批票奏章，不能全给皇帝，只能交由他任意批答，所以他的府邸实际上就成了办理国事的朝廷。诸王、贝勒、贝子以及文武大臣不必入朝办事，只需在府前听候命令差遣即可。故时人有诗曰："百僚车马会南城"，这南城就是南内，指的是睿王多尔衮住于南内洪庆宫的府邸。

此刻，多尔衮正安坐在书案前把玩着大清的国宝——"制诰之宝"的玉玺，它晶莹剔透，光芒四射，令多尔衮爱不释手。如今他在府里处理国事，玉玺自然就得放在身边了。当初，皇太极就因为得了这方玉玺才登基当了皇帝，而如今，这玉玺的真正主人是大清的摄政王多尔衮，他其实早就是大清的无冕之君了。

"这玉玺本来就是我发现的，本该早就属于我了！"多尔衮紧盯着玉玺，想起了往事。

天聪年间，察哈尔蒙古一直是后金政权的劲敌，皇太极曾三次亲征察哈尔，大伤了察哈尔的元气。林丹汗死后，余部由囊囊太后和林丹汗的儿子额哲各自带领，于是多尔衮又奉命率军前往征讨，囊囊太后闻风而降，不久，额哲也率部主动归顺了多尔衮。在额哲归降的仪式上，额哲捧着一个四方的黄绫子包裹跪在了多尔衮的面前。多尔衮见额哲表情凝重，心知包裹里的东西肯定非同寻常，打开一看，果然是一块罕见的稀世之宝——历代君王曾经拥有过的玉玺！上面精心雕刻着两条青龙图案，栩栩如生，这块玉玺据传自元顺帝以后就失踪了二百多年，如今落在多尔衮的手里，怎能不使他欣喜若狂！"真是天遂人愿哪！皇太极，虽然你夺了我的汗位，但是上天有眼，却将这方历朝历代传国的玉玺交给了我多尔衮，是天神要成全我，让我能当上大清的汗王呀！"

这块无价之宝之所以珍贵，据说它曾是为历代君王所拥有的，自汉代已传了一千七八百年了！元世祖忽必烈拥有这块玉玺之后，如获至宝，告诫子孙后代要妥善保存此宝："国宝在，则天下在；国宝失，则天下亡！"它因此成了自元代以来历代统治集团的信物和精神支柱，它虽然是一块玉石，却象征着蒙古祖先的灵魂犹在，具有极大的号召力，一旦失传，就等于从政治上、从"天命"上断绝了蒙古各部复国为帝的幻想。如今，国宝重现，落入了多尔衮之手，这消息不胫而走，传到了皇太极的耳中，这位年富力强的大汗兴奋地说道:"朕忆从来左耳鸣,必闻佳音;右耳鸣,必非吉兆。今左耳鸣,出兵诸贝勒必有捷音至矣!"

在高兴之余,多尔衮又陷入了深思,当时他才二十出头,手无兵权,羽翼未丰,根本不能与天聪汗皇太极相抗衡。权衡利弊,多尔衮还是决定忍痛割爱以保全自己,继续积蓄力量,以图大业。是自己的总归要属于自己,灵通宝玉自会有灵性,不可强求。

于是,多尔衮将传国之玉玺献给了皇太极,大喜过望的皇太极更加相信"天命"已归后金,于是登上龙庭建立了大清帝国。而多尔衮也因战功和这一次意外的收获,备受皇太极的青睐和重用,在诸贝勒和大清国里声誉鹊起……

"王爷千岁,范大人和洪大人说有急事求见!"

多尔衮的回忆被打断了,他一摆手:"宣!"

程、洪二人面带笑容进了银安殿,向多尔衮禀报:"江南遣使左懋弟、陈洪范、马绍愉等,携带白金十万两,绸缎数万匹,风尘仆仆来此犒师。"

"何处的军士,要他犒赏?"多尔衮一时没听懂。

"说来可笑。"洪承畴从袍中拿出一封书信呈给多尔衮:"是那弘光小朝廷的兵部尚书史可法遣来的,嗻,史大人还有一封信呢。"

"噢,这史可法倒是颇通人情世故,有来有往的嘛。"多尔衮微微一笑。

原来,在此之前,多尔衮已让程、洪二人给史可法寄去了招降书,措辞相当委婉:"予在沈阳,即知燕京物望,咸推司马。及入关破贼,与都人士相接,识介弟于清班,曾托其手书奉致衷绪,未知以何时得达。比闻道路纷纷,多谓金陵有自立者,夫君父之仇,不共戴天,《春秋》之义,有贼不讨,则故君不得书葬,新君不得书即位,所以防乱臣贼子,法至严也。闯贼李自成,称兵犯阙,手毒君亲,中国臣民,不闻如遗一矢。平西王吴三桂,介在东陲,独效包胥之哭,朝廷感其忠义,念等世之宿好,弃近日之小嫌,爰整貔貅,驱除狗鼠。入京之日,首崇怀宗帝后谥号,入葬山陵,悉如典礼。亲郡王将军以下,一仍故封,不加改削。勋戚文武诸臣,咸在朝列,恩礼有加。耕市不惊,秋毫无犯。方拟秋高天爽,遣将西征,传檄江南,联兵河溯,陈师鞠旅,戮力同心,报乃君父之仇,彰我朝廷之德,岂意南州诸君子,苟安旦夕,弗审时机,聊慕虚名,顿忘实害。予甚感之。国家抚定燕都,乃得之于闯贼,非取之于明朝也。贼毁明朝之庙主,辱及先人,我国家不惮征缮之劳,悉索敝赋,代为雪耻,孝子仁人,当如何感恩图报?兹乃乘逆寇稽诛,王师暂息,遂欲雄踞江南,坐享渔人之利,揆诸情理，岂可谓平？将谓天堑不能飞渡，投鞭不足断流耶？……予闻君子之爱人也以德，细人则以姑息，诸君子果识时知命，笃念故主，辱爱贤王，官劝令削号归藩，永绥福禄，朝廷当待以虞宾，统承礼物，带砺山河，位在诸王侯上，庶不负朝廷仗义，兴乐继绝之初心……先生领袖名流，主持至计，必能深维终始，宁忍随俗浮沉，取舍从违，应早审定，兵行在即，可西可东，南国安危，在此一举！……"

"嗬，史可法写了两大篇的蝇头小字，洋洋洒洒的，你们汉文化之博大精深语汇词义丰富简直令人折服！洪大人，就请你读一读吧，只挑精要的念，那些啰嗦之词皆可免去。"

"嘛。"洪承畴清了清喉咙，接过书信，徐声念了起来。

"大明国督师兵部尚书，兼东阁大学士史可法顿首，谨启大清国摄政王殿下：……我大行皇帝敬天法祖，勤政爱民，真尧舜之主也。以庸臣误国，致有三月十九日之事，法待罪南枢，救援无及，师次淮上，凶问随来，地坼天崩，山枯海泣。嗟夫！人孰无君？……今上非他，神宗之子，光宗犹子，而大行皇帝之兄也。名正言顺，天与人归。……谨于八月薄治筐篚，遣使犒师，兼欲请命鸿裁，连师西讨，是以王师既岁，复次江淮，乃辱明海，引春秋大义，来相诘责，善哉言乎！……今逆贼未服天诛，谍知卷土西秦，方图报复，此不独本朝不共戴天之恨，亦抑贵国除恶未尽之忧，伏乞坚同仇之谊，全始终之德，合师进讨，问罪秦中，共枭逆贼之头，以泄敷天之恨，则贵国义闻，照耀千秋，本朝图报，唯力是视，从此两国世通盟好，传之无穷，不亦休乎？……"

"据史公信中意思，他是不肯降顺我朝了。"范文程拈着胡须总结了一句。

"哼，不识时务！"多尔衮脸色不悦。

"其实，这弘光政权已是外强中干了。据来使告之，史将军已受到排挤而到江淮督师，朝中由阉党马士英当权，皇帝朱由崧是一个吃喝嫖赌无所不精的昏君，对奏折简章无一能通。正所谓'秦桧在内，李纲在外'，料那史将军空有杀贼之心却无回天之力了。"

"嗯，洪大人言之有理。看来我大清先前的檄文已蒙骗了弘光君臣，以致史可法竟对我们产生了'联虏剿寇'的幻想。若趁机出兵，那弘光小朝廷又正内讧，将士将难以协力同心，或许南京一举拿下。"

"对呀！目前李闯已被英王和平西王压缩在了陕西，成了困中斗兽，料实难与我大清抗争了，而弘光倒成了大清一统天下的最大阻碍了。"范文程点头表示赞同。

"就这么办！既然招抚不能解决问题，只能以兵戎相见！他史可法敬酒不吃吃罚酒，完全是他自找的！"多尔衮目露精光，拍案而起："即刻派快马八百里加紧，命豫亲王多铎马不停蹄，从西安挥师南下！"

早在入关之初多尔衮就命和硕英亲王阿济格为靖远大将军，率领平西王吴三桂、智顺王尚可喜等满汉蒙三万余骑，由山西经陕北攻击西安李自成农民军。同时又令豫王多铎为定国大将军，率恭顺王孔有德、怀顺王耿仲明计二万余骑，欲渡黄河南下征明，待机出师。现在，清军一路如入无人之境，攻陷潼关之后，很快又占领了西安。李自成这一回真成了"流寇"，在转战途中被杀，余部溃不成军，四下逃散。

喜讯传来，多尔衮以及文武群臣齐集武英殿向幼主福临行礼称贺，喜气盈廷。两宫皇太后也盛装来到了武英殿，传懿旨预备酒宴，与文武百官同贺。

席间，多尔衮只是坐着发呆，众人也不敢多问，只顾自个儿吃喝。原来，顺治进京以后，多尔衮再也不能像在盛京那样随意进出后宫了。汉人的规矩多，宫里的太监、宫女多如牛毛，稍不留意就会落下什么把柄，堂堂的叔父摄政王心里能不有所顾忌吗？这一回见了孝庄后，真是望眼欲穿哪！

清军奉命挥师南下，豫亲王多铎将大军分为三支，自统一支出虎牢关，一支由固山额真拜严图指挥出龙门关，另一路蒙古兵由兵部尚书韩岱等统领走南阳。奔驰在中原大地的三路清军势如破竹，所向披靡，如入无人之境，很快兵临扬州城下！

消息传到京城，多尔衮喜出望外，以幼主顺治的名义派侍卫尼雅达、费扬古前往江南慰问多铎，并正式命令礼部传谕京城内外，并直隶各省、府、州、县以及江南各地，下达了"剃发令"：留头不留发，留发不留头。

作为一个落后民族的代表，无论他如何英明聪睿，也摆脱不了他愚昧的一面。在多尔衮的文韬武略中，也不可避免地留下了野蛮与愚昧的印记。这一点，他的兄弟多铎更有甚而无不及。

多铎兵围扬州已是数日，皆因守城官兵的英勇抵抗而毫无进展。史可法誓与扬州共存亡，宣布了临阵军令："上阵不利，守城！守城不利，巷战！巷战不利，短接！短接不利，自尽！"他双眼滴血，战袍上早已血泪斑斑。

接到多尔衮的"剃发令"，多铎一声长笑，张开了"血盆大口"："摄政王有令，留头不留发，留发不留头！将士们，调集红衣大炮，给我轰！"心狠手辣的多铎对扬州军民的顽强抵抗十分痛恨，以致在攻陷扬州之后亲手制造了"扬州十日"的大屠杀,清兵在十天内屠杀了几十万无辜的扬州百姓!

投降的有钱谦益、龚鼎孳、赵之龙、徐九爵、徐宏爵、焦梦雄、方一元、朱之臣等几十名要员;逃亡的有王一心、冯可宗、冯梦祯、陈济生等几十人,此外还有殉难的和出家的。

豫王多铎没想到南京城竟得来全不费功夫,心下一喜,便破格宽宥,禁止部兵掳掠,一面派快马到京城报喜去了。

随着中原的逐步稳定,取得的功绩越来越大,多尔衮也越来越狂妄和傲慢,作为一个有实却无名的天下之"主",他觉得窝火了,凭什么要他每天对着狗屁不通的小皇帝三跪九叩地行大礼?凭什么不允许他自由出入紫禁城?如今满朝文武,几乎都是他睿王的亲信和死党,他唯一所缺的便是"皇帝"的名号了!

"启奏摄政王殿下,靖远大将军豪格已经得胜回朝,现在五凤楼外等候召见!"

"豪格这么快就回来了?"多尔衮已经听说了豪格立下了战功,击败了大西军,射死了张献忠并夺据了四川。这本是喜事一桩,但多尔衮的眉头却皱了起来,豪格一来,自己与容儿的事情便会暴露,这可如何是好呢?

"宣!"不等多尔衮发话,小皇帝顺治已经大声下旨了:"肃王豪格劳苦功高,朕要重重赏赐于他,宣他立即进宫晋见!"

"慢着!"多尔衮一声断喝。顺治吓得一哆嗦,心想:叔父摄政王今天的声音怎么这么冲?谁又得罪他了?

"冷僧机,本王听说你有要事要禀报?"

"嗻!有人密报肃王豪格违抗圣旨,克扣将士粮饷,又冒功领赏,扰乱军心,如此怙恶不悛之人,不可复留,罪证确凿,请摄政王爷和皇上明察!"

"一派胡言!我皇兄冒险入川,出生入死,何罪之有?定是有小人陷害,一经查出,严惩不贷!"顺治一拍御案,双眼圆睁,显得怒不可遏。小皇帝看来要发威了。也难怪,自他当了傀儡皇帝之后,皇兄豪格就跟着倒霉了,一会儿被贬,一会儿被罚,这会儿又要治他的罪,这不明摆着要煞他小皇帝的威风吗?

"皇上,想不到你也会发火呀,"多尔衮皮笑肉不笑地看着福临,"你可知罪证确凿是什么意思?肃王这个人目中无人,太狂妄太自负,本王就是要好好教训他一番,让他老老实实地做人!来人哪,立即除去肃王豪格的顶戴花翎,削爵幽禁,让他面壁思过!"

第十一章 福临误学摄政王喜 百官同谏小福临怒

"嗻!"一等侍卫冷僧机瞟了顺治一眼,高声答应着退出了大殿。

"你……欺人太甚!"顺治忍无可忍,一拂袖子将御案上的一摞公文扫到了地上。十岁的小皇帝已经有了自尊和逆反心理,面对这个飞扬跋扈的叔父摄政王,顺治实在是受不了了。

"既然这朝中大事由叔父摄政王大人说了算,那朕从此就不临朝了。吴良辅,咱们走!"

"慢着,皇上,微臣还有要事要禀报皇上。"郑亲王济尔哈朗上前一步恳求道。

"摄政和硕郑亲王,有事请讲吧。"顺治对唯唯诺诺的济尔哈朗口气倒还和蔼。

"是,是这样。"济尔哈朗看了多尔衮一眼,高声奏道:"现在国家已定,四海升平,这都是依赖皇叔父摄政王多尔衮的功劳。为了大清的今天,他呕心沥血,日夜操劳,两腿落下了风疾。这些日子,喜报连连,佳节连至,皇叔父王在皇上面前一次又一次地行跪拜大礼,现在,他的双腿已经着实吃不消了。跪拜的事情不值一提,倘若皇叔父王勉强行礼,劳体伤神,将来必定会耽误国家政务啊!所以,臣等恳请皇上可以免去皇叔父王的跪拜之礼,为了大清的江山社稷着想,皇叔父王的身体健康才是最重要的额。请皇上明察。"

多尔衮心里一阵冷笑:"济尔哈朗,总算你有眼力说对了话,不然,豪格的下场就是你的榜样!"

顺治帝一听就愣住了:这究竟是哪一个朝代的王法?

第十二章

顺治帝无聊习竹战　庄太后惊俗嫁睿王

大殿里鸦雀无声，每个人的眼睛都盯着一言不发的小皇上。"孩子，你要记住，这大清的江山是你的十四叔打下来的，当初要不是他竭力保驾，你又如何可以登上龙庭呢？一切事都要忍耐，现在满朝文武都在为你的十四叔效命，胳膊拗不过大腿，孩子，你一定要学会忍耐呀。退一步海阔天高，大丈夫要拿得起放得下，能屈能伸啊。我们孤儿寡母也只能依靠你十四叔了，只要他还尊你是皇帝，就暂且由他去吧。咱们母子虽身在后宫，近在咫尺，但却难得见面，孩子，你渐渐的大了，你得学会保护自己呀！"

母后孝庄的话在顺治的耳畔响起，一想起母后那语重心长的叮嘱和爱莫能助的目光，顺治握着的小拳头又松开了，和颜悦色地说道："郑亲王言之有理！摄政王理应如此，此后凡有行礼的地方，跪拜之礼，摄政王永免！"

"谢幼主隆恩！"多尔衮朗声道谢，却没有再叩头，言罢便堂而皇之地坐到了顺治的旁边。自此以后，多尔衮与幼主顺治帝平起平坐，已无君臣之别。他与群臣之间的距离越来越远，而与皇帝之间的距离却越拉越近，他在等待着一个适当的机会，堂而皇之地摘取顺治头上的那顶皇冠。

所有这些，都使住在慈宁宫的孝庄太后感到了一种莫名的不安。

"乌兰，近来我的右眼总是跳个不停，似乎要出什么乱子。明儿个夫请萨玛太太来宫里跳神吧，我心里总不踏实。唉！"

"您总是这样，整日为九阿哥担心，现在他身后总围着一班子宫女和太监，可威风呢。"

"这孩子只知道玩，日后可怎么办呢？海中天，那吴良辅为人处事究竟怎么样？人品如何？"

"这个……奴才可不敢乱说，奴才只觉得这个人很机灵，八面玲珑，况且，他在宫里待了十多年了，很圆滑，上上下下都知道这么个人。"

"唉，真不知睿王爷是怎么想的，偏偏让吴良辅去伺候福临，我总觉得这个人尖嘴猴腮的心术不正，福临还小，跟着这种人能学好吗？近墨者黑

呀。看来还得找机会跟睿王爷说说，还让你在福临身边陪着，否则我实在不放心哪。"孝庄太后轻轻地叹着气，颇有些无奈。

孝庄太后思考了一下，决定宣洪承畴与范文程进宫商议摄政王封为"皇父摄政王"的事情，对事情的缘由有一个初步的了解。

福临这位十一岁的少年天子只顾得在宫中玩乐嬉戏，他还不知道兄长豪格的事和亲嫂博尔吉济特氏容儿被叔父摄政王霸占之事，即便是知道了，他又能怎样？他有能力改变他的处境吗？曾经立下赫赫战功的开国亲王豪格，转瞬间就被废为庶人并下狱致死，他这位手无缚鸡之力的小皇帝也只能逆来顺受了。

然而这件事在朝野并没有引起多大的震动。那豪格已经被贬为庶民，是死是活又有什么关系？就连堂堂的信义辅政叔王济尔哈朗如今都是自身难保了。在政治斗争中，他的智谋和能力都远不及多尔衮，于是被迫将第一辅政之位拱手相让，成为表面上的一个装饰品。进取中原时，他留守盛京从而失去了建功立业的大好机会，所以当迁都到北京之后，济尔哈朗与多尔衮之间无论是在名分上还是在俸禄、冠服上都明显拉开了距离，而地位逐渐上升的豫亲王多铎又被加封为辅政叔德豫亲王，意在取代信义辅政叔王济尔哈朗的地位。自此济尔哈朗虽万般谨慎，小心迎合着多尔衮，但还是受到了打击和迫害，被降为多罗郡王，并罚银五千两，而且被派上前线率兵征讨去了。重新披甲执锐的济尔哈朗侥幸地躲过了一劫，却再也不能进入紫禁城的决策核心而重抖往日的威风了。

与此同时，两黄旗大臣谭泰、巩阿岱、冷僧机、拜平图等人也弃幼主而追随摄政王多尔衮，至于稍有不满的索尼和鳌拜等人则遭到了革职降罚的惩处，由是，多尔衮的专横跋扈到了无以复加的地步，上上下下都怕他，据说就是达官显贵往往也不能直接同他说话，要趁他外出守候在路旁，借便谒见。

于是在这种情形之下，在幼主顺治一无所知的情况下，宫中上演了一出"喜剧"。

"据院部诸大臣集体议定，摄政王多尔衮治安天下立下不世之功，宜增加殊礼，以崇功德。现加封皇叔父摄政王为皇父摄政王，凡进呈本章旨意，俱书皇父摄政王。钦此。"

朝鲜国的使节在殿下听得有些糊涂，便低声询问老臣范文程："范大学士，刚才礼部大臣在公文中提到了'皇父摄政王'之语，请问该做何解释？"

"这个……"范文程略一思忖，闪烁其词地说："臣曾与同僚们反复探讨过，如今去掉叔字换成父字，就表明此后朝贺之事，与今上同等对待。"

"那不如改成太上皇算了。不对呀，这摄政王是今上的叔父，而皇父是古已有之的名词称谓，表示与皇帝的宗亲血缘关系，即为皇帝之父。叔父与皇父不可混淆，意义不同的嘛。"看来这位朝鲜使臣倒是位饱学之人，对中国文化说起来头头是道，这一来倒难倒了素有"诸葛"之称的范文程了。

老谋士捋着胡须，仔细斟酌着："大使阁下言之有理。叔父为皇上之叔父，皇父为皇上之父，两者不可混淆。但我大清朝甚为特殊，当今天子看来已无法表达对摄政王叔父的敬爱之情了，只加封'尚父'或是'仲父''亚父'之类的头衔都不足以表明摄政王的功德，所以便使用了'皇父'一词。幼帝视叔父亲如父皇，而叔父则视幼主为己出，一心一意辅弼幼主，父子携手，我大清必立于不败之地！"

"可在卑职看来，大清朝似乎有了一老一少两个皇帝了。他们真的能亲如父子吗？俗话说一山不容二虎，更何况是王权？"朝鲜使臣边说边用怀疑的眼光打量着端坐在殿堂之上的"皇父摄政王"多尔衮。

"唉，你这不是咸吃萝卜淡操心？好好想想怎样让你们朝鲜国强起来吧。"范文程在心里说道。对这位穷究不舍的使臣，他可真的是没辙了。

这时候，大学士冯铨起身说话了："摄政王功高盖世，深孚众望，而且谦逊自持，无丝毫之骄奢，其功德难以言表。皇上深感其德，却无以报答，摄政王虽然只是皇父，实际上却是以帝位相让于当今天子，就好像父传子一样，既然摄政王都将皇上视为儿子，皇上也理应以父礼对待叔父摄政王。所以卑职以为，这皇父摄政王虽是一字之差，却意义重大，恰如其分，诸位以为在下说得对吗？"

群臣们齐声回答："所言极是。"

"卑职也有一事要说，请皇父摄政干恩准。"

"准奏。内大臣冷僧机有话直说吧，不必顾忌。"

"嗻。"冷僧机得到了摄政王多尔衮的宠信多年，成了清廷里掌有实权的头面人物。

"卑职等沐浴皇恩生活在幸福甜蜜之中，可是皇父摄政王尽管功高位尊却新赋悼亡，正值续弦。有道是高处不胜寒哪。皇父摄政王现方鳏居，其身份容貌皆为中国第一人。而我皇太后又寡居无偶，正是春花秋月悄然不怡。秋宫寂寂，非我皇上以孝治天下之道。依臣等愚见，宜请皇父皇母合宫同居，以尽皇上孝恩。诸位以为如何？"

"妙计！""可以。"群臣纷纷表示赞同。老臣范文程、洪承畴以及礼部尚书金之俊等互相对望了一眼，知道大功即将告成，他们精心策划的这出好戏很快便可以收场了，这才如释重负。要知道，这不只是要奉行太后的懿旨，更重要的是要确保幼主顺治帝能够长治久安呀。

"可是，叔嫂成婚为汉人所不解，那南明小朝廷以及一些骚人墨客会不会借此来大做文章诋毁我大清朝，说这种事情有伤风化？"

满朝的赞成声中突然出现了一种不和谐的声音，看来，这位不知好歹的故明降官的仕途也就到此而止了。

气氛骤然沉闷起来，群臣面面相觑。其实他们心里又何尝没这样想过呢？须知，堂堂一国之母竟下嫁臣王，弟弟竟娶亲嫂子，这可是空前罕有的人伦大变，是大丑特丑之丑闻哪！汉族百姓最讲究的就是孔夫子的"三纲五常"，这大清为何要甘愿冒天下之大不韪呢？

皇父摄政王脸上的笑容有些僵硬，心里恨不得立即将这唱反调的臣子亲手砍了！

"诸位，且听老夫解释。"范文程不慌不忙地上前一步，提高了声音："我大清国自有大清国的章法，何必事事要顾着汉人的风俗习惯？如果我们跟在汉人的屁股后面慢慢爬，能有今天入主中原的大好局面吗？"

众人觉得有理，纷纷点头称是。

"所以说，这汉人的传统不一定适合于我满人的习惯。我满族人素来豪放，是马上民族，能骑善射，思想单纯，君臣常常同川而浴，并肩而行。因此，父死子妻后母，兄终弟娶寡嫂之事屡见不鲜，这本是我满人的婚俗呀。有事实为证，"范文程也顾不得捋那几根宝贝胡子了，索性掰着手指头数了起来："太宗时，莽古尔泰贝勒死后，其妻被分给了侄子豪格和岳托；德格类贝勒死后，其一个妻子被英郡王阿济格带走。就是太宗皇帝的皇后和嫔妃中，正宫娘娘博尔济吉特氏、庄妃博尔济吉特氏和宸妃博尔济吉特氏又是姑侄关系。她们姑侄三人同事一夫，你们觉得有什么不妥吗？"

众人先是点头，醒悟过来之后又连连摇头。传统的陋习不是一朝一夕就能改变的，满族已经意识到了他们这种带有原始意味的婚俗虽不以之为辱，但也绝不以之为荣，所以，面对范文程的解释，他们也只有认同了。

于是，当即由礼部查明典礼，援引此附，向国人发了一道上谕，说得尽善尽美："朕以冲龄践祚，定鼎燕京，抚有华夷，廓清四海，内赖圣母皇太后训迪之贤，外仗皇父摄政王匡扶之力。一心一德，方能仰承大统，幸免失坠，今顾念皇太后自皇考宾天之后，攀龙髯而望帝，未免伤心；和熊胆以教儿，难开笑口。太后盛年寡居，春花秋月，悄然不怡，郁郁寡欢。皇父摄政王之嫡福晋新近仙逝，摄政王现方鳏居，形影相吊，朕躬实深歉仄。幸以皇父摄政王托股肱之任，寄心腹之司；宠沐慈恩，优承懿眷。功成逐鹿，抒赤胆以推诚；望重扬鹰，掬丹心而辅翼。与使守经拘礼，何如通变行权？今诸王大臣合词吁请，金谓父母不宜异居，宜同宫以便定省，斟情酌理，具合朕心。既全夫夫妇妇之伦，益慰长长亲亲之念。圣人何妨达节？大孝尤贵顺亲。朕之苦衷，当为天下臣民所共谅。爰择吉日将恭行皇父皇母大婚之仪典，谨请合宫同居，着礼部核议奏闻，毋负朕以孝治天下之美意！钦此。"

"太后下嫁"虽由于政治原因非嫁不可，但也绝不宜大张旗鼓地加以宣扬。

至于孝庄太后庄妃，内心更是充满了幸福与甜蜜。尽管她纡尊下嫁主要是出于政治上的考虑，而非所谓"寡居不欢"，但毕竟她要嫁的是一位权倾朝野而又相貌堂堂的男子汉，俩人以前的相思之苦从此便可结束，用不着再偷偷摸摸的了。这个令她心仪的男人正是她梦寐以求的，谁让她才三十几岁正值情欲的顶峰呢？从此，一家三人共享天伦，嫡子福临的御座是稳如泰山的了。孝庄后首先是一个女人，一个寡居多年美貌多情的女人，其次才是一个政治家。可是才十多岁的福临又怎么能理解和接受呢？

福临又哭又闹，甚至用绝食这种办法表示抗议。这下可苦了一屋子的奴才，被福临折腾得已经体力不支。还是后来奶娘来了，才让福临停止吵闹。

话说礼部接了圣旨，便拟定了太后大婚的各种礼节，派了和硕亲王充作大婚正使，饶得郡王为大婚副使，择定了下聘吉日，由正副使引导摄政王到午门外行纳彩礼，礼单上写着：文马二十四、甲胄二十副、缎二百匹、布二百匹、黄金四百两、银二千两。礼物陈放在太和殿，均蒙着大红喜字，一时间喜气盈庭。

宫里的太监、宫女们早早地起床，将紫禁城里收拾得妥妥帖帖，一尘不染，然后便换上了礼袍，穿靴戴帽，拾掇得整整齐齐，相邀着瞅着空子去看热闹。

五更时分，紫禁城刚刚泛出亮光，那东方天际也刚泛出一抹鱼肚白，午门外已经人头攒动，热闹起来了，摄政王的迎亲仪仗已经开到了紫禁城下。

小皇帝顺治在一班王公大臣的陪同下，到内宫向太后行了三跪九叩首礼。摄政王的金辇在慈宁宫外停下，自有女官上前，扶出了摄政王，另有女官扶出了戴着凤冠霞帔的太后。这时候只听一阵惊天动地的锣鼓和乐声后，摄政王与太后行完了合卺礼，被送入洞房。

太后与摄政王凤愿以偿，如鱼得水，恩爱有加。

每日早朝，皇父摄政王多尔衮都是坐在幼主顺治的右边，同受臣官朝贺。十二三岁的小皇帝似乎对朝政越来越不感兴趣，每日勉强上朝之后，便瞅空溜走了，再也找不到他的影子。百官已经习以为常，天塌下来还有皇父摄政王顶着呢，没有必要为幼主操心！

眼见得书案上堆积如山的奏折文书，多尔衮不禁有些头痛了。

"报！江南一带故明宗室遗臣纷纷起而抗清，明给事中陈子龙、总督沈犹龙，吏部主事夏允彝，联合水师总兵黄蜚、吴志葵，起兵松江！明兵部尚书吴易等起兵吴江！明行人卢象观，奉宗室子瑞昌王盛沥，起兵宜兴！明中书葛麟，主军王期升，奉宗室子通城王盛澂，起兵太湖！明益王朱由本据建昌，永宁王朱慈炎据抚州。明兵部侍郎杨应麟据赣州，各招五岭峒蛮，与清对抗！"

警报接二连三，多尔衮眉头紧蹙，半晌才怔怔地说道："这明朝的子孙忠臣，为何有这般多呢？"

尽管位高权重，但毕竟是个战败被俘投降过来的汉官，洪承畴未免有些自卑心机，尤其是在那些不可一世的满洲王公贝勒面前，更觉低人一等。此番摄政王爷虽是有口无心的自言自语，但在洪承畴听来仍觉得浑身不自在。

"那唐王与鲁王，是否前明嫡派？一个弘光方才除掉，偏偏又生出两个来。"

"据卑职所查，鲁王是明太祖十世孙，世封山东。唐王是明太祖九世孙，世封南阳。"洪承畴老老实实回答，觉得太呆板了些，便又补充了一句："听说那唐鲁二王为争帝统正势如水火呢。唐王是叔，鲁王是侄。唐王欲让鲁王退为藩属，曾派使节带饷银十万两犒劳浙东军士，可鲁王不理不睬，浙闽遂成仇敌。我清军正可趁此良机各各击破！"

"唔！此计甚妙！可是，除了他二王，还有江南各地的反叛，看来东南一带是很难平定的。"

"熠火之光，何足以蔽日月？总教天戈一指，就可一概荡平。"

"嗬，范先生如此信心十足，想是又有了锦囊妙计？"多尔衮眼睛一亮，盯着范文程。这个三朝元老，实在是足智多谋啊。

"微臣已经看中了一人，此人出马定能奏效，不出数月，江南一带便可传檄而定。"

"是何人这样神通？范先生请明说了吧。英亲王及豫亲王刚刚还朝，不便再发，现在还能驱遣何人呢？"

"王爷，此人远在天边，近在眼前，就是洪大学士洪承畴是也。"

"范兄，不敢乱说，洪某不才，何以堪当此重任？"洪承畴一怔，连忙摇头拒绝。

"是呀，我怎么就没想到呢？"多尔衮一拍大腿，点头称是，"洪先生能文能武，此番前去督理南方，定能招抚江南，马到成功！"

"谢王爷谬夸。洪某无德无能，乃战败之降将，心中惶惑，恐难以堪当大任。"洪承畴跪倒叩首，心中却想，总算有了为大清国立功的机会了，何乐而不为？省得在那些王公面前抬不起头来，此后立下显赫军功，他们自当刮目相待了，如果再被封个爵位，那也就不枉此生了。

"洪大人不必推辞，此事就这么定了。你还有什么要求吗？"

洪承畴略一思忖，侃侃而谈："江南已归附年余，但人心尚未稳定。而明朝宗室称王称帝，更使人心惑乱。究其原因，卑职以为一些故明官绅对我大清有疑畏之心，故久未敢归附。卑职此番奉旨前往，拟采用剿抚并用之两手措施，所谓顺我者昌，逆我者亡，料想终能达到目的。"

"好！此计甚妙。洪大学士，立即择日率八旗精兵总督军务招抚江南，不得有误！"

"嗻！"

"报……豫亲王，他，他出痘已然昏迷不醒！"

"什么？"多尔衮似乎挨了重重的一击，瘫坐在龙椅里："快、快，命太医院所有的御医都去豫王府诊治，一定要唤醒豫亲王！"

多铎虽在一些细小的问题上与其兄多尔衮有所分歧，但他们毕竟是亲兄弟，在许多重大的问题上始终保持一致。多尔衮的哥哥阿济格和弟弟多铎实际上是他摄政的主要支柱。尤其是多铎，智勇双全，战功显著，多尔衮便趁机累加勋爵，晋封他为辅政叔德豫亲王而取代了济尔哈朗的辅政地位，成了多尔衮最得力的助手。而阿济格却有勇无谋，因而多尔衮没有委以他重任。现在，多尔衮与多铎兄弟俩正是春风得意之时，整日的倚红偎翠，一呼百应，风流快活似神仙一般。可是福无双降，祸不单行。正当多尔衮感到体力不支、力不从心之时，兄弟多铎却患上了天花！

果然，多铎不治而亡，这对多尔衮的打击是巨大的，他失去威福自专的股肱！

紫禁城的黄昏是很短暂的，高大的宫墙无情地挡住了落日的余晖。很快，宫里便昏灰一片，随后便响起了众太监们细声细气地吆喝："灯火小心！天干物燥，小心灯火！"

乾清门左右是两条长街，黑黢黢的只有三四盏萤火虫似的昏暗宫灯，

在嗖嗖的寒风中摇曳。

真是百无聊赖呀，用过膳之后，福临便一直呆坐着，太监们不敢打扰他，躲在一旁细声细气地说着话。转眼间又是深冬了，宫里天黑得更早了，才下午五点多，就变得黑咕隆咚的了。漆黑一团的高大宫殿，仿佛座座怪物龇牙咧嘴，凌空飞翘的重檐八角，又像凶神恶煞般地张牙舞爪。这时候宫里行人稀少，谁愿意黑灯瞎火地出去转悠呢？

但是，就在这时，冷僧机带着人闯了进来，福临被眼前的一幕惊呆了，周旋一番才知，原来是多尔衮病重，现在是要胁迫自己前去探望，想想孩子真是大费周章啊！

福临并没有表现得十分异常，反而优哉游哉地仿佛很乐意似的，实际上他也有些害怕！这几个两黄旗重臣早已背主求荣成了摄政王的心腹，摄政王说向东他们绝不会向西。这会儿，摄政王身体不适，他们竟自作主张强行带着自己去探望！这些狗奴才、王八羔子，当初若不是先皇恩养你们，你们能有今天？这十四叔究竟想怎么样呢？从辅政王到摄政王到皇父摄政王，他还不满足吗？难道他想的是当一个名副其实的皇帝？那我可怎么办？

十三岁的幼主越想越不安，下意识地抓住了身上的佩剑。对了，荷包里还有一些梅花镖，也许能派得上用场！

第十三章
迫威势忍气探病王　动真情柔语劝怒儿

睿王府里，明灯高挂，沉浸在一片欢声笑语之中。

"嗯？你们不是说阿玛王生病了吗？为什么现在府里还是这般热闹呢？"福临一时间被搞糊涂了。但是，既然已经到了这里也就没有什么可以担忧的了，由此看来，这一路上他的胡思乱想是多余的。唉，攥了一手心的冷汗！

多尔衮的寝宫外早已围坐着一干子文武大臣了，看来，他们的消息倒挺灵通的。

"怎么，阿玛王得了什么病？太后来了吗？"福临一脸的关切，提高了声音。

"皇……皇上，臣虽略有不适，但怎敢让皇上驾幸探望？皇上待臣真是太好了。"多尔衮穿着睡袍，由小太监搀着下了床。帷帐一掀，孝庄后也走了出来，她目不斜视，似乎是在对众人又是在对福临说道："阿玛王一听皇上来了，非要挣扎着起床不可，阿玛王对皇上可是一片爱心哪！"

"阿玛王哪里不舒服？太医开了药没有？"

"太医开了一大堆的药，唉，这病也不是一天两天的了。"多尔衮坐在软榻上，并没有对小皇帝行礼，而小皇帝福临站在他的前面，倒像是一个儿臣。

"阿玛王，您是为了大清国才落下了一身的病的，儿臣愧对于您！听古人说有割股疗伤一法，甚是奇妙，儿臣愿意将腕上的肉割下一块炖成汤给阿玛王滋补身体！"福临说着竟真的挽起了衣袖，一边伸手要抽宝剑。

"万岁爷，您可不能！王爷，奴才愿代皇上这么做，奴才愿王爷早日康复！"吴良辅手疾眼快，猛地抽出了福临腰上的宝剑，只见寒光一闪，血已经从他的左臂上流了出来。

"不要瞎闹了！让太医给吴公公敷些金创药。我这病没什么大不了的，皇上一来看我，我觉得病已经好了一半了。哈哈！"

"托皇上的洪福！""愿王爷早日康复！"众人随声附和着，面露笑容。

"福临，阿玛王这身体全是为国事操劳而致，如果你能早日临朝执政，阿玛王也就可以安心了，也只有这样你才能报答阿玛王的恩法呀！"孝庄后端坐在多尔衮的身边，一边体贴地给多尔衮盖着毯子，一边教训着福临。

"母后所言极是，福临愧对阿玛王的栽培。只是福临年纪尚小，还须阿玛王多多辅弼，这大清国一日也离不了阿玛王的支撑！"

"哈哈，言重了！"多尔衮朗声笑着，心里很是受用。不管真心与否，小皇帝当着众大臣的面给他戴高帽子，听着当然顺耳了。"我一直在效法周公，正打算再过两年就还政于幼主呢。可今天晚上这叫什么事儿呀？千不该万不该，你们不应当让幼主此时驾幸呀。"多尔衮说着脸色一变："是谁的主意？冷僧机、锡翰、巩阿岱，你们好大的胆子！身为两黄旗重臣，更应当一心一意为幼主着想，怎么能夜半三更的惊扰幼主呢？来人，先将他几人拿下，明日议政王大会再治他们的罪！还有你们，鳌拜、巴哈，你们既知如此，为何不加以阻拦？哼哼，皇上虽年幼，尔等岂不知应该如何做？你们目睹锡翰、冷僧机之罪，却不即执鞠，也一并治罪！"

"摄政王所言极是，卑职知罪！但无论如何，卑职也没想到那锡翰、巩阿岱竟违背了三官庙的誓言，竟敢擅自惊扰幼主！"鳌拜虎目圆睁，怒视着锡翰等人。在两黄旗重臣中，拜音图、锡翰、巩阿岱三兄弟见风使舵早已投靠了多尔衮，分别由闲散宗室晋至贝勒、贝子。甚至像出身卑微的冷僧机也升至内大臣，封一等伯，谭泰为固山额真，拜征南大将军，封一等子，现任吏部尚书，权势赫赫。当初三官庙起誓的六人中，两黄旗重臣图赖已死，唯有索尼和鳌拜对幼主忠心耿耿，因此遭多尔衮的连连打击陷害。索尼此前已被贬去盛京，而此刻鳌拜又被治罪，幼主福临已经没有了依靠！

"何必要连累这么多重臣呢？兄弟，皇上只不过是个无知幼童，让他循家人之礼来探望你的病情也是在情理之中的。"英王阿济格瓮声瓮气地冲多尔衮说着，同时不满地看着福临。

"你……"多尔衮气恼地瞪着阿济格。众大臣们也已经变了脸色。千不该，万不该，英王阿济格不该口称幼主为无知幼童，犯下这样大不敬之罪！

"来人，英王阿济格喝多了，在此胡言乱语，带他回府闭门思过，罚银二百两！"

睿王府一时间成了执法的公堂，在场的群臣们面面相觑，噤若寒蝉。

"哟，王爷，您可不能发这么大的火呀！您这风疾，一不能生气，二不能太高兴，情绪太激动了病情就容易加重，太医的话就是这么说的。"珠帘一掀，走进了袅袅婷婷的一个妇人。一条湖蓝的绸带束出了她那早春柳枝似的柔腰，一身鹅黄绸裙使她显得轻盈飘逸。

"臣妾亲手炖了碗参茶，王爷趁热喝了吧。"

"容儿，还是你体谅我呀！"多尔衮眼睛发亮，伸手拉住了容儿的纤手。

众人见此情形，纷纷告退，幼主福临也由侍卫们簇拥着起驾回宫了。孝庄后冷眼看着多尔衮与容儿情意缠绵的样子，心里犹如打翻了五味瓶。

唉！从来人都说痴心女子负心汉，果不其然！

"娘娘！"孝庄后一怔，原来是海中天回来了。他一身黑色夜行衣，面上蒙着一方黑巾。

"娘娘放心吧，奴才一路上悄悄随着皇上的御辇，一直进了乾清宫。现在皇上想必已经安歇了。"

"天神！"孝庄后长叹一声，瘫坐在榻上。"这提心吊胆的日子还得要过多久哇！海中天，此后你要加倍留神，福临的安危全交给你了。除了你，眼下我们母子俩还有谁可以信赖呢？"

其时，福临又何尝能安然入睡？十三四岁的少年天子，难道会不顾及到自己的尊严吗？今晚之事，未免欺人太甚！阿玛王权势再大，但毕竟还不是真正的皇父，他凭什么如此张狂，竟要幼主向他行"家人礼"？唉，这种完全仰于阿玛王鼻息的儿皇帝，做的真是窝囊！

福临拥着锦裘，睁大着双眼，心情久久不能平静。阿玛王狂妄僭越，只手遮天。幸好他至今无嫡子，否则，他未见得就不会废帝自立！福临忽然被自己的念头吓了一跳，他失声喊道："铁木尔，速速加紧乾清宫防卫，轮番值守，不得有误！"

"皇上，您做噩梦了吧？这皇宫大内里里外外有卫兵上千，您就放心睡吧，已经三更天了，一眨眼天就要亮了。"门外传来吴良辅软绵绵的声音。

"天真的快要亮了吗？这就好，这就好了。"福临喃喃地说着，终于昏昏沉沉地睡着了，红扑扑的脸上还现出了一丝笑容。

一大早，御花园里就传来了朗朗的读书声。现在，少年天子却一反常态，不是躲在长廊边的紫藤后面与大小太监们捉迷藏，而是站在了假山上的亭子里，大声地朗读着流行的汉字启蒙读物《千字文》。现在，《三字经》福临已经烂熟于心了，并能一一解释出句中的出处和含义，因为他记住了《三字经》里这样的话："为学者，必有初，小学终，至四书。"这汉字汉语相当深奥复杂，须得从头慢慢来，循序渐进。

"听说万岁爷不久就要大婚了，摄政王已经派英王阿济格前去求婚了。"

"是哪里的格格？"兀里虎好奇地问道。

"这还用问，肯定是那蒙古族科尔沁部的格格呗。"吴良辅故作神秘地说道。

众太监们听吴良辅说得头头是道，无不面露佩服之色。

糟了，还真是隔墙有耳！太监们只顾围着吴良辅，听他说那些颇为神秘的逸闻趣事。没料到打天一门里走出了孝庄皇太后！

"娘娘吉祥！奴才们该死！不该乱嚼舌头，请娘娘恕罪！"吴良辅等人慌得就地跪倒，像捣蒜似的磕头求饶。

"今后再敢胡言乱语，仔细你们的舌头！"孝庄后披着大红镶金边的披风，在阳光下十分醒目。看来她也正在宫里遛着圈子，侍女乌兰和随侍太监海中天跟在身后。

"皇上今儿个倒是挺用功呢。"孝庄后的脸上现出了难得的笑容。

"娘娘，万岁爷这阵子可用功呢！别看他表面上挺爱闹爱玩的，实际上他一有空就躲在书房里不出来，昨晚上万岁爷一口气临了十二张帖子呢。"吴良辅见太后似乎心情不错，便悄悄拍去了膝上的灰，跟在了太后的身后，讨好地说道。

"真的吗？可也不能太用功了。吴良辅，你在这宫里已经待了快二十年了吧？"

"嚒。"

"那你可知道明朝是怎么亡的？"

"这个……"吴良辅喏嗫着，不敢正视太后那炯炯的目光。"听大人们说，是因为奸臣当道，流寇四起，还有，还有崇祯皇帝德薄福小……"

"还有一条，你怎么装起了糊涂？明朝之亡在于宦祸！"孝庄后一针见血，吴良辅不觉头皮发麻。"明熹宗时的魏忠贤将宦祸推至了顶峰，他自行拟旨，擅权乱政，诬陷忠良，重用私党，指鹿为马。这些，难道你就没有耳闻？"

吴良辅的额上沁出了汗珠子，太后的眼睛像鹰隼似的直盯得他心里发毛，他不停地自问：我做错什么事了吗？没唆使小皇帝做出格的事呀？为什么太后总看我不顺眼呢？

"其实，那崇祯帝，就是你先前的主子，倒不失为一位有为之君，但在外患内乱的冲击之下，他回天乏力，只能与明朝共灭亡了。"

"是、是，太后所言极是。"吴良辅抬起衣袖揩着脑门子上的冷汗。

"吴良辅，你为人聪明，又熟悉宫里各种规矩，尤其是深得摄政王和幼主的宠信，哀家只提醒你一句，这汉人千年的基业，如今已落到了幼主顺治帝身上，他身上的担子重啊！作为幼主的近侍太监，你得好自为之呀！"孝庄后说着径自朝假山那边走去了。

"额娘吉祥！"福临看见了母后，便兴冲冲从亭子上跑了下来，手里还捧着一本书。

"孩子，你真的是长大了！"看着差不多与自己一样高的福临，孝庄后的声音中充满了无限的爱意。

"额娘，告诉你一个秘密。"福临踮起脚将嘴巴贴在了母后的耳旁，悄声说道："自从他出去狩猎之后，儿臣心里别提多轻松自在！"

这个"他"指的当然是皇父摄政王多尔衮了。孝庄后笑了，带着一些苦涩："孩子，你真的这样惧怕阿玛王？不要怕，有额娘在，再说你也长大了，阿玛王也不能再对你怎么样了。"

"这一次阿玛王说要去秋猎，儿臣心里就犯嘀咕，生怕他把我也带了去。要说儿臣也很喜欢射猎，可每次跟阿玛王在一起，总觉得十分别扭。母后，有许多事儿臣一直不明白，憋在心里又觉得难受。"

"噢？那你就说说看，让额娘帮你想想办法。"孝庄后伸手揽住了福临的肩膀。此时，微风徐来，一阵醉人的幽香随风飘散，那是沁人心脾的桂花香。娘俩肩并着肩，手拉着手，漫步在金色的阳光下，说着悄悄话儿。

"说起你阿玛王，孩子，目前就数他位高权重，又立下了赫赫战功，你在他面前还得再忍耐些时日呀。"

"我已经受够了阿玛王颐指气使的样子了。这一回，但愿他能在外多待些日子，也让咱们母子透口气！"福临顺手扯断了一枝绿藤，恨恨地将它踩在脚下。

"孩子，额娘知道这些年来你心里的委屈比谁都大。可是，连额娘也不得不顺从着他，我们寡母幼儿实在是势单力薄呀。"孝庄后叹息着，接着说："额娘下嫁于他并非是一时冲动，好在你已经长大，额娘的苦心总算没有白费！想如今，你阿玛王一人亲领正白、镶白和正蓝三旗，他的养子多尔博已经开始统辖正白和正蓝二旗，两白旗的重臣们像何洛会等都受到了重用，都当上了内大臣或是护军统领并且参与议政，而两黄旗重臣中锡翰、巩阿岱他们三兄弟也早已成了他的心腹，冷僧机更是青云直上，至于耿直的索尼和鳌拜却连连被贬被罚。孩子，阿玛王的力量实在太大了，你一定得坚持下去呀！"

"哼，君子报仇，十年不晚！狗屁阿玛王，他占了我的额娘，又觊觎我的帝位，罪不容诛！"

"孩子，你可不能胡来呀，额娘求求你了！"孝庄后一听，吓得脸都白

第十三章 迫威势忍气探病王 动真情柔语劝怒儿

了，低声劝慰着儿子。"有道是'留得青山在，不怕没柴烧'。孩子，大丈夫能屈能伸，现在你羽翼未丰，万万不可轻举妄动呀！别忘了那一日晚上你去睿王府探视的事情，额娘每次想起来都觉得心惊肉跳呢！"

"他欺人太甚，儿臣如何能忘记？那一晚儿臣噩梦不断，总觉得有个影子在背后跟着，又觉得胸口闷得透不过气来。额娘，像儿臣这样的儿皇帝做得还有什么意思？"福临抬起脚将一粒石子踢出了老远。

"还有英王阿济格，他居然当面轻慢儿臣！口口声声称我是无知幼童，结果呢，却只被罚银！真是岂有此理！他犯的是冒犯龙颜的死罪呀！可是，我的兄长又犯了什么罪？却一再蒙冤屈死在狱中？欺人太甚，此仇不报，誓不为人！"

"孩子，你心里的苦楚就尽情地当着额娘的面发泄吧。"孝庄后心里一酸，眼泪在眼眶中打转儿。"可是你得记住，尽管阿玛王远离了京城，但这宫里宫外都是他的人，你千万不能随便发火呀！"

"额娘，儿臣知道。这么多年，仰仗着阿玛王的鼻息，苟且偷生一般，儿臣也忍下来了，不到关键时刻，儿臣不会以卵击石的。书上怎么说来着？天将降大任于斯人，必先苦其筋骨，劳其心志，额娘你看，儿臣现在长高了，也壮实了，一切都挺好的嘛。"福临的脸上又现出了顽皮的神态，孝庄后禁不住破涕为笑："孩子，你可真让额娘担心哪，额娘只盼你快些长大，早日临朝，也好结束这种提心吊胆的日子。"

"快了，额娘。不信咱们打个赌。额娘你看！"福临一指正前方一棵参天古柏，那高高的枝头落着一只雀儿。

"如果儿臣一镖出去，打中了它，那么儿臣就赢了。额娘你信不信？"
孝庄后笑着点头后又摇头。

"那好，儿臣就露一手给您瞧瞧，这还是海公公教的呢。"福临从荷包里摸出了一枚飞镖，夹在右手的食指与中指之间，瞄准了用力一扔，只听"扑哧"一声，那雀儿连哼都没哼便砰然坠落到地上。

"噢，我赢喽，我赢喽！"福临小嘴一咧，双脚一跳老高。

"嗨，还是个没长大的孩子！"孝庄后看着福临的背影，无可奈何地叹息着。

童言无忌。还有句话是"善有善报，恶有恶报，不是不报，时候未到"，又有谁会想到，不可一世的皇父摄政王居然在狩猎之时会突发风疾，坠于马下？

"皇父摄政王病危！"告急文书连夜送到了紫禁城，一时间皇宫里的气氛变得凝重起来。

"请皇上速速出京，探望摄政王！"冷僧机连连启奏，令少年天子福临十分为难。

"难道说这一次我又得被迫出京？看这阵势，冷僧机、巩阿岱他们绝不会善罢甘休的，哼，好一群孝子贤孙，只等阿玛王一咽气，我就要好好收拾你们这些王八羔子！"回想着以前的一桩桩一件件令他心酸、胆寒的事情，少年天子心中虽有怨言，却只能强压着："朕的心情与尔等一样焦虑不安。北京与边外喀喇城相距近千里之遥，纵使朕即刻出宫，日夜兼程，也得一两天的时间。有道是远水不解近渴，朕只有在此祈盼阿玛王吉人天相，早日康复了！"

"万岁言之有理！"老臣范文程挺身而出，只一句话便令少年天子感动不已。多好的小老头呀，真不愧是三朝元老、一代忠臣！

"摄政王遭此不幸，臣等莫不痛心疾首。幸好边外有多处温泉，又不乏名医和仙药，加上摄政王正当壮年，一定能躲过这场劫难。老臣以为，如今南方战事正酣，皇上当以军务为紧，宜一鼓作气，一统天下！"

"可是，这紫禁城没有摄政王做主，谁人能完成一统天下的大业？范先生，摄政王待你不薄呀，为何不思回报，处处为幼主说话？"

"冷僧机，你身为大臣，难道就不该处处为朕着想吗？试问你是谁的臣子？如此放肆！"有范文程、洪承畴等元老在，福临不再怯弱，厉声斥责着冷僧机。

"微臣以为皇上不必为此而耽误时间。前几次摄政王身体不适时，皇上都躬自亲往探视，循家人之礼，结果王爷的病便不治而愈。这一次，王爷病情严重，皇上更应前往探视，聊表皇上的孝心。试想，没有王爷的操持，大清国能有今天宏大的局面吗？皇上日夜兼程又有何妨？"

"不行！"洪承畴倏地起身，大声反对，气得巩阿岱干瞪眼。"你们难道不知道边关正在作乱吗？虽然山西姜瓖的倒戈已被平定，但陕西、山西一带的反叛活动并没有停止。万一这些逆臣贼子得知了皇上行将出宫北上的消息，在途中加以拦劫行刺，这后果谁人能负？"

洪承畴如今总算是大清的有功之臣了，又身为太子太保、秘书院大学士，说起话来也与从前不同了，理直气壮，令巩阿岱和冷僧机等心怀鬼胎之人哑口无言。

这也是事实。自从清兵征服江南之后，便采取了一系列惨无人道的高压政策，甚至制造了"扬州十日""嘉定屠城""江阴屠城"等一系列骇人听闻的血案，以致遭到了江南人民的切齿痛恨，反清的浪潮迅速传遍大江南北、黄河两岸，而原先一批降清的故明将领也趁机倒戈反清，与各地的农民军遥声相援，致使清朝的统治受到了极大的震动。

继顺治五年江西提督金声桓、副将王得仁临阵倒戈，举兵抗清之后，广东提督李成栋也倒向了南明永历政权，之后，在山西大同又爆发了姜瓖的倒戈抗清，并得到了山西大部分地区以及陕西的延安、榆林等地的响应，影响极大。为了早日平定此次反叛，摄政王多尔衮三次亲征，前后动用了亲（郡）王以上者四人，其他高级将领数十人，正所谓"诸将一时多受命，亲王三遣自临边"。

姜瓖反叛已弄得京师人心惶惶，洪承畴此言一出，谁还敢再坚持让少年天子出京北上？

"真悬哪，若没有范、洪两位老臣的鼎力支持，只恐怕朕此番要有去无回了！"福临心中感慨万分。

"这样吧，速派宫里最好的太医，由卫兵护送日夜兼程赶往喀喇城（今属河北承德），将朕身上的这件黄马褂也一并带去，就说朕日夜为阿玛王祈祷，愿他战胜病魔，早日康复！"福临一边说着言不由衷的话，一边起身解下了黄马褂。

冷僧机等人只得接了黄马褂，匆匆退下。

"范先生，洪先生，连日来奏折颇多，朕对汉字又读不明白，就请两位老臣协同诸王贝勒当朝处理吧。喏，这是朕的金印。"

"臣等谢主隆恩！"

退了朝，福临觉得心里尤其轻松，真想放声大喊几声痛快痛快。在太和殿前伫立片刻，心里拿不定主意下一步究竟做些什么。

此时太阳西斜，天空碧透，外面肯定是一个秋高气爽的精彩世界。少年天子悄悄叹息着，阳光经明黄色琉璃瓦反射在他的脸上，仿佛涂抹上了一层古铜的色彩。

"万岁爷，您若是再高一些再胖一些，就真的很像了。"

"像什么？"福临被小太监的话弄得糊涂了，"你是新来的吧？叫许喜庆？"

"奴才是李国柱，那边的那个瘦些的才叫许喜庆呢。"胖嘟嘟的李国柱说话的时候脸上会现出一个小酒窝，他的声音很清脆悦耳，脸皮子也很白净。他们两人的名字都是吴良辅给起的。

"奴才家不远有一座菩萨庙，奴才打小就在里边玩。奴才觉得万岁爷您这会儿的模样可真像那庙里的菩萨。"

"菩萨？你们汉人都很尊崇他吗？他有什么功德呢？"

"菩萨可是非常神通的。听老人家说，只要你诚心诚意地去拜他，他就会有求必应！他可以让人逢凶化吉，可以造福苍生，给没有子嗣的人家送来儿女，他的心肠非常好，是一个大慈大悲的好人。"

"噢？朕可没有那样的神通，只可惜朕这时候不能去看看这观音究竟是什么样子的。"福临不禁有些怅然。"菩萨？他可以预知未来吗？对，为什么不去找汤若望谈一谈呢！"

福临立刻提高了声音："快把朕的坐骑牵来，朕现在要出去见一个人！"

群臣们没有想到皇上会亲临三元六部，一时竟不知如何是好，纷纷下跪，不敢抬头仰望龙颜。

第十三章 迫威势忍气探病王 动真情柔语劝怒儿

第十四章

汤若望借天象喻君　父亲王贪美色丧命

福临并没有理会跪在两侧的群臣们，骑着马闯进了钦天监。

"汤若望，你在吗？"

"这么晚了，是谁找我啊？有什么事情明天再说，现在我要回耶稣会祷告了。"汤若望正在低着头整理靴子，看来他对满族的朝服与朝靴非常不习惯。

"怎么，知道朕来了就这样急着回去？"

汤若望一听见这句话急忙起身，双手抱拳对福临连连作揖："老臣真的有眼无珠，希望皇上恕罪。"他的汉话讲得倒是满地道，非常合乎情理，然而拜见天子时的动作却不伦不类，让一旁的太监们乐不可支。

"你们全退下，朕与钦天监正有要事要商量。"福临坐在了正中的太师椅上，汤若望不知发生了什么事，垂手站在一旁，一脸的疑问。

"哎！你干吗这样？坐下吧，朕只问你一件事，近日天象可有什么异常之处？"

"噢，皇上这一提醒，老臣倒差一点儿忘了。"汤若望碧蓝的眼睛不停地眨着，他脸色红润，金发高鼻梁，腮上有一抹浓密的浅黄色胡须，整个人虽已五十多岁，但看上去精神饱满，一副精明强干的样子。

"昨夜星光灿烂，银河分明，夜气甚清。但见紫微垣中帝星却有些摇动。"

"帝星摇动？这不正应了朕好玩乐吗？此事乃小事一桩，居然连上天星文也能垂象？"福临不禁神情严肃起来，原来冥冥之中自有天神在主宰一切，他的一举一动看来都躲不过天神那智慧的眼睛啊。

"不然。臣以为帝星之所以摇动，乃是因为帝星身边出现了一颗大星，色赤而亮，闪闪摇动，距帝座近在咫尺。"

"果真？此何星也这等光芒可畏？"福临不觉紧张起来。

"皇上不必紧张，那新出现的乃是一颗流星，老臣再定睛看去时，它已经向东北方向坠落了，只留下一道细细的银线。"

"唉！你倒是一口气讲完呀，却把朕吓了一跳。"福临松了一口气。

"皇上，其实这流星划落倒可能会在世上引起灾难，那流星迫近帝座，恐有关国运，还盼皇上以非常备之。"

"这么严重？"福临瞪大了眼睛，心又提了起来。"请你直言相告，但说无妨。"

"既是这样，老臣便斗胆直言了。"汤若望定定地看着福临："顺治皇帝，听说你的阿玛王在塞外已经病入膏肓？"

"正是。朕因此而忐忑不安，不知是福是祸，特地前来讨教。"汤若望切入了正题，福临不由得坐直了身子，一副洗耳恭听的样子。"据老臣判断，这一次你的阿玛王可能是凶多吉少，断难生还北京了。"

"真……真的吗？"福临睁大了眼睛，心里悲喜交集，声音都有些发颤了。

"可是，你阿玛王多年来专权跋扈，他能轻易地交出大权吗？也许他会有二心，如果他知道自己将不久于人世，您以为他会怎么做？"

"这个……朕还从没这么想过。"

"老臣只是猜测，尚请皇上小心对付，早做安排，以防不测！老臣只是妄加推测，冒犯之处，请皇上宽恕！"汤若望也知道，自己所说的话若传到了摄政王及其心腹的耳中，将必死无疑，满门抄斩，所以他话音刚落便起身跪下了。

"神甫，你是朕的忠臣！你很伟大，给朕指点了迷津！快快请起，不论是真是假，朕都非常感谢你！"

的确，汤若望的提醒帮了少年天子的大忙，也显示了大神甫的无比的智慧和过人的胆识以及他对皇上的无限忠心，怎能不令福临感动！

幼主福临虽手无缚鸡之力，处境甚危，根本无法与阿玛王相抗衡，但这只是黎明前的黑暗，因为不可一世的阿玛王很可能就此短命夭折，只要皇上耐心等待，静观其变，事情就会有转机，曙光就在前头！

万籁俱寂，紫禁城里灯光闪烁，一派祥和之气。不用说，那些不当班的太监们肯定三五成群地聚在一起，或是抽烟喝茶侃大山，或是摆桌子打牌过把瘾，也有些胆大的从侧门溜出宫到街市上找乐子去了。而那些当班的太监却得睁大了眼睛各司其职，他们把这种夜间当班称为"坐更"，除了各殿的首领、回事在殿内值班以外，其他的太监谁也免不了这个差。实在困极了，值夜的太监便打开自个的铺盖卷儿，放在廊下眯一会儿，还得竖起耳朵随时察听着宫内的异常。十冬腊月可就遭罪了，但也没法子。这会儿已经是秋天了，白天正午的太阳还暖洋洋的，可到了夜晚便觉得寒气袭人了。

小太监李国柱今儿晚上又该着"坐更"了，呆坐在廊檐下数了一会儿星星，觉得脖子酸了就又起身四处转转，唉，这漫漫长夜何时才能天明？

宫里皇上仍然在背着古书，听那声音抑扬顿挫倒是兴致勃勃。李国柱慢慢地踱到了院子里，从衣袋里掏出了一管竹箫，横在嘴边，于是在这深宫大内便响起了一阵脆脆的、甜甜的箫声。当时，宫里的太监大多都要学一种技艺，为的是往后出宫好歹有个谋生的手段，李国柱乖巧人又聪明，很讨人喜欢，很快就被一名老太监看中了，教他吹笛子吹箫，以打发在宫里无聊的日子。

李国柱在黑夜里忘情地吹着，思绪飘飘似乎飞到了家乡……

箫声伴着福临悦耳的朗诵声很是和谐，众太监们悄悄地围拢过来，屏住了呼吸，放慢了脚步，谁也不愿谁也不敢坏了天子的雅兴。

突然，"咚咚咚咚"传来了一阵猛烈的打门声。

"是谁人在外拍门？"吴良辅尖着嗓子没有好气地往外喊着。

"吴公公，臣等有要事要面见皇上，请速速开门！"

"嗯？"福临一怔，不由得想起了那次冷僧机等人夜闯乾清宫，挟持着他出宫去探视摄政王的事情。此时此刻又与当时的那一幕何其相似！

"皇上，请您回宫，待小的们弄清了来者是何人再做打算！"侍卫铁木尔扬起了嗓子："皇上已经歇息，任何人不得惊扰！"

"不得了啦，此事真的是十分火急呀！烦请吴公公禀报皇上，就说卑职宁完我刚从喀喇城赶来，一定要立即晋见皇上！"

"宁完我？"福临心里一动，"这宁完我原为福临的堂兄萨哈廉的家奴，因为机敏有才智，于天聪三年首次科考中脱颖而出而被赏识。这个人对先皇忠心耿耿，为人谦恭有度，不似同样出身低下的冷僧机那般傲慢自负。这一次他随阿玛王去边外狩猎，阿玛王病重已是危在旦夕，为何他要日夜兼程连夜进宫？莫非真有什么重大事情？"

"打开乾清门，让大学士宁完我进宫说话！"福临发话了，同时他又向兀里虎耳语几句，令他速去慈宁宫恭请太后，要知道此时他身边尚没有一个得力之人，他也不知该如何决策。

东暖阁里，福临端坐在御座上，太监们早已拧亮了宫灯，御前侍卫们侍立在门外。

"卑职宁完我夜闯大内，实有要事禀报，请皇上恕罪！"宁完我抬脚进了东暖阁，立即低头摘下了插着花翎的红顶帽子，将它放在了右手边，双眼看地跪下去一连叩了三个响头，青砖地发出了三声沉闷的响声，然后一动不动地听候皇上的旨意。

"大学士免礼。看座!"福临仔细地看着宁完我进门后的一举一动,觉得这个人规规矩矩很是本分,心里立刻对他有了几分好感。

"臣宁完我叩谢天恩!臣不敢与圣上同坐一室,臣还是跪着吧!"

"就依着你吧。到底出了什么事情?"

"出了大事啦!皇父摄政王他……"宁完我的话还没说完,就被闯进来的几个内臣们打断了。福临定睛一看,是冷僧机、巩阿岱他们几个人,脸色不由得有些变了:"大胆!谁让你们进来的?"

"臣等听见乾清门被擂得震天响,情知事情有异,便立即过来看看。大学士,喀喇城那边到底出了什么事情?"

"这个……"宁完我抬头看看皇上,一副欲言又止的样子。

"你们全都退下,没有朕的话,敢擅自入内者,杀无赦!"福临拍案而起,怒视着旁若无人的冷僧机等人。

"嗻!"冷僧机等人只得退下。

"皇上,摄政王他,他已经殡天!"宁完我由于紧张和激动,额上沁出了一层细细的汗珠子。

"当真?"不知是悲是喜,福临跌坐在椅子里,脑子里一片空白。

"还有,王爷临终前,召了英亲王密谈,现在英亲王正率三百骑从喀喇城急驰回京!"

"他、他要做什么?"

"皇上!尽管摄政王与英王的密谋无人知晓,但事实已明摆着,英王不立即派人报丧,反而带着三百骑回来,这是另有企图呀!奴才自知事关重大,这才日夜兼程,抢先一步入京。"

"这么说,那英王的人马也已经快要入京了?"福临这才醒悟过来,神情紧张地站了起来。

"福临,不用害怕,即刻传谕让诸王大臣做好准备,关闭九门,只等阿济格一到便尽行诛之!"

"额娘!儿臣就听您的安排吧。"福临喜出望外,快步上前扶住了孝庄后。

"铁木尔听令!朕令你速带人去巡视皇城九门,令九门提督迅速关闭城门,不得有误!"

"奴才遵旨!"

铁木尔刚刚领命而去,冷僧机等人又闯了进来:"皇上,到底出了什么事情?"

"这儿没你们的事了，只等天亮便知分晓，你们跪安吧。"福临心里有了底，声音十分平静。

"大学士，免礼平身！"

"嗻！"宁完我再次叩谢，刚要起身，才发觉已跪得两腿发麻，站不起来了，身子一扭瘫坐在地上。

"大学士辛苦了！你日夜兼程，风尘仆仆，朕为有你这样的忠臣而欣慰！来，坐下来，朕和太后还有话要问你呢。"福临亲手扶起了宁完我。宁完我感动不已，连连叩念着："奴才该死，不敢有劳圣上大驾！"

"给大学士上茶！"

吴良辅在一旁低声说道："万岁，这乾清宫里全是您的专用杯子，可不能给外人用啊。可是这会儿茶房早已关门了，这茶……"

"嗨，哪那么多规矩！大学士这回立了大功，朕就赐一只御杯给他还不行吗？"

"嗻！"

"皇上，奴才不渴！"宁完我小心翼翼地侧身坐着，不时用舌头舔着干裂的嘴唇。听得出，他的声音已有些嘶哑了。

"大学士，你就不必拘束了，哀家还想听听喀喇城那边的情况呢，快喝杯热茶润润喉咙吧。"孝庄后的神情十分严肃，宁完我不敢怠慢，连吹带喝几口就喝完了一盅茶。这是北京城有名的茉莉花茶，十分清香可口。

宁完我拭去了额上的汗珠子，连喝了三盅热茶，终于缓缓地讲述起来。

这天下的事，往往乐极生悲。摄政王多尔衮既娶了太后，又占了豪格的福晋，真是一箭双雕，可他还觉得不满足。他又闻听朝鲜国的公主长得漂亮，人又温柔，便暗中派使节带着求婚信到朝鲜求婚，并声称中国自古就有选藩国淑媛为王妃之例。朝鲜国自是不敢怠慢，立即在王室及大臣中选中了锦林君恺胤之女，封为顺义公主，年方十三岁，温柔美貌，且知书达理善解人意，并由几十名侍女乳媪陪着上了一艘大船要送到北京来。

多尔衮闻听喜不自胜，又唯恐太后加以阻挠，于是心生一计，派人让那朝鲜公主就住在塞外的喀喇城堡中，自己则以行猎为名，带着诸王大臣以及护军出京北上。一路日夜兼程来到了与朝鲜相近的喀喇城里，诸王大臣们这才全明白了。

但见城里新近修筑的一座行宫五光十色，里面早已住着那窈窕可爱的朝鲜国的公主。也等不得另择吉日，当时摄政王多尔衮便沐浴更衣，与顺义公主同了房。

顺义公主果然温柔可爱，但却没有多尔衮想象中的漂亮。于是，过了些日子，多尔衮又对朝鲜使者发话了，希望他们可以选更美丽的女子。朝鲜国答应了，但是要多尔衮等些时日。

于是，多尔衮耐着性子，不时地带着王公们外出行猎，十分地尽兴。可是入秋之后，塞外的野风便一天猛似一天，多尔衮受了风寒，又素患"风疾"（即中风之类疾病），心情烦躁，原本一表仪容竟渐渐清减了。

说来也巧，摄政王不慎在打猎的时候摔伤，加上风疾又发，弄得大家十分惶恐，有的人甚至追悔莫及，当初不该尖着脑袋要随摄政王来此狩猎！

摄政王的病日重一日，急得随行的几个太医们抓耳挠腮却无计可施。多尔衮再怎么好强，此时也得认命了，他自知时日不多了，便在病榻上召见了哥哥英亲王阿济格。

多尔衮之亲兄英亲王阿济格，虽非旗主，但亲辖十三牛录，又取其弟多铎七牛录，领有精兵数千，且长年征战，开国有显赫战功，况且他一向野心勃勃，根本不把幼主顺治放在眼里。此次他二人密谈，尽管"语其后事，外人莫得闻"，但稍有用心者便可悟出其中之"玄妙"。于是，这才有了大学士宁完我只身冒险离开喀喇城，日夜兼程将英亲王欲谋逆之事告之幼主。

"唉！人总是这样，欲壑难填哪！"孝庄太后愣了半晌，方才恨恨地叹了口气。

宁完我离开之后，福临与孝庄太后娘儿俩一时沉默无语。

"额娘，这么说，从此以后儿臣不用再做那儿皇帝了？"福临突然问道。

"孩子，事情可不是如你所想的那么简单哪！"孝庄后仍不时地长吁短叹。

"难道，您很悲痛，为了那个人？说实在的，儿臣早就在心里诅咒他了，也诅咒你们的这段婚姻。现在好了，一切终于结束了。"

孝庄太后怔怔地看着福临，心中酸楚，眼泪不觉夺眶而出。

顺治七年十二月十三日，皇父摄政王多尔衮讣闻京城，这个消息，如晴天霹雳，举国为之震惊！摄政王摄政的时代结束了！

"启奏圣上，太后懿旨，即刻为皇父摄政王举行国丧，请皇上下诏吧！"老臣范文程举步上前，高声奏道。

福临没有吭声，眉头却皱了起来，皇父摄政王突然病卒，实为令少年天子万分欢欣的佳音哪！尽管表面上，福临装出一副不苟言笑的样子，可心里却是无比高兴，他终于可以扬眉吐气了！可偏偏母后又来插手了，哼，居然口口声声要为多尔衮举行国丧！福临心里是一百个不愿意呀！

"圣上，皇父摄政王功高盖世，理应受此殊荣，请圣上明察！"范文程抬头直视着福临，急得额上青筋直暴。"嗨！皇上的脾气可是够倔的，这节骨眼儿上可不是感情用事的时候哇！"

范文程捋着胡子，不由得想到了孝庄皇太后连夜召他以及洪承畴进宫密谈的情形。

摄政王虽已去世，但少年天子福临的宝座仍处于风雨飘摇之中，只要他本人稍稍思考一下，便自会为严峻的内外形势而忧心忡忡。太后正是为此担忧不已，在昨夜离开乾清宫之后立即让海中天请了两位大学士到慈宁宫密谈。

"九门提督来报，英王阿济格派来的三百骑刚入城门便一一被诛杀，这对两白旗是一次很大的打击。"

"可是，这样做会不会打草惊蛇？"洪承畴有些担心，"睿王的党羽人多势大，倘有风吹草动，他们定然会伺机掀起叛乱。英王此次派精兵入城就是一个例子，我们不得不防啊！"

"话虽如此，但毕竟幼主仰叔鼻息听他摆布的生涯宣告结束了，这一回幼主是真正的至尊无上的天子了。"

"范先生，哀家正为此担忧呢，"孝庄后两道弯弯柳叶眉紧蹙着，"福临心性高傲，此前就曾屡次以言语冲撞过多尔衮。现在，他会不会太得意了，而看不到还有许多威胁皇权的因素呢？说起来，福临现在倒成了真正的孤家寡人了呀！唉！"

孝庄太后的担忧不无道理。诸王势力强大而使皇权衰微，这是有目共睹的事实。

孝庄太后沉重的叹息声揪着两位老臣的心，他们也在叹着气：谁让你们满人非要采取什么八旗制呢？这下倒好，八旗旗主互不统属，各自为政，而幼主又无能力统辖他们，这日后大清还不得落个四分五裂、七零八落的？

"娘娘，如今只有走一步看一步了。我等只能动动嘴皮子，还要看他们拥有兵权的八旗旗主们是如何表演的。幼主现在羽翼未丰，万万不可轻举妄动啊！"

"这也正是哀家召你二人商讨的关键所在。目前八旗各旗主心口不一，实难驾御，而纵观全国形势，则更是乌云密布，大清的基业并不稳固呀！"

"太后，尽管目前的内外形势不那么好，但毕竟忠于朝廷的八旗王公大臣还是大有人在的，那些智勇双全和曾对幼主忠贞不贰的人如索尼、希福、鳌拜等即刻应委以重任，对其他旗效忠朝廷的能臣骁将也应同样予以嘉奖升授。有道是树倒猢狲散，卑职以为睿王的势力虽然很大，但已不足以成为心腹之患了。"洪承畴的眼睛一直滴溜溜瞅着孝庄太后，这时候真恨不得说尽好话来劝慰她。

"再过两天，摄政王的灵柩就要到京了，当务之急，是要让福临为多尔衮哭丧致哀，不得有任何轻慢。这件事哀家不便抛头露面，就拜托两位大学士了，你们一定要劝说福临，千万不能让他使性子耍小孩子脾气呀！"

范文程回想着孝庄太后那无奈的神态和无助的眼神，不觉又加重了语气，提高了声音："皇上，皇父摄政王英年早逝，是国家之沉重损失，是百姓之沉重损失。皇上向来推崇儒教，以孝治天下，须得从自身做起，方能使天下人心口服呀！"

"是呀，皇上虽贵为天子，但摄政王亦是贵为皇父，除了君臣之礼，皇上宜向皇父摄政王行家人之礼，以告慰皇父摄政王的在天之灵。皇上，要知道，此时此刻全国上下无数双眼睛都在注视着您的一举一动，何去何从，请皇上三思！"

"请皇上三思！"洪承畴的话引起了殿内臣官们的齐声应和，巩阿岱、冷僧机等人更是神情紧张，睁大着眼睛盯着皇上的举动。

"这两个老家伙，一唱一和弄得满朝文武都跟着他们起哄，真是麻烦！"福临瞪着一双乌黑的眼珠子瞅瞅范文程，又看看洪承畴，最后把目光对准了郑亲王济尔哈朗。

郑亲王济尔哈朗虽是太祖之侄，但一直不得志，现在已经无权过问国政了。

"圣上英明！老臣以为范洪两位大学士言之有理！"济尔哈朗高声附和着。在众目睽睽之下，他本有心讨好幼君，借机发泄对睿王的怨恨，但一向老谋深算的他，终于没这样做。因为大殿内外布满了睿王的党羽，他们正虎视眈眈关注着朝廷的动静，稍有不慎便会招致他们的怨恨，引来杀身之祸！

"哦？看来众卿家都是一个看法？"福临环视着众人。记得以前曾听叔父摄政王说过，明朝虽亡，但仍像百足之虫，死而不僵，现在睿王的情况不也是这样吗？看来众大臣都对生前专横跋扈的多尔衮心存不满，但又都是敢怒不敢言哪！

"厉王虐，国人谤王。召公告王曰：'民不堪命矣。'王怒。得卫巫，使监谤者。以告，则杀之。国人莫敢言，道路以目。"福临的口中念念有词，竟当朝背起了《国语》，叽里咕噜的话听得满洲王公大臣们如坠五里雾中，而范文程和洪承畴等精通汉文的汉官们却面露赞许之色，互相交换着眼神。

"睿王殡天，朕便失去了主心骨。现在，朕就依各位卿家的主张，朕将率亲王大臣缟服出迎，同时下诏晓谕天下，全国臣民易服举丧！"

皇父枢车在阿济格等人的护送下抵达北京，顺治皇帝穿了孝衣，率诸王、贝勒、文武百官出迎于东直门五里之外。

顺治皇帝颁发了由礼部起草的哀诏，以晓谕天下："……昔太宗文皇帝升遐之时，诸王大臣拥戴皇父摄政王，坚持推让，扶立朕躬。又平定中原，统一天下，至德丰功，千古无两。不幸于顺治七年十二月初九日戊时以疾上宾，朕心摧痛，中外丧仪，合依帝礼。呜呼！恩义兼隆，莫报如天之德；荣衰备至，式符薄海之心……"并宣布了五条"应行事宜"，其中定国丧为二十七天，官民人等一律服孝；在京禁止屠牛十三天；在京在外音乐嫁娶，官员停百日，民间停一个月等等。

有道是人在势在，人亡势亡。当多尔衮在世之日，势焰熏天，免不得有饮恨的大臣，此时趁机报复。幼主顺治亦怀隐恨，欲于亲政之后加罪泄愤。

树欲静而风不止。生前身为"皇父摄政王"的多尔衮已被尊为"诚敬义皇帝"，以明黄衮袍殓丧长眠于城东的"九王坟"。十四岁的幼主福临在守丧期间表现得格外恭顺悲戚，硬是守满了七七四十九天的丧期！

五凤楼的鼓声响了五下，当当的钟声又响了五下，这是皇宫的晨钟，宫里随即热闹起来，新的一天又开始了。

紫禁城太和殿，仅差十八天才满十三周岁的小皇帝福临——按当时的习惯算法已是十四岁了——正端坐在绣金团龙的宝座上，举行亲政大典，接受王公大臣的叩拜。

这一天正是吉日，天气晴和，晓风和煦，满汉王公文武大臣一早便簇拥着幼主顺治帝出了紫禁城，沿着笔直的石板大道一直向南又出了正阳门，经过高大的天桥向东一拐，便到了天坛祭祖。

天坛在明永乐十八年（1420）的时候建设完成，位于皇城正阳门外罗城永定门内东侧，面积近十里，其中有圜丘与祈年殿两组建筑群。圜丘为三层汉白玉石坛，它的北面有皇穹宇与回音壁。大享殿亦即乾隆的时候改称为祈年殿，为镏金宝顶三重檐的建筑，几乎直入苍穹。中央四根盘龙粗柱分别代表着春夏秋冬四个季节，外圈稍微细一些的两排柱子分别有十二根，它们分别象征着一年中的十二个月份与一天中的十二个时辰。大享殿的台基有三层，为汉白玉所筑，晶莹剔透，在阳光的照射下显得熠熠生辉，屋顶为蓝色琉璃瓦，高耸入云，蔚为壮观，整个建筑平面为圆锥形，围墙北圆南方，象征着"天圆地方"。可以说，天坛是我国古代最精美、最完整的古建筑群之一，是人类建筑史上的一大瑰宝。

第十四章 汤若望借天象喻君 父亲王贪美色丧命

第十五章

幼主亲政祭天拜地　假父领罪削爵鞭尸

　　幼主顺治坐在华丽的玉辇上，脸上洋溢着灿烂的笑容。皇帝要出宫祭天拜祖，前呼后拥。开道红棍，黑漆描金，由一对对着黄马褂的銮仪兵骑着高头大马双手高擎着走过。后头跟着的是由鼓、板、龙头笛、金、画角、铜号等组成的浩大乐队。再后面是数百名红衣銮仪兵执掌着一百多对卤簿：伞——赤、橙、黄、绿、青、蓝、紫等色的龙纹伞、花卉伞、方伞、圆伞；扇——鲜红、金黄、碧蓝、乌紫的单龙、双龙、圆形、方形扇。此外还有各色幡、麾、节、氅等在风中招展，灿若云霞。御辇后跟着的是手持斧钺枪戟的黄马褂侍卫骑兵队，以及元老重臣郑亲王济尔哈朗、两黄旗重臣索尼和鳌拜、大学士范文程和洪承畴等。再后面则是由两黄旗巴牙喇兵组成的豹尾枪班、弓箭班，从行的满汉文武大臣紧随其后，引人注目的是，除了皇上顺治乘坐的那顶御辇之外，皇太后也坐着凤辇穿着明黄色绣金团龙的朝服一同前往。孝庄太后一脸的安详，慈眉善目，她的胸前挂着一串长长的洁白的念珠。可是，如果再仔细观察，就会发现太后的脖子上还挂着一个细细的纯金十字架呢。看来，这位皇太后是在心里祈求所有的神都为儿子福临赐福了。

　　孝庄太后的思绪被礼炮的轰响声给打断了，她掀开帘子定睛一看，原来大队人马已经到了天坛，司礼各官，早已鹄候两旁，焚起了香烛，点燃了礼炮。孝庄太后由侍女搀着下了轿子，她的眼睛一直盯着乘坐在龙辇上的儿子顺治。天子顺治下了御辇！

　　神采奕奕的顺治龙行虎步地走近了香案，对天行礼，诸贝勒大臣以及外藩各使恭恭敬敬地向上行三跪九叩首礼，黑压压地跪了一地，高呼万岁，撼天动地。然后，宣诏大臣手捧满、汉、蒙三种表文，站立坛东，布告大众，幼主即日起临朝亲政。礼毕，顺治慢慢地下坛，仍由众贝勒大臣扈跸还宫。此时正是艳阳高照，紫禁城里一片辉煌之色，金銮殿更是金碧辉煌，殿顶那重檐的"庑殿式"黄色琉璃瓦熠熠生辉。

　　此时此刻，少年天子不会想不到那位坐在他身边好几年的，身材细瘦一脸虬须的皇父摄政王多尔衮。当福临渐渐地意识到自己不过是一个供皇父摄政王玩耍的傀儡，不过是一个有名无实的儿皇帝时，一种强大的自卑感以及莫名的仇恨便一直在他心头萦绕着，鞭笞着他也折磨着他。皇父摄政王的阴影始终笼罩在他的心头，皇父摄政王既掌握了朝纲，又占有了福临的生母，已然成了万人之上的太上皇，但却让少年天子感到丢尽了脸面！他要报复，要将皇父摄政王曾带给他的耻辱、恐惧和不安全都扫除干净，将笼罩在皇宫七年之久的阴霾之气全都清除出去！有道是初生牛犊不怕虎。少年天子从即位到亲政的八年间，复杂的宫廷生活，早已使他成熟得很早，或者说是含而不露，与皇父摄政王那瘦削而略显苍白的面庞和体态相比，福临觉得皇父太宗皇太极简直太魁梧太高大了，父皇的大手一挥，八旗将士立即勇往直前。父皇哪怕只是轻声的一咳嗽，满朝的文武大臣们也要吓得胆战心惊，人人自危。尽管福临已经记不清太多父皇的言行，但他知道，父皇曾经是一言九鼎的皇帝！作为父皇的儿子，他福临为什么不能做一个名副其实的至尊无上的天子呢？他福临为什么不能做出一番轰轰烈烈、惊天动地的大事业呢？

"今天朕虽面临着各种各样的困难，但总算已经定鼎中原了。此后，朕只要兢兢业业，定能团结八旗王公大臣，完成统一全中国的大业，做一个既守成又创业的明君。哈，我福临已经时来运转，要大刀阔斧地干了！"

少年天子心中思绪万千，感慨万分，激动万分。

"启奏圣上，英王阿济格与摄政王之亲信闹翻了，他强勒诸王从他，诸王一气之下，遂派拨兵役，擒捕了英王，现押在午门外候旨！"

福临心中一喜：这真是天赐良机呀，他们之间起了内讧，不有利于我夺回大权吗？

"郑亲王，朕年尚幼，不知当如何处置此事，请你拿主意吧！"

"谢主隆恩！"济尔哈朗发白的脸上顿时现出了红光，他激动得声音都有些颤抖了："英王素有叛逆之心，先是趁摄政王尸骨未寒之时擅派三百骑从喀喇城急驰入京，意欲图谋不轨，幸亏我主英明将他们一网打尽。今英王又企图强迫白旗诸王，思谋夺政，实乃罪不容赦！"

福临一言不发，静静地听着济尔哈朗的"揭发"。他明白，郑亲王在摄政王多尔衮在位时备受限制和排挤，早已对多尔衮三兄弟恨之入骨了，此刻由郑亲王出面来了断多尔衮三兄弟中唯一尚存的老大英王阿济格是最合适不过的了。自睿王死后，郑王在群臣中的威望激升，自然而然成了诸王之首。现在自己虽已临朝，但年纪尚小，手中无实权，争取到郑亲王，就能左右王公大臣，而郑王自然也会对自己感恩戴德。因此在痛惩仇敌、削弱白旗势力方面，双方是一拍即合，福临乐得在一旁看热闹。

"微臣以为英王早就犯下了大逆之罪！他曾经口口声声当面称幼主为无知小儿，罪当砍头！"吏部尚书谭泰"响应"郑王的号召，也站起来揭发英王阿济格的罪行了。

谭泰是太宗皇太极去世后拥立皇子为帝的八大臣之一，后虽投靠了睿王，但他并不像巩阿岱、冷僧机那样为虎作伥、飞扬跋扈。他身为正黄旗重臣，久任护军统领、固山额真，实权在握，因此，福临不计前嫌，仍委以重任，谭泰对幼主的感激之情便可想而知了。

在被议政王大臣们遵谕议推出的尚书谭泰、朝岱、济席哈、陈泰、鳌拜、噶达浑等六人中，有正黄旗两人，即吏部尚书谭泰和刑部尚书济席哈；此外几人分属镶黄、正红、正蓝、镶白，没有一人是正白旗。正黄、镶黄原为太宗亲领之旗，正蓝虽被多尔衮强行借走，但多尔衮一死，显然也非其嗣子多尔博所能控制了。镶白旗原由豫王多铎掌握，多铎死后由其子亲王多尼承袭，但多尼年幼又无军功，难以驾御，后又被调往正蓝旗，以朝岱为固山额真，以揭发英王的阿尔津为护军统领，这样正蓝旗和镶白旗实际上已成为无王之旗，当然要归朝廷调遣。于是，威胁幼主福临的正白、镶白以及正蓝三旗的力量大为减弱，而隶属于他的两黄旗迅速恢复了元气，人才济济，皆效忠幼主，形势正向着有利于少年天子乾纲独断的方向发展。福临这一次之所以平心静气，任由郑王出面处置英王，就因为他已经胸有成竹了。

"启奏皇上，臣等议拟幽禁英王，夺其牛录，籍没家产人口，请圣上定夺。"

"准奏！"福临不假思索地脱口而出，看来他早就想这样做了。英王阿济格是多尔衮三兄弟中唯一尚存的白旗亲王，先定罪免死幽禁，让他生不如死，但福临还不解恨，后又下旨令其自尽，这样又除去了福临的一大心腹之患。

亲政需要自己的政治基础和政权班底，对此，少年天子心中虽不甚明了，但他的身后还有一位身历三朝、久历政海、聪睿刚强的母亲，即现在已被顺治尊为昭圣慈寿皇太后的孝庄后，她自然会对爱子加以辅弼。十三周岁的少年天子，作为一国之君来说，似乎太小，哪能通晓民情日理万机？而且，当初别有用心的摄政王多尔衮，为了做一个稳稳当当的太上皇而有意不为福临延师就学，让这个小皇帝整日里玩耍骑射不务"正业"，以至于小皇帝不认识汉文，不会说汉话，亲政时竟"阅诸臣奏章，茫然不解"。但是，福临毕竟是有志之君，尽管他对治国之术心中茫然，但他愿意有所作为，有意改变在人们心目中整日无所事事耽于玩乐的儿皇帝的形象，他一定要让世人对他刮目相看！

"朕实不幸，年方五岁时先太宗便已晏驾，皇太后又生朕一身，极娇养，无人教训，坐失此学。年至十四，直至九王薨，方始亲政，然而阅诸臣奏章，却茫然不解。现在想来，九王是要朕做一个阿斗皇帝、白痴皇帝，他的用心何其歹毒呀！"

福临在议政王大臣们面前毫无顾忌地畅所欲言。他离开了御座，龙行虎步地来到了群臣中间，目光炯炯地看着殿内的几十名议政王大臣们。

"朕近日读了《孟子·离娄上》篇，有这么句话让朕感触颇深，就是'为渊驱鱼，为丛驱雀'，朕以为凡事都要有个度，过度就适得其反，那可就追悔莫及了。"

豫亲王多尼听着幼主那文绉绉的话，觉得莫名其妙，他嘟哝了一句："这不是很好吗？大凡捕鱼打鸟总要兴师动众一起围猎才够刺激，管他是水里的鱼还是林中的鸟，能够一网打尽才是个好猎手。"

"哈哈，哈哈！"多尼显然不懂福临话里的含义，这么一说竟逗得福临捧腹大笑起来。

"你呀！"郑王瞪了多尼一眼，教训说，"皇上的意思是说，水獭想捉鱼吃，却把鱼赶到了深渊去了，鹞鹰想捕麻雀吃，却把麻雀赶到丛林中去了。为什么会出现这样适得其反的结果呢？是因为它们太张狂了，锋芒毕露，受惯了惊吓的鱼和雀们醒悟之后，就再也不上它的当了。"

福临和济尔哈朗一唱一和，满朝的议政王大臣们早已心知肚明了。自从少年天子顺治帝第一次亲理朝政之后，人们就发现他很谦逊、稳重、大度，很有治国之才，礼贤下士，屡次征求诸位议政王以及议政大臣们的意见，并委以治国重任。这与几十天前逝世的霸道摄政王多尔衮的为人处事判若两人。当时是，"皇父"一言既出，言出令行，诸王争相献媚，趋之若鹜。然而"皇父"喜怒无常，群臣们常常有惶惶不可终日之担忧。尤其是长期受他压抑的两黄、两红以及镶蓝等旗王公大臣们更是极为不满，他们在暗中观察风云，准备伺机反扑。现在，"皇父摄政王"独揽大权之日早已结束，皇上亲政，郑王辅政，由他二人下诏升降诸王和群臣，由此看来，已经长眠于地下的多尔衮——被幼主追尊为"诚敬义皇帝"也是在劫难逃了。

树倒猢狲散，墙倒众人推。多行不义必自毙的皇父摄政王多尔衮，在其党羽被翦除的同时，自身也被追罪。首先起来告发多尔衮的正是他的近臣正白旗议政大臣苏克萨哈！

第十五章 幼主亲政祭天拜地 假父领罪削爵鞭尸

苏克萨哈隶属正白旗，因生性耿直不善谄谀而始终受到压制，眼见得连两黄旗的重臣元老们也叛主投靠睿王而得青睐和恩宠，苏克萨哈更是憋了一肚子的气。黑脸黑胡子的苏克萨哈瞪着一双圆溜溜的黑眼珠子，粗声大气地说："卑职以为，睿王生前私备御用服饰，曾经打算将两白旗移驻永平府，妄图谋篡大位。睿王死时又以明黄衮袍殓丧，犯下了僭越大逆之罪，请圣上明察，追究睿王的罪过，绝不可以姑息迁就，否则，天理难容！"

"当真？"福临眉毛一挑，眼中有一丝鼓励的意味。

"千真万确！圣上，微臣亲手收殓了睿王的尸体入棺，看见他身上裹的是明黄衮袍。他们几个，詹岱、穆济伦等也都在场。"苏克萨哈明白幼主目光中的含意，底气更足了。

"微臣都是亲眼所见，议政大臣苏克萨哈所言句句属实，请圣上明察，严惩不贷！"詹岱等人毫不犹豫地高声附和着。

"嗯。吴良辅，将议政王大臣们议论的睿王之罪都记下来，待朕查实之后将予以公布。有道是王子犯法与庶民同罪嘛，看来睿王这是利欲熏心，咎由自取，怨不得他人了！"

少年天子此话一出，诸王大臣长期以来压抑在心底的对睿王的种种不满，终于像火山一般地喷发了！"睿王所用仪仗、音乐、侍卫等俱与皇上相同，他新盖的府第规模也与皇宫一般无二，他早犯下了僭越之罪！""睿王以朝廷自居，不奉上命，任意升降官员，甚至令诸王大臣每日去他府前听候差遣，况且，他擅将宫中玉玺移到府里，早犯下了专擅之罪！"

"睿王摄政后独断专行，排挤打击郑亲王，而将亲弟弟多铎封为辅政叔王。他背誓肆行，甚至自称皇父摄政王，一面与太后结婚，一面却逼死了肃王豪格并夺其妻，睿王之罪，神人共愤，罪不容诛，十恶不赦！"谭泰见众大臣们历数睿王的罪行，也不甘落后，他尖着嗓子卖力地揭发着睿王的罪状，郑王济尔哈朗听得不住地点头，而顺治帝的脸上却白一阵红一阵地有些不自在。

"谭泰！你这个善于见风使舵、出尔反尔的小人，当初你能背朕投靠睿王，谁又能保日后你不会卖主求荣？朕今日让你做了吏部尚书，是因为还没认清你的真面目。好吧，像你这种阿谀奉承、失节辱身之小人，也逃不掉被惩罚的厄运！"顺治拿眼睛看着谭泰，只见这个面色土黄的人正说得得意，唾沫星子乱飞，小眼睛里闪着红光，活像一只见了猎物急不可待的饿狼。"该死的奴才，如果你不提到我母后下嫁一事，或许我还能免你一死，可是现在，说什么都晚了，你死定了！"顺治在心里恨得咬牙切齿，他一拍御案，殿内立即安静了下来，空气仿佛凝固了，几十双眼睛一眨不眨地盯着他。人们意识到，一个重大的事情将要发生，幼主的脸色已变得铁青！

"郑亲王，你还有什么要补充的吗？"

济尔哈朗一愣，关键时刻幼主又将球踢给了自己，这是对自己的信任和恩宠呢还是让自己做挡箭牌？济尔哈朗心中虽有疑虑，但对睿王的愤恨已占据了他的大脑，因此他朗声回答："诚如各位议政王以及议政大臣所言，则睿王多尔衮显然怀有悖逆之心。臣等从前只是畏惧他的权势，敢怒而不敢言。今谨冒死奏闻，伏愿皇上速加乾断，列其罪状，宣示中外，以平民愤，臣等失职，也愿受惩处！"

"既是如此，尔等异口同声谴责睿王，足见睿王之罪已是神人共愤了！吴良辅！"

"奴才在！"

"即刻将睿王罪状一一罗列，昭示天下！"

"嗻！"

"睿王逆谋罪证确凿，神人共愤。谨告天地、太庙、社稷，将伊母子并妻所得封典，悉行追夺。诏令削爵，财产入宫，平毁墓葬与府第！"顺治从牙缝里一个个地迸出这几句话之后，立即觉得心里无比轻松。福临那积郁已久的怒火终于喷涌而出，他咬牙切齿几乎用尽了一切手段来发泄自己的不满。

在郑亲王济尔哈朗等人上疏参劾睿王"谋篡大位"的多条罪状之后，顺治当即下令削夺摄政王的"诚敬义皇帝"尊号，籍没家产，将坐落在明南宫的那座"翚飞鸟栖、虎踞龙蟠""金碧辉煌、雕镂奇异"的睿王府毁坏殆尽，其府宅入宫，养子多尔博以及女儿东莪赐予信王多尼为奴；开棺剖尸，用棍子打，用鞭子抽，最后砍掉脑袋，暴尸示众后，焚骨扬灰，睿王原本十分雄伟华丽的坟墓化为一片瓦砾。昔日睿王的党徒们非死即贬，两白旗势力从此大衰。不久，顺治又下旨令投靠多尔衮的两黄旗大学士刚林、一等公吏部尚书谭泰、镶白旗人三等子固山额真何洛会及其兄弟胡锡等磔死籍没，原英亲王阿济格及其子原芬亲王勒令自尽，令贝子巩阿岱、锡翰、内大臣讷布库、内大臣一等子冷僧机正法，籍没家产，其弟、男、子侄等皆革去宗室为民。顺治此举，一则沉重打击了两白旗势力，清除了摄政王的班底，二则实际上是向八旗王公大臣提出了严正警告和劝诲：任何人，尤其是上三旗大臣，绝对不允许背叛帝君，投靠他王，绝对不允许对皇上不忠不敬，侵犯君权，否则严惩不贷！与此同时，那些对幼主忠贞不贰智勇双全，或对追罪睿王立有大功的人，则得到了擢用和嘉奖，他们主要是两黄旗大臣图赖（已死）、图尔格（已死）、遏必隆、巴哈、希福、

第十五章　幼主亲政祭天拜地　假父领罪削爵鞭尸

鳌拜、索尼以及正白旗苏克萨哈等人。其中索尼、鳌拜、遏必隆以及苏克萨哈等更受顺治帝宠信，分别擢任要职，封授爵位。

在顺治近乎疯狂的宣泄之中，孝庄太后始终保持着沉默。顺治对多尔衮的种种处置方式完全未按照法度的规定，而更多的是个人私愤的恣意发泄。尽管孝庄后深为儿子亲政、仇人伏诛而感到快慰，但被开棺鞭尸、暴尸扬灰的人毕竟在名分上曾是她的丈夫！毫无疑问，孝庄后已经从福临恣意的举动中察觉出了对自己的怨恨和不满，唉，既知如此，又何必当初呢？

孝庄太后怔怔地坐着发愣，她已经连着几日没出慈宁宫了。儿子正在堂上向多尔衮的尸骨和家人兴师问罪，她实在没有勇气迈出这个门坎。

"福临呀，你这么做也太伤额娘的心了！是的，当初由于额娘下嫁曾经让你颜面蒙羞，但你又何尝知道，当时你我母子二人都处于他的股掌之中呢？在你看来，额娘此举是失节和屈辱，但你又何曾知道，那时候多尔衮已经将准备登基用的印玺和龙袍都准备好了呢？那时候稍有不慎就会产生你我母子被废，由睿王登基的事实，额娘此举实在是身不由己呀！"孝庄后觉得心中万分委屈，心中凄楚却无人诉说。

"再怎么着，多尔衮对大清也是有功的人，他至死也没有登基称帝，福临你又何必如此心狠手辣地对他呢？你让多尔衮就此背上了千古骂名，可曾想到额娘的尴尬处境？不错，多尔衮这个人有一身的毛病，风流成性，虎狼寡恩，但毕竟他有拥立之大功呀，说实在的，没有多尔衮的拥立，就没有你我母子的今天！其实，他的功劳还远不止如此，统兵入关，扫荡贼寇，抚定疆陲，一切创制规模皆由他统划，说他功高盖世实不为过呀！况且，他对额娘我，始终敬重有加，情意绵绵。说句让人脸红的话，额娘入宫二十多年，在太宗时一直很少承欢，是多尔衮让额娘感到了做女人的自豪和快乐，他虽然脾气不好，但他那儒雅的风度和灼热的眼神实在是魅力无穷呀，所以，额娘下嫁于他也是出于两情相悦，当然，更重要的是笼络他，让他安分些。难道不是吗？尽管多尔衮的私欲很大，他要私欲天下，但他却始终没这么做，福临哪，你小小年纪怎么就变得如此寡情薄义了呢？额娘感到寒心。唉，咱们俩母子是这世上最最亲近的人了，难道还有什么解不开的旧结吗？"

孝庄后怔怔地出神，泪水早已打湿了衣襟。

"罢，罢！且不管福临怎么想，我还得振作起来一心一意地辅佐他。他还小，长大也许会明白这一切的。也许我不是个好母亲，但我会教给儿子如何成为一个真正的国君。福临啊，但愿你能早日明白额娘的良苦用心，额娘也就心满意足了！"

"苏嘛喇姑，打盆热水来，哀家要洗漱更衣去见皇上！"

尽管孝庄后的眼圈红红的，有些发肿，但她的目光却变得十分冷静而坚定。无奈的宫廷生涯，早已将她磨炼成了一名成熟而又出色的政治家。年少的天子还离不开她这位母后的呵护和指点，也许孝庄后已经意识到了，在今后的日子里需要她力挽狂澜，对此她充满了自信。难怪后人称她"统两朝之养孝，极三世之尊亲"，真是恰如其分呀！

"唐虞之世，自羲和治历，暨司空、后稷、工、虞、典乐五官者，非度数不为功。《周官》六艺，数与居一焉，而五艺者不以度数从事，亦不得工也。襄、旷之于音，般、墨之于械，岂有他谬巧哉？精于用法而已。故尝谓三代而上为此业者盛，有元元本本师传、曾习之学，而毕丧于祖龙之焰。汉以来多任意揣摩，如盲人射的，虚发无效，或依拟形似，如持萤烛象，得首失尾。至于今而此道尽废，有不得不废者矣！……"

"嘿！要说这事也奇了，皇上自打亲政以后，像换了个人似的，听听，皇上在书房里念书也得有两个时辰了吧？他就不觉得累？"

近侍李国柱闲着无聊，将双手插在袖笼里，靠在殿外的柱子旁晒太阳，说着话儿还不时打着哈欠。

"怎么啦？昨晚上………"兀里虎走近李国柱，上下打量着他。"瞧瞧，这眼珠子里还有血丝儿哪，哼，夜里鬼混，白天该当班了肯定要打瞌睡，你找死呀，这碗饭还想不想吃了？"

"兀……兀爷，求求您别嚷嚷了，奴才知错了。奴才那里还有一些上好的烟叶，等歇班了给您送去？"

"唔，好说。"兀里虎受惯了吴良辅的气，如今在李国柱面前又称起大了。现如今他在敬事房，为八品侍监，专司遵奉上谕办理宫内一切事务以及承行各衙门来往文稿，也算混出个名堂来了，因为他粗通文墨，还写得一手好字，连司礼大太监吴良辅也得另眼相待了。

"嗨，别什么兀、兀爷的，听了别扭。咱这乾清宫里只有一个吴爷！万一被人听混了反倒不好说了。这么着，我也比你大不了几岁，咱俩就以兄弟相称吧。"

"这……"李国柱有些受宠若惊，"怎么着您在宫里的辈分也比奴才高，资格也比奴才老，奴才不敢！"

"你们两个叽里咕噜地说什么呢？"

"是……是吴爷，奴才给您请安了。"李国柱慌忙行礼，兀里虎却只点点头："吴爷吉祥！"

吴良辅看看兀里虎，又瞧瞧李国柱，似笑非笑地说："你们这两个宝贝儿，一会儿不见，我心里就想得慌，啧啧，环肥燕瘦的，人见人爱哟。"

"吴爷，听说您已经与朱嬷嬷'对食'了，还不满足呀？"兀里虎涨红了脸，大概是想起了从前那些龌龊的日子，神情很不自然。

"瞎！她再怎样打扮也是人老珠黄，简直太没意思了！"吴良辅不停地摇着头，目不转睛地盯着兀里虎："我说虎子，吴爷有没有亏待过你，干脆晚上你还搬回我的房里睡吧？"

兀里虎臊得面红耳赤，心里又气又恨，但是嘴上又不敢回绝："吴、吴爷，小的也想找个宫女'对食'呢。"

"你，好你个虎子？翅膀硬了，想飞了是吧，我今天就告诉你，在这乾清宫里，你想也不要想！"吴良辅一听兀里虎的话，就知道他会回绝，当时脸就拉下来了。

第十六章

小皇帝不爱鸳鸯梦　庄太后难解好言劝

　　太监娶妻在历史上有很多，在明朝已经成为宫里公开的秘密，太监虽然没有了生殖器官，但性欲却不一定没有，因人而异吧。有时就连迟至暮年的老太监也一样会有欲望，甚至会比同龄人更加强烈。他们的心里非常不平衡，因此一旦有了钱，太监们会悄悄地在外买一幢宅院，再偷偷地娶妻纳妾，等到钱多了还要花钱正儿八经过继一个儿子来承袭"香火"，因为在古代"不孝有三，无后为大"。

　　至于宫里的太监与宫女各配夫妇更是司空见惯的事情，甚至成了宫里一件挺时髦的事儿。哪个太监要是有了钱，却没娶妻子或玩过个把女人，往往会被嘲笑取乐，在太监中很没面子。

　　"喂，你们在说什么'对食'，早上还没吃吗？"

　　吴良辅一听这话乐了："万岁爷，奴才们可都吃饱了，您瞅瞅，李国柱这肚子吃得溜圆，他一早又吃了两碗面呢。"

　　兀里虎笑作一团："万岁爷，吴爷这是在蒙您呢，再说，李国柱早上也不吃面条了，对吧？"

　　"那，你们怎么说对食？"福临还是糊涂，看见奴才们笑得可疑，越发要打破砂锅问到底了。

　　"吴、吴爷他对食了，您问他吧。"李国柱笑得捂着肚子，直不起腰来。

　　吴良辅恼怒地瞪了李国柱一眼，忍住笑："万岁爷，对食就是……成亲，一男一女在宫里匹配，只要，只要情投意合就成，好说好散。"

　　"情投意合？你跟谁情投意合了？这宫里新选的宫女可都是朕的人呀，你怎么敢……"福临忽然醒悟过来，有些恼怒地看着吴良辅。

　　"万岁爷息怒！"吴良辅慌忙跪倒，"与奴才对食的是十四格格的嬷嬷朱氏，她早已是一个半老徐娘了。"

　　"噢，那么说，你们常在一起吃饭喽？要不怎么叫'对食'？"福临又犯糊涂了。

　　"这个……"吴良辅小眼珠子一转，笑嘻嘻地说道，"说起来，万岁爷，您大喜的日子快到了，到了您与皇后娘娘大婚之时，您自然就明白'对食'的意思了。"

"皇后？谁说朕要大婚的？再敢乱嚼舌头，砍了你的狗头！"福临突然来了脾气，抬脚便踢，吴良辅低着头正要起身，冷不防被踹中了心窝，顿时脸色发青便倒在了地上。

少年天子为什么对自己的大婚感到十分反感？是未来的皇后出身不高贵？非也，未来的正宫娘娘是蒙古科尔沁国的公主，这位大漠公主不但门第高贵，而且美貌聪慧，只有她这样的出身和相貌才能与大清国的少年天子相匹配，她就是科尔沁国的慧敏格格，少年天子的表妹！

这位慧敏格格的确与众不同。她的姑姑曾是太宗的孝庄文皇后——也就是当今皇上的亲生母亲，她的曾祖父莽古恩贝勒之女，曾是太宗皇帝的孝端文皇后。有这样亲上加亲、门第高贵而且美貌多情的大漠公主为后，应该说是皇上的艳福。然而，自从少年天子知道了他将要大婚的那天起，他便闷闷不乐，高兴不起来。

这到底是什么原因呢？少年天子自己也说不清楚。说来说去，就因为这桩婚事是摄政王多尔衮一手安排的！有道是"爱屋及乌"，反过来应该怎么说呢？反正，福临只要一看到或想到与多尔衮有关的事情，便本能地从心底厌恶和反感。

其实，不论当初多尔衮出于什么样的目的，他亲手为幼主顺治安排的这桩婚姻却是无可指责的，而且这事也得到了孝庄太后的首肯，因为"姑舅亲，辈辈亲，打折骨头连着筋"呀。

福临此时心绪不宁，再也无心读书了。当初是摄政王多尔衮行使了皇父之权为自己定下的婚事，现在他已经遭削爵籍没，那么这桩婚事也自然得告吹了。可偏偏母后万般呵护着那个十分刁蛮又任性的慧敏格格，正忙里忙外操办着婚事。不行，得去见额娘，与那慧敏当面锣对锣、鼓对鼓地说个清楚，免得误了她的终身！

福临直奔慈宁宫，偏巧，慧敏格格正坐在院子里学刺绣呢。春风和煦，阳光明媚，难得这么好的天气，慧敏展开了一块柔软闪光的金色软缎，绷好了花绷子，低头专心地绣着。这是她姑姑孝庄太后教她做的女红，可能连太后也发觉这个侄女的脾气有些骄横刁蛮，所以有心要让她磨磨性子吧。

"姑姑！不是说好了咱们两个人一起绣的吗？"慧敏已经绣了好半天了，觉得脖子扭得酸酸的，便放下针线，起身伸了个懒腰。

"呀！怎么是你？"慧敏忽然涨红了脸，一阵慌乱之后，忙敛衽行礼："小女子拜见皇上！"

"不必拘礼!"福临也闹了个大红脸,谁让他悄悄呆在一边偷看慧敏刺绣呢?福临倒不懂得慧敏绣得怎么样,只觉得那色彩搭配起很美,金色的池塘,翠绿的荷叶,粉红的荷花,河面波光闪闪,柳枝摇曳,水里鱼虾成群,还有一只绿绒绒的小鸟浮在水面上。

"慧敏表妹,你绣的太美了,这只水鸟儿很可爱。"福临没话找话说。

慧敏扑哧一乐:"哪儿呀,这是一只鸳鸯,鸳鸯都是成双成对的,待会儿我还得在这边再绣上一只呢。"慧敏说这话的时候,脸红得更厉害了。她只有十三岁的年纪,当初她的姑姑孝庄太后入宫也正是这么大,看得出她的言谈举止都很有大家风范,加上那张鹅蛋形的脸儿,说她是个标致的美人儿一点儿也不过分。

福临看着慧敏那娇羞的模样,突然明白过来了:哎呀,我这是怎么啦?难道看见了这天仙似的表妹就忘了先前的誓言了吗?不行,我得把话挑明,省得她自作多情。

人就是这么奇怪。心里边没了杂念,看见再美再诱人的事物也就无动于衷了,福临不是正人君子,他还没那么高的涵养,其实他根本不需要控制自己的感情。他是天子,只要他乐意,什么东西得不到?尽管这慧敏格格的出身和相貌都是无可挑剔的,但福临已经铁了心,也许他们根本就没有缘分!

"慧敏格格,你来京多日,还住得惯吗?"话到嘴边,福临还是不忍挑明自己的来意。

"有什么不习惯的?"慧敏也斜着福临,双颊绯红,"姑姑待我跟亲生女儿似的,再说,你对我不也很好吗?"

"糟了,她怎么会有这样的想法?"福临挠着头皮暗暗叫苦。

"喟,你们俩有说有笑的倒还挺投缘呢。"孝庄太后端着一只红漆木匣子出来了,脸上带着难得的笑容。"好不容易才找到了这些丝线,敏儿,你看看,颜色够不够?"

"皇额娘,儿臣、儿臣有话要跟您说。"福临鼓起勇气。

"这会儿又想到额娘了?"孝庄后的话里分明带着几分埋怨。

福临呆了一下,终于下了决心:"额娘,这事是您做主的,有道是解铃还须系铃人,儿臣以为得跟您商量一下。"

"到底是什么事儿呀?眼前又没有别人,你就痛痛快快地说了吧。现如今你的翅膀也硬了,你若是想做什么事又有谁能拦得住呢?"孝庄后坐在铺着棉垫的凳子上,不时地指点着慧敏刺绣。

见母后待理不理的样子,话中还带着刺,福临的火噌地就窜上来了,嗓门不觉也抬高了许多："额娘，儿臣知道您心里憋着气，不就为了那个人吗？哼，既知今日您又何必当初呢？您不顾自身的尊严，也让儿臣丢尽了脸面，您那么做可曾为儿臣着想过？"

"姑姑，皇上他这是怎么啦？"慧敏吓得手也哆嗦起来了，她起身想回屋去："你们有话要说，敏儿先退下了。"

"等一等，我的话还没说完呢。"

"你是说，我也有关系吗？"慧敏看着福临，这个少年天子表哥生得气宇轩昂，一双眼睛更是神采飞扬，令慧敏从心眼里爱慕不已，她真为自己庆幸哪。

"福临，你怎么可以用这种口气跟额娘说话？"孝庄后皱起了眉头。

"儿臣，儿臣知错了。"福临也后悔当着慧敏的面在母亲面前大呼小叫的有失自己的尊严，他嗫嚅着避开了慧敏的眼神："额娘，我很喜欢慧敏表妹，但是，我只想把她当成妹妹看待，这大婚吉礼以后再说吧。"

"什么？都什么时候了你还说这话？"

"儿臣再说一遍，大婚吉礼此时未可遽议。今天在殿上儿臣也是这么说的，儿臣不愿勉强慧敏而坏了她的终身，故此特来说明。"

"你！"慧敏听明白了，粉脸变得煞白，声音颤抖着："你身为天子，也可以出尔反尔吗？两年前你为什么同意派英亲王阿济格去提亲行聘？现在父汗都把我送来了，你又说出这种话来，这不是戏弄于我吗？姑姑，您得为侄女做主呀！"慧敏带着哭腔，一跺脚走了。

"科尔沁国的汗王，你的舅舅就住在宫里，你真要把事情闹得不可收拾吗？快去把慧敏追回来！"

"君子一言，驷马难追。儿臣不愿意做出尔反尔的事。"福临站着不动，僵直得像一个榆木疙瘩。

"你——，你怎么处处跟额娘作对？额娘做哪一件事不是为你着想？你身为皇上既已临朝亲政，这后宫里也得有皇后来料理诸事。你倒是说说看，这慧敏有哪一点不好呢？"

"与她无关，我只愿把她当作亲妹妹。"

"你这算什么理由？为什么此时不能议定大婚日期？是雷震三大殿，火烧五凤楼，灾异迭见，皇天示警？还是国有大难，强兵入侵，四夷反叛？你刚刚举行过亲政大典，大赦了天下，蠲免钱粮，正是普天同庆之时，若再举行大婚吉礼，不更是喜上加喜吗？你既已亲政了，还要什么小孩子脾气呢？"孝庄太后的语气尽量缓和下来，她实在弄不清儿子的心思，看来，儿大不由娘呀。

"额娘，这是儿臣早已深思熟虑过了。常言说强扭的瓜不甜，您又何必让儿臣为难呢？"

"额娘这么做完全是为了你，是为了大清国，怎么会为难于你呢？再说，你让额娘怎么跟你舅舅交代？莫非……你看中了别的姑娘？没关系呀，额娘准你把她立为妃子就是了。"

"嘻，额娘您说哪儿去了，自亲政以来，儿臣一门心思扑在国事上，自觉才疏学浅愧对天下，每日临朝之后便闭门读书，恨不得一夜之间成为博览群书的饱学之人。现在国事繁杂，拨乱反正，百废待兴，儿臣此时哪还有心思去立后妃呢？"

"话是如此，可是国不可一日无君，后宫也不可一日无后呀。日后，额娘与慧敏一起帮你主内治，你不是更可以安心处理国事了吗？"

"可是，这毕竟是儿臣的终身大事，可不可以让儿臣做主呢？如今儿臣已经亲政，再也不是以前的那个儿皇帝了，凭什么仍要受他的限制和约束？"

"这就是你不同意现在举行大婚的原因？"孝庄后重重地叹着气，一指旁边的凳子："坐下来，咱们娘俩早就该认真谈一谈了。"

正午的阳光温暖地洒在庭院里，吐丝的杨柳披上了金黄色的外衣。轻柔的暖风送来一股股沁人肺腑的草芳花香。一对对黄莺、紫燕比翼双飞，穿杨过柳，嘤嘤呢喃，好不自由自在，福临禁不住看呆了。

孝庄后瞅着儿子神情专注的模样，觉得又好气又好笑。可气的是儿子凡事都要自己做主，许是那些梦魇般的傀儡皇帝的日子让他受够了。可笑的是他毕竟还是个孩子呀，不用说军国大事他知之不多，就是连男女之情恐怕也弄不清楚呢，他这个样子能自主得了吗？

"孩子，知道为什么额娘要你娶我们科尔沁的姑娘为皇后吗？说起来，你们满洲爱新觉罗氏的男人们征服八方、统辖四土——那是国，而我们科尔沁的女人们却统治着后宫——这是家呀，没有科尔沁蒙古骑兵的支持，大清帝国就不会有今天的大好局面。孩子，其实婚姻更重要的是从政治上考虑，尤其你身为一国之君，日后还有许多地方得依赖科尔沁国，因此，这个婚你非结不可呀！"

孝庄后拉着福临的手，眼中充满了慈祥和深情。

"我知道。蒙古骑兵勇猛善战，人称'铁骑'，每有大的征伐，必以兵从，为大清国所依畏，尤其是科尔沁部。这么说，科尔沁部与我满族皇室的这种姻亲关系，一直要维系下去吗？"

"你说呢？你是个聪明的皇帝，这会儿怎么又犯糊涂了？"孝庄后脸上露出了笑容。从儿子的话中她知道儿子已经明白这婚姻的重要性了，她也就不必再气恼了。

"福临，你知道吗？人说我蒙古科尔沁部是你们大清的后妃之家呢，来，让额娘讲给你听听。"

"好呀，我一向就爱听故事。"福临温顺地依在了母后的身边，这幅母子相依的春景图着实令人感动，可谁知却是好景不长呢？

"任何一个帝王都有着众多的妻妾，他们的婚姻有些是为了传宗接代，让皇家人丁兴旺，有些则是一种政治需要，它绝不是个人的意愿，而是婚姻双方家世利益的需要。你知道，你的父皇先后娶了七个蒙古女子为妻，就是这个原因。说起来，当初母后迈进爱新觉罗家的门坎，也是身不由己的。"

"既是身不由己，又哪里会有两情相悦呢？额娘，您深知这种政治婚姻的酸甜苦辣，为什么还偏偏让儿臣再去品尝一遍呢？"

"又说傻话了不是？小小年纪，你懂得什么是两情相悦？"孝庄后笑着用食指戳着福临的脑门。"当一个国家的生死存亡受到威胁的时候，谁还会去想这婚姻是否甜蜜？不过，话又说回来了，感情是慢慢培养出来的嘛，否则，额娘怎么会生了你这个龙子呢？"孝庄后的脸颊有些绯红，大概是想到了以往那些快乐的事情。她的眼睛微微眯缝着，眼角已经有了些鱼尾纹，当然，不仔细观察是看不出来的。四十岁的妇人了，她的体态已稍稍有些发胖，皮肤倒显得格外的白嫩。

不知道从什么时候起，联姻便被作为一种政治手段被不同历史时期的人们加以利用。外国有，当然中国也不例外。英国的威廉一世，原为法国的诺曼底公爵，他利用联姻的方式吞食了法王的大片土地。欧洲古老的哈布斯堡王朝，总是在"幸运地结婚"，它利用一次次地联姻，使家族的势力从奥地利蔓延到西班牙，又发展到美洲。

英明汗努尔哈赤，可能会知道昭君出塞，但却绝不可能知道英国的威廉一世。然而他却也将联姻这一方法运用得恰到好处，从一部之酋长到一国之君汗，他始终离不开联姻这一政治工具。

当努尔哈赤创业之时，经常背后受到西北蒙古各部的威胁，而南面又有明朝军队的围剿。于是，精明过人的努尔哈赤采取了与蒙古王公联姻的策略，变被动为主动，彻底打破了明廷以蒙古牵制后金的战略。自此以后，后金与蒙古科尔沁部更是亲上加亲，其子孙奉行着"南不封王、北不断亲"的政策，都从科尔沁部中挑选自己的后妃。于是，当爱新觉罗族在白山黑水龙兴之时，蒙古的这支成吉思汗的后裔便被赋予凤的化身，成为凤兴之族。

当初，在明万历二十一年（1593），海西女真四部联合其他各部攻打努尔哈赤，蒙古科尔沁部台吉齐齐克之子翁果岱、纳穆赛之子莽古思、明安等也趁机随攻。但结果却出人意料，九部联军被努尔哈赤大败于古埒山，激战中的明安败逃，慌不择路，而大度的努尔哈赤却没有穷追不舍，而是放了明安一条生路。同样，因战败而后怕的科尔沁部并没有遇到努尔哈赤的报复。此后，科尔沁部因不堪忍受蒙古强部之一的厄鲁特部迫害，避居东北嫩江，主动提出与努尔哈赤修好。努尔哈赤听说明安有一女聪明贤惠，便遣使往聘。明安为报努尔哈赤大恩，舍弃了女儿的前定婚约，亲自将女儿送到了后金的都城赫图阿拉，自此，明安之女博尔济吉特氏便成了努尔哈赤的侧妃。西平以后，努尔哈赤又娶了科尔沁宾图郡王孔果尔的女儿为侧福晋。从此，满蒙之间的联姻竟一发不可收拾了。

天命六年，努尔哈赤为八子皇太极聘了科尔沁贝勒、明安的哥哥莽古思的女儿哲哲为福晋，皇太极任大汗之后就册封她为大福晋，成为后金的国母，后被封为孝端皇后。此外，努尔哈赤还为十四子多尔衮娶了桑阿尔寨台吉的女儿为福晋。

第二年，明安偕科尔沁部王公贝勒等共三千余户归附后金，努尔哈赤大喜过望，特设立兀鲁特蒙古为一旗——这就是清代蒙古八旗的基础，授明安为三等总兵官。从此，科尔沁蒙古铁骑随太祖、太宗及各亲王南征北战，懋著勤劳，屡建战功。

当时邻近后金的蒙古部落主要是三大部落：即科尔沁部、喀尔喀部以及察哈尔部，努尔哈赤和皇太极采用了征服与联姻两手政策，终于一一降服了蒙古各部，壮大了大清的力量。而清太宗皇太极七娶蒙古女则正是这种政策的体现。

皇太极先由父汗努尔哈赤做主，迎娶了莽古思贝勒的女儿哲哲。这纯粹是一桩政治婚姻，所幸皇太极与哲哲两人一见钟情，恩爱有加，这桩婚姻变得甜甜蜜蜜。哲哲一共生了三个女儿。当皇太极称帝后，被册封为皇后。

皇太极在即汗位之前，又迎娶了皇后的侄女，科尔沁部贝勒寨桑的女儿庄妃。这时皇太极已三十四岁，而庄妃却只有十三岁，是一个天真烂漫的小姑娘。第二年皇太极继承汗位，册封庄妃为永福宫庄妃，也就是后来的孝庄文皇后。

还有一桩亲上加亲的事，皇太极在四十四岁的时候又迎娶了庄妃的姐姐、已经二十六岁不算年轻但却美若天仙的海兰珠。海兰珠听说妹妹庄妃嫁了一个好丈夫，便发誓一定要嫁给一个比皇太极还要好的丈夫，因此她一等再等，当听说皇太极承袭汗位之后，她便知道今生今世再也找不到好过皇太极的男人了，于是她改变了主意：非皇太极不嫁！消息传到皇太极的耳中，他自是喜出望外。于是，海兰珠成了皇太极的爱妃，被册封为关雎宫宸妃，其地位仅次于中宫皇后，比妹妹永福宫庄妃的地位还高！至此，莽古思一家已有两妃一后入宫。

在皇太极的十四名后妃中，蒙古族就占了七个！可见他对与蒙古族联姻的重视。皇太极重联姻七娶蒙古女，传为历史上的佳话。而他的两名皇后即孝端文皇后和孝庄文皇后都来自蒙古族的科尔沁部，更可见科尔沁蒙古与大清关系的密切。于是，爱新觉罗氏的生命中融进了科尔沁蒙古博尔济吉特氏的血液，布库里雍顺的子孙与成吉思汗的子孙相融合，吸取了他们的龙性，造就了一代代新的"龙族"，也造就了一代代新的"凤族"，绵延不绝。如今，这支龙凤交鸣之曲又要为大清的少年天子顺治帝而奏响了。

福临听从了母后的教诲，虽然他已经亲政，能够在金銮殿里运筹大业，但对自己的婚姻之事却无能为力，尤其是在选择册封皇后的问题上他丝毫没有自主权。满蒙联姻是清朝的一项既定国策，尤其是在清初立国未稳的时候，满蒙之间的关系显得尤为重要。权衡利弊，福临不得不同意立他的表妹——博尔济吉特氏慧敏为皇后。于是，由多尔衮酿制的这杯爱情苦酒，被万般无奈的少年天子喝了下去。

打从春天开始，宫里就格外的忙碌起来。皇帝大婚典礼需要备办各种物品，其种类之多、数量之大、动用人员之众，都是难以用文字来表达的。尽管当时的国库如洗，财政匮乏，但这毕竟是大清入关后第一位皇帝的大婚，所以置办得相当隆重豪华。

夕阳西下，宣武门内的一座崭新的天主教堂沐浴在金色的晚霞里，那浅金色的圆形屋顶傲然耸立，在周围低矮的民房中犹如鹤立鸡群，格外引人注目，与巍峨的宣武门南北对峙，中西建筑风格的迥然不同，相映成趣，令过往行人驻足观望，赞叹不已。但人们尤为不解的是，教堂正中最高的圆顶上，那闪闪发光的巨大十字架意味着什么，那些个金发碧眼的长毛整日身穿长袍，不苟言笑，一副道貌岸然的模样。他们为什么要远渡重洋来到这里？

"当！当！当！"教堂里传出了浑厚而悠扬的钟声，接着响起了管风琴那优美的旋律，神甫们吟唱着颂歌：远在天地形成之前，混沌初开神恩彰显，圣父创造日月星辰，天上三光普照人间。

这时从城内奔出一队兵马，人唤马嘶，御道官骁骑校尉手持长鞭"啪！

啪！啪！"静鞭山响，这是静街，皇上出城了。过往行人躲避不及，纷纷后退跪下，两眼看地一动不动。两旁的住户也纷纷关闭了门窗。这时候谁胆敢开窗窥视，定会被巡街的捕快问罪下狱，毫不留情！

少年天子没坐御辇，骑着雪莲似的白马驹，两旁的侍卫们个个身穿黄马褂，剑戟横空，十分整肃。后面是红衣銮仪校执掌着的各色伞、扇、幡、麾、节，锦旗辉映，铺天盖地，蔚为壮观。

其实福临并不是真的想要微服出巡，他只是一时心血来潮，想要看看天主教堂里的汤若望是怎样生活的。

"启奏万岁，前面就已经到了汤若望汤大人居住的教堂了。"

"下马！朕要亲自去教堂里面看一看，你们不得鲁莽滋事，全都在外面候着！"

福临纵身下马，将缰绳朝着兀里虎一扔，径直向教堂里面走过去。

"皇上且慢，容卑职先去里里外外巡视一遍！"内大臣索尼、鳌拜等急忙上前劝阻。

"朕不是说过让你在外面候着吗？何必弄得鸡飞狗跳、人心惶惶呢？全都给朕退下！"

第十七章

老神父难谐鱼水欢　新嫁娘愁煞小天子

教堂里面的颂歌依旧在唱着，神坛上面只有汤若望等几名神甫在唱着，信徒们见天色已晚都已经纷纷回家去了。

"这汤若望的胆子还真不小，明明知道万岁爷驾到，居然不行礼，依旧唱着什么怪歌，真是该死！"李国柱愤愤不平地说道。

"嘘！让他们唱完吧，这是他们每天必修的功课。他们是上帝的使者，不论早晚每天都要向上帝汇报，否则，上帝就会发怒，永远不会原谅他们。"福临立在一边，饶有兴趣地听着颂歌。

汤若望拖着长音唱完了最后一个字，然后又默默地将手放在胸前的十字架上进行祈祷。看着他不紧不慢的动作，小太监李国柱急得直跺脚。

"微臣不知皇上驾到，未及恭候，请皇上恕罪！"

"汤玛法，你果真虔诚。怎么，朕站了好一会儿了，不请朕坐下吗？"

"噢，对、对！皇上请坐！"

"万岁爷，您刚刚喊汤老头什么来着？奴才的耳朵不好使，没听清楚。"

"小柱子，你也学会了在朕面前装聋作哑呀？朕刚刚喊他为玛法，听清楚了吧？"

"这个……"李国柱的嘴巴大张着，"那怎么可以？您是堂堂天子，怎么可以喊汤老头是爷爷呢？还有，这汤老头也真够可以的，您这么喊他，他还敢点头答应。嘿，奴才真想看看这长毛的心里有几个胆！"

福临看着李国柱那愤愤不平的样子感到好笑，轻轻地踢了他一脚："别乱咋呼。朕就爱这么喊他，你管得着吗？你看他一脸花白的胡子，慈眉善目的，多像玛法呀。再说了，太后都自认是他的义女了，做儿臣的还不得尊他一声玛法？"

"原来是这样！奴才也没什么说的了。"李国柱挠着后脑勺咧嘴一笑，露出了左脸颊上的一个小酒窝。

"皇上，您看，这居室太小太简陋了，您可坐在哪儿呢？"

汤若望搓着手有些为难地看着福临。这里是教堂后室。汤若望一人住了三小间，正中是饭厅兼会客厅，一张八仙桌子擦得闪闪发亮，两只雕花的太师椅也是一尘不染，墙旮旯里摆着脸盆架子和一只痰盂。冲着大门的墙上挂着一副中堂，字体说不上酣畅淋漓，倒也显得遒劲有力。

"数百年功德无非积善，第一等好事只是传教。"

"哈哈，想不到汤玛法还有这么一手，佩服，佩服！"福临由衷地称赞着。要知道这中国文化博大精深，这个外国老头儿不仅说得一口流利的汉语，而且对儒家、佛学乃至书法都有所了解，实在是不容易呀。

"惭愧，惭愧。"汤若望嘿嘿笑着，朝福临又是抱拳又是作揖："老夫也是初学涂鸦，措辞书法均很不工整，不堪入大雅之目，谁知竟让皇上您给看见了，实在是惭愧得很哪！"

"汤玛法，你又何必过于自谦呢？其实朕才是徒有虚名呢。名为中国的皇帝，临朝时却连汉文都读不通，更不用说笔墨书法了。唉，朕这皇帝做得窝囊呀，若是传到你们西洋，岂不是要贻笑大方？"

"皇上不必如此。中国有句话，来日方长嘛。皇上正值青春年少，只要肯用心学习，勤于思考，他日定会令世人刮目相看！唐代的韩退之是怎么说来着？业精于勤荒于嬉，行，行……"汤若望揪着胡子想不起来了。

"行成于思毁于随。"福临微微一笑，脱口而出。

"对，对！就是这话！依老夫看，皇上他日定可大有作为！"汤若望碧蓝的眼睛里闪着亮光，像一对蓝宝石似的。

福临嘻嘻一笑："汤玛法，就冲您这句，咱们君臣好好叙叙！来人哪，将东西都摆上！"

门外的几名太监应声而入，七手八脚地忙活开了：一对青花高脚的细瓷花瓶，摆在了茶几上，里面是刚采摘下的鲜花；四个擦得雪亮的高脚银盘，摆放着干湿果子放在了桌子上；两只椅子铺上了大红缎子平金绣花的椅披，地上还铺了一块鲜艳的大花地毯。小太监李国柱手脚利落地拨亮了烛台上的红烛。

"这是……"汤若望惊喜地看着这一切，嘴里喃喃地说着："太漂亮了，简直，简直像个新房似的。"

"是呀，如今万事俱备，只差新娘子了，汤玛法，如果您愿意，朕这就让你们入洞房！您看看这两位姑娘，您还满意吗？"

福临一闪身，从门外走进来两个穿红戴绿的年轻姑娘，均是欺桃赛杏的脸庞，笑燕羞莺的模样。

汤若望原本白皙的脸庞一下子变得通红，急得他摇头摆首张口结舌：

"这个，使不得，使不得！"

"怎么使不得？告诉你吧，"福临将汤若望拉到了一边，悄声说道："这是后宫里刚送进宫的宫女，本来是专门服侍朕的，朕忍痛割爱选了两个给你，你不至于看不上她们吧？"

"NO，NO，"汤若望心里一急，连中国话说得也不流利了："我，是传教士，跟，跟你们中国的和尚，对，就是和尚，OK？"

"和尚？"福临一时糊涂了。

"皇上，这汤老头说，他是和尚，不可以成亲的。"李国柱忍住笑贴在福临耳边悄声说道。

"什么和尚？这不是教堂吗？哪里有庙，有菩萨？"福临瞪着眼睛，疑惑地看着汤若望。

"皇上，喏，我的佛在我心里，就是上帝，想念上帝的时候，我就把手按在这个上面，"汤若望将脖子上戴着的十字架取下来，递到福临的眼前比划着："这面圣牌，是耶稣受难的标志，他为了拯救人类的苦难而献身了，而我们这些传教士则是为了完成他未竟的事业，我们的心里只有上帝，只有爱！"

"噢！看来这玩意儿还很有魔力呢，怪不得皇额娘也戴了一个，汤玛法，就把这个给朕吧。"

"好，好。可是她们两个……"汤若望嘴角一努。

福临笑了："你们先下去吧。"

两个宫女如释重负，眉开眼笑，声音格外的甜："谢皇上恩宠，妾身感激不尽！"说罢俩人扭着细腰风摆杨柳似的出去了。

"唉，汤玛法，朕对你是一片好心，可惜喽！"说了半天话，福临一屁股坐在了椅子里。"唔，这不是很舒服的吗？你也坐呀，对了汤玛法，有什么喝的没有哇？"

"有，有。我这里还留着一些上好的花茶，我这就让人烧壶水来。"

"不，朕听说你这里有甜酒？"

"原来皇上也爱喝葡萄酒？"汤若望笑了，转身走了出去。不一会儿，一个差役用竹篮送了一瓶冒着水气的葡萄酒瓶。汤若望双手从抽屉里拿出了一对高脚玻璃酒杯。

福临饶有兴趣地看着汤若望做着这一切。这地方他虽然是第一次来，但却觉得很自在随意，就像是在家里与亲近的人谈心品茗唠家常，这种气氛太令少年天子神往了。

"慢着，万岁爷！"当福临端着那琥珀色美酒想要一饮而尽的时候，太监李国柱急了。谁知道那个差役会不会在酒里做手脚呀，皇上怎么能这么大意呢？可当着汤若望的面，李国柱不好直说，毕竟这外国佬也是朝里的大官儿。于是李国柱笑嘻嘻地说道："奴才、奴才口渴得要命，万岁爷能否把您手中的这杯酒赏给奴才喝，万岁爷，救人一命如造七级浮屠，您就发发慈悲吧。"

看着李国柱那挤眉弄眼的样子，福临心里明白了，嘴里却不买账："朕几时又成了大慈大悲的佛陀了？好个没良心的奴才，阿其那，你没见朕的嘴唇都快干裂了吗？"福临说罢一饮而尽，连声叫好："爽！汤玛法，再来一杯！"

"不对，不对！皇上，喝葡萄酒应该这样，"汤若望没有注意到太监李国柱在一旁略显焦虑的神色，举着杯子给福临做着示范："先观其色，看着这暗红而清澈的液体，想着那漫山遍野熟透了的葡萄，心里便会充满对生活，对劳动，对大自然的无限热爱。对，就这样，"说着，汤若望又给福临斟了一杯，接着说："再慢慢地端到鼻子下闻一闻，你立即会被这甘美香醇的味道所陶醉，还没喝，人就快要醉了。然后，再轻轻地呷一口，放在嘴里慢慢地品味一番，最后再咽下去。"

"嗬，你们西洋人对饮食这么讲究哇？我们中国人可没那么多闲暇的时间花在这些方面，像我满族，向来喜欢大鱼大肉，大口喝酒，大口吃饭，每餐必有酒，不醉不算英雄。若人人都这么个喝法，还不把人给憋死了？再说，这玩意儿甜甜的带些苦涩，也没有喝高粱酒痛快呀！"福临嘴上虽然不赞同汤若望的说法，可他实际上却在按照汤老头的建议，一看二闻三品，正不紧不慢地喝着呢。

"皇上如果真的爱喝，等秋天果子熟了，老夫亲手酿些酒给您送到宫里去。喏，教堂旁边有块空地，闲来无事我们几个人栽了几株葡萄，嗬，今年挂了满藤的果子，可喜人了。"汤若望的脸上禁不住有些得意。

"嗯，说起来，这座教堂得以保存，还多亏了范文程大学士呢。"汤若望两杯酒下肚，话就多了起来。

"这事朕后来才听说，其实，关键还是阿玛王有眼光啊！"福临此时又重提已经被他削爵鞭尸的多尔衮，心里不知作何感想？有道是酒逢知己千杯少，话不投机半句多。一老一少漫不经心地喝着甜酒，似乎有说不完的话。

当李自成的农民军连夜溃逃出北京城之后，汤若望一觉醒来，才发觉满街都是留着辫子举着各色旗帜的"鞑靼人"。正在惊惶之中的汤若望又看到了清兵的告示，为了让清兵入城驻扎，凡居住在条件较优越的北城——即内城里的汉人，必须在三天之内迁走，搬到有沟池隔开的穷地方——南城，北城将留给满族人居住（此后，北城就叫鞑靼城，而南城则称作汉人城了）。

一向倔强的汤若望沉不住气了，他的这座教堂正在北城，里面藏着圣经、神像、历书刻版以及诸多天文仪器和资料，三天之内如何搬得完？又搬到哪里去？剩下一个没有神甫住的教堂又有什么用？况且，几天内如何筹集钱款另建教堂？在哪儿建？他不禁想到了在起义军入城后他所经历过的一件惊心动魄的事情。

当时，农民军领袖听说汤若望会造红衣大炮，便将他带到了紫禁城。汤若望面对威严的李自成，起初心里有些害怕，因为他听说农民军专杀朝廷里的人和外国人，而这两样他都占上了。但他很快镇定下来了，面对李自成那警惕而严厉的目光，汤若望泰然自若："我是上帝的人，我的生命由上帝掌握，而不是在你的手中。"

"欢迎你，代表上帝的先生！"

汤若望绝没有想到，这位草寇会如此谦恭有礼。就这样，汤若望以自己刚正不阿的态度保住了自己的性命，也保住了这座小教堂。

现在，紫禁城再一次换了主人，汤若望和他的小教堂又一次面临着考验。汤若望不再犹豫，挤进皇宫的大殿前。这里跪着许多请求留居在北城的人。可能是由于汤若望那与众不同的相貌，引起了清朝官员的注意，结果他被带到了范文程的面前。

汤若望知道机会就在眼前，于是他开门见山："我是神甫，在北城设有教堂和一个书库，还有很多印版和历法方面的著作，我想这也许会对你们有用场，但如果在搬迁中被损坏或者丢失，那就实在太令人惋惜了。"

范文程上上下下打量着这个侃侃而谈的老外，觉得他并不像其他百姓那样一脸的愁苦，而是从容自若，像是见过大世面的人，便不动声色地问道："报上你的姓名来。"

"大人，我的外文名字叫亚当·沙尔，中国名字叫汤若望。"

"汤若望？"范文程眉头一抬，"你果真是汤若望？帮着大明制造红衣大炮来对付我大清的汤若望？"

汤若望心里一沉：糟了，这大清乃大明的克星，如今它夺了大明的江山，难道也要对我兴师问罪吗？"大人，我乃传教士，以宣扬平等、博爱为宗旨，我的心中只有上帝，至于其他的事情则是不得已而为之。"汤若望低下了头，忐忑不安地听候着发落。要说的他都说了，听人讲，这塞外的鞑靼人粗鄙不开化，烧杀抢掠无恶不作，这一回恐怕自己是自身难保了，唉，当初为什么不听从朋友们的劝告逃到天津暂避风头？只可惜宣武门的那座教堂和众多的圣经书籍了。不过，如果这鞑靼人如此野蛮无道，它又怎么能夺得政权呢？甚至连草寇民贼李闯都知道爱惜人才，更何况是大清国呢？汤若望的心里又生出一线希望，重又鼓起勇气抬起了头，正好碰上范文程那犀利的目光。

"好吧，大神甫，请将这个贴在教堂的大门上，使你和你的教堂不受惊扰，你们就暂且住在宣武门内吧。"范文程从文书的手中拿过了一张告示，上面盖着大清国的印玺："兵民严禁入内骚扰，违者斩！"

汤若望如遇大赦，连声致谢，激动不已。就这样，汤若望临危不惧，以勇敢和真诚面对残暴和动荡，再一次成功地保护了自己，并由此赢得了大清国的统治者——满族人的敬佩。

无论作为天文学家还是牧师，汤若望都时刻不忘上帝的使命。当新王朝统治后的第一次日食出现以后，汤若望以他的精确计算赢得了大清官员们的一片赞誉，于是，他成了大清国红顶子高官之一——钦天监监正，并通过范文程的引荐，与少年天子结成了忘年之交。当然，宣武门内的这座小教堂也被重新修缮。汤若望亲自设计和监督，在顺治七年的时候，盖成了一座高二十米的巴罗克式教堂，上面有一座圆顶，内有三间大厅，五座圣坛。在教堂正面立了一块黑色大理石石碑，上面写道："至万历时西士利玛窦等，先后接踵入中国传教，译有经典，著有书籍，传衍至今。荷蒙清朝特用历法，定造时宪新历，颁行历务，告竣。谨于都城宣武门内虔建天主新堂，昭明正教。时天主降生一千六百五十年，为大清顺治七年岁次庚寅。——修政历法汤若望记。"

汤若望絮絮叨叨地回忆着这些年来的遭遇，不知不觉与福临喝完了一瓶酒。

"酒能乱性，汤玛法，在酒酣耳热之际，你还能耐得住这寂寞吗？走走，朕带你找乐子去。"葡萄酒的度数虽不高，但颇有后劲儿，少年天子这会儿也觉得有些难以自持了，他摇摇晃晃地要起身。

"皇上，这是个严肃的问题，请皇上听老夫解释。"汤若望尽管已经喝得面红耳赤，但他的头脑却是相当的清醒。

"皇上，老夫是耶稣会的神甫，早已把自己的一切都交给了上帝，冥冥之中自有万能的上帝与我同在，所以老夫丝毫不觉得寂寞难耐。原本，老夫每天所做的事情就是祷告、看书和写作，现在入朝为官又多了一些杂务。一名称职的神甫就是要每日晨昏祈祷，此外还有每天法定的八次祷告日课，再加上钦天监里的工作，老夫哪还有闲暇去拈花惹草胡作非为？老夫自认

顺治传

为是一个自身清白、修持自谨而从无生活劣迹的人，老夫的心里只有上帝，皇上，您又何必为难老夫呢？"

"没有哇？朕只是一片好心。算了，既然玛法不领情，那朕可要走了。对了，朕今晚来是专门向你讨个吉时，皇额娘硬让我大婚，说起来这事也与玛法你有关呢。"

"嗯，您是一国之君，从你们的国家利益上看是要早做打算，可这与老夫有什么关系？"

"前些日子您不是交给宫里来的宫女一面圣牌吗？那一次就是慧敏格格患了病，结果戴了您的圣牌之后，病就好了，眼下她正活蹦乱跳地准备与朕成亲呢。"福临愁眉苦脸地说着。

"这么说老夫又做了一件大好事？皇上，怎么愁眉苦脸的？这可是人生的一大喜事呀。早日大婚，早生龙子，龙脉相传，万世一系，大清的江山焉能不蒸蒸日上？"

"你……"福临瞪着发红的眼睛有些恼怒，"怎么你的话与太后如出一辙？你们怎么都这么说？哼，看你眉开眼笑的样子，倒像是你要做新郎官了。不行，朕带来的那两个宫女你非得留下不可，看看你还高兴不高兴！"

汤若望一呆，果然收起了笑脸，可怜兮兮地看着福临："皇上……您怎么又提这事儿了？"

福临的脸上忽然现出恶作剧般的笑容："朕偏让你尝尝身不由己的滋味儿！起驾回宫！"

"皇上这是怎么啦？今儿非得跟我过不去？"汤若望站在院子里发呆，两个宫女躲在黑影里低声地抽泣着。

"好了，你们俩别哭啦，乱了套了。潘尽孝呢？"

"大人，小的在。"

"带她们去前院厢房住下，就帮着煮饭浆洗吧。"

"那怎么成？她们可是皇上的人，高贵着呢。"黑暗中，看不清潘尽孝的表情，汤若望只觉得他的眼睛里发着亮光，像一只捕获着猎物的饿狼。

"唉！"汤若望一跺脚，"那就先由你伺候她们两天吧，等皇上气消了，我再把她们送回去。"

"大人您就放心吧，这事儿包在小的身上。"潘尽孝禁不住咧嘴一笑。

又是新的一天开始了，一大早紫禁城里就洋溢着喜庆的气氛。初夏的早晨气温十分凉爽宜人，连太阳的光线也格外的柔和，金碧辉煌的太和殿沐浴在霞光之中，被一种酒醉了似的绯红渲染着，显得格外的华丽、雄伟。

太和殿里，一班子文武大臣格外的忙碌、礼部鸿胪寺官员在太和殿正中设置了一个节案，上面铺着明黄色的软缎子，放上了节。

内大臣兼议政大臣、一等伯总管内务府的索尼身着朝服满面红光扯着喉咙喊道："翰林院献册文、宝文！奏请皇上上殿！"

立即，殿外钟鼓齐鸣，少年天子降舆，步行走进太和殿，在逐一阅视了册、宝之后，升入御座。

福临看着头顶天花中部的蟠龙藻井雕刻出神，那绚丽的色彩，精细的雕刻早已为他所熟悉，但是每次只要一进入太和殿，坐正之后，福临总是情不自禁地抬头看着这些精美的图案和色彩。是的，这里不是普通的地方，这是金銮殿呵，大凡节日庆贺、朝会大典，少年天子都会在这里升入御座，接受百官朝贺，今天又逢什么节日大典？从今天开始，少年天子要举行大婚典礼！

古时，天子之正妻曰"后"。秦汉以后，皇帝的正妻称皇后。皇后历有"国母"之尊，居中宫，主内治，统率各宫嫔妃，地位极崇。清代皇帝成婚称为大婚，通过行大婚礼册立皇后，正是从入关后的第一个皇帝顺治帝开始的，看来，他的一举一动，对大清的后人将产生重大影响，顺治皇帝的大婚典礼极其隆重而繁杂，除了根据已故的摄政王多尔衮之意，由皇太后做主定了科尔沁卓礼克图亲王吴克善之女博尔济吉特氏为皇后外——这叫议婚选后，还要举行纳彩、大征、册立、奉迎、合卺、庆贺和赐宴等许多繁缛的礼仪。大婚之前，翰林院翰林要先撰写册文、宝文，礼部制作金册、金宝，再备彩礼及龙亭、节案、册案、宝案等，然后由钦天监选吉日行纳彩礼。由此开始，拉开了顺治皇帝大婚典礼的序幕，这一系列仪式要持续二三十天呐。

当顺治亲政后的第五天，皇太后便授意理事三亲王满达海、郡王博洛、尼堪，以及众内大臣奏请于二月内举行大婚吉礼，并且蒙古科尔沁国卓礼克图亲王吴克善也已亲送顺治帝先前聘订之女博尔济吉特氏入京。在众人看来，已经万事俱备，只消皇上首肯便可立即举行大婚典礼了。可是，顺治却下了一道冷冰冰的谕旨："大婚典礼此时未可遽议，所奏不准行。"

为什么不准行？议政王及内大臣们面面相觑，皇太后更是气得柳眉倒竖。然而，好事多磨，就在皇上下谕不允许议办大婚之后的四个月，即顺治八年六月十八日，顺治帝却授权内务府和礼部制定了大婚诸礼仪和礼品清单。至此，紫禁城便呈现出一派喜庆的节日气氛。

"呈纳彩礼！马十匹，玲珑鞍十副，甲胄十副，缎百匹，布二百匹，金茶筒一，银盆一。"随着索尼的禀报声，内务府官员将一匹匹布帛、一件件甲胄摆放在龙亭内，由銮仪卫校尉把龙亭抬到太和殿丹陛上，分左右停放，随带鞍辔的十匹文马也被依次排在丹皇上的两侧。一时间，那明黄妆缎、大红妆缎、绿闪缎等色彩亮丽的绸缎更令满堂生辉，而丹皇上那一溜儿披红戴绿的文马更增添了勃勃生气。

"吉时已到！"鸣赞官一声高喊，殿外立刻鸣鞭三响，韶乐大作。鼓乐声中，宣制官从殿左门入内，向站在东檐下等候的銮仪校尉以及授节大学士和王公大臣们高声宣读着："皇帝钦奉皇太后懿旨，纳蒙古科尔沁国卓礼克图亲王吴克善之女博尔济吉特氏为后，命卿等持节前往皇后府邸行礼纳彩。"

纳彩，就是向皇后娘家赠送具有定婚之义的彩礼。普通人家成亲，尚得向女方家送鹅送衣，何况是当朝天子的大婚？能不格外的隆重和铺张吗？接下来还有皇帝大婚的纳彩宴，要饽饽桌一百张、酒宴桌一百席，羊九十九只，奶酒、烧黄酒各一百瓶等等。

眼看着正使持节下了丹陛，率内务府官员及校尉舁龙亭下中阶，卫士牵文马随行，御仗前导，鼓乐齐鸣，从太和中门渐渐远去，御座上的少年天子不由得舒了一口气："唉！这辰光多难熬呀！"

内大臣索尼离得较近，听了"扑哧"一笑，又连忙捂住了嘴："皇上大喜！吉礼既然已经开始了，行合卺礼也就快了。"

"不，你不明白朕的苦衷。索大人，你倒说说看，为何在这大喜之日，朕怎么也高兴不起来呢？"

"这个……"索尼怔了怔，不知该如何回答。他自然知道年初少年天子曾下过的那道冷冰冰的谕旨，但现在不早已过去了吗？据称这位未来的皇后仪容出众，足称佳丽，又极巧慧，确有母仪天下之风，难道这些还不足以令少年天子改变初衷吗？

"朕真后悔生在帝王家。自打进了金銮殿坐了这御座，朕就有一种虚幻的感觉，好像这一切都是不真实的，朕一直是在演戏，言不由衷，身不由己。而这出戏的主角，此前是多尔衮，现在则是皇太后。唉，朕已经厌倦了这种虚假而乏味的生活！"

此言一出，满堂皆惊。

郑亲王济尔哈朗在仔细地揣摸着少年天子此话的含义。尽管济尔哈朗现在是可以左右诸王公大臣的关键人物，但济尔哈朗的心里并不踏实。就因为少年天子特地加封他为"叔和硕郑亲王"！

济尔哈朗对皇帝的加封册文记得清清楚楚，几乎是一个字都不差。册文说："我太祖武皇帝肇造鸿基，创业垂统，以贻子孙。太宗文皇帝继统，统一蒙古，平定朝鲜，疆围式廓，勋业日隆。及龙驭上宾，宗室众兄弟乘国有丧，肆行作乱，窥窃大宝，当时尔与两旗大臣坚持一心，翊戴朕躬，以定国难。续领大军征明，遂取中后所、前屯卫、中前所。又率大军征湖广时……遂定湖广。睿王心怀不轨，以尔同摄朝政，难以行私，不足辅治，无故罢为和硕亲王。及朕亲政后，知尔持心忠义，不改初志，故赐以金册金宝，封为叔和硕郑亲王。"

第十七章　老神父难谐鱼水欢　新嫁娘愁煞小天子

第十八章

小天子忧国百官服　奸佞臣悦歌桃花盛

　　在旁人看来，福临真是知恩图报，对郑王更是宠信有佳，之前还特意下谕宣布因为郑王年老而"一切朝贺、谢恩，悉免行礼"，并在一天之内加封其长子富尔敦为世子，二子济度为多罗简郡王，三子勒度为多罗敏郡王，这样的龙恩圣宠谁能不羡慕？如今，皇上再一次下旨册封他为"叔王"，足以见得皇上对他的恩宠。但济尔哈朗好像并不是特别满意。想当年，他在顺治六年受封的是"信义辅政叔王"，但是现在却被封为"叔王"，取消了"信义辅政"四个字，甚至连"复封"都谈不上，又如何算是"加封"呢？这被减去的几个字意义重大，济尔哈朗和少年天子两人都心知肚明，从此之后，皇上要亲掌大权，乾纲独断，任何王爷功臣都只是对皇上"持以忠义之心"的臣子，包括他叔王济尔哈朗！

　　"皇上何出此言？"济尔哈朗实在揣摸不透少年天子的心思，便试探着问道："皇上年初刚举行了亲政大典，大赦天下，蠲免钱粮，并加恩文武大臣荫生入监，正是普天同庆之时，今又行大婚吉礼，乃喜上加喜，大吉大利呀。社稷何其幸运，万民何其幸福呀！"

　　"但是，朕早已知道国库如洗，还缺巨额兵饷，已是入不敷出。如今又举行这大婚吉礼，今天是纳彩礼，过两天还有大征礼，还要再给皇后娘家送去什么金、银、缎、帛，甚至她的父母家人兄弟仆人也要人人有份儿。大婚吉礼花费如此浩大，叫朕怎么能高兴得起来，笑得出口？"

　　少年天子忧国忧民的话令百官们暗中敬佩。其实，福临他也说不出究竟如何对这个大婚提不起精神来，或许是天意使然，他与慧敏格格没有这个缘分？但话又不能直说，福临一下子想到了亲政以来面临到的种种困境，诸如兵饷、官俸、王禄以及赈济、官费等耗费巨大，兵穷民困，灾旱频频，黎民饥寒交迫，田园荒芜，百业凋敝等等，如何不令一个雄心勃勃的少年天子望而却步呢？不在其位不谋其政，少年天子看来再一次品味到身为帝王的甘苦了。为什么会有这么多不顺心的事情？家事、国事、天下事，事事烦心哪！

"启奏皇上，您此次大婚所需费用并不全是出自国库。太后已吩咐微臣拨出了宫内节省的银子一万两用于操办大婚各项吉礼。此外，太后还将宫中节省下来的三万两银子拿出来赈恤灾区百姓，同时，满朝文武大臣也日益克己奉公，开源节流。据微臣看来，只要我大清国团结一心，便能战胜眼前的各种困难。所以，微臣愿请皇上放宽心，不用为国事伤神。"内大臣索尼尽量宽慰着福临。

"太后圣明啊！"福临的脸上现出了一丝苦笑，"我中国土地辽阔，人口众多。一年之中，不是南涝北旱，就是风灾蝗虫，还有各地连绵不断的战火，民不聊生啊。仅靠宫里节省下来的几万两银子也解决不了根本问题呀。诸位，你们有什么高见？"福临目光炯炯地看着大家，眼光中透露着期待之情。

"朕虽已亲政数月，但对治国之术犹感茫然。朕虽有远大志向，但却为眼前的诸多问题所困扰，请诸位爱卿告诉朕，如何才能达到安天下的目的？"福临坐不住了，一步步走下丹陛。东、西檐下站着几十名议政王大臣和文武百官，可他们均不敢正视皇帝那期待的目光，纷纷垂下了头。

"民殷国富，这不仅是诸位贤臣、清官、王公们的心愿，也是朕的心愿，朕实在想有所作为，却不知从何下手。唉，你们这些大学士、王公贝勒、九卿督抚，居然一个办法也想不出来？"

饱读诗书而又熟谙史事的老臣范文程被少年天子那诚恳的态度所感动，上前一步，从怀中掏出了长疏奏道："今天本是皇上大喜之日，臣原本不想让皇上分心。但臣见皇上一心为国事担忧，便忍不住了。但请皇上闲暇之时再阅老臣的奏折吧。"

"大学士，你是三朝老臣，朕知你赤胆忠心，此时定有良策，但说不妨。"

"臣见直省土地荒芜，且直省钱粮每年缺额至四百余万，赋亏饷绌，急宜筹划，臣建议大兴军屯以纾国难。"范文程人虽瘦弱，但声音却十分洪亮，一字一句听得福临不住地点头。

"大学士，朕愿闻其详。"

"也罢，臣就大概说说吧。"范文程将奏折交给执事太监，捋着所剩不多的几根胡子，简明扼要地阐述起来。

"昔明太祖常言，养兵百万，不费民间一粒，盖当元季乱后，地旷行屯之故也。今大库之银，已为睿王用尽，兵有增，饷在加，而国库却是入不敷出。据户部官员透露，仅各官俸银就得六十万两，而国库却仅存二十万两！此外，江南各地形势不稳，一些省虽名义上归我大清统辖，设有总督

第十八章　小天子忧国百官服　奸佞臣悦歌桃花盛

· 153 ·

或巡抚，但兵火连年，各府厅州县时常被大西军大顺军夺占，这自然影响到甲赋、丁税、盐税、关税等项的收入，反过来影响了兵饷，妨碍了统一全国战争的进行。当然，堂堂大清，所需各种费用太多太杂，并非只有京师官俸和地方兵饷要支出，但这两项却是最主要的。文武百官王公大臣尚能开源节流，可我百万官兵如何支撑？只有屯田，以兵养兵。今湖广、江西、河南、山东、陕西五省寇乱日久，人民稀少，请设兴屯道综理之，同治分理之。地之无主者，即为官屯；其有主而抛弃者，多方招徕，过期不至，亦为官屯。凡土著、流户愿来归者，均给以地，另助牛、种，官分子粒三之一，三年后即为永业。编行保甲，使守望相助。臣以为兴屯之举有以下四事当慎之又慎方能奏效，兴屯宜选举得人，开垦宜收获如法，积贮宜转运有方，责成宜赏罚必信。唯其如此，方能解我燃眉之急。"

"嗯，范爱卿所奏甚善，俟请议政王大臣商讨之后即付诸实施。"福临的脸上呈现出与他的年纪不太相称的成熟的表情，十分凝重。

的确，为了彻底摆脱财政困境，上自皇上、大学士，到九卿督抚，下至一些文人学士府州县官，都在绞尽脑汁寻觅良法。一些奸邪小人也纷纷奏呈歪道邪门。原任曹州副将许武光也曾上疏天子，奏称：开封曾被水淹，明周王府内，有银二三百万不止，曾被沉压，乞假臣三年之工，搜尽天下遗银，以资兵饷云云。许武光的巧言佞辞，似乎合情合理很能感人。明朝第一代周王是明太祖朱元璋之皇五子，洪武三年受封，十四年就藩开封，以宋朝故宫之地为府，仅岁禄就有米二万石，还有上万顷王府良田。延续到明末，在长达二百六十年的时间里，确有巨银万两，珍宝无数。况且李自成攻开封时，周王为保开封出库银五十万两赏守卒，后被农民军决河灌城，致使府中银器宝物尽没于巨浪。大西军、大顺军为弥补兵饷钱粮之不足，都曾四处搜寻挖掘过明朝亲王郡王的财宝，所获甚丰，据说张献忠搜获巨万银两珠宝，埋沉于成都锦江里！但若采纳许武光之建议，兴师动众，其掠民、扰民之害远逾洪水猛兽。

少年天子福临看透了许武光等人的心术不正，下谕痛斥道："帝王生财之道，在于节用爱民。掘地求金，毁我良田，坏我房屋，废我百业，亘古未有，我朝又岂能做出冒天下之大不韪之事！"

且不说满朝文武为了国库日绌而唉声叹气，一筹莫展，多少冲淡了皇上大婚的喜庆气氛。这时偏有那好事之人打听到，龚鼎孳龚尚书正在金陵为爱妾顾横波挥金如土地操办寿宴，便小题大做地上疏皇上参了他一本："龚鼎孳饮酒醉歌，俳优角逐。前在江南，用万金置妓，名顾眉生，恋恋难割，多为奇宝异珍以悦其心。淫纵之状，哭笑长安，已置其父母妻孥于度外。今歌饮流连，依然如故。且为该妓称觞祝寿，靡费巨金，张灯开宴，邀集宾客数十百人前来听戏，仕宦缙绅，风流歌妓，喧呶达旦，彻夜狂欢。龚鼎孳身为朝廷命官，顾眉生身受朝廷诰封，二人食朝廷俸禄却丝毫不为国家分忧解难，反而一掷千金大办寿宴，请饬部查核，予以惩处，以正视听，以警同僚。"

正在金陵花天酒地的龚鼎孳何曾想到会有人在朝廷上参了他一本？每日里仍旧灯红酒绿自在逍遥。此时洪承畴经略东南，江浙一带战火渐次熄灭，这金陵的气氛便日渐的活跃起来。一时间，旧时文人俊侣，零零落落，都先后到秦淮小聚。这顾横波原本是秦淮佳丽，在秦淮河上有一座眉楼，日里箫鼓，夜间灯火，锦瑟瑶琴，炉香缭绕，人称顾氏为南曲第一家。龚尚书慕名前往，一见倾心，便以万金替她脱籍，在金陵另置宅院，过起了恩恩爱爱的生活。

自金陵城陷之后，龚鼎孳和赵之龙等人戴起了顶戴花翎，仍旧官运亨通，夫人横波也受到了清朝的诰封。一些佞臣媚子，趋奉尚书，哪一个不趋奉横波？加上顾横波生得庄妍淡雅，发鬟如云，桃花满面，还画得一笔好兰花，不但旧时南曲中姐妹羡慕不已，便是王谢故家、崔卢旧第，也羡慕她是青楼的魁首、曲院的班头，龚尚书对顾横波更是百依百顺，言听计从。于是便有了横波三十岁的寿宴。

龚鼎孳一向出手阔绰，挥金如土，而顾横波更喜欢热闹，于是便将寿宴摆在了桃叶渡，大宴宾客，借机与南曲的姐妹们相聚，互诉衷肠。

有诗写道："桃叶渡头水悠悠，岸下游船岸上楼；归客行人争渡急，歌船画舫满中流。"秦淮河自通济门入城，西行数里之后又折转向南的聚宝川方向，在转弯处有一个渡口便是桃叶渡，它得名与东晋大书法家王献之的一段艳遇有关。相传王献之常在此与爱妾桃叶相会，后人便把这个渡口称作桃叶渡了。有人为此大发感慨："献之当年宠桃叶，桃叶渡江自迎接。云容难比美人衣，花艳争如美人颊。王令风流旧有声，千年古渡袭佳名。渡头春水年年绿，桃叶桃花伤客情。"还有一首咏桃叶渡的小诗："桃叶复桃叶，渡江不用楫，但渡无所苦，我自迎接汝。"如果说秦淮河是温柔富贵之乡的金陵的代表，那么这桃叶渡则是胭脂花粉的秦淮河的象征了。这里酒楼妓馆一座接一座，笙歌盈耳，灯烛闪烁，引得行人流连忘返，游子销魂难捺。水面上游船如织，彩灯闪亮，都雇了绝色女子、上等琴师，听曲子的游客个个听得如醉如痴，不知今夕何年。商贩们高声叫卖着水酒和熟菜以及各式点心，船上河岸穿梭叫卖不停。狎客们则在酒楼画舫中拍手欢笑，猜拳斗酒，尽情地喧闹。人说桃叶渡有"六多"：岸上茶馆多，酒楼多，

馄饨担子多，岸旁争渡的行人多，美女多，河里兜揽生意的画舫多。其实，又何止这"六多"？

一只画舫彩灯高悬，红烛闪亮，正沿河缓行，夜风中传来一阵阵柔曼的江南丝竹，直听得岸上的游人过客睁着大眼，竖起耳朵。此曲只应天上有哇！天河夜转漂回星，银浦流云学水声。玉宫桂树花未落，仙妾采香垂佩缨。秦妃卷帘北窗晓，窗前植桐青凤小；王子吹笙鹅管长，呼龙耕烟种瑶草。粉霞红绶藕丝裙，青洲拾步兰苕春。车指羲和能走马，海尘新生石山下。

"好！"画舫里一阵叫好声，接着便是杯盘碗盏的叮当碰撞之声。

"诸位，来来，尝尝这道菜，这是马祥兴菜馆的'四绝'之一美人肝！"男主人龚鼎孳一袭蓝衫，腰系金丝带，虽是鬓发斑白却显得格外洒脱儒雅。

金陵马祥兴菜馆有四道拿手菜，美其名曰"美人肝""蛋烧卖""凤尾虾"和"松鼠鱼"，时人称为"四绝"。"美人肝"这道名菜，取的是金陵人称作"胰子白"的新鲜鸭胰脏爆炒而成。一鸭一胰，要炒一盘"美人肝"需鸭四十多只才够，而且须得是新鲜的肥鸭。爆炒也极讲究，火候不到，软而不脆且有鸭腥味儿，若火候过了，则疲而不嫩失去了鲜味儿。龚鼎孳亲自点的这道"美人肝"已被摆到了桌子上，盘是翠绿的，菜是淡红的，另衬以红椒葱白笋片之类，油光透亮，清清爽爽，香气四溢，令客人们食欲大增。

"龚老爷，小的掌柜的听说老爷夫人们在桃叶渡雅聚，特地配了一桌鸭席，请各位慢用。"马祥兴菜馆的两名堂倌将挑着的食盆子一一摆到了席上，一个堂倌摆放，另一个在一旁介绍，一唱一和很显默契。"本店别的菜肴不敢夸口，单对这水上浮的鸭子有几手绝活儿，不信，待会儿老爷夫人们一尝便知。这是咸水鸭，肉嫩、味鲜、口感好，专为各位佐酒所用，准保各位吃得开心。这是烧鸭块、炖鸭腿、爆鸭丝、炒鸭舌、卤鸭掌、酱鸭肠，还有，本店再免费送上一坛状元红，请各位慢慢品尝吧。我们掌柜的说了，不好吃不要钱！"

"嘿！你倒挺会做生意，"顾横波一声娇笑，"得啦，我说客官您还是照顾别的生意去吧，再说下去，就成了夫子庙的说书先生啦。没见我们这里坐着柳敬亭先生吗？"

这么一说，堂倌不由得抬眼扫过去，果然看见了一个黑脸黄须的先生，他脸上斑斑点点的麻子在灯光辉映下正闪着亮呢。

"唉，顾眉是哪壶不开提哪壶呀。"柳敬亭将杯中的酒一饮而尽，叹息着："书是说不成了，只等饮罢了这祝寿酒，敬亭即将远离尘世，在那山水间盖一间茅屋，修一只小船，便做那自由自在的渔翁喽！"

"敬亭兄，不要如此伤感嘛，瞧瞧，如是刚刚还有说有笑的，这会子连眼圈子都红了。"

"咦，我说钱大人，您老好眼力呀，在这月夜烛光下，您竟看得清柳夫人的眼圈子是红还是黑？"方密之的一句戏言冲淡了方才柳敬亭挑起的伤感气氛，众人不由得笑了起来，红灯下，只见柳如是双颊飞红，杏眼微惺，更加妩媚动人。她头簪鲜花，腰着月华裙，色极淡雅，神情中透着孤傲和深沉，显得格外端庄清秀，全然没有青楼脂粉气。

"河东君，少喝些酒吧，来，吃些炒菜。"钱谦益对柳如是格外体贴，伸手给她夹着菜。

作为南曲中的名妓，柳如是、顾横波虽说已经脱了籍，但仍经常互相走动，关系密切。加之两人委身的都是金陵政界文坛颇有名望之人，彼此关系更不一般了。在南曲姑娘的眼里，名妓柳如是、顾横波、寇白门、李香君、卞玉京以及董小宛等皆是名花有主之人，都有了可心如意的归宿。就是那陈圆圆也早已成了吴三桂的爱妾，自有穿不完的绫罗绸缎，享不完的富贵荣华。

但，毕竟世事沧桑，原本有血性、心高气傲的女子内心是难以平静的，眼下，柳如是便是一位。钱柳作合，可以说是惺惺惜惺惺，才子爱美人。钱谦益年过六十，银丝斑白，长得瘦高，穿一身合体的银丝长袍，腰系蓝丝带，倒也显得风度翩翩。而柳如是比顾横波要小一二岁，二十七八岁的年纪，娇小玲珑的身材，白净的瓜子脸上嵌着一双顾盼撩人的眼睛，又穿上一身翠绿闪银丝的衣裙，显得更加年轻、俏丽。显然，这对夫妻年龄差距甚大。

起初，钱柳二人是在互相赏识和爱慕的基础上结合的，倒也是琴瑟和谐，着实令那些南曲的姐妹们艳羡不已。钱谦益是何等人物？大名鼎鼎的"广大风流教主"，主盟东南文坛数十年，殿试第三名及第出身，官至大学士、礼部侍郎。当时人把这钱侍郎的柳夫人同龚尚书的顾夫人称作一对瑜亮。

当时是，柳如是不忍过那青楼卖笑、狎客角逐的生活，更有陈圆圆被掠卖一事弄得她心中惶惶，于是暗地物色从良对象，以便使自己的终身有所依靠和托付。而当时钱谦益在金陵是首屈一指的名人，人们又盛传他极有可能入阁拜相，于是，柳如是不顾年龄上的过分悬殊，投入了钱谦益的怀抱。而钱谦益原本提倡风雅，征歌选色乐此不疲，他早就对柳如是的美

顺治传

貌和才华赞叹不已，于是双方你有情、我有意，从文字挚交到闺房密友，终于成就了一桩在外人眼中十分美满的姻缘。为表诚心，钱谦益以娶正房夫人的礼仪，大宴宾客，与柳如是结下了百年之好，后来，钱谦益又在家乡常熟大兴土木，专为柳如是盖了一幢藏书楼，取名为"绛云楼"——意寓柳如是真诰绛云仙子下凡。楼上有万卷藏书和珍奇古玩，楼下则为二人的居室。二人相敬如宾，吟诗作画，读书写作，其乐融融。有一次，钱谦益对柳如是开玩笑说："我爱你乌个头发白个肉"，才思敏捷的柳如是立即对答："我爱你白个头发乌个肉"，逗得钱谦益的一张黑脸笑成了猪肝色，一时传为笑谈。

转瞬间大明灭亡，弘光偏安南京。钱谦益被福王起用为礼部尚书，由常熟携夫人柳如是到南京赴任。昔日一风尘女子，今天贵为尚书夫人，柳如是还有什么不满足的吗？

外表纤弱的柳如是，内心却异常坚强，要不，她怎会被后人称颂为风尘女丈夫呢？她倒不是为自己的身世感叹，而是怀着一腔报国之心，要匡父君之难！然而，国势颓丧，岂是一弱女子所能扭转？当清兵兵临南京城下时，柳如是慷慨激昂劝说钱谦益自杀殉国，说"你殉国，我殉夫"。然而，钱谦益思量再三仍不忍放弃尘世生活，终于与老搭档龚鼎孳一道打开了城门，冒雨跪迎清军入城，尽失大节。自此，柳如是觉得心灰意冷，她没想到素为士人所敬重的东林党魁、已婚四年的丈夫，竟会宁可苟全性命于乱世，也不愿殉国以全名节！这残酷的现实使柳如是感到非常痛苦和失望。一个冷清的月夜，特地备上美酒佳肴的柳如是与钱谦益泛舟于常熟的六弘河上。在酒酣之际，柳如是扔掉了双桨，声泪俱下地跪劝钱谦益效法屈原投水自尽。被逼无奈的钱谦益哆嗦着将手伸进湖水中，立即缩回来哀求着："冷极，奈何？"

终于，钱谦益被柳如是火热的反清复明爱国之心所感动，没过两年即告病辞官，日常里以饮酒填词自娱，暗中与南明人士来往。虽说大清已经入关多年，但神州大地的反清火炬仍四处燎原，不论是唐王曾王还是桂王，中原汉人都对他们寄予了厚望，指望他们能恢复祖宗基业，驱除鞑虏。顺治七年初，常熟含辉阁半野堂钱宅来了一位人称三大儒之一的著名复明领袖黄宗羲。在绛云楼里，宾主三人指谈天下大事，痛哀故国山河破碎的惨状，黄宗羲的鼓励和信任，更坚定了钱谦益夫妇从事复明活动的信心。不久，因天干物燥，绛云楼不慎起火，一夜之间，几万卷藏书和大批珍宝古玩化为灰烬。钱氏夫妇重新振作起来，回到了南京，他们两夫妇已从当初言情儿女变成了复国的义士。柳如是使出浑身解数，一面周旋于达官贵人

· 158 ·

之间，一面交结四方名士，以她超群的大度和文才，在南京城占尽了风头。

听说方密之刚从广西回来，柳如是心里惦记着桂王永历政权的安危，便试探着问道："方公子，南方情形如何？听说你被永历帝拜为礼部尚书、东阁大学士，为何一个人又悄悄回来了？"

"唉，一言难尽哪！"方密之长叹一声，神色黯然。

要说这方密之也是江南复社里响当当的一个。他名方以智，字密之，号曼公，别号就多啦，什么龙眠愚者、鹿起山人、泽园主人、极丸学人、易贡游子、高厘道人等不一而足，到后来他又遁入佛门，披缁后法名弘智、行远、药地、无可、浮庐等，还有人称他作木立。从别号和法名上看，这方密之就不是个普通人物。

方密之是安庆府相城人，其父在崇祯时官至湖广巡抚。但方氏一门历来处世倡淡泊恬退，为学倡经世致用，对释、儒、道"三教"皆有研究，对方密之影响很大。明末农民大起义，相城龙眠山下干戈迭起，方密之全家随父搬到南京。自此，方密之每每泛舟秦淮河，登临燕子矶，与文友们品茗煮酒，精议时政，指点江山，好不悠闲自在。方密之与陈定生、侯方城（侯朝宗）以及冒辟疆（冒襄）号称江南四公子，早就与南曲名妓柳如是、顾横波、李香君等人往来密切，彼此熟谙。崇祯十三年春，方密之中进士，选为庶吉士。此后，他出入禁宫，有机会结交了汤若望，受"西学"的影响而对人体生理以及自然兴趣极大，但对仕途却不感兴趣。当大明灭亡之时，方密之曾被农民军俘获，侥幸乘隙南逃，大难不死，从此对人生的感悟又深了一层。当方密之在北京誓死不降农民军之事传入江南时，友人皆把他比拟为文天祥。南明隆武帝以原官相召，方密之不应，取名"三萍"，浪迹于珠江山水间。后由于父执瞿式耜的引荐，方密之在桂王朱由榔的政权下任职。但是不久方密之便发现桂王政权已经难保，现在已经是名不副实，内则门户纷争，奸人当道，外则与广州绍武政权同室操戈，战争一触即发。桂王胆小如鼠，稍稍闻风鹤就会陷入一片混乱中，这一切让方密之更加心灰意冷。于是，方密之索性自称为道人，在湖广一带隐姓埋名，过着颠沛流离的生活，方密之更加产生了逍遥物外的避世之想，他一直对自由非常向往，做《和陶饮酒诗》，过着陶渊明"采菊东篱下，悠然见南山"的悠闲生活不是很好嘛。但是因为牵挂父母家人，方密之终于辗转又回到了南京，打算尽孝老父、著书桑梓了此一生。

第十九章

柳如是惹伤满堂心　董小宛回绝众人情

柳如是的话引起了方密之一连串痛苦的回忆，让他怎么可能不感慨万千呢？

"唉，依我看来，这永历政权，派争不断，显然不成气候，还准备与农民军联手抗清，说来谈何容易啊。独木难支大厦，前景不是很乐观啊！"

"这……如此说来，复明的希望不是更加渺茫了吗？"

没有人回答柳如是的问话，众人一片唏嘘。一时间，倒怠慢了一席的酒菜。

"如是，好端端的你偏偏要提这档子事，惹得大家心里不痛快，倒叫我这个寿星心里如何过意得去？来，罚酒三杯！"顾横波见气氛不对，连忙起身，扭着细腰，端着酒杯要往柳如是的嘴里灌。

"哎，慢着慢着，顾眉君，就让老朽代饮三杯如何？"钱谦益一心护着柳如是，起身要从顾横波手里接过酒杯。

"哟，你看哪，钱大人对如是可是越发的体贴了，如是那'乌个头发白个肉'早已将咱们这位东林老教主收拾得服服帖帖了。"

众人都知道这其中的典故，所以引来一阵嬉笑声。柳如是也不禁面上一热笑骂道："好歹咱们姐妹一场，你身为大姐，这话也说得出口？倒教方公子他们见笑了。"

"只要你们大家一笑就好。来，来，咱们猜拳吃酒热闹热闹！姑娘们，唱个小曲助助兴！"

画舫里立即上来了几个南曲姑娘，有的弹着琵琶，有的横吹玉箫，轻启朱唇，唱起了一曲张若虚的《春江花月夜》：春江潮水连海平，海上明月共潮生。滟滟随波千万里，何处春江无月明。……

柔曼的歌声里，顾横波已经与柳敬亭猜上了拳。"八匹马呀，五魁首……"方密之却呆呆地听着歌声，没头没脑地冒了一句："听曲如见人，'不知江月待何人，但见长江送流水'，这曲子只有她唱得最动听，不知她近来可好？"

柳如是抿嘴儿一乐，揶揄道："方公子此言差矣，如今小宛早已成了冒公子的夫人，你的弟媳了。难不成方公子一直暗恋着小宛妹妹？"

这下子把方密之闹了个大红脸，他连忙摆手："柳君莫要乱说。我与冒兄情同手足，当初他与小宛之事也是我从中撮合的。只不知他二人近况可好？"

柳如是止住了笑，用手一指这桃叶渡："这两年方公子在南方，难怪不知小宛的情况。前年，就是在这桃叶渡，我与顾眉等姐妹一起设宴给小宛和冒公子送行，庆贺他俩的天赐良缘，然后小宛就随冒公子去了如皋。他俩人情投意合，想来生活得应该很幸福美满吧。"

"哦，他二人果然是好事多磨！难得，难得，阿弥陀佛！"

听着方密之这不伦不类的话，柳如是与顾横波相视一笑，旋即，她俩又皱起了柳眉，托着腮看着夜色出神。许是方密之的话让她们也不由自主地想起了那娇小可人的董小宛。……可怜楼上月徘徊，应照离人妆镜台。玉户帘中卷不去，捣衣砧上拂还来。此时相望不相闻，愿逐月华流照君。……

婉转的夜曲将柳如是她们带回到了几年之前……

秦淮河畔钓鱼巷里有一座十分典雅古朴的小楼——青莲楼，楼里的女主人正坐在窗前弹唱着唐朝诗人翁宏的《春残》诗。这女子面如桃腮，眼若秋水，正值二八年华，犹如一朵绽放的鲜花，鲜艳欲滴，娇嫩无比。她，便是被排在"金陵八艳"末位的南曲名妓董小宛。被排在末位，是由于小宛的年纪小，当柳如是、顾横波她们名声大噪之时，小宛才不过十三四岁，正跟着一班清客文人学诗习画、作戏操琴呢。不过，当十五岁的董小宛艳帜初张时，便名冠秦淮，门馆若市。她之所以能后来居上，美貌倒在其次，更难得的是她的高傲品性和绝代的才华。

董小宛虽是风尘之人，但性如铁火金石，质如冰壶玉月。每日里到青莲楼来的不乏王孙公子、达官贵人、富家子弟，可他们大多是些斗鸡走狗、只知寻花问柳的纨绔子弟，尽管他们个个有玉箸举馔、金炉飘香的家世，但董小宛却常常报以冷眼奚落，心里十分厌恶。然而，对当时愤世忧国、讲学谈诗、评议朝政、啸傲文坛的复社名流文士，董小宛却十分欣赏，有时竟抱怨自己为什么不早生几年，以便与复社的才子们朝夕相处，品茗清谈，评文论画，温酒吟诗，自由自在地享受人生的乐趣！

是的，郎才女貌，才子佳人，自古就被人们津津乐道，演绎了一个个缠绵的爱情故事，生于南曲青楼中的董小宛虽说艳帜初张，但对这种醉生梦死的生活已经感到厌倦了，对青莲楼的老板娘——小宛的干妈陈氏而言，小宛不仅仅是一棵摇钱树、一只笼中的金丝雀，她向往着自由自在的人生，受人尊敬、有人关爱。

当时在秦淮旧院里著名的姐妹当中，除掉马湘兰已经不在，陈圆圆被皇亲以万金买去而外，要数柳如是和顾横波年纪最大了，其时她们也不过二十四五岁的年纪，俱已出道十余年了。但她俩人均下帘谢客，脱籍从良，有了满意的归宿。李香君正与侯朝宗热恋着，至于卞玉京和寇白门也都找到了心上人。相比之下，董小宛年纪虽轻但却显得无依无靠。吃这行饭的，又不能轻易得罪人，既不能感情用事，也不能意气用事。偏偏董小宛生就的个性倔强，甚至有些孤芳自赏，言谈举止早已得罪了当地的一些地痞无赖。董小宛的心里明白，这秦淮河并非她久居之地，但要及早抽身，择人而事，又谈何容易？

董小宛生性淡泊，喜欢清静。这一日托病谢客在家，倚窗梳妆，看到秦淮河畔早春的美景，不由得心旷神怡，浮想联翩。杨柳如烟，桃李芬芳，开花的开花，抽芽的抽芽。一对对报春的紫燕叽叽喳喳，时而蜻蜓点水般地掠过河面，时而停落在吐着嫩芽的柳枝上，好不自由快活！

"唉！"董小宛拿起了琵琶，轻轻叹息着："我什么时候才能像那些春燕一样，自由自在地飞来飞去呢？我虽然已经名噪秦淮，宴无虚席，每日里到青莲楼来问津的王公子弟络绎不绝，但一想到他们个个如同苍蝇见了血似的贪婪目光，我就浑身的不自在。哼，他们以为我不过是个初出茅庐的雏儿，仗着有些金钱和权势就想支配玩弄我，呸，我讨厌那般狎客邪男！可是，我出身青楼，以卖笑为生，实在是身不由己呀，我凭什么跟那些纨绔子弟过不去？唉，花儿还有人欣赏喜爱，有人爱怜它，我呢，顶多是供他们玩弄的一朵花，有谁能真正怜我、爱我呢？想那复社的名流文士倒个个是热血男儿，他们忧国忧民，虽怀才不遇却并不自暴自弃，若能与他们……"

董小宛想到这里不由得脸上发烫，对镜一看，呀，两颊绯红像刚搽上了胭脂！一头黑缎子似的长发衬着她那白里透红的脸蛋儿，两条弯弯似新月的眉儿舒展着，两眉间有一颗小小的朱砂痣，若隐若现，更增添了她的神韵。一双流盼生辉的眼睛，荡漾着令人迷醉的风情，又透出饱经忧患与其年龄不太相称的成熟。小宛噘起小嘴儿，对着镜中的美人儿做了个鬼脸。又是春残也，如何出翠帏？落花人独立，微雨燕双飞。寓目魂将断，经年梦亦非。哪堪向愁夕，萧飒暮蝉辉。

伴着抑扬顿挫的琴音，董小宛轻启朱唇，如泣如诉的歌声表达了她触景伤怀，忧思难解的心情。虽然她正当芳龄，却已经意识到自己的命运与窗外春残的落花一模一样！青春在消逝，欢娱难为继，偏偏那一双双不知趣的燕子在窗外屋檐下和柳枝上穿来穿去，显出很自得的样子，还不时地叽叽呢喃。董小宛坐不住了，将心爱的琵琶放到了书案上，恨恨地瞪着那温柔又多情的燕子。

"燕子无知，尚能比翼双飞；人属多情，却只能闷在翠帏中黯然独处。此情此景，令人怎堪忍受？"

正在这时，楼下传来一阵喧哗声。董小宛一怔：她称病谢客，难不成还有霸道的客人要硬闯青莲楼？

"惜惜，你下去看看是什么人在此喧闹。唉，总没个安生的时候。"

使女惜惜见董小宛心绪不佳，一直在一旁拾掇着，她很勤快，将房里的家具擦得一尘不染，光可鉴人。听了小宛的吩咐，她便放下手中的活计，轻手轻脚地下楼去。

楼下又变得安静下来，百无聊赖的董小宛走到书案旁，随手铺开一张玉叶宣纸。心细的使女惜惜一早就磨好了香墨，董小宛心不在焉地提起一管紫竹羊毫，略略思索片刻，写下了北宋黄庭坚的一首名词：春归何处？寂寞无行路。若有人知春去处，唤取归来同住。春无踪迹谁知，除非问取黄鹂。百啭无人能解，因风飞过蔷薇。

写罢，小宛伤感地低吟着这首名词，不意耳边响起了"咚咚"的脚步声。

小宛的干妈陈氏笑嘻嘻地扭着小脚跑上楼来，后面跟着捂着嘴儿偷乐的惜惜。

"干妈，什么事这么高兴？捡到金元宝了？"

"那可不！"陈氏一张银盆大脸，浓妆艳抹，白的格外白，红的格外红，头上戴着金饰，明晃晃的，耳垂子上挂着金坠儿，晃悠悠的，一副富家太太的打扮。

"嗤！"董小宛一见干娘这般装扮，禁不住莞尔，"干妈，您这身打扮是要出去吧？难不成干妈您要去会心上人儿吗？"

"没良心的女儿，干妈这么做还不是为了你！"陈氏把两片涂得艳红的薄唇一撇，把小宛拉到了跟前："看看，如花似玉的姑娘家干么整天唉声叹气的呢？这一笑心里舒畅多了吧。惜惜说你一早起来就心事重重的，千万可不要愁坏了身子呀。"

毕竟从小就跟着陈氏，董小宛对陈氏怀有深深的眷恋和感激之情，听了陈氏的话小宛心里觉得热乎乎的，鼻子一酸眼圈便红了："干妈，您待女儿的好处，女儿不会忘记的。人人都羡慕我有一个知冷知热的好干妈，其实这些年来，我早把您当成亲妈了。"

"小宛我儿！"陈氏肉麻地叫着，搂住了小宛瘦削的双肩，"孩子，快些梳妆打扮，干妈陪你去吃酒去！刚才来邀你的人，已经先被我打发走了。"

"干妈！"小宛皱起了眉头，"您怎么不先问问我呢？这么随便就答应了人家，若是那些个狎邪子弟、衣冠禽兽，您还不如让女儿去投秦淮河！"

"哎哟，可不得了啦！"陈氏对小宛的不快并不在意，而是故作夸张地朝惜惜眨着眼睛："惜惜，你听见了吧？小宛刚刚还说把我当成她的亲妈，可转脸就不认我了。唉，真可惜了我这么多年的心血，还有那么多的银子哟！"

小宛的脸色有些发白，看得出她在竭力控制着自己的感情。毕竟不是自己的亲妈呀，哪一个亲妈会逼着亲生女儿往火坑里跳呀？

"大娘，您就别再捉弄小宛姐姐了，您看小宛姐急得脸都发白了！"惜惜忍不住喊了起来。

陈氏见小宛真的生气了，便"扑哧"一笑，露出了满口黄牙："这个酒你却不能不吃。干妈知道你心里正巴望着呢，所以就先做主答应下来了。小宛，你倒说说，给不给干妈这个面子？"

小宛见陈氏一脸的笑意，又不时与惜惜递着眼色，心知事情恐怕没有方才想的那样糟，便稍稍松了口气："干妈，您就快说吧。"

陈氏眯缝着眼睛，上上下下看着小宛，嘴里"啧啧"有声："干妈我好不容易栽培出这么个仙女似的人儿，能看着那帮子地痞无赖对你纠缠不休吗？好闺女，你也不要太清高了，做这一行的应该极早为自个儿打算才是。干妈是个知足的人，巴不得你早些遇上个可心的人儿，成双成对地离开这是非之地，干妈也算对得起你那苦命的亲娘了。"

"干妈！"小宛动了真情，扑在陈氏的怀里，眼泪夺眶而出："今后小宛无论做什么，都一定孝敬着您、伺候着您！"

"原本是件好事儿，大娘您又提到这伤心的事了，还说要我哄小宛姐开心呢。"惜惜噘起嘴嘟囔了一句。

"对，对，都是大娘不好！"陈氏撩起大襟褂子揩着眼角，忍不住絮絮叨叨又说开了："小宛啊，干妈是为你着急呀。你看那同门的柳如是、顾眉还有李香君她们几个，如今都有了可心如意的归宿，虽说你年纪比她们小几岁，可是也要及早打算哪，趁着现今有那么多人围着捧着，你就将就挑一个吧。"

"干妈您也知道，那些个狎邪之人又有几个是真心实意待我的呢？我可不愿意委屈了自己。"

"但是，小宛，你要知道自己的身份哪！"陈氏与小宛的生母情同姊妹，又一手抚养长大了小宛，见小宛这般清高固执未免有些不安。她好言劝道："作为一个妓家女子，原本就低人三分，如果能嫁到富贵人家去，就是做姬做妾，没有名分，也强似在这勾栏中卖笑呀！再说，像你这般才貌，还怕那些公子哥不把你贮之金屋？"

"贮之金屋又能怎样？还不是一辈子矮人一等？"小宛苦笑着，"富贵贫贱是命中注定的，我既生在娼家，就不可能有金屋之命。再说豪华富贵只是过眼烟云，身外之物，我不稀罕，我只想找一个情投意合的人，不管他是贫是富，是年轻还是年老，只要他心里有我，懂我爱我尊重我，我就知足了。"

"这么说，小宛姐姐一心一意要学柳大姐和顾大姐了？嗯，那些复社里的君子既有情又有意又有才华，又个个风流倜傥，他们真是些好人咧。"

惜惜这么一说，陈氏忽然想起了什么，一拍巴掌："看我这记性！快，快，惜惜呀，下去端盆热水来给小宛洗脸漱口，宛儿，今儿晚上正是柳如是姑娘邀你去呢。方才她差人来说，除了顾眉、白门你们几个要好的姐妹，听说还有复社的几个人，什么方公子、侯公子，还有忻城伯赵之龙。你看看是去呢还是不去？"

小宛一听禁不住满心欢喜，扑到干妈的怀里撒着娇："既是这样您为什么不早说？兜了这么一个大圈子，把人急得又哭又笑的。"

"我的儿，难不成你真相中了复社里的哪个公子？干妈真为你高兴，如果你主意定了，我便做主与你梳拢就是了。"

小宛一听这话满面娇羞，脸红得像盛开的桃花，眼皮子也不敢抬了，乖乖地由陈氏给她梳着头，一声不吭。

这梳拢是妓院行话。妓女在未接客之前是结为发辫的，接客之后才开始梳髻，叫作梳拢，所以梳拢又常常指妓女第一次接客。董小宛身在南曲，卖笑卖唱并不轻易卖身，正因如此，追求小宛想独占花魁的王公子弟才络绎不绝。陈氏的意思是要给小宛找一个可以许配终身的人，如果就此脱籍从良，岂不是更好？此话正合小宛的心意，但姑娘家毕竟羞怯，除了红着脸低下头，她又怎么能张开口呢？

暮春时节，江南的景色格外秀丽。秦淮河里，楼船画舫来往不绝。绿荫丛中，游荡子弟，鼓瑟吹笙，笑语不断。小石桥下，舟中丽人，倩妆淡服，风拂杨柳般地卖弄着身姿。

两乘小轿一前一后离开了钓鱼巷，走上了小石桥。桥上有不少卖杂货

小吃的，翠绿的蚕豆角、雪白的茭白、圆滚滚的芋艿，还有一笼笼活蹦乱跳的活鱼以及鸡鸭，嘿，好不热闹！

坐在轿中的小宛开心地笑了。呀，这生活是多么美好呀。"春山暖日和风，阑干楼阁帘栊，杨柳秋千院中。啼莺舞燕，小桥流水飞红。"董小宛不时地撩起轿帘向外观赏，口中低吟着小曲，神色开朗，笑意盈盈。

柳如是和钱谦益住在繁华的夫子庙旁边的隐园里，闹中有静。此时隐园里一片灯火辉煌，笑语欢声不时从正中的一座典雅精致的小楼里传出。雕镂精细、陈设雅致的客厅里十分宽敞，布置得格外整洁华丽。朝外正中紫檀条几上，陈设着大理石插屏。当中墙壁上挂着一幅北宋和尚惠崇的大作《春江晓景图》，上面有苏轼的题词："竹外桃花三两枝，春江水暖鸭先知。蒌蒿满地芦芽短，正是河豚欲上时。"两旁写着一副对联："轻风吹桃雨，竹韵伴兰香。"墙角摆着一对青花紫窑花瓶，分插着一束绿萼梅和紫烟芍药。厅子里花香袭人，宫灯高悬，如同白昼。

客厅的一角，设有一对红木烛架，锡烛盘上点着两支通宵大红蜡烛，主人钱谦益正与来客们坐在紫藤太师椅上品茗闲聊，而女客们则由夫人柳如是陪着，在楼上的卧房里说笑着。

"钱老爷，龚老爷，照晚生看来，您二老的气色很好哇，听说有望入阁拜相？晚生先给二老贺喜了。"

方密之的话令钱、龚二人一阵尴尬。南京被陷，他二人屈节投降，在城门口跪迎大清的亲王多铎入城，这事谁人不知？如今红顶子一戴，照样吃香喝辣的官场如意，可这其中的悲苦和后悔又有谁人能知晓？堂堂的钱谦益若不是苟且偷生的话，能对夫人柳如是如此服服帖帖吗？

"密之兄，此事不提也罢，省得待会儿柳君听到了心里不痛快。唉，说起来，柳君、香君她们这些女流之辈，倒是敢恨敢爱性格鲜明的很呢。"侯朝宗连忙打圆场。龚、钱二人也知道这方密之一向放荡不羁，便也没放在心上。即便是心里有些想法，也不好表现出来，他二人身为东林老前辈，已经做出了有辱名节之事，这让自视甚高的襄庄后起之秀们如何能像从前一样对他们敬重有加呢？只有哑巴吃黄连了。

"怎么，你的香君姑娘的脾气也那么倔？"龚鼎孳不以为然，看来他的顾眉没有给他过不去，所以显得很轻松。

"她？"侯朝宗不由得微微一笑，表情很是无奈，"别看她外表娇小温顺，可骨子里头却很硬，少见的香扇坠脾气。"

侯朝宗这么一说，众人都笑了起来。

"唉，钱爷、龚爷还有方域，你们看来都是儿女情长之人。我以为忧时之士，倘或偶然涉足花丛，倒也无伤大雅。自宋代以来，文人狎妓吟诗饮酒作乐也是常事，有时甚至被视为雅事，但若是沉湎于此，那就未免有盛名之累了。"

龚鼎孳哈哈一笑："密之真是个'谅友'，这话若是传到她们耳中，她们不一齐上来撕碎了你才怪呢。"

方密之也朗朗一笑："正因为如此我才不敢陷得太深呀。这也算是不修边幅、潇洒自在吧。唉，得过且过，又何必当真？"

"哟，你们几个人有说有笑的，莫不是在背后编排我们姐妹吧？"女主人柳如是袅袅婷婷地下楼来了，后面跟着顾横波、卞玉京、寇白门还有李香君。

"哇！满眼的锦簇花团、黛绿鸦青，密之真是眼福不浅哪！"方密之嚷嚷着，朝几位花蝴蝶般的美人儿挤鼻子弄眼做怪相。这些女子们嘻嘻笑着，翩然而至，依次向几位男士道了万福，逗得钱、龚二老也不得不起身致谢："免礼，免礼！"然后姊妹们依次坐下。

"咦，小宛怎么还不来？我们要好的姐妹中就缺她了。"柳如是站在门前眺望着。

"是嘛？"方密之又搭上了茬，"其实我们男客中也少了一位，令我心里好不惦记。""你是说冒襄冒公子？是了，他有些日子没来秦淮河走动了。"

"唉，上一次他难得有雅兴来，可结果呢，我跟他泡在一家茶楼里，错过了与你们几位见面的机会。上一次冒兄还很有些伤感呢。"侯朝宗挠着头皮皱起了眉头。

"这么说他还忘不了陈圆圆姑娘？唉，辟疆真是个有情有义的人哪！我说朝宗兄，总得想法子让辟疆再高兴起来吧，你有了香君姑娘早忘了老朋友了。"

"才不是呢！"李香君秋波斜盼着侯朝宗，一副情意绵绵的样子，"朝宗时常在我耳边念叨冒公子，一心要为他分忧解难呢。"

"这是假话，怎么分忧？难不成把香君你让出来？"方密之又开起了玩笑，把李香君闹了个大红脸。

"是呀，冒公子眼光很高，又有过对圆圆的爱慕，一般的女子他肯定不会放在心上的。"侯朝宗没理会方密之的玩笑，认真地说着。

"不过，这秦淮河畔的南曲姑娘哪有丑如东施笨如猪豕的呢？瞧瞧你们几个，如花似玉的一个个像是七仙女下凡啦，我方密之的眼睛都不够用了，只可惜你们几位都是名花有主，我只好干瞪眼喽！"

第十九章　柳如是惹伤满堂心　董小宛回绝众人情

　　方密之的恭维逗得几个姐妹们笑成一团，柳如是更是笑得花枝乱颤，她眼睛一亮："对了，何不把小宛妹妹介绍给冒公子认识呢？我敢说，小宛才艺好，悟性好，容貌人品都不在圆圆之下，与冒公子倒是很般配呢。"

　　"是呀！"顾横波一拍巴掌，"小宛年纪虽小可清高得很呢，她身在青楼却不肯委屈自己，每每遇到骄蛮纨绔她总是冷若冰霜，可对复社里的男士们却十分地倾心呢。"

　　"小宛真有你们说得那么好？那我这个月老可就做定了。回头我就写信邀冒兄来南京一聚，你们说怎么样？"方密之笑吟吟地看着大家。

　　"当然好啦！"柳如是接连点头表示赞同。"小宛不是干这件事情的人，她的脾气太倔了，迟早会把这群地痞无赖得罪光的。现在她已经是破瓜之年，但是却不肯轻易梳拢，我们几个做姐姐的也是经常为她担心啊。希望冒公子与小宛郎才女貌可以一见倾心，成双成对，小宛也可以早一天离开这是非之地。"

　　"没问题，这件事就包在我的身上。朝宗兄，你也得使把劲儿呀，不要只顾着自己享乐啊！"

　　"你就少说几句行不行？没有人会把你当成哑巴的！"侯朝宗佯装生气，朝方密之的肩上捶了一拳。

　　"哟，好热闹呀，从外面就听到这里的笑声了。"

第二十章

柳如是圆滑逢官场　董小宛心仪冒公子

随着帘子一阵摆动，进来了一位披着团花缠枝苏绣披风的女子，只见她面若桃花，眼如秋水，肌如白雪，腰如束素，莲步轻移时便显出了婀娜娇小的身姿，这是一位轻盈俏秀、倩丽端庄的美人儿。

"呵呵，我道这隐园从哪儿飘来了一股莲馨，原来是青莲仙子飘忽而至，我等真是三生有幸啊，来来来，小宛姑娘，如果不嫌弃，就请坐在老夫的旁边吧。"

董小宛盈盈施礼，嫣然一笑："钱爷这么抬举小宛，真让小宛受宠若惊哪。不过，这位子该是如是姐姐的吧？"

姐妹们围上前来，嘘寒问暖地一阵忙活。趁着空子，女主人柳如是已经吩咐下人摆好了桌子，备好了碗筷："来来，都请入席吧，刚好十人围成一桌。小宛哪，你姗姗来迟，姐姐可要罚你几杯哟。咦，方公子，这边坐呀，刚刚还有说有笑的那么多话，这会子倒是怎么啦？"

"小宛见过方公子。"董小宛轻移莲步给方密之道了万福。这时候她已脱去了披风，上身穿一件鹅黄色的紧身夹袄，配一条淡绿色的绸裙，逶迤垂地，更显出了她娇小玲珑苗条似春柳般的身段。方密之瞪大了眼睛，忽然一拍巴掌："配得上，绝对配得上！"

柳如是等人恍然大悟，忙拉过董小宛，在她耳边叽咕了几句，李香君等也都朝着小宛微笑不语，把个小宛羞得粉腫通红，垂着头不敢正视方密之那灼人的目光。

方密之拍手笑道："珠联璧合！郎才女貌，好，好！"

钱谦益看着十分窘迫的董小宛也跟着打趣："前年看到她，还是个毛丫头。不料现在竟出落得如此艳丽洒脱！听如是说，小宛天赋极高，人又勤奋，吟诗作画填词谱曲全不在话下，这种才貌双全的女子确实是南曲的后起之秀！唉，遭时不造，溷迹风尘，不知是谁家儿郎，能消受她这艳福呢。"

柳如是朝顾横波等挤着眼睛，两片薄薄的红唇一撇："你们听听！我们钱大人真真不愧是'广大东南风流教主'！我还不算太老吧，他竟当着我的面，如此这般地夸赞小宛，还不把人给气煞了！"柳如是是今晚的女主人，特地装扮了一番，一袭粉藕色的长裙，梳着流行的发式，发髻高悬，别着用碧玉制成的芙蓉一朵，白净的脸蛋上一双顾盼撩人的眼睛显得格外传神。她故意噘起了猩红的小嘴，做出一副娇滴滴的样子。

钱谦益见柳如是娇滴滴的样子，呵呵笑了起来，对着董小宛两手一摊："小宛呀，老夫为了你得罪了如是，你可得给我担待些呀。"

董小宛自打进门的那一刻起，便成了众人议论的中心，她的脸红了又白，白了又红，表情很不自然。说也奇怪，平日里若对着那些风流狎客，小宛总是神态自若，不冷不热的嘲讽脱口便出，可现在她反变得有些笨拙了。不过，她的心里却十分甜蜜、十分温暖。他们全是她的姐妹兄弟呀，无论怎么说都不过分。

龚鼎孳倚老卖老出来打圆场，他捋着有些焦黄的胡须哈哈大笑："如是呀，你吃小宛姑娘的醋就不该了。怎么着，在这群姐妹中你是大姐大，你成名在前，如今贵为侍郎夫人，但这南曲总还得后继有人吧？有道是长江后浪推前浪，现在咱们的小宛姑娘被推出来了，来来来，我提议，咱们一起干了第一杯酒，同喜同贺，为小宛也为咱们大家！"

众人齐声附和，一时间玉盘金碗、琼盏瑶觞相互交错。厨娘相继递上琥珀油鸡、水晶白鸭、松鼠桂鱼、翡翠鱼圆等热菜，众人边吃边谈，气氛变得轻松欢快起来。

"佳会难逢，且乐今宵。香君，宛君，你们几位能否赏脸唱几支曲子？咱们来个各尽所长，尽兴尽欢如何？自此之后，天涯海角，相见就更不容易了。"方密之一副若有所思的样子。

"方公子何出此言？刚才你不是应允了要撮合冒公子与小宛妹妹的好事吗？如今这八字还没见一撇，您可不能走哇。"

"放心，宛君之事就包在我身上了。"方密之唯恐董小宛难为情，便转脸对李香君笑道："宛君生得如出水芙蓉，笼烟芍药，和香君真是伯仲之间哪。没有像朝宗兄这样的风流才子，又哪里配得上她呢？"

李香君脸色绯红，似笑非笑瞟着侯朝宗："方公子，朝宗真有您夸得那么好吗？"

"哎，我可知道，"顾横波笑吟吟地插了一句，对侯朝宗抱怨说："侯公子，咱们香君对你可是一心一意的呢。上一次你一去杳无音信，香君即不事脂粉、不扫娥眉，从不轻易出媚香楼半步，好不容易才眼巴巴地盼到你的一封书信。我说你们这些男人呀，总得言而有信吧。"

侯朝宗涨红了脸，振振有辞："国家兴亡，匹夫有责。我辈读圣贤书，行忠孝事。现在虽然是山河破碎，但我辈们应尽力以赴，至于儿女情长之事倒在其次了。"

"如此说来，香君，你就得体谅朝宗兄了。说实话，我辈读书之人手无缚鸡之力，虽有投笔从戎之心，却无跋山涉水、餐风宿露之体魄。唉，国难当头，我辈半生落魄，功不成名不就，空有一腔抱负，于国事又有何补？"方密之一声长叹，神色黯然。

"方公子也不必太过自责了。"善解人意的董小宛柔声劝解道："方公子、侯公子，你们忧国之情溢于言表，大有怀才不遇之感。其实，在妾身看来，新亭对泣远不如闻鸡起舞的好。我劝公子要自奋不要自伤，小宛愚昧之言，公子以为如何？奋翼终有时，所在迟与早罢了！"

方密之怔了怔，忽然拍案大笑："想不到知己竟在红颜，宛君大是可人！小小年纪，吐属如此，倒教我们这些十年窗下者为之汗颜。只可惜……"方密之拖着长音，笑而不语了。

"哎呀方公子，你总是喜欢半口砂糖半口泥的瞎开玩笑，只可惜什么了嘛。"李香君快人快语，平日里她与方密之也是闹惯了的，所以说话并不兜圈子。

方密之哈哈一笑："只可惜我先打了包票，替冒兄做大媒，否则……"底下的话自是不言而喻的了。

方密之的话引起了众人一阵善意的哄笑，董小宛娇羞地说道："厕身平庸，无善可誉。方公子谬夸了，确实难当呀。"

"小宛妹妹，你多么出风头呀，不仅这复社的名流对你青睐仰慕，就连我家老头子也不住地夸赞你，你可真是朵群蜂追逐的出水芙蓉呀！"柳如是半真半假地说笑着，趁机狠狠瞪了钱谦益一眼，弄得钱谦益挠着头皮嘿嘿直笑，他是难以言对呀。

"好啦好啦，这国家大事也不是三言两语就能解决的了，这冒公子与小宛之事先就这么定了。刚才方公子都说了，佳会难逢，咱们今朝有酒今朝醉，来来，大家一起饮个痛快！"顾横波见众人沉浸于忧国忧时之中，菜也不吃，酒也不喝，未免有些扫兴，便连连招呼起来。

"如是，你的琴盒子在哪里？让咱们姐妹一展歌喉，为方公子他们助助兴吧！"

"真是的，我这女主人一点儿也不称职，不如改日咱们一起去顾眉家里去闹一闹！"柳如是说着转身噔噔上了楼，不一会儿捧着一只琴盒子下来了。

于是，顾横波、柳如是，李香君、寇白门、卞玉京等先后吟唱了自己拿手的曲子。临了，董小宛侧身抱起琵琶，玉指轻拨，弹唱了一曲张若虚的《春江花月夜》：春江潮水连海平，海上明月共潮生。滟滟随波千万里，何处春江无月明。……

方密之初见董小宛便留下了极深刻的印象，而当董小宛轻启朱唇吟唱起这首名曲时，更令方密之难以忘怀。她那似云出岫、如珠走盘的歌声和娴熟的琴艺，以及她艳丽的姿容、端庄的举止和清新的谈吐，都令方密之赞赏不已。但方密之对董小宛却无任何私念。他这个人并非草木，也同样饮食男女，人之大欲，淫之为过，好则人之常情。所以他时常流连在秦淮河畔，对男女之情并不太过拘泥，他原本就是一个旷达无羁的人。眼下，他一心想为南明出力，当着钱、龚二人的面又不好袒露心扉，所以，方密之有一个心愿，如果能促成好友冒辟疆与董小宛的好事，他也算是功德圆满了。

"方才我一听到这首《春江花月夜》，便不由自主想起了几年前小宛姑娘，她的歌声和琴声都太美妙了。你们倒是说说看，小宛和冒辟疆的事，后来是怎么发展的？"方密之从沉思中抬起头，看着柳如是和顾横波她们。

"嘻，看来方公子今晚是要打破砂锅问到底了。得，咱们这酒也吃得差不多了，把它撤了，泡一壶酽茶，上些茶点，我再慢慢告诉你不迟。"

"也好。月光如水，夜风温柔，每每一走进这金粉荟萃的场所，我便有些身不由己了。唉，但愿人长久，千里共婵娟。"夜幕下的方密之显得有些憔悴，也比以前瘦多了。这两年多来的酸甜苦辣、颠沛流离的生活，让他饱尝了生活的艰辛，更让他的内心压抑和痛苦。南明政权根本没有指望了，想回到故乡桐城的龙眠山下也是不可能了——听说他回乡之后，清廷不计前嫌立即要他出任为官，戴上红顶子花翎！无奈之下，方密之决定再回南京会会亲朋好友，然后出家为僧，与尘缘做个了断！甚至连寺庙他都选好了，就是钟山半腰间的高座寺！

生活优裕的顾横波自然猜不透方密之内心的想法，她只以为方密之急着了解冒、董二人的情形，便品着香茗，绘声绘色地讲了起来："说起来，他二人真是好事多磨呀，不过最后还是终成眷属了，也许是苍天不负有情人吧。"

董小宛在与复社人士的交往中，对如皋才子冒辟疆的才华、人品以及相貌早有所闻，从此心中便充满着企慕和希望，把"冒辟疆"三个字深深地镌在了心里。可是，董小宛又十分担心，万一是落花有意，流水无情，岂不是竹篮打水一场空吗？为了解去忧烦，顺便打听冒公子的消息，董小宛便时常到媚香楼和隐园走动，企盼着能早一天见到心仪已久的冒辟疆。

这一日董小宛起床后，只稍作梳洗便呆呆地倚在窗前，惜惜见她心事重重便也不多言语，轻手轻脚地整理好床铺便下了楼。

"帝里春晚，重门深院；草绿阶前，暮天雁断。楼上远信谁传？恨绵绵！"董小宛对着窗外莺歌燕舞的春景，更觉孤单寂寞，情不自禁吟诵起了女词人李清照的《怨王孙词》："多情自是多沾惹。难拼舍，又是寒食也，秋千巷陌，人静皎月初斜。浸梨花。"

"当！当！……"外间客厅里的那座"金鸡啄米"的闹钟敲响了十二下，打断了董小宛的思绪。干妈陈氏亲手捧着托盘，端上了一碗热气腾腾的荷包鸡蛋面条，白嫩鲜亮的荷包蛋衬着几棵碧绿的菜叶，清清爽爽，香气诱人。

"小宛，这回你怎么也得依着干妈，将这碗面给我吃下去。"

"干妈，"董小宛感激地朝陈氏看了一眼，少气无力地皱起了眉头："这时候纵有山珍海味我也吃不下呀。"

"就为……那个什么帽公子、鞋公子？"陈氏试探地问了一句，小心翼翼地看着小宛的脸色："他有什么了不起的？方公子给他捎的信按说他早就该收到了，如皋离南京这么近，如果他想来的话也早就该来了。照我说呀，小宛，你名声在外，又何必在他一棵树上吊着呢？"见董小宛低头无语，陈氏索性接着说了下去："儿呀，凭你远扬的艳名，倾国的姿色，还怕找不到一个如意的郎君？"

陈氏不说倒好，董小宛起先不吭一声，后来就双手掩面，抽抽噎噎地哭起来了："干妈，你都说什么呢。像我这种出身，说得好听一点儿是一朵花，随人家玩；说得难听点儿是一棵路边草，任人家践踏。说起来我还不如一个落难的叫花子！我虽然穿绫罗，食珍馐，却是丢下脸来去卖笑。而叫花子却是清白干净的，我却是下贱的，我还比不上一个穷叫花子呀！"

"宛儿，你又何苦这样作践自己呢？好，好，就算干妈刚才的话没说，"陈氏慌得搂住了董小宛颤抖的双肩，"又有什么法子？人都是父母养的，有谁心甘情愿做这下贱的营生？"陈氏大概想到了自己以前的卖笑生涯，不由得悲从心来，泪水涟涟："干妈倒是不反对你与复社里的名士们来往。他们有文名，负气节，个个才华出众又相貌堂堂，对咱们这些人一点儿也不歧视，更没有轻薄猥亵的举动，干妈也从心眼里喜欢他们。若是你能趁早有个归宿，跳出这火坑，干妈绝不会阻拦你！人心都是肉长的，干妈实在不愿你被那些禽兽不如的地痞无赖们糟蹋呀！"

"干妈！"董小宛动情地喊了一声，又是哭又是笑的："冒公子与侯公子一样，也是个有才华有气节的名士，据说他的脾气也和侯公子差不多，有方公子和香君她们从中撮合，冒公子倒不见得有拒而不纳的事。"

"啧，啧，这面还没见，就为这冒公子说起话来了。干妈倒是问你，你真的那么有把握？你年纪还小不懂得，而那冒公子素来风流，你就是落花有意，若是他流水无情，不也枉然吗？"陈氏也顾不得自己眼角的泪水，掏出手绢为董小宛揩着脸颊。

"干妈，人家心里正犯愁呢，您却哪壶不开提哪壶！"董小宛撒娇地嗔着陈氏："听如是姐她们说呀，冒公子不仅相貌一流，才华一流，还很讲义气、重名节呢，他又是一个大孝子！为了救他的父亲，对了，他的父亲前一阵子为奸人所害被下了大狱，冒公子四处奔走，不惜万两巨资终于挽救父亲脱离了虎口，所以他一直没有机会来金陵。干妈，您说这冒公子人品如何？告诉您，"董小宛将嘴贴在了陈氏的耳边，甜甜地笑道，"如是姐姐夸他'才如相如再世，貌似潘安复生'呢！"

"嘿，没羞，真没羞！这八字还没一撇，你就被他迷上了！不成，等这冒公子来了，得先过干妈这一关！干妈可不管他是什么冒公子还是袜相公，横竖得难为难为他，省得日后他给你气受！"

"干妈！"董小宛一声撒娇，偎在了陈氏的怀里，"这碗低人头向人面的下贱饭，我实在吃不下去。昨个晚上，我就当面顶撞了朱统锐那个老色鬼几句，本来是卞姐、寇姐她们邀我去的，谁知半路上碰到了朱统锐！"董小宛说着叹了一口气："如是姐姐她们时常提醒我，在外面不能由着性子来，可是……唉！干妈，小宛已经拿定了主意，与其做庸人妇，毋宁为夫子妾。与朱统锐那种鹞鼻鹰眼、龌龊下作的人相处，我是一刻也难以忍受。与其那样，倒不如不嫁。如果冒公子他……"董小宛停了一下，紧咬着嘴唇，声音很轻但却很坚决："如果冒公子对我董小宛流水无情，那我就削发为尼，一辈子与青灯木鱼为伴！"

"傻孩子，你真是太痴情了。你可知情为何物？'人生无根蒂，飘如陌上尘，分散逐风转，此已非常身。'孩子，凡事你都得想开一点，啊？"

陈氏不愧是老南曲出身，将陶渊明的诗随口吟出，听得董小宛又是一阵子发愣。"才自清明志自高，生于末世运偏消。"生逢乱世，悲欢离合无可避免，想当初冒公子不是已经与陈圆圆订下婚期了吗？可转眼间，圆圆就不知去向！

想到这儿，董小宛不由得心里一紧，似乎有些不祥的预感。陈氏看着脸色发青的董小宛，叹息了一声："这面早就冷了，干妈端下去给你热一热。"便无可奈何地下楼去了。

"人生无根蒂，飘如陌上尘，分散逐风转，此已非常身。"董小宛在心里默念着这首小诗，觉得这诗好像是专门写给自己的，心里充满了莫名的忧伤，便倒在床上，昏沉沉地睡去。

　　阳春三月，湖光潋滟，山色冥蒙。湖中画舫荡漾，笙歌阵阵，岸边河房林立，杨柳依依。在扬州的瘦西湖畔，踏青的人们早已熙熙攘攘的了。在通向"长堤"春柳的大虹桥上，相依相偎走来了两个人。男的身着天蓝洒花长袍，罩一件银色绸马甲，手持折扇，一副玉树临风的样子。女的则穿着紧身的鹅黄银棉袄，外罩一件色泽鲜艳、薄如蝉翼的褪红色西洋纱，婀娜多姿。俩人情意绵绵，不时地浅笑低吟，引来了过往行人好奇的目光。

　　"天呐，这是七仙女与董永呀！多般配的一对儿！""不对，这是许仙和白娘子！他们耐不住天宫的冷漠，一起下凡了，要看咱们瘦西湖上的赛龙舟呢！"

　　俩人相视一笑，男的用手轻揽住了女子的细腰："小宛，我愿与你朝夕相伴，长相厮守，然后带着你游遍名山大川，惊煞所有的人！"

　　"公子，小声点儿，人家都往这边看哪，"董小宛脸色绯红，深情地仰脸看着冒辟疆，"古诗中说，十年一觉扬州梦，赢得青楼薄幸名。公子，小宛乃蒲柳贱躯，做梦也不敢想到会有今日呀。小宛已经很知足了。从今以后，公子去哪里，小宛便陪侍左右，寸步不离，与你同甘共苦，与你同呼吸共命运，只是，到时候公子不要抛弃小宛才好！"

　　"又说傻话了，"冒辟疆用力揽住了董小宛，眼中蕴含着无限的柔情蜜意，"还要我对天发誓吗？也好，就让这瘦西湖的杨柳、游人、鱼儿和游船作证吧，我冒辟疆今生今世若……"

　　"公子！"小宛娇羞地伸出柔荑按在了冒辟疆的嘴唇上，"羞煞人了！公子你就饶了小宛吧。公子你看……"董小宛指着四周的春日美景，剪水双瞳滴溜一转，朱唇轻启，随口吟道："云儿飘在空中，鱼儿游在水中，蝶儿舞在花中，人儿笑在风中。赏心乐事何在，你我有缘相逢，但愿年年依旧，共此花月春风。"

　　"妙，妙哇！小宛，你才华横溢，倒真令辟疆汗颜哪。"

　　"公子！小宛因心中高兴，一时信口胡诌了几句，真真是班门弄斧不自量啦！"董小宛甜甜地一笑，那温柔款款的情意和一副小鸟依人的模样，令冒辟疆心头一荡，脸上现出一副神魂出窍的呆模样。

　　正在这时，行人中有人高喊着："快看哪，龙舟朝这边划过来啦！"一时间男女老少一起拥上了大虹桥，冒辟疆正呆呆地站在桥边，一不留神竟被游人挤下了桥!

董小宛一声尖叫,挣扎着要抓冒辟疆的衣袖:"公子,公子!"

"小宛,小宛!快醒醒!"

"怎么,我刚刚是做梦?"董小宛脸色煞白,一副惊魂未定的样子。

"唉,你是忧伤过度了,睁眼闭眼的心里只有冒相公,再这么着你可会病倒的,"陈氏叹息着,关切地说道,"起来漱口洗脸,日头已经偏西了,你今天还滴水未进呢。坐起来,干妈帮你梳头。"

这时楼下响起了一个女子焦急的声音:"小宛妹妹,小宛妹妹,你在家吗?"

"是柳姐姐。小宛姐身子不适在楼上歇着呢。我陪您上楼吧。"楼下响起了惜惜的声音。

柳如是噔、噔一阵小跑上了楼,气喘吁吁:"小宛,事情不好了,你这下子闯了祸啦。"

"柳姐姐喝杯热茶慢慢说!"董小宛心里一紧,已经猜透了几分,她竭力控制着内心的惶恐:"是不是朱统锐那老东西说了些什么?"

"嗨!小宛你呀!"柳如是也没了往日的风雅,端起茶杯猛喝了几口:"这朱统锐是好惹的吗?你在众人面前让他丢了颜面,他当时就气得暴跳如雷。"

"我知道,"董小宛垂下了头,"这个老色狼,对我恐吓也不是头一回了。他仗着权势在这金陵横行霸道,为非作歹,我董小宛就是不能向这种粗鄙不堪的人低头!"

"哎哟我的祖宗,小宛,你怎么那么死心眼儿呢?吃咱们这碗饭的,总要看别人的眼色行事呀,哪能轻易得罪人呢?"陈氏慌了神儿,一连声地抱怨着小宛。

"干娘,让您受惊了。一人做事一人当,那朱统锐要使什么毒招就让他使吧,像这种卖笑生涯实在不是人过的,大不了一死了之!"

"问题是,那个老色狼十分歹毒,他、他扬言说要派人来破你的相!"

听了柳如是的话,董小宛突然变了脸色,嘴唇儿打着颤,羸弱的身躯在剧烈地抽动,呆坐在床上一言不发。

"哎哟,要破我家小宛的相,好个歹毒的凶胚!缺德呀,什么狗屁爵爷,要断子绝孙哪!"陈氏又气又急,拍着巴掌跺着小脚,恨恨地骂着。

"如是姐姐,您快想个法子救救小宛姐吧!"惜惜听了也是大惊失色,声音里带着哭腔。

"我若是有法子对付朱统锐,还用得着慌慌张张来告诉你们吗?唉,朱统锐这个人说得出就做得到，虽然我家老头子已经正面劝阻了他，可他若来个暗箭伤人，下了毒手又赖账，谁又奈何得了他？到头来，吃苦倒霉的还是小宛妹妹呀！"柳如是长吁短叹，看来也是一筹莫展。

第二十一章

董小宛美貌惹歹人　冒公子有情见佳人

董小宛的脸色变得越来越难看了,秋水双瞳逐渐失去了神采,变得黯然失神,僵在了她惨白的脸颊上。"我本想,将自己清白的身子留给自己心爱的人,但是冒公子他,他,至今依然杳无音讯,就连他是一个高个子还是矮个子都全然不知,我的命真的好苦啊!"眼泪顺着董小宛煞白的面庞悄悄滑落,一会儿功夫就打湿了衣襟。

柳如是也顾不上安慰董小宛,搓着手来回走动着:"有道是明枪易躲暗箭难防。咱惹不起他还躲不起他吗?干妈,这金陵附近可有什么僻静的去处,不如让小宛先躲一阵子,等这边冒公子来了再看他的意思。"

"那冒公子不过一介书生,能斗得过那个朱爵爷吗?只怕,只怕我这青莲楼也要关门大吉喽。"

"大妈您有所不知,像朱统锐这样的地痞无赖天不怕,地不怕,就怕复社里耍笔杆子的秀才!前些年这些才子们写了一篇檄文,声讨大奸贼阮大铖,当时就把不可一世的阮大铖吓成了缩头乌龟,逃到乡下躲起来了,那一次主笔的秀才之一便是冒辟疆冒公子!"

这么一说,陈氏不再言语了,叹了口气。

"看来也只有这个法子了。小宛妹妹,大祸临头,你也不要太紧张,还有我们这些姐妹以及复社里的才子们呢。赶快收拾一下东西,趁早离开这是非之地!"

惜惜闻言默默地打开了衣柜,为董小宛收拾衣物。董小宛不由得悲从心来,她握住柳如是的手,哽咽着:"如是姐,多谢你!我并不留恋秦淮河的什么,但一想到要离开你们这么好的姐妹,心里难过呀。"

"唉,如今是豺狼当道,你我这混迹风尘的女子也只好随波逐流了。只是你这一走,免不了要颠沛流离的,我随身带了些银子权作盘缠吧。"柳如是从怀里摸出了一个沉甸甸的荷包,放在了董小宛的手里。

"如是姐!我,我打算避难苏州。只是,只是……"董小宛欲言又止,眼泪如断了线的珠子,她的心、她的肺、她的五脏六腑,一切的一切,此时此刻好像全碎了。

柳如是明白了，在这大难当头的危险时刻，董小宛还牵挂着一个人！

"小宛妹妹，你的心思我明白。你是不是放心不下冒公子？放心，如果冒公子一有消息我便会托人转告你。若是他对你真有诚心，那么他也许会去苏州寻访你的。冒公子人品好，又讲情义，连我们家老头子也非常称赞他，自叹弗如呢。宛妹，打起精神，静候佳音吧！"

这一说正合董小宛的心意，她眼泪叭嗒地直点头，一副可怜兮兮无依无靠的弱女子模样，看得柳如是心里一酸，也跟着掉下泪来。

"只要，只要能有像姐姐你和眉姐、香君那样如意可心的归宿，就是受再多的苦，我也情愿！"

"傻妹妹！你的这份痴情会感动上天的，老天不负有心人哪，那冒公子应该能感觉到你对他的呼唤和期盼！"

董小宛带着使女惜惜趁着夜色，带着无限的哀伤和惆怅踏上了一艘小客船，消失在夜色苍茫之中。

两天后的一个早晨，太阳被浓厚的雾霭遮了起来，天色阴沉，秦淮河畔没了往日的欢声笑语，甚至显得有些冷清。浓雾中大步流星走来了一位中年男子，看不清他的相貌，只觉得这人体态洒脱、气宇轩昂，他就是如皋才子冒辟疆。

要不怎么说好事多磨呢？这董小宛前脚刚离开金陵避难而去，冒公子后脚就出现在秦淮河畔了。这会儿，他正急匆匆地前往钓鱼巷的青莲楼，打算一睹南曲新秀董小宛的芳容呢。

冒辟疆在南京安顿下来之后，便去媚香楼找侯朝宗小聚，李香君一见真是喜出望外，又不好直说，急得她粉面通红，连连给侯朝宗使眼色。

"朝宗，别光顾了与冒公子吃酒呀，你受了方公子之托难道转脸就忘记了吗？"

"噢！看我这记性！"侯朝宗一拍大腿，朝李香君眨着眼睛，"放心，你们姐妹的事我敢不放在心上吗？只是，我与冒兄才刚饮了几杯，我还没来得及切入正题呢。"

李香君放了心，秋波送盼，甜甜地笑了。

"你们俩在打哑谜吗？好像还跟我有关？"冒辟疆是何等聪明之人，听话听声、锣鼓听音，他心里已经有些犯嘀咕了："看他二人一说一答，一唱一和的样子，肯定有什么事。"

"这……"侯朝宗两手一摊，瞪了李香君一眼，"我说香扇坠儿，你看你把冒公子惹急了吧。本来我正打算与冒兄多饮几杯，当他酒酣耳热之际再说也不迟呀。"

"人家这不是为小宛着急吗？这些日子她可真的是要望穿秋水啦！"李香君到底是急性子，脱口而出，倒真的把冒辟疆听糊涂了。

"冒公子，你听我说。来，咱们先干了这杯酒。"李香君大大方方地坐在了横头，举杯相邀。冒辟疆心中疑惑，看了侯朝宗一眼，见他一副似笑非笑的样子，便也放了心，一仰脖子干了杯中的酒。

"好，痛快！"李香君也是一饮而尽，然后起身给冒辟疆斟酒。

"哎，且慢，香君，到底是什么事呀？"这一回冒辟疆可是沉不住气了。

李香君与侯朝宗相视一笑。冒辟疆见他二人神情，又听说"小宛"二字，心中便暗暗凝神。这"小宛"肯定是董小宛无疑了，对这位南曲新秀，冒辟疆也有耳闻，只不知她会跟自己有什么联系？

"嗨，冒公子是何等聪明之人，料已猜出了几分，咱们索性打开天窗说亮话吧。"李香君又举杯相邀："香君佩服公子的才华和人品，来，再干一杯！"

"别，先别忙着给我戴高帽子，等会儿说不定要往我头上扣屎盆子。看来你二人早就想好了要捉弄于我。不行，这杯酒我不喝了，趁着脑子清楚还能做出个判断。不然的话，脑子晕乎乎的，你二人让我往秦淮河里跳我也不会犹豫的。"

"嘻嘻！"李香君被冒辟疆的玩笑话逗得乐不可支，忙拿手帕掩住了嘴角："冒公子，原来你对侯公子和我还时刻提防着呀。告诉你吧，这一回可不是让你跳河，而是让你采花。有一朵鲜嫩的、高雅的、人见人爱的出水芙蓉，你采是不采呢？"

"既然是人见人爱，那我岂有不采之理？可是，侯兄他为何不采？"

冒辟疆这话问得妙，李香君一时语塞，只得拿眼睛乜斜着侯朝宗，看他如何回答。

侯朝宗一怔，当即捋着颏下的短须哈哈一笑："不行呀冒兄。爱花之心人皆有之，有道是牡丹花下死，做鬼也风流，可我已经采摘了一朵玫瑰花，带刺的玫瑰花。"说着侯朝宗夸张地伸着舌头："没奈何只好整日守着她了。"

"你……胡说八道！"李香君气恼地朝侯朝宗瞪着眼睛，伸手要揪他的耳朵。

"噢？如此说来，合该我冒某有这个艳遇喽？只不知道她……"冒辟疆颇有兴趣地问道。

"她嘛，就是香君的手帕之交董小宛！"

话既已经说开，李香君和侯朝宗便你一言我一语地把董小宛里里外外、从头到脚地夸赞了一番，也顾不上劝冒辟疆饮酒了。什么“绝色佳人”哪、“多才多艺”呀、“举止凝重、谈吐不凡”哪，并原原本本地将方密之拍着胸脯子做媒之事也说了出来。

冒辟疆心中欢喜，却装得不动声色：“我说你二人累不累、渴不渴呀？来来，满上满上，先喝两杯润润嗓子，我正洗耳恭听呢。”

“冒公子，到底怎么样，你得表个态嘛。”李香君有些着急，噘起了樱唇。

“香君，容冒兄考虑考虑嘛，也许……”侯朝宗神秘地一笑：“冒兄还得先回如皋征求夫人的意见哪！”

冒辟疆只是微笑不语，可急坏了李香君，她樱唇一撇：“冒公子，我这小宛妹妹眼光甚高，如若不是像你这样风流倜傥的人物，她是绝不会青眼相待的，小宛生性冷傲，那些粗俗卑鄙的庸人她是不屑一顾的。前两日她又得罪了朱统锐，也不晓得事情怎么样了。”李香君这时并不知道董小宛已经避难离开了南京。

虽然还没有见面，但冒辟疆对小宛的相貌和才华已有了耳闻，更对她的人品有了十分的敬佩。试想，在这“金华烟月之区、金粉荟萃之所”能有像董小宛这样玉洁冰清的女子是多么难得呀！

“辟疆无话可说。对密之兄和你二人的雅意只有珍藏在心里了。既是‘盛情难却’，那我明早就亲往钓鱼巷青莲楼一趟。”

李、侯二人闻听不禁满面笑容，李香君更是心花怒放了！她费了半天的口舌总算说动了冒辟疆。明天，只要冒公子一见到董小宛的面，肯定会难舍难分的！李香君有这个把握，因为这两人正与她和侯朝宗一样，原本就是天设地造的一对儿！

“这下好了，小宛妹妹就快要脱离苦海了。”李香君喃喃地说着，情意绵绵地看着侯朝宗。虽然她与侯朝宗的结合并非脱籍从良，但作为豆蔻年华的她能得到侯司徒公子侯朝宗的爱，李香君已经感到是莫大的幸福了。再说，自从与侯朝宗梳拢之后，金陵城里的那些地痞无赖再也不敢对李香君胡搅蛮缠了。

虽说复社只是以文会友、切磋学问的一个风雅文社，而且它的成员大多是些尚未取得功名或淡泊功名的读书人，但由于近十年来它的不少成员有的通过科举有的则通过各自显赫的家世，也跻身于各地大小衙门之中，在朝廷和地方上暗暗形成了一股很大的势力，所以复社的名气更大了，尤其是在金陵，人们更是对复社里的名人雅士们尊崇有加，有些官宦子弟更

是千方百计地慕名欲入，似乎入了复社就如同拿到了官爵一般。至于像方密之、冒辟疆、侯朝宗这几个复社的精英们，在金陵更是鼎鼎大名，口碑甚佳。李香君、董小宛这些出身低贱的歌妓，若能与复社名士结成连理，不就等于在身上罩上一层保护伞了吗？

侯朝宗趁着李香君倒茶的功夫，贴在冒辟疆的耳边悄悄说道："人说我与你是一时瑜亮，其实这董小宛与香君也是一时瑜亮呢。她的脾气同香扇坠儿差不多，你说话可得当心，千万不可惹恼了她！"

冷不防侯朝宗的耳朵被李香君揪住了，他龇牙咧嘴地哎哟直叫唤。"哼哼，看你下次还敢不敢说我的坏话！"

冒辟疆笑着一吐舌头："好厉害呀！"

冒辟疆被侯朝宗和李香君的一番好意所感动，他虽自视甚高，但原本是流连风月之人，不由得对董小宛产生了倾慕之情，早已把当初与陈圆圆交往的种种打击抛了脑后。

漫天的浓雾还没有散去，远远望去，矗立在钓鱼巷巷头的青莲楼像一只黑黢黢的凶神恶煞，隐约中，几盏纱灯泛出了昏黄的光。冒辟疆顿住了脚，心里倒吸了一口凉气：这就是名噪一时的秦淮名妓董小宛住的青莲楼吗？怎地一点儿生气也没有？两扇红漆大门关得紧紧的，楼上没有半点声息。冒辟疆心中疑惑，好不容易才看清楚了那门檐上的几个大字"青莲楼"。是了，就是这个地方。他迟疑了片刻，举手打门。

忽然，吱呀一声，大门开了一个缝，伸出了一个黑脸，粗声粗气地问道："一大早捣什么乱？快快走开！"

冒辟疆初见这铁塔似的莽汉子，一脸的胡茬，两只铜铃似的眼珠子往外突起，心里便有些吃惊：想不到董小宛这人称倾城绝色的人，身边竟会有这凶神恶煞似的粗人，真是不可思议。如若这样的话，她不是要将来访的客人全都得罪了吗？倘若是碰到那班不讲情理的纨绔子弟，岂不是招惹祸端，引火烧身吗？

冒辟疆心中有些不快，仍旧耐着性子赔着笑脸："请问，这里可是董小宛姑娘的寓所？小生是如皋冒辟疆，特地慕名前来，烦这位大哥代为通报一声。"

黑脸汉子牛眼一瞪："找错了地方，这里没有姓董的女子！快快走开，不要在这里报丧似的敲门！"说完便咣当一声关上了大门。

"莫名其妙！有其主必有其仆，哼，看来这董小宛并非善良之辈。罢罢，我又何必自作多情呢！"冒辟疆平白无故地受了一肚子气，满腔炭火顿时化为灰烬。他站着愣了一会子，转身朝媚香楼走去，他要"感谢"侯朝宗李香君的一番好意！

当脸色铁青的冒辟疆跨进媚香楼时，正碰上李香君送柳如是往外走。"哎呀冒公子，你可来了，小宛她……"

"拜托！"冒辟疆双手抱拳，打断了李香君的话，"若是没有你们这些好朋友的瞎掺和，我也不会受了一顿呵斥和一场羞辱。这位秦淮名妓董小宛，我算是领教过了。她若是举止凝重、多才多艺的佳人，难道会用一个蛮不讲理的仆人吗？

"这么说，冒公子刚刚去了钓鱼巷？"柳如是索性坐了下来，李香君忙着招呼使佣捧上香茗，并亲手端给了冒辟疆："冒公子，想必你刚刚受了一些闲气。唉，谁会想到小宛她……"

"算了。我倒不会去为一个不相干的女人生这份闲气的。我是绝不想再提董小宛其人其事了，任凭她是天仙化人，只算我冒辟疆无福消受罢了。不过，"冒辟疆喝了一口热茶："既然香君你与她姊妹一场，我请你奉劝她一句，她如此恃宠而骄可曾想到结局会如何？不过，各人的头上都有一颗露珠，我但愿她长此下去能一帆风顺。"

柳如是已经从冒辟疆的话中听明白了，她知道这冒公子刚受了一顿闲气，所以便口口声声指责着董小宛了。柳如是轻轻叹息着，定定地看着冒辟疆："冒公子，借你吉言，小宛妹妹的确是乘着小船一帆风顺地去了苏州，她在两天前的晚上就离开这里了。"

"离开这里？她，董小宛？"冒辟疆一脸的迷惑。柳如是简单地讲了董小宛连夜离开金陵避难苏州之事，不免长吁短叹，为小宛的遭遇担忧。

冒辟疆听了，心里顿然涌起一阵惆怅，对董小宛不屈辱、不受侮，横眉冷对万户侯的刚烈性格由然起敬，更为自己刚才的抱怨和不满之辞而后悔不已。

"冒公子，青莲楼已然是人去楼空了，小宛走时匆忙，连我也不曾知晓，唉，你在这边大发脾气，小宛却在苏州那边对你望眼欲穿。我们女人家真是命苦呀！这醉生梦死、朝不保夕的下贱生活何时才是个头呀！唉，那始作俑的管夷吾，真是个千古罪人，人世间不知什么时候才没有我们这般受苦糟践、被人横加侮辱、含泪强笑的苦命女子！"

李香君的香扇坠儿脾气又发了，直说得冒辟疆的脸色红一阵白一阵的，好不尴尬。

"香君。"不知何时下楼的侯朝宗轻轻扯了一下李香君的衣袖，李香君柳眉一挑，并不理会侯朝宗的制止，只管自个往下说："眼前我们南曲姐妹，像婉容、如是和横波姐姐那样已经跳出了火坑、安享鱼水之乐的，究

竟能有几人？可怜小宛妹妹和我，还有白门、玉京她们，还不知栖止何所！"言罢，定定地看着侯朝宗，眼角似有泪花闪烁！

"这是哪跟哪儿呀？"侯朝宗涨红了脸坐在了冒辟疆的身旁，故作潇洒之态："看看，冒兄，你若是找了小宛，难免也会像我这般动不动就受她责备。我倒是已经习惯了，可是冒兄你还得做好心理准备呀。"

"唉，说起来，我们这也是没有法子的法子，"柳如是轻轻叹息了一声，"我是抱着与其做庸人妇，不如做夫子妾的想法跟了老头子的。老头子名声在外，人也和气，可是，随着年岁一天天的增加，他反倒没了以前的那股子气节。苟且偷生，我心里是有苦难言啊。"柳如是这么一说，几个人都不言语了。人道柳如是夫唱妇随，衣食无忧，风风光光，其实她也有苦衷呀。

"冒公子、侯公子，我年纪比香君、小宛她们大一些，我就倚老卖老向你二位公子进一言，"柳如是语气一转，神情严肃地看着冒、侯两人，"我们姐妹都是些苦命的人，心比天高，命却比黄连还苦。你们这些复社的名士从不轻慢我们，所以我们就把你们当成了亲人。如今香君、小宛已与你们有了缘分，你俩一定得善待她二人呀。香君和小宛年龄相当，脾气也相似，她们并不希图什么富贵荣华，也不计较什么名分，只是想早日脱离苦海！她俩都碰上了好人，你们可得把握机会呀。"

一席话说得冒、侯二人连连点头，脸红到了脖子根。

"我……"侯朝宗看着李香君，字斟句酌地说道，"香君，我对你的心意你该早就明了了吧？怎么说着说着就不高兴了呢？古人怎么说的？两情若是久长时，又岂在朝朝暮暮？"

"嗤！"李香君抿嘴儿乐了，撒娇地对柳如是说，"姐姐，真有你的，瞧他二人这副笨拙的样子！"

"我在想，"冒辟疆的眼中透着愧疚之意，"我一定要去苏州一趟。"

"这就对了！"李香君没等他说完便满口赞道，"这才不枉小宛对你的一片痴情！唉，说起来，都是朝宗和方公子害的，小宛自他二人提到冒公子你之后，她的一颗心就容不下别的人了，这没头绪的单相思可把小宛害苦了。小宛匆匆离开金陵，人地生疏，如同水中的浮萍，冒公子应当早去探望！"

"请你们放心，"冒辟疆的语气十分诚恳，"对小宛这么一个有气魄的侠性女子，冒某已经当面错过了一次，再不愿意失之交臂了。苏州我人熟地也熟，此番前往说不定能助小宛一臂之力，至于方才我的牢骚之言，请你们不要介意，各位都是冒某的知己之交，说实在话，我刚刚是被那恶言恶语出口不逊的男仆给气昏了头。"

李香君一听喜笑颜开："说了半天啦，我这就去热菜端酒，咱们痛痛快快地饮几杯！"柳如是说到这里，不由得连连发笑："那一日因为心里没了牵挂，一高兴就多饮了几杯酒，回到隐园后可把老夫子给气坏了！嘻！"

"真真是好事多磨！我早说了，他二人准保一拍即合，如果说的不对，我把我方密之三个字倒着写！"方密之饶有兴趣地听柳如是讲述了冒、董二人的一段误会，这会子又是眉飞色舞一副得意洋洋的样子。

"方公子，若你不想知道他二人以后的情况，不如过两天你亲自去如皋冒府一趟。他二人口口声声要重谢你这个冰人呢。"

"那倒不必了。看到与我相知相伴的好友们，一个个生活得自由自在，我这心也就安了。南无阿弥陀佛，实不相瞒，此次方某一一拜会了昔日的好友，心愿已了，不日方某即将削发为僧，斩断尘缘。这世道已经没有吸引我的地方了。"

"方公子，你该不是说的醉话吧？"柳如是一声惊呼，钱、龚等人纷纷过来，闻听之后俱是神情不安。

"你们干吗这样看着我？不，我根本没有喝醉，我说的是心里话，这世道让我失望，万念俱灰！"方密之挥舞着手臂，一副慷慨激昂的样子："不错，年轻时我也时常出入烟花柳巷，借酒浇愁，跃马红妆，风流自喜。可是世事多舛，方某报国无门反饱受党争倾轧之苦，自此心灰意冷。实不相瞒，方某对永历帝的频频应召，曾十辞不应！此番辗转回乡，曾养病于庐山五老峰，在流泉飞瀑声中，忽然参透了人生。本想在故乡龙眠山下像陶渊明那样'采菊东篱下，悠然见南山'地过一种自由自在的生活，尽孝老父，著书桑梓，怎奈乡官屡次登门，逼迫我出仕为大清效劳。方某只有忍痛离别老父，只等与各位相聚之后，了却了多年相思牵挂之苦，方某就落发为僧，高座寺便是方某的最后的归宿。我以后会日夜吃斋念佛为你们祈祷的。"

众人愕然。半晌，钱谦益才黯然说道："方公子的心情老夫很是理解。当初就是因为一念之差，老夫才落得个气节痛失的下场，为此屡遭如是的抱怨。如是，钱某知道你很失望，但愿能有个补过的机会，让钱某对你表明心迹。"

柳如是目光闪动，满怀深情地看着须发斑白的钱谦益，柔声说道："钱爷，你也不必太自责。妾身不会忘记你前些日子写过的这首诗。"柳如是起身，面对众人轻声吟诵起来："秦淮城下即淮阴，流水悠悠知我心。可似王孙轻一饭，他时报母只千金。"

众人明白此诗的含义，如果能恢复明室，我报答诸位将远胜韩信报答漂母。方密之激动地抓住了钱谦益的手，连声说道："钱大人此诗已经表明了心迹，你还是当年的广大风流教主！如是，你真不愧是风尘女丈夫！"

"唉，这事就别再提了。方公子，难道你就没有别的路可走了吗？"

"你们不要为我难过，在我看来，这是唯一适合我的路了，我将伴着晨钟暮鼓，潜心修道，寄情山水，吟诗作画，就此终了一生，岂不美哉？"月光下，方密之那历尽沧桑的脸上现出了一种圣洁的表情。五十岁还不到，他却已是须发斑白了。众人一阵唏嘘，默默无语。

桃叶渡上，游人已经散尽，夜已经深了，画舫上的人们均感到了一种凉意。一阵马蹄声打破了这夜的宁静，岸边传来一声高喊："画舫上可有龚鼎孳龚大人？"

"听这声音似是官府的衙役，半夜三更的还传你有什么事？"顾横波不无担忧，挽住了龚鼎孳的手臂。

"不要慌张，应该无甚大事，"龚鼎孳安抚着夫人，朗声应道，"下官在此，敢问何事？"

"衙门今儿晚上接到礼部火票，四百里加急。皇上有旨，龚鼎孳接旨！"

"嚯！"龚鼎孳顾不了许多，慌忙跪地口称，"吾皇万岁，万岁，万万岁！"

差役展开一黄绫谕旨，就着灯光高声念道，"龚鼎孳饮酒醉歌，俳优角逐……今歌饮流连，依然如故。且为宠姬顾氏称觞祝寿，靡费巨金……值此国库空虚，国难当头，百业待兴之际，龚鼎孳不思报国反而一味沉迷于风月之中，一掷千金，实为过分。着除去礼部尚书一职，降为侍郎，从速北上。钦此！"

"吾皇万岁，万万岁！"龚鼎孳就像是泄了气的皮球一样，瘫坐在了地上。

"龚大人，没有什么大不了的，砍头不过碗大的疤，更何况您也只是被降了一级。"方密之实在于心不忍，反而安慰起龚鼎孳来。

"全部都是妾身不好，惹来了这个祸端。"顾横波的声音里面带着哭腔。

"好啦，天下没有不散的筵席！"龚鼎孳故作潇洒地说道，"诸位他日去北京，还希望不要忘了我啊！咱们今晚就这样告别吧。横波，你愿意陪着老夫北上吗？"

"嗯，妾身愿意陪伴你到天涯海角，患难与共！"顾横波的眼泪悄然落下。

第二十二章

遇郡主邂逅惊艳色　漠妃嫔表露儿女情

　　一场纷纷扬扬的大雪让北京城的气温骤降，非常寒冷，但是见到"阶铺密絮鹅毛雪，窗绣奇花凤尾冰"。一大清早，紫禁城里面的大小太监就里里外外的忙活着，扫雪的扫雪，擦窗子的擦窗，因为人手欠缺，还专门拨了一队穿黄马甲的侍卫兵丁们手持铁铲或大扫帚前来帮忙。

　　"吴良辅，出去看看，兀里虎的雪人堆好了没有？"少年天子福临正在乾清宫的暖阁里手执朱笔，对着展在御案上的一幅"素梅九九消寒图"仔细观赏着。

　　"万岁爷，今几个正巧是冬至，恰逢这场瑞雪，真是个好兆头呀。"太监李国柱笑嘻嘻地拨弄着白炉子里的炭火。冬至日升白炉子差不多成了宫里的定例。这白炉子据说是用"石灰木"制成的，色白形美很显精致，而且形状、大小不一，适合于各种场合。用它来取暖驱寒效果非常好，所以各宫都少不了它。它炉膛大，火力旺，散热快，可以随意放置，十分好用。也用不着担心会有煤气，因为烧炕处的太监先将炉子的火烧旺才送到房里，等火势弱了再送一个进来，将火弱的拎到外头去加炭。李国柱唯恐室内气温太低，还不时地在炉子里放一些木炭，直烧得噼啪直响，火苗熊熊。

　　"对了，不知道汤玛法那里有没有白炉子？小柱子，快去让人给他送几只白炉子和几车煤去！"

　　"嗻……"

　　"小柱子，你看朕这第一笔，先填哪一瓣好呢？"

　　李国柱转身正要往外走，一听皇上喊他，只得又返了回来："这消寒图上果真是九九八十一瓣花瓣吗？"李国柱一眼望去，只见淡黄的宣纸上几枝梅花正在寒风中绽放，有的只是一个花蕾，有的是两瓣小花，有的则是三四瓣，大大小小总有十几朵呢。

　　"那是当然喽，不信你数数看。要不怎么叫九九消寒图呢？"

　　原来，这也有个讲究。自冬至起入"九"，"一九二九不出手，三九四九冰上走，五九河开，六九燕来，七九八九沿河看柳，九九加一九，犁牛遍地走"，这民间谚语自是家喻户晓的了，谁不盼望隆冬快些过去，春天快些来临呢？渐渐地，宫里边也有了个规矩，在冬至之日要制作一张"九九消寒图"，花样多啦。有一种是九字双钩的，即"亭前垂柳珍重待春风（凰）"这九个字，每个字九笔，自冬至起每天填一笔，等这九个字填完了，冬天也就过去了，还有的填"待柬春风（凰）重染郊亭柳"，也是每字九笔。闺房里的消寒图很特别，是一张精细的画，画面上有九个男孩，各自手执灯、伞、车、花等一种玩具，在每个玩物上都有九个折过去的白纸小方块，半粘半折，待九个白纸小方块被一一折完了，春天也就到了，而这时画面上的图案更加热闹了，因为那九个白纸小方块折过来的那面都拼成了一个个栩栩如生的图案。

还有一种消寒图是打九个格子，每个格子里画九个铜钱，即"轱辘钱"，下面写着歌诀："上涂阴，下涂晴，左风右雨，雪当中，图上加图半阴晴。"这种消寒图很实用，因此也很普遍，无论是在宫里还是各大王府中，抑或是太监的住处、普通的人家等，都能见到，因为这种消寒图与天气的变化有关，要想知道九九期间哪一天是阴是晴，是风是雨，只消把它仔细涂一下就行了。在北京，一般冬至以后便不再下雨而只下雪，所以，那铜钱的右边永远是白的。不是说"左风右雨"的吗？左边的一格被涂黑了，说明这一天刮了大风，中间的被涂黑了，则说明这一天下了雪。瞧，多么有生活情趣呀。当然民间还有许多人家自制不同的消寒图，就不必一一去说了。

大概少年天子已经厌烦了九个字文字消寒图，所以今年冬天他选用了"素梅九九消寒图"。

"嘿，整整八十一瓣，不多也不少。"李国柱趴在书案上数了半天，总算数清楚了。

"一边站着，朕已经选中了一瓣。"福临提起朱笔朝着一朵含苞欲放的花蕾上填上了一瓣，顺手将笔一丢："得，今天就算过去了。"

"万岁爷，您不在这消寒图上题一首诗吗？喏，这块空出的地儿正好可以题。"

"嗯？兀里虎，看来你的手又痒痒了？那雪人堆好了吗？"

"奴才正是回来请万岁爷去观赏的，多亏了几个侍卫帮忙，奴才堆了两只大雪人，又高又大，差不多把咱这乾清宫里的积雪都用上了。"兀里虎不住地搓着红肿的双手。

"走，走，赏雪去。"福临来了兴趣，转身就要朝外走。

"您慢着，万岁爷！"李国柱和兀里虎连忙给福临披上了黑狐皮里的黄缎子披风，又围了一条用二十多只火狐狸腋毛制成的金黄色的大围巾。

瑞雪初霁，天空湛兰，地上雪白，房檐和树枝上挂着一层白霜，一派银装素裹。两只高大的雪人儿一左一右伫立在乾清门的两侧，老远就能看见它们的黑眼睛和红嘴巴。

"嗬，真有你的，兀里虎。"福临满脸带笑，围着雪人转了一圈，用手摸着那光滑圆润的身躯，突然想到了什么："你瞧它们这样光秃秃的站着，不冷吗？"说着竟摘下自己头上的黄绫暖帽。

兀里虎一下子明白过来了，连声喊道："使不得，万岁爷，这可使不得！"

李国柱也劝道："万岁爷，这冰天雪地的，您可不能随便脱帽子呀，万一受了风寒，奴才们可担当不起呀！再说……"李国柱黑眼珠骨碌一转："万岁爷，您只有一顶帽子，戴在哪一个雪人的头上都不合适。这么着，奴才给万岁爷变个戏法儿。"李国柱一指头上的帽子向兀里虎示意着，然后喊道："一，二，三！万岁爷您请看！"

福临刚把暖帽戴好，听到李国柱的喊声，定睛一看，不由得乐了："好你个奴才！这下子这雪人儿就更神气了。喂，你们两人就在这乾清门守着，闲杂人等一律不得入内！"福临朝头戴灰蓝色饰着红缨子的帽子的两个雪人大声说道，然后朝天一门走去。两个光头太监双手抱头紧跟在后头，惹得其他的太监一阵窃笑。

过了天一门就是御花园，福临久居深宫，常来这御花园里散心，他对这园中的一草一木都很熟悉。一夜的大雪，使园中的树木和假山披上了银装，在阳光下熠熠生辉。

"忽如一夜春风来，千树万树梨花开。"福临吟着古诗，忽然被钦安殿前的一群有说有笑的宫女太监们所吸引，便信步走去。

这钦安殿在御花园的正中间，楼台掩映，花木扶疏，加之曲廊亭榭，廊庑相接，极为精妙，雅丽恬静，这里原本是孝庄太后贡奉万历妈妈的地方。说来话长，早在英明汗努尔哈赤时，内廷就有了这么一个奇特的供祀。

相传明嘉靖皇帝荒淫无度，将国事交给奸相严嵩，自己则日日沉溺后宫，声色犬马，极尽人间淫欲。严嵩为了弄术专权，投其所好，不惜花费巨资，将明武宗时所建的秘宫豹房修饰一新，以玻璃为墙，豹皮为毡，广选美女，裸居其中，专为嘉靖淫乐。但日子一长，嘉靖乐极生悲，只能徒对美色而无力普施雨露了。严嵩又献上一仙丹秘方，说是如能遍访名山，采得各种名花异卉百种，并选上各地绝色童女百名，待月盈之夜，将百名女童天癸（即妇人经血）和着百花花瓣，用朝露蜜汁调服，便可滋阴壮阳，夜御十女而不力乏。

嘉靖迫不及待下令立即实施，于是"采花使"遍布全国，沿途奸人妻女无恶不作，吓得百姓携妻挈女四处出逃，不久便凑集了百名"童女"献入宫内。风流成性的嘉靖皇帝等不及那月盈之夜，当即便要召幸一个貌若天仙的采桑女，为此多服了一颗回春丹。怎奈这女子哭哭啼啼不肯承欢，直惹得赤条条的皇帝老儿淫性大发，欲火攻心，只一会儿便精泄如流，像只泄了气的皮球。

嘉靖第二天临朝越想越气恼，自思以万乘之君，赤条条求欢于一采桑女而遭拒，自己则是个早被酒色淘空了的烂壳子，这场狼狈若传出去何颜为君？于是，他便下了一道谕旨，晋那采桑女为贵妃，即日出关，代他巡视辽东，以昭大明天朝威仪予蛮荒，宣明皇恩继于化外。

原来那塞外的海西女真部已经归顺大明，其首领是哈达部的万汗王台。当时其东部为建州女真部，西部为野人女真部，均未归降，是故大明对海西女真百般扶持，以扼东西两女真，而王台则借明廷之威，东征西讨，一时战将如云，牛羊似海，号称"八马王"——形容万汗领地广阔，要一匹接一匹的良驹连着跑死八匹才能跑到领地的尽头。此次王台又欲借其母乌拉氏九十寿辰之际，奏请大明钦使出塞临贺，以炫威于女真各部。嘉靖闻奏心中犯难，这海西女真是自己一手扶持而强大的，如今变得飞扬跋扈，颐指气使，如若不派钦使出塞，那王台说不定会借机翻脸，与明廷争夺辽东！又是严嵩献计，说是不如让采桑女出身的贵妃出塞散散心，等待回转之日万岁早服过了仙丹，精力倍增，定能成其好事！

于是，便有了明妃奉旨出塞一事。不料多情明妃与一世汗王王杲在榆关邂逅，由此结下了百年恩怨情仇。昔日江南采桑女，今朝大明嘉靖宠妃，心甘情愿留居塞外，教会女真各族种桑植麻，裁衣熬粥，活脱脱一个汉代的"王昭君"。明妃苦熬心血抚养大了喜塔拉和爱新觉罗两大家族的英雄后罕小汗王努尔哈赤，在荒蛮塞北度过了自己的一生。因此，风流汗王杲和努尔哈赤大汗的子孙们像尊崇神女一样尊敬这位明妃，在后金和大清国的皇宫里，为她设立了神位，代代祭奠，四时不衰。

大清后宫里明妃的牌位到顺治帝入关后又变成了供奉万历妈妈、孝庄太后。鉴于入关后满汉的对峙，关系紧张，猛然发现供奉万历皇帝的母亲——明孝定庄皇后是从心理上缓解满汉矛盾的一个契机，于是，紫禁城里"万历妈妈"身价倍增，被供奉在御花园正中钦安殿的东偏殿里，整日香火不绝。孝庄太后此举自有她的说法——传说英明汗努尔哈赤在起兵攻抚宁时，曾兵败被俘，后金政权设法买通了明宫太监向万历帝的母亲明孝定庄皇后求情，这位皇太后一时心软便命人放回了努尔哈赤。否则哪里会有大清国的龙兴和大明国的崩溃呢？满洲人的后宫竟然供奉着大明皇后的牌位，而且"每年三百六十日，每日两口猪，使一老妪主其事"，这不能不令中原的大明遗民们在惊奇之余又感到欣慰，而民间也仿效着供奉起了"万历妈妈"。孝庄太后此举为加强满汉融合起到了不可忽视的推动作用，但少年天子福临对这位"万历妈妈"并不感兴趣，倒更喜欢看萨满太太们"跳神"，音乐铜铃，此起彼伏，萨满太太们穿红戴绿，口中念念有词。那阵势令人眼花缭乱，那场面也十分欢快活泼，总之，比汉人供奉在庙中的牌位、神像要好玩得多。

而此时此刻，围在钦安殿前的那些人不是在供奉万历妈妈，而是正兴致勃勃地看着正中的一个女子踢毽子。

"三十四，三十五，三十六……"几个宫女欢叫着数，旁边的几个老太监将双手插在袖笼里，正在看着那踢毽子的女子"嘀嘀"笑着，而正中那个女子，身穿一件水红缎子面的棉长袍，外罩一件大红呢子面镶金丝线的羊皮小马甲儿。另有两个小宫女一个捧着她的八宝团花灰鼠皮袍子，一个捧着一只裹着锦缎的手炉。

众人目不转睛地看着踢毽子的女子，没人注意少年天子已经站到了他们的旁边。"咦，宫里哪来的这么一位美貌格格？看她在雪地上旋转、跳跃的身影，倒像是一只粉蝶儿在飞舞，一朵在冰雪中绽放的腊梅花！"

"四十七、四十八……哎哟！"随着几个小宫女的尖声欢叫，那毽子在半空中转了个圈儿，不偏不倚地向福临这边飞来。

"扑通，扑通！"十几个太监和宫女慌得连连跪在雪地上，口中称道："奴才该死，不知万岁爷驾到，请万岁爷恕罪！"

福临轻轻伸手接住了那插着五彩野鸡毛的毽子，并不理会太监宫女们的跪见，而是直直地盯着那娇喘吁吁、脸色红润的女子。

"皇、皇上，小女子给您请安了！"女子忽闪着一双乌黑的眸子，有些慌乱，又有些娇羞，对着福临施了万福，又恐不妥，低头偷偷看着宫女们如何行礼。

福临嘻嘻一笑："朕一时眼花，仿佛走进了仙宫，怎么远远地倒像有个彩蝶儿在红墙下雪地上飞旋？你果真是从天神阿布凯恩都里身边飞来的一只彩蝶儿吗？"

女子窘迫得面色通红，咬着红唇一时不知该如何回答："小女子，小女子刚刚入宫不久，不知大内的礼数，请皇上恕罪。"说着就要下跪。

"哎，你与她们身份不同，不用对朕行此大礼。"福临笑吟吟地上前扶

起了女子，忽然朗声大笑："天神，朕真是眼花了，原来你就是孔，孔……"

"小女孔四贞见过皇上。"

"万岁爷，看这阵势您是真的不知道？"吴良辅笑嘻嘻地插着嘴，"她现在已被太后认作干女儿了，宫里都称她为四贞格格！"

"太后总是爱做出一些令朕意想不到的事情，也许是为了给朕一个惊喜吧。如此说来，你就是朕的御妹了，哈哈，好，好，想不到那一日在殿下哭哭啼啼、面黄肌瘦的小姑娘一下子变成了华丽的雏凤了！"

少年天子爆发了一阵爽朗的笑声，孔四贞渐渐消除了胆怯——她原本就不是个胆怯的姑娘，父亲定南王孔有德经常把她带到军营中，她自幼就喜欢舞枪弄棒的，见了生人从不脸红。可现在，她的身份不同了，一个无依无靠的孤儿，虽被太后喜爱封为公主，但在这皇宫大内毕竟要拘束得多，更何况是在英气逼人的少年天子面前呢？

"贞妹，你住在哪个宫？走，皇兄送你回宫。"话一出口，福临便觉得失言了——这后宫虽然很多，可全是预备给他的妃子们居住的，孔四贞在名分上是他的妹妹，怎好住在后宫呢？福临略显苍白的脸上泛起了红晕，他从眼角偷偷瞥了一眼孔四贞，还好，她并没听出什么来。

"啊嚏！"衣衫略显单薄的孔四贞突然双手掩面，侧身打了个喷嚏。福临一愣，突然脸色一沉："你们这些该死的奴才们，难道就是这样伺候郡主的吗？"说罢，从吴良辅的腰里抽出鞭子，"啪啪！"朝几个宫女太监们抽去。"啪！"小宫女手一哆嗦，怀中抱着的手炉掉到了地上。

"蠢货，阿其那！"福临气不打一处来，抬脚踢倒了这个小宫女。孔四贞于心不忍，连忙从一宫女手中接过了灰鼠皮袍子披在身上，轻轻扯着福临的衣袖："皇、皇兄，不怪她们，是我自己不好。"

"不成！你们几个奴才听着，若是郡主染上了风寒，小心你们的脑袋！"福临说罢拉起了孔四贞的手："走，朕带你去母后那里弄碗姜汤喝喝。"

"皇兄，四贞可没那么娇贵！您慢些呀，这高底花盆式的鞋子我可走不快呢。"

刚翻修完工的慈宁宫富丽堂皇，在白雪的覆盖下像是琼楼玉宇，园中的参天古柏披上了银装，但它们那郁郁苍苍的枝叶茂盛依旧，似乎在与冰雪严寒做着抗争，给这座古老的宫殿带来了几分生气。

正殿的西暖阁里，花花绿绿地坐着福临的皇后慧敏、佟妃以及田贵人，她们均打扮得花枝招展的，绣花锦袍闪着光亮，高高的两把头中露出粉色或是碧色的头垫，正中别着耀眼夺目的翠玉珠子或是玉坠儿，尤其引人注目的是别在鬓上的大朵绢花，浅粉色的、明黄色的、碧绿色的，十分鲜艳夺目。正中大暖炕上一左一右坐着孝庄太后和白发苍苍的寿康太妃——她可是太祖皇帝的妃子呢，如今成了宫里德高望重的长辈了。

"唉，老喽，瞧她们几个多水灵呀，个个花团锦簇的，那别在头上的花儿怎么就那么好看呢？鲜灵灵的像是能掐出水来。慧敏儿，你过来让老身摸摸。"

"太皇额娘，赶明儿个孙儿派人去花市给您买上几朵。"慧敏扭着细腰款款上前，柔柔地说着，将绢花从鬓角取了下来，放到了寿康太妃的手中。

"嗯，还有花香呢。"老太太眯缝着眼睛仔细地瞅着，又伸手朝慧敏的粉脸上摸了一把呵呵笑着："庄妃，瞧你这媳妇儿多乖巧，多俊哪，真是可人。这么一个知冷知热的人，福临那皇孙怎么就不冷不热的呢？"

"太福晋，来来，孩儿剥个松仁给您吃，香着呢。"孝庄太后连忙把话岔开，心里却在想，这老太太真是老糊涂了，哪壶不开偏提哪壶！说来也是的，福临一见慧敏就敬而远之，两个人说话也是有一搭没一搭的，根本不像是一对小夫妻，他们俩到底是怎么啦？眼见得佟妃都怀上了，可快两年了，慧敏的腰却是越来越细了，唉，真不知这孩子心里是怎么想的。慧敏有哪一点儿配不上他？

慧敏的脸色有些变了，粉脸更白了，闷声不响地又将绢花别在了头上。

"佟丫头，太皇额娘前些日子做了个梦，只见那景仁宫上头呀一片红云罩着，隐约可见一条火龙在半空中飞舞，醒来以后就听你额娘说你有喜了，你们看看，这不是吉兆吗？我皇孙儿要生龙子喽，那老身我岂不是成了太太皇额娘了吗？呵呵！"寿康太妃一边费力地嚼着松仁，一边又打开了话匣子。

佟妃圆圆的脸上现出了一个小酒窝："托您吉言，太皇额娘。您是长辈，经历的事多，您说的准没错。"佟妃有些害羞似的低下了头，不经意地瞥了慧敏一眼，却发觉皇后的脸色更显苍白了。

"慧敏，不是姑姑说你，你是正宫娘娘，凡事都要以身作则的，你和福临不能总是这样僵着，得想个法子呀。"

"姑姑！"慧敏带着哭腔，显得可怜兮兮的，"我什么法子都使过了，对他哭过、求过，还给他跪过，可他，心里压根儿就没有我这个人！从大婚的那一天起，他就没正眼看过我！原本他跟我还有说有笑的，可成了亲反倒变成了仇人似的，我又有什么法子？"

"唉，你们这两个小冤家，倒没少让额娘费心哟。福临脾气倔，你就得迁就着他一些，不要总放不下架子。你看佟丫头她不是做得很好吗？"

"姑姑，侄女可是打大清门里抬进宫来的，怎能像有些人那样不知羞耻地百般勾引皇上？'"

"住口！瞧瞧你那说话的口气！"孝庄太后一声呵斥，吓得慧敏低下了头。"你呀，吃亏就吃亏在这上面。夫妻嘛，还有什么勾引不勾引的？胡说八道。回去好好想想该怎么做！"孝庄后对这个霸气十足的侄女兼儿媳心里是又气又恨又爱怜，有一种恨铁不成钢的感觉。

"皇额娘，您在吗？"

棉帘一掀，福临风风火火地闯了进来，带来了一股子冷风，孔四贞一直被他抓着手腕子，像老鹰抓小鸡似的半拖半拉进了暖阁。

"孩儿给太皇额娘和皇额娘请安了！"屋里的慧敏、佟妃她们也慌忙起身向福临行礼。

"四贞，快过来，坐到皇额娘旁边的暖炕上去焐焐。"福临没理会慧敏她们的行礼，忙不迭地将孔四贞推到了孝庄太后的跟前，样子甚为着急："皇额娘，四贞妹妹她，她恐怕受了风寒，刚刚在外面连打了几个喷嚏呢。"

"瞧瞧，乖女儿，我说一大早就不见人影儿，跑到哪里玩去了。啧啧，这脸蛋儿冰凉冰凉的，哎哟，这小手更凉，快些坐到暖炕上。"

"额娘，你看看皇兄，他总是喜欢大惊小怪的。四贞的身体不弱，前两年吃了那么多的苦从没有生过病。我在这里焐一焐就好了。"孔四贞笑嘻嘻地任由孝庄太后轻轻抚摸着，那模样越发纯洁可爱。福临发愣的站在那里，一时间竟然也看呆了。

"禀太后、皇上，臣妾身子不爽，先行告退了。"被冷落一旁的慧敏忽然起身，从牙缝里蹦出了这几个字。

"好吧，这里也没有什么事情了，跪安吧。"

第二十三章

顺治帝厌煞后宫妃　庄太后怒斥天子情

慧敏听着福临那没有感情的话，忍不住鼻子一酸，眼泪在眼眶里面打转。"皇上为什么竟然这样无情无义？哪怕、哪怕他可以正眼看我一眼，哪怕、哪怕他可以对我笑一下，我怎会这样伤心呢。哼，动不动就指责我喜欢妒忌，让我的心里怎么可以平衡呢？这孔四贞究竟算什么东西？一个沦落街头的小女子，她为什么就可以受到这样的礼遇？姑姑对她爱怜不已，连皇上竟然也对她怜爱有佳，手拉着手，一副亲密的样子，她不过是个兵败自杀的定南王的小女儿，也算不上是什么金枝玉叶，再说，长得也就那样，眉毛太粗了一些，说话的嗓门也大了一些，她的出身、家世与相貌怎能与我相比？不消说，这全天下也没有第二个有我如此高贵出身和如此容貌的女子了，所以这后宫之主自然是非我莫属了，她们谁能与我相比？"

慧敏竭力咬住下唇不让眼泪流出来，昂着那个高贵的头赌气离开了慈宁宫。

"简直是莫名其妙！"

"你才是莫名其妙呢。贞儿，陪太皇额娘坐会儿，额娘有话跟你皇兄说。"孝庄太后的脸色颇为严肃，福临悄悄地朝孔四贞眨着眼睛，双手一摊表示无可奈何，孔四贞觉得这个少年皇兄蛮风趣的，捂着嘴咯咯咯笑了。她毕竟还只是个十三四岁的小姑娘呀。不过呢，像皇后慧敏、佟妃以及田贵人她们的年纪也不大，不过十四五岁，因为少年天子才只有十六岁嘛，有时候言谈举止更像是个大男孩。

"坐下吧，咱娘俩有好些日子没这样面对面的说说话了。"孝庄后带着福临走进了东暖阁，这里是她平日里读书作画的地方，书案上纸砚笔墨文房四宝一应俱全，一只大白炉子里火苗正旺，一只古色古香的铜鼎里吐着袅袅轻烟，满室芬芳。

福临惬意地靠在暖炕上，小炕桌上摆着松仁、杏仁、蜜枣、金橘饼之类的茶点，一名女侍手捧托盘送来了两盏热奶茶，然后低头退了下去。福临只觉得这个侍女体态十分轻盈，一举一动很是妥帖，只可惜没看清她的模样，按说有这样婀娜的体态，相貌肯定也不会差到哪儿去的吧。

"皇额娘，这个侍女有些面生嘛。"

"这说明你来额娘这里的次数太少了，"孝庄后轻轻吹着热茶，"她是我的侍女苏嘛喇姑。"

"很好听的名字，名如其人，不错，不错。"福临像是在品着一杯醇酒，咂着嘴，点着头，眯缝着眼睛根本没注意到母后那不悦的表情。

"皇儿，"孝庄太后将茶盅重重地往茶几上一搁，福临这才回过神来，"额娘，您有话要对儿臣说？"

"坐正了，看看你，见有姿色的女子就一副魂不守舍的样子，你真让额娘失望！"

看着太后那蹙起的眉头，福临连忙盘腿坐正，摆出了一副恭恭敬敬的样子："没有哇，儿臣不过随便说说而已。想想也是，皇额娘身边的女子个个水灵聪明又美貌，而儿臣宫里的那几个，慧敏只是一只中看不中用的花瓶，妒忌心那么强，人又刁蛮，我跟她总是话不投机。佟妃吗，人显得木讷，一副唯唯诺诺的样子，朕跟她说话一点儿也提不起劲儿来。至于那田贵人，模样倒是挺俊的，可儿臣总觉她很势利，有些心术不正，爱嚼舌头搬弄是非，这样的人，朕对她能够亲近得起来吗？母后，儿臣对她们实在是很头痛，很无奈呀。"

"胡说！"孝庄太后恼怒地看着福临，"她们皆为八旗秀女出身，均有显赫的家世和出众的相貌，是经过层层挑选才得以入宫的，你怎么能将她们说得一无是处呢？慧敏的父亲、你的亲舅舅自是不用说了，就说佟丫头的父亲佟图赖吧，他曾官至都统、定南将军、秩三等子爵，是我大清开国时汉人军旗中最有名的战将之一，他的父辈佟养正、佟养性等人在清太祖、太宗时期也曾建功立业……"

"皇额娘，恕儿臣不孝，"福临闷闷地打断了母后的话，"儿臣需要的是能理解人、体谅人、秀外慧中的嫔妃，可不是与她们的父辈一起生活！"

"额娘真的弄不明白，像慧敏这样如此出众的女子你怎么就不喜欢？那每三年一次选的秀女，她们入宫后难道就没有一个令你满意的吗？作为一国之君，如果放着正事不做，整日耽于风花雪月之中，儿女情长，那可是要误国的呀！"

"额娘，难道您就忍心看着儿臣一天天的郁郁寡欢、日渐消瘦下去？"福临漆黑的眉毛一抬，反问道。"自大婚以来，儿臣仍觉得整日如同生活在皇父摄政王的阴影之下，儿臣有心要摆脱这门婚姻却欲罢不能，只能一忍再忍。快两年了，儿臣已经十六岁了，也算是个堂堂的男子汉了吧，为什么就不能让儿臣敢恨敢爱地做一回主呢？您瞧，儿臣已经瘦得只剩下皮包骨头了。"福临挽起了袖子，将青筋直暴的胳膊伸到了母后面前。

虽然不至于皮包骨头，可福临的确是日渐消瘦了。太医们深深为皇上的健康担忧，并不止一次地向太后禀告过皇上的健康状况，这些孝庄太后全都知道。原本以为，少年男女相处日子久了，自会相互体贴，日久生情嘛。可谁会想到俩人的关系会越弄越僵呢！很显然，慧敏受到了福临的冷落，她虽体健色妍却一直没有子嗣，这就是一个很好的证明。福临这孩子生性倔强，也许他是想以此来证明他对多尔衮的怨恨？天，他怎么能拿大清的龙脉世系赌气呢？

"皇儿，"孝庄太后的心软了，福临毕竟是她的亲生儿子呀，"额娘知道你心里不痛快，也难怪，幼年的遭遇对你的打击太大了，额娘怎么好再勉强你？慧敏这孩子，自幼娇生惯养，被宠坏了，她自觉身世显赫人又俊俏，脾气越发刁蛮，性儿又天生的妒忌。唉，你们俩真是不投缘哪。难道，就没有一点儿挽回的余地？"

福临苦笑着："额娘，如果您还当儿臣是亲生儿子，就不要再勉强儿臣了，儿臣已经忍了两年，实在是忍无可忍了。"

"那，你打算怎样？"

"废掉她在中宫的位子。"

"什么？"孝庄太后不觉一呆，"这事就闹大了。皇后身为国母，居中宫，主内治，地位极崇，怎可轻易废后？民间休妻尚且要慎之又慎，更何况是废后？皇儿，此事关系社稷安危，望你三思！慧敏儿纵有一百个不是，也不该遭此厄运哪，这事让额娘怎么向你舅舅交代？"

福临跳下炕，避开了母后那无奈的眼神："儿臣告退！"

"福临，"孝庄太后有些绝望地看着儿子，"慧敏没有对不住你的地方呀，科尔沁也没有对不住大清的地方呀！"

"是的，她没有错，科尔沁也没有错，错的是我！额娘，您当初就不该生我！"福临一转身掀起棉帘，咚咚咚跑了出去。

吴良辅早命太监备好了御辇等在慈宁宫门口，可神色黯然的福临手一摆："不用了，朕想随便走走。"

"那，这天寒地冻的，奴才给您围上这狐毛领子吧。"

"少啰嗦，滚远些！"福临一声呵斥，吴良辅吓得一哆嗦。由于常常处在痛苦和压抑之中，皇上的脾气反复无常，常常借故鞭打近侍以发泄无名怒火，就连皇上一向最宠信的总管太监吴良辅也不能幸免。这会儿，他不禁又摸着额角上的一道疤痕，怯怯地放慢了脚步，带着几名小太监远远地

跟在了皇上的后面，再也不敢饶嘴饶舌的了。

"喂，你饿不饿呀？我的肠子都在咕咕叫了。"李国柱悄悄地问兀里虎。

"嘘！小声点儿，没看见万岁爷心情不好吗！这会子你倒还想吃饭！"兀里虎嘴上说着，不争气的肚子突然骨碌骨碌一阵作响，李国柱乐得连忙捂住了嘴巴。

福临漫无目的地沿着鹅卵石铺就的小路向前走着，两边是苍郁的松柏和被修剪得十分低短整齐的冬青，它们都覆盖着一层厚厚的积雪，仿佛正在安然入睡。

"嗯？哪来的一股子花香？"福临耸着鼻子不觉心旷神怡，不由自主地循着花香走进了另一个庭院。呵，这院子里什么时候栽了这么多的腊梅？紫色的藤儿，红艳艳的小花，如银的积雪，好美的一幅画呀！福临四下一望，这才回过神来，他怎么走进了最不愿意来的地方——坤宁宫？

"真是鬼使神差，莫名其妙。"顷刻间福临再也没了赏花的心情，也闻不到花香了，掉头就想出来。

这时，从正殿走出了一个宫女，她一袭红袍外罩镶兔毛的皮坎肩，端着一只银盘，步履轻盈地朝这边走来，可远远地，她就站住了，慌慌张张朝着福临便跪，头低得似垂柳一般。"奴婢不知皇上驾到，奴婢该死！"

"嘘！过来说话，"福临压低了声音，"你的主子呢？"

"娘娘从慈宁宫回来之后就伤心落泪，哭了一阵子，这会儿歇着了。奴婢这就去禀告娘娘。"小宫女仍跪着没动。

福临不觉有些恼怒，上前几步，用手托起了她的下巴，随口说道："跟你主子一个德性！"可话音没落，他却睁大眼睛呆住了。

真是笑春风三尺花，骄白雪一团玉。这宫女生得花容月貌，楚楚动人，两弯蛾眉，一点红唇，看得福临不觉心嘭嘭跳了起来，伸手扶起了宫女："你叫什么名字？朕好像见过你？"

"贱婢春月，是娘娘身边的下人，这会儿趁娘娘歇着想采几枝梅花回来……"

"既是皇后身边的使女，怎地朕一直没见过你？"

"这……"春月避开了皇帝那灼热的目光，"娘娘有话，不许奴婢擅自出入，只留在宫里，皇上来的不多，故未曾承应皇上。"

"嗬，口齿还蛮伶俐的呢。那你知娘娘为何不让你出入吗？"

"这……"春月是个伶俐女子，见皇上目不转睛地盯着自己，而且笑容可掬，便鼓起勇气秋波斜盼："奴婢不知，但蒙万岁爷赐教。"

"嘻！好个精灵似的美人儿，走，随朕去那东配殿一谈！"福临不由分说拉住了春月的手直奔了东配殿。

"嘿！这回可热闹了，若是让正宫娘娘知道了，这小丫头片子可就惨喽！"兀里虎贴在李国柱耳边一阵轻笑。

"我说皇上今儿个怎地到坤宁宫来，原来是醉翁之意不在酒哇！"吴良辅也乐了，朝着坤宁宫里的几个太监一挤眼："这会子可没咱爷们的事儿了，有好吃好喝的没？""有，有，吴爷，您往这边请。"老太监媚笑着带吴良辅往后院走去。

"万岁爷，膳齐。"

御膳房的首领太监向坐在膳桌前发愣的福临一声跪禀，福临这才如梦初醒。扫了一眼御桌上几十个带着盖的法琅质、银质以及瓷质的盘、碟、碗，他没精打采地问了一句："不是说了吗，少摆些碗盏，每天端来摆去的，不嫌麻烦？"

"万岁爷，您是天子，这几十种膳食可少不了哇，再说啦，后宫里的娘娘们还有外面的大臣们还盼望着能得到这些美食呢。"

"唔，那就把这些盖碗打开吧。"福临也知道，刚才的问话是多余的。他一个人当然吃不掉这一桌子几十道菜肴，许多东西不过是拿来摆摆样子，然后便按规矩赐给别人罢了。

瞅着一桌子热气腾腾的菜肴，福临举箸不定，那一品燕窝肥鸭丝，什锦丝的火锅正咕嘟咕嘟冒着泡泡，汤清菜嫩，香气扑鼻，可福临却一点胃口也没有。

"今儿个用膳耗了多少肉、菜和米面？"福临用筷子夹起一只珍珠小馒头，放在嘴边咬了一口。

"回万岁爷的话，"御膳房的总管太监连忙从怀里摸出了一张菜单，上面密密麻麻地写满了蝇头小字，"今日恭备的份例是：盘肉二十斤、汤肉五斤、猪油二斤、小羊两只、鸡五只，其中当年鸡三只、老鸡两只、肥鸭三只、鸡蛋二十个、白菜、韭菜、香菜、萝卜等共十八斤，毛冬瓜一个，葱四斤。早、晚随膳饽饽八盘，每盘三十个，做一盘饽饽需要上等白面四斤，香油一斤，芝麻五勺，白糖、核桃仁和黑枣各十二两，还有……"

"算了，下去吧，还是老一套。"

管事太监仔细折好了菜单又揣进了怀里，待会儿还得向内务府交差呢。

"万岁爷，这些菜肴都不合您的口味？您尝一尝三鲜锅子吧，菜鲜汤也鲜，是内务府新挑来的厨子做的。还有这碗韭菜、绿豆芽炒腊肉丝儿，放了一些腌的红椒，您尝尝，是南方口味的呢。"

福临不忍悖了老太监的好意，夹了几道菜，又喝了半碗热汤，然后手一摆："撤吧，把菜赏给妃嫔们。对了，景仁宫佟妃那儿多送几份。"

"万岁爷，好歹您再多吃一些吧，奴才瞧您说话都打不起精神来，奴才……"吴良辅低声地劝了一句，却被福临拿眼睛一瞪："少啰嗦。"

是的，纵有山珍海味摆在福临的面前，此刻他也是食之无味呀。

早晨一上朝，少年天子便做出一件震惊朝野的大事，只那么一句话，几个字，就令满朝文武大惊失色！"皇上有旨，命礼部、内三院速速查阅前代废后事例上奏，不得有误！"

吴良辅那圆润的声音在大臣们听来却如芒刺在背，他们个个呆若木鸡！而御座上的少年天子却悠闲地把玩着手中的一只翡翠色的玉质鼻烟壶。吴良辅这个奴才专会投其所好，见皇上这些日子闷闷不乐，便将这只玲珑剔透的玩意儿悄悄放在了御案上，福临果然一下就喜欢上了，闲来没事闻它几下子，还真能醒脑提神呢。

对于帝、后之间的不和，群臣们也有耳闻，但他们却认为这是一桩很般配的婚姻，皇后出身显赫，仪容出众，确有母仪天下之风，皇上应该很满意的呀。但皇上大婚后不久，就择地别居，很少出入坤宁宫，人们以为这不过是少年夫妻的一时赌气之举，哪家没个磕磕绊绊的事呢？可万万没料到，皇上要废后！皇上的举手投足、一颦一笑都事关国体龙脉，立国未久，却无缘无故地要废后休妻！

"皇上这是怎么啦？普通百姓之家休妻尚且要慎之又慎，这废去国母岂不更是要引起世人议论，影响大清的尊严与国体吗？"大学士陈名夏忧心忡忡地看着好友礼部侍郎龚鼎孳。

龚鼎孳自被降级留用之后，带着二夫人顾横波迁居京城，在南城买地盖起了一片宅院，有山有水，倒也乐得自在清静。他家底子殷实，有大夫人在合肥料理钱财家事，财源滚滚，在哪儿不是一样的潇洒？不过，他也吸取了上回的教训，变得小心谨慎多了，只要不被砍头，他照样不愁吃喝有好日子过！

可是，毕竟皇上废后这事太令他震惊了，当下他接过了陈名夏的话茬："唉，皇上已经十六岁了，不应做出如此愚蠢谬误之事，这要贻笑大方的呀！"

"龚鼎孳，你好大的胆子，竟敢指责当朝天子？"

龚鼎孳一愣，不禁倒吸了一口凉气，原来自己刚刚一时激动，口无遮拦所说的话竟被冯诠一字不漏听了去！

在陈名夏、龚鼎孳等复社出身的"南党"眼中，对冯诠这样的曾为前明阉党核心人物的"北党"是不屑一顾的。然而陈名夏与龚鼎孳在朝中的力量却比不上冯诠的势力，这个尖嘴猴腮的冯诠善于逢迎拍马，朝中老资格的大学士范文程、宁完我都对他有好感，而与陈名夏、龚鼎孳过往甚密的大学士洪承畴此刻又被派去了江南，任五省经略去了，所以在朝中"南党"显得势单力薄。

"启奏皇上，礼部侍郎龚鼎孳心怀不满，当廷指责圣上，理应受惩，请皇上明察！"

"龚鼎孳？"福临拍案而起，"你恃才倨傲，结党营私，一错再错，你可知罪？"

"臣、臣知罪。"大热的天，可龚鼎孳却觉得脖子上似乎有阵阵阴风吹过，吓得他哆哆嗦嗦的，心里想，这下子彻底完喽，不知还能不能见上夫人面？

"朕虽欲宽，可国法难容！来人，革去礼部侍郎龚鼎孳的顶戴花翎，致仕为民，永不起用！"

"谢，谢皇上隆恩！"哇，总算保住了一条老命，嘿，真是无官一身轻啊，老伙计，你可要好自为之哟！跪着谢恩的龚鼎孳心里反倒一阵轻松。人说伴君如伴虎，一点不假！说不定什么时候灾难就会落到你的头上。这回好喽，回到南城做个安分守己的寓公吧，有顾眉生陪着，每日把酒吟诗，品茗斗棋，岂不悠哉！只是，深知好友秉性的龚鼎孳在退出大殿的时候瞥了陈名夏一眼，他们这些江南才子的确是有些自视甚高，在官场最容易栽跟斗，他只希望好友陈名夏能善始善终，有个好的归宿。

陈名夏的头低了下去，他的拳头却紧握着，如果他愤怒的眼光被冯诠看见的话，这个奸邪之人肯定也会当朝参他一本。

龚鼎孳当庭被贬为庶民，使满朝文武噤若寒蝉。执事太监照旧是平和舒缓的声音："皇上有旨，有本即奏，无本退朝！"

尽管满朝文武没有明确表态，但福临知道事情并不会这么简单，有时候他真恨这些汉人满脑子的仁义道德，那么因循古板一点儿也不开窍，所以今天算是龚鼎孳倒霉了，少吃了几年的皇粮！不过，有时候参政议政还就少不了这些满腹经纶的大学士们，他们对历朝历代的典章政策了如指掌，对儒家经典颇有心得，这些是满洲的文武大臣们望尘莫及的。

树欲静而风不止。福临满脑子想的都是群臣们会对废后一事做出什么样的反应，他还有胃口吃饭吗？御膳已被撤走，侍膳的小太监、小宫女们也都出去了，暖阁里立刻清静了下来。

喝了一碗香浓的奶茶之后，福临向兀里虎招了招手，于是兀里虎身后的四名小太监手捧银盘,上前依次跪倒在地,将银盘举过头顶。盘子里花花绿绿地堆满了文武大臣们要求上奏的牌子!这也是宫里的规矩,凡遇到值班奏事引见的日子,文武大臣在退朝后若还有要事需请求引见或是要奏请,可在皇上用膳时递呈牌子。宗室王公贝勒用红头牌,文职副都御史以上、武职副都统以上用绿牌,来京的外官职位较高者则用粉牌。牌上用蝇头小字写明奏牌人姓名、家世、考绩功勋等以备皇上了解。

"平日里递呈的膳牌顶多只两盘,今儿个真是邪乎了,整整装了四只银盘子!万岁爷,请您过目!"

"宣!让他们在弘德殿候旨议政!"

兀里虎睁大了眼睛,心里说,乖乖,朝里肯定出了大事儿了,否则皇上怎么会让大臣们来弘德殿议政呢?乾清宫西侧的弘德殿,养心殿的东暖阁以及乾清宫的西暖阁,都是皇上日常批阅奏章或是听政议政的地方,而在弘德殿召群臣商国事则显得尤为郑重,难怪兀里虎会有些惊讶了。他上午没当班,所以还不知殿里发生的事情。

"傻样!若是再这么呆头呆脑的,朕可就把你赶走喽!"福临忍不住拧了一把兀里虎那白净的脸蛋儿。

兀里虎这才回过神来,慌忙跪求:"万岁爷您可别!奴才这几日又学了一出戏……"

"噢?唱两句给朕听听!"

"嗻!"兀里虎起身,右手摸着脸儿,左手伸出了兰花指,学做女人的娇羞模样朝福临抛了一个媚眼,细着嗓子唱道:"昨夜晚进了红罗帐……"

"哈哈哈哈!真有你的!"福临开心地笑了。

已经静下心来的少年天子缓步走进了弘德殿,奉诏议政的文武大臣们鱼贯而入,弘德殿原本宽敞的空间变得狭小起来,有一种令人窒息的感觉。

"怎么,你们不是有本要奏吗?朕此刻已经吃饱喝足,准备学着三国诸葛亮,来一场舌战群儒,哈哈!"

看来天子的心情不错,不过他虽脸上带着笑容,可说出的话用意却十分明显,他主意已定,绝不更改!群臣一时无言。

"孔允樾,怎么,你这位孔夫子的后代传人也没有话说了吗?"福临举着一枚粉牌,带着一丝嘲讽的口吻。

面白无须的孔允樾"倏"地从人群中站出来,紧走几步,跪倒在地:"臣孔允樾有本上奏,请皇上明察!"这样一位久游宦海历事两朝的礼部官员自然是熟谙礼法了,而且又熟知历史掌故。当下,孔允樾引古为鉴,侃侃而谈:"皇后正位三年,未闻有显失法之处,而皇上仅以'无能'二字就定下废谪之事，实则有失公允。何以服皇后之心，何以服天下后人之心呢？汉之马后，唐之长孙后，均为敦朴之人，皆能养和平之福，当今皇后未尝不可。至于吕后、武后，无不聪明颖俐，然顾危社稷，祸国殃民，遭到后人唾弃。今皇后天姿笃厚，实为大清社稷之福，又怎能成为皇上废后的理由呢？今日礼部诸臣至内院恭侍上谕，察前代废后事例见闻，臣等不胜悚惧。窃以为当今皇后母仪天下，关系甚重，前代如汉光武、宋仁宗、明宣宗皆称贤主，俱以废后一节，终为盛德之累。臣斗胆请皇上三思，慎重举动，万世瞻仰，将在今日。"

福临平心静气地听着，不时挥笔写着什么，当孔允樾话音一落，他便将手中的黄绫朝吴良辅的手中一放："念！"

"据奏皇后母仪天下，关守甚重，朕正是出此考虑才决定要废后的。朕好简朴，而皇后则嗜奢侈，朕日夜为国事操劳，而皇后却搅得后宫鸡犬不宁，何来母仪天下之说？因此，为着大清江山社稷所想，朕定要废这无能无德之人。尔为大臣只知死守理法，将来以何颜面对尔祖宗孔夫子？"

福临振振有词，乱扣帽子，搞得朝堂上下的官员哭笑不得。这清官难断家务事，后宫的事务一向都是讳莫如深，现如今皇上的脸面也不顾了，当着大家的面数落着皇后的不是，众人也就没有什么还说的了。不要说他们对皇上夫妻间的私事没有发言权，就是有所耳闻此时也要装聋作哑，不是吗？

第二十三章 顺治帝厌煞后宫妃 庄太后怒斥天子情

第二十四章

决心意福临废皇后　忱祖训太后训天子

　　尽管皇上废后的心意已决，谏者就要受到惩罚，但此事关系太大，在孔允樾之后，终于有许多大臣们不避帝威，冒死上奏。他们纷纷上疏谏阻，称"夫妇乃王化之首，自古帝王必慎始敬终"，"昔日册立皇后之时，曾告天地宗庙布告天下，现谕未言及与诸王大臣公议及告天地宗庙之事，请求皇上慎重详审，以全始终，以笃恩礼"。御座上的福临有些沉不住气了，脸色渐渐地阴沉了下来。

　　"太后懿旨到！"

　　福临一愣：额娘早不传晚不传，偏偏在此时此刻传了懿旨来，是祸是福呢？他的心志忐不安起来，接过懿旨的时候手竟有些哆嗦了。

　　内院大学士、九卿、詹事、科道等文武百官进进出出，走了一拨又来了一拨。他们似乎已经结成了一种同盟，甚至连冯诠和陈名夏这一对官场上的"冤家对头"也联名奏谏，站到了一起。

　　少年天子成了众矢之的！可他的神色却不再黯然，而是一脸的灿烂。难道是臣子们所提的以选立东西两宫贵妃来补充后宫之议得到了他的首肯？这样皇后仍居正宫，但实际上已与帝分居，既避免了废后造成的惊动朝野的混乱，也满足了皇上另找新人的要求，两全其美，皇上何乐而不为呢？

　　一连数日，皇上的态度越来越亲切，群臣们渐渐打消了顾虑，以相当巧妙委婉的措辞上疏，请勿废休，另行选立东西两宫，"则本支日茂，圣德益先，可为万世法英"。他们撇开了睿王代为定婚以及皇后无能与帝参商诸理由，因为，如果否定皇上所云，未免使天子难堪，会恼羞成怒，坚拒忠谏。如若言及大清一向需要借重内属蒙古尤其是科尔沁部王公的力量，则对堂堂大清皇帝的龙颜不利。故而，增选东西两宫贵妃，皇后仍居正宫，就成了群臣们一致认为是两全其美的妙计了，他们是用心良苦，而皇上又是怎么想的呢？

　　养心殿的东暖阁里，叔王济尔哈朗正主持议政王大臣会议。宗室贵族中的议政王、议政贝勒、议政贝子与八旗固山额真兼议政大臣及专职的议政大臣一起，共同议政，这种形式起源于天命年间，它既是君权上升，王权较前有所下降的产物，也是皇太极抑制身为旗王的亲王郡王的产物和重要手段。年轻的顺治皇帝继承和发扬了皇父首创之制，增加议政人员并扩大了其职权和影响。除了德高望重的叔王济尔哈朗之外，还有和硕承泽亲王硕塞、和硕肃亲王富寿、端重郡王博洛、多罗简郡王济度、多罗敏郡王勒度等王公贝勒贝子，此外，两黄旗重臣索尼、鳌拜、苏克萨哈等人也破例应召参加。福临身着龙袍，尊贵中透着洒脱，时不时地闻着鼻烟，神情甚为悠闲。

"朕自提出废后以来，已过去了数日，朕一忍再忍，着议政诸王、贝勒、大臣及各官反复议奏，今天也该做个了断了。实不相瞒，自朕册后之日，就是朕与后分居之时，常人尚且是不孝有三，无后为大，何况我堂堂四海之君？就称召幸嫔妃得生龙子，亦非嫡出，又哪来的本支日茂呢？喏，你们看看，这是皇太后的懿旨，她老人家如此通情达理，在废后一事上由朕自行裁酌，你们又何必坚持反对呢？"

议政王大臣们的头脑中可没有汉人大学士那么多的条条框框，既然皇太后都发了话，还有什么好说的呢？

郑王济尔哈朗有些困难地从坐椅中起身，竭力挺胸凹肚，说话未免有些气喘："老臣谨遵圣旨，毋庸更议！"此言一出，众人立时随声附和起来。和硕亲王硕塞是皇兄，自然要给皇帝福临面子，而安亲王岳乐与简亲王济度是亲兄弟，见父王济尔哈朗已经发了话，也只有唯唯诺诺的份儿了。至于郑亲王济尔哈朗本人，他说的当然是违心的话。尽管他的处境比任何一位王爷都好，也是他有生以来日子最好过的时候——他是此时仅有的一位"叔王"，德高望重，受到皇上和太后的尊重，他身为四位和硕亲王之一，议政王之首，一家是王爷，在群臣中是三朝元老——但，济尔哈朗并不糊涂，他已经意识到了少年天子已非过去的傀儡皇帝了，他要乾纲独断，他是圣尊天子，谁敢冒着被廷杖打死或监毙狱中或满门抄斩的危险拼死谏阻？只有一种选择，那就是完全屈服于帝王威严，照旨办理。识时务者为俊杰嘛。尽管贵为叔王，济尔哈朗的脑海中仍时常出现曾不可一世的皇父摄政王惨遭鞭尸削爵的情形，要保住头上的王冠和乌纱帽，只有对乾纲独断的少年天子俯首帖耳！

少年天子福临笑了，露出了一排白牙："知朕者叔王也！废后之事，实难启齿，然而朕已整整忍耐了三年，故有此举，既各位皇叔皇兄都无异议，那就遵旨实行吧。"

随后，皇帝的圣旨下发到礼部，诸臣听后才恍然大悟。

"今后乃睿王于朕幼冲时因亲定婚,未经选择。自册立开始,即与朕志意不协,宫闱参商已历三载,事上御下,淑善难期,不足仰承宗庙之重。谨于八月二十五日奏阅皇太后,降为静妃,议居侧宫。钦此。"

怪不得少年天子一意孤行,原来背后有皇太后撑腰!可这废后的理由未免滑稽可笑,废后的罪名不是以谋弑夫皇、秽乱宫中、勾结外敌等名义,而仅仅是因为"志意不协""无能之人"。这一纸废后诏书也称开了历史的先河了。在亲政大典之后,少年天子立即无情而残忍地惩处了皇父摄政王及其党羽,而废后之事再一次让朝中的文武百官深刻认识到了少年天子的形象——一个拿定主意便绝不回头的至尊天子。

少年天子福临已经做到了乾纲独断,他对大清国的未来和自己的生活充满了美好的憧憬,他自信能成为大清国的一个贤明君主,也能成为他所钟爱女子的称心夫君。现在已经有了好的开头,难道不是吗?

冬去春来又一年,真是年年岁岁花相似,岁岁年年人不同啊。

可不,御花园已经开满了争奇斗艳的奇花异卉,住在御花园正中的钦安殿里的孔四贞也出落得艳如桃花一般的美丽。她不属于那种弱不禁风、冰雕玉琢般的女子,她体态健美,腮绽桃花,勇武娇憨,性情开朗,与宫中的那些矫揉造作、自作多情的美人儿迥然不同,孔四贞身上具有一种健康、朴素的美,犹如一股清风吹皱了少年天子福临内心的一泓春水。

"格格,万岁爷来了,还差人抬着好些东西呢。"

"哦?又往这儿送什么东西?这皇兄可也真是的。"孔四贞放下了手中的古书,只稍稍对镜梳理了一下,便笑吟吟地走出了殿门。

温暖的阳光下,孔四贞身着一件淡青色窄袖长衫,外罩一件海龙片马甲儿,马甲儿前襟上悬着一串儿茄楠香珠儿,头发前齐额,后梳辫,乌黑亮泽并无环饰,脚下穿着一双软底红绣鞋。这身装束很随意,活脱脱的一位汉家少女,而不是像女真家那样穿金戴银珠光宝气的。

福临眼睛一亮,脱口而出:"皇妹,你好美呀!"

孔四贞羞红了脸,忙裣衽行礼要盈盈下拜。

"哎,自家兄妹,何必行这劳什子的大礼呢。你看,皇兄给你带什么来了?"

福临很自然地挽着孔四贞的手,走到了几只大木箱子面前,小太监一一打开了箱子,孔四贞一时竟愣住了。

"朕总觉得钦安殿里的布置太过朴素了,喏,这些全是外藩的贡品,这箱子里是一百挂猩猩毡帘,颜色不同可以四季调换着用,那箱子里是枕套床裙以及各式绸缎帷幔,那边的一只箱子里乱七八糟地装着几件衣料,有呢子的也有丝绸的，对了，还有一件白狐皮的大氅，这里有一只西洋时钟，还有五彩丝线，闲来没事你可以用来绣花。噢，还有一面镜子。怎么样，喜欢吗？"

福临如数家珍似的娓娓道来，孔四贞只有鸡啄米似点头的份儿了，女孩子哪能不喜欢这些花花绿绿的东西呢？当下她又抿嘴一笑，一副欺桃赛杏的容颜令福临心里甚为快慰。

"皇兄，您是想把这钦安殿变成个大货栈呀，我一个人哪能用得了这许多的东西呢？再说，皇太后也时常差人往这儿送吃送喝的呢。"

"朕和皇额娘还不是怕你一个人待在深宫里会寂寞？只要你笑口常开，朕愿意天天往这儿送东西来！"

"不要！"孔四贞又是甜甜一笑，随即轻轻叹了口气："四贞有今天的恩宠，料想父母的在天之灵可以得到安慰了，唉，当年我死里逃生，做梦也没有想到会有今日呀！"

俩人坐在殿里，四目相对，少年天子心里一时悲感交集："贞妹，想不到平日里爱说爱笑的，原来却时常想着过去！唉，令尊定南王为大清捐躯，死得悲壮呀。不过，贞妹你尽可放心，朕一定善待你，让你一辈子无忧无虑，快快乐乐。"

"这话我信，四贞现在不是已经无忧无虑了吗？皇兄，你对我如此关爱，犹如亲兄长一般，倒令我真的想到了死去的爹娘和兄长。"

"朕理解，那种梦魇般的经历你是不会轻易忘记的，说出来，心里也许会好受些，说吧。"福临像个大哥哥似的轻拍着孔四贞的手臂，一脸的柔情。

"……那时我父王督师桂林，奉命与从四川南下的平西王吴三桂的大军钳击贼寇大西军。而贼首李定国不知从哪里调了一支象队，劲旅山拥似的逼近了桂林。父王手下的精兵马队一听象叫便乱了阵脚，有的战马竟然受惊而四处逃散，父王趁着混乱策马入城关闭了城门……"

孔四贞低声地讲述着，眉眼低垂，一副招人爱怜的娇憨模样，福临看得心都痴了……

"贼兵将桂林城包围了三匝，旌旗遍野，甲仗耀目，钲鼓之声使城内的守兵胆战心惊。眼见得无望得到外援，而城内的粮草殆尽，父王走投无路，当听说贼兵搭起云梯开始攻城时，父王将母亲与几个姨娘以及兄长喊到了一起，在他平日里聚集了许多宝玩的密室里闭门自焚……呜呜，当时我跟着奶娘躲在灶房里，才逃过了这一劫。直到后来，听说父王的部将绿国安重又夺回了桂林，奶娘才带着我重又投奔到了桂林，这时的定南王府早烧成了一堆瓦砾……"

说到伤心处，孔四贞抽抽咽咽地哭了，福临这才回过神来，从怀中掏出一方丝绢递到了孔四贞的手上，拍着她微微颤动的肩膀安慰道："你父王此举实在令人敬叹！他在四大汉王中来归最早，功勋卓著，却阖门死难，这是大清的不幸啊！唉，他不该去得这么早呀，若他在，平南王吴三桂也不至于如此煊赫了！"

孔四贞心里难过，却也不得不强颜欢笑，她的眸子里还闪着泪光："父王为国捐躯，也算是死得其所了。皇兄你为父王隆重发丧，造墓立碑，又恩谥忠烈，使四贞由落难女子成了当朝的格格。这些恩宠，若我父王地下有知，也可以瞑目了。"

"金叶郡主来了！"

"嗬，敢情皇兄在此，看来小妹来得不是时候哇。"金叶公主一声娇笑，朝福临挤眉弄眼伸着舌头。

"金叶妹妹，又胡说八道了，看来皇兄要立马给你找个人家把你嫁出宫去，省得你整天叽叽喳喳吵得人心烦。"福临半真半假地开着妹妹的玩笑。这个金叶公主，是皇太极的庶妃奇垒氏所生，满打满算今年已十五岁了，是个大姑娘了。

"皇兄就这么看妹妹不顺眼？"金叶小嘴一噘，"在外面听着你与四贞有说有笑的，见了面却对我不冷不热的。人家最怕提这档子事，你偏哪壶不开提哪壶！"金叶耍起了性子，身子一扭竟滴下了两滴眼泪！

"好、好，皇兄错了，给你赔不是，行了吧？"福临的态度出奇得好："四贞的眼泪刚干，金叶你就别从眼里滴水儿了。走、走，朕带你们两个出去遛遛。"

"有什么好遛的？宫里都转腻了。"金叶眼睛一亮，眉毛一挑，笑道："皇兄若真的有雅兴，不如带我们去狩猎吧，踏青也行呀，反正只要出了宫就行。"

"看看，急着要出宫了不是？女大不中留哇，我的姑奶奶！"福临顽皮地跟金叶开着玩笑，逗得孔四贞咯咯直笑。

"要出宫也得换身行头呀，穿着这高底花盆鞋又能走多远呢？再说，你平素娇养，拉得起弓吗？倒是四贞妹妹，马上功夫似是不弱，不如咱们到南苑去骑马吧。"

两个姑娘相视一笑，孔四贞朝福临一点头。"皇兄稍坐片刻，我俩换换衣服就来。"

福临一路上哼着小曲儿，穿房越殿，健步如飞，身后的几十名太监宫女们一路小跑着在后头跟着。有道是人逢喜事精神爽，这不，跑马回来，他硬是不坐御辇，龙行虎步地前往慈宁宫向他的母后请安，这是他每日的"功课"之一。

想着孔四贞那俊俏的脸庞和娇憨的笑容，福临心中未免春意荡漾。在骑马的时候，趁着金叶大呼小叫地被远远撇在了后面，福临一抖缰绳，与孔四贞并肩策马而行，并意味深长地说了句："好马配好鞍，好弓配好弦！"外表娇憨的孔四贞何尝看不见少年天子那灼热的目光？聪明的她嘻嘻一笑："皇兄，小妹吟首诗给你听吧。说起来，小妹便是那诗中的秦氏女。"

"有话只管说嘛，吟什么诗？"福临一时不解其意，他真的有些按捺不住了。说实话，若是后宫的妃嫔宫女，福临早就……唉，四贞的身份不同，这皇额娘倒也会出馊主意，当时索性将四贞收入后宫多好，偏偏认她做了义女！

"皇兄你听一听嘛！"孔四贞仰起粉脸看着前方的树林，朱唇轻启，低声吟了起来："日出东南隅，照我秦氏楼，秦氏有好女，自名为罗敷……"

"哼，你怎么会是那秦氏采桑女呢？原先你是定南王之女，现今你是皇太后的义女，大清的郡主，食和硕格格俸禄。分明与那采桑女风马牛不相及嘛！"福临不满地嘟囔着。

孔四贞笑而不答，只管接着吟诵："……'秦氏有好女，自名为罗敷。''罗敷年几何？''二十尚不足，十五颇有余。''使君谢罗敷，宁可共载不？'罗敷前置辞，'使君一何愚！使君自有妇，罗敷自有夫。'……"

"什么？你，到底是什么意思？"福临终于听出些名堂来了，这孔四贞分明是在借罗敷来比喻自身嘛，难道说她已是"罗敷自有夫"？不可能！

"哎哟，你们俩倒是有雅兴，把我甩得远远的，躲到这林子边吟起诗来了。"金叶格格娇喘吁吁地追了上来。这一掺和，福临便没有机会问下去了，只得憋在心里。

福临只顾想着心事，脚刚刚踏上汉白玉台阶便被绊了个趔趄，吓得守门的太监变了颜色。

孝庄太后正提着一只小巧的白铁喷壶，给院中的一丛月季浇着水。听到宫门口的动静，她知道是儿子来了，便慢慢地转过身来，脸上带着笑容问道："皇儿，你来了。"

"皇额娘，您何必亲手做这些粗活呢，要她们做什么？"福临用嘴努着院中的宫女们。

"皇儿，你真当皇额娘老了，不中用了？赶明个儿，咱娘俩也去跑一回马，看看谁在前头？"

"怎么，额娘您已经知道皇儿去跑马了？"福临挠着头，将使女送来的一碗茶水一饮而尽。"看来，您老人家有千里眼和顺风耳呀，得，儿臣做什么事都瞒不过您的眼睛。"

"皇儿，看来你又多心了。额娘担心你在宫中寂寞无聊，又怕你跟着宫里的那些油滑的公公们学坏，便比平日多注意些你的行踪。看来你今日的气色不错呀，满面红光，神采飞扬的，莫非遇到了什么喜庆事？"

"额娘，您还真猜着了，咱们进屋说去。"

福临嘻嘻一笑，避开了母后那探询的目光，心里头多少有些不自在。你想啊，他堂堂一个国君，一举一动竟然在别人的掌握之中，这滋味能好受吗？

"皇儿读书太苦，身子也太瘦弱了些，再不要像去年冬天，直读得吐血，多让额娘揪心哪。"

福临咧嘴一乐："儿臣时常往慈宁宫走动，就是瞧瞧有没有什么好吃的。可额娘您每次尽弄些瓜子、蜜饯什么的打发儿臣，这不越吃越瘦吗？"

太后笑了，眼睛里充满了爱意。她将刚点火才抽了几口的烟袋锅子放到了银盘子里，起身吩咐摆上酒膳："皇儿，就在这间暖阁里用膳吧。苏嘛喇姑，将窗帘拉开，正好可以透些太阳光进来。"

"好啦，儿臣就坐这儿了。"

这不是正膳，又在太后的慈宁宫里，所以倒省去了诸多的麻烦，没有管事太监送膳请求引见奏事的打扰，也没有走马灯似的提着食盒子上菜、布菜、尝膳等繁杂的那一套。母子相对而坐，十分自在，毫无拘束。暖阁里两只镂花铜鼎里散发着阵阵浓郁的沉香，更增加了温馨祥和的气氛。

"母后，儿臣今儿带两个妹妹去跑马，嘿，玩得可尽兴了！"福临大口地吃着，仿佛这里的菜特别的香甜似的，其实，他心"虚"是想讨母后的好。

孝庄太后眯缝着眼睛，不时地往福临碗里夹菜。说来她已经四十出头了，渐渐有些发福，可是保养得好，细皮嫩肉的，眼角和额上细小的皱纹不注意还真看不出来。

"是四贞那丫头吧！还有一个是谁？金叶，她也去凑热闹了？想不到，这丫头平日里娇贵得很，整日里足不出户，马上功夫肯定不行，唉，想当年额娘的骑射功夫可是常被你皇阿玛夸奖呢，现在老喽。"

"皇额娘，金叶妹妹年纪不小了，总不能老住在宫里吧？"福临正有滋有味地嚼着一只凤爪。

"这么一提，额娘倒是想起了一个人。金叶贵为和硕公主，八旗贵胄她没一个能看得上眼，看来也只能由朝廷出面为她完婚了。额娘听说平南王吴三桂的儿子吴应熊不久要来京师供职，不如……"

福临"啪"地一声吐出了嘴里的骨头，兴奋地大叫起来："皇额娘，这回咱们娘俩总算想到一块儿去了！"

清兵入关之后，吴三桂一直马不停蹄，大举率兵南下，进攻南明所统治的西南地区，经四川、贵州而入云南。吴三桂功高权重，又拥有重兵，清廷为了笼络他，已经封他的妻子张氏为福晋，又令其子吴应熊到京师供职，意在加以控制。如果将大清太宗的第十四女和硕公主金叶嫁与吴应熊，料那吴三桂对朝廷肯定会更加感恩戴德，一心效忠了。边关尚未收复，清廷还得借助于吴三桂的力量，所以，皇太后与皇上不约而同地想到了要笼络吴三桂这个地头蛇。

酒足饭饱，福临净了面，盘腿坐在炕上有滋有味地品着香茗，并没有起身离去的意思。

孝庄太后知道儿子心里头还有话没说，可她又在想如果儿子先开了口，提出了什么要求，她这个额娘该如何回答呢？看他那个高兴的样子，说什么娘俩总算想到一块儿了，如果下面的事情娘儿俩意见不统一又会怎样？儿子分明在给自己戴高帽子，不行，得先截住他的想法。母子连心，虽说太后与儿子不是朝夕相处，但这个宝贝疙瘩的一颦一笑太后总能猜出个八九不离十的，她是何等聪明的人呀。

"皇儿，中宫不宜久虚。你看……"太后的口气很温和。

"哦，废后之阴影尚在儿臣脑海中出现，儿臣愿听母后教诲，但凭母后做主。不是已经开始选秀女了吗？"

"哼，少拿这些话来奉承额娘，说到底，额娘能做得了你的主吗？想一想吧，你亲政这几年所做的那些事，又有哪一桩不是自己拿的主意。"也许是看到儿子的表情有些不快，孝庄太后意识到了自己有些冲动，便缓和了口气："说真的，这回额娘还真的看中了两个女孩儿，姐姐端庄，妹妹贤淑，两人都生得仙女似的模样，额娘一下子就喜欢上了。"

"听说她们两姐妹是您的侄孙女？胳膊肘朝里拐，您当然是越看越喜欢了。皇额娘，这回儿臣也不跟您闹了，这么着，咱们做一笔交易成不成？"福临定定地看着母后，一双眸子又黑又亮，样子十分认真。

"额娘可不喜欢你这说话的口气，额娘这不跟你商量着吗？什么交易不交易的，有话就直说吧，额娘就猜到了你还有心里话没说出来。"

"那，儿臣要是说出来，您可以答应吗？儿臣已经答应了您的条件了。"福临生怕母后从中作梗，又不依不饶地追问了一句，尽管母后的脸色

有些不好看，但是他只有硬着头皮说了："额娘，我……儿臣真的特别喜欢四贞妹妹，她单纯、聪明，人又长得漂亮，儿臣想……"福临话到嘴边却吭哧吭哧地说不出来了。

第二十五章

怒天子太后动真气　续皇祧佟妃诞麟儿

不过，从儿子的神态上孝庄太后早已猜出来了，自打一进了慈宁宫，皇儿的神情就与以往不同，人像是刚沐浴似的，满面红光，眉飞色舞的，孝庄太后就犯嘀咕。海中天说的没错，福临这些日子总爱往钦安殿跑，两个人叽叽咕咕一说就是大半天，有时候在一起舞刀弄剑的，今儿个又一起去南苑跑马，那明天……"孝庄太后不愿意再想下去了，这是她最不愿意看到和想到的事情！清廷旧制，宫中严禁蓄养汉女，孝庄太后出于政治上的需要违反了这一禁例，别人自是不敢多言，而孔有德的旧部闻听之后更是感激涕零，可谁想到福临这个多情的少年天子会对孔四贞这位汉家女子一见钟情呢？

"皇儿，快快打消你心中的念头，四贞永远是你的妹妹！"孝庄后连忙声明。

"妹妹？朕与她非亲非故，是额娘您认她做的义女，既如此，为什么不能让她成为您的儿媳呢？"

"这……"孝庄后一着急，一时不知从何说起，伸手又拿起了烟袋锅子。这根翡翠杆的烟袋锅子曾经为多尔衮所喜欢，每一次他只要一进后宫，她就会亲手为他装上烟叶，并亲手点上火递到他的手上，想不到，事隔多年，自己竟也渐渐地离不开这玩意儿了。

苏嘛喇姑利落地倒掉烟锅里的烟灰，装上了碾碎的烟叶末，又点着了递给孝庄后。她做这些事的时候轻手轻脚的，目不斜视，福临却看着苏嘛喇姑的身影发愣。

"皇儿，你知道，额娘收孔四贞为义女已经违反了咱们清廷的禁例，这也是没办法的办法，定南王的旧部如今不更对大清感恩戴德了吗？所以，你不可以娶一位汉人之女为妃，这会招致八旗王公贝勒贝子们以及蒙古各部的不满。总之你不可以！"

"额娘，儿臣弄不明白，如今咱们朝里朝外，哪一个地方不是靠汉人撑着？八旗子弟个个不成气候，王府盖得一个比一个高，可本事却一个比一

个小，每日上朝，八旗王公们只是例行公事，最为国事操心的是陈名夏、冯诠、傅以渐这些汉人大学士！而在西南边陲，冲锋陷阵一马当先的还是几大汉王！还有洪承畴，他原为内阁大学士，现被派往南方经略五省，他对大清也是忠心赤胆的！至于定南王孔有德死得更是悲壮，举家一百二十多人自焚，只有小女孔四贞幸免于难！作为定南王之女，孔四贞理应得到朝廷的恩宠和礼遇，我立她为妃又有什么不可呢？从政治意义上来看，这不是与将金叶许配给吴应熊一样的道理吗？"

福临振振有辞，显得有些激动，下了炕在屋里四处走动。他将肺腑之言和盘托出，心里反倒觉得一阵轻松。

"皇儿，你现在倒是越来越会说了。额娘劝你冷静下来，不要感情用事好不好？"

"我没有！儿臣此刻心里很冷静。"福临转脸看着母后，一字一句地问道："儿臣实在是不明白，皇额娘为什么不让儿臣有一个美满和谐的婚姻呢？难道说，我不是您亲生的？"

"住口！你，越说越不像话了！"孝庄后忍无可忍，一声呵斥，福临自知说得太尖刻，乖乖地坐了下来。

"皇儿，你已经临朝亲政几年了，这会儿谁也做不了你的主。可是你得明白，你不是普通人，你是大清国的皇帝！此前，你任性胡闹，对皇父摄政王极为不恭，甚至做出了掘墓鞭尸的残酷之事。当你尽情地发泄着心中的怨恨之时，可曾想过皇额娘的感受？你不等于是往皇额娘脸上抹黑吗？他人都死了，你还不放过他，小小年纪就这么残酷无情，额娘寒心哪！当初，额娘纡尊下嫁还不是为了保全你的皇位？"

"难道，你们之间就没有相爱的成分吗？别当我是小孩子，宫里的闲言碎语我早就听说了，您这是一石两鸟、一箭双雕！"

"啪！"福临信口开河说得正起劲儿，脸上挨了一记重重的耳光，他惊呆了。

孝庄太后扬着手也一时愣住了。"天神，我打了福临，我动手打了福临！"愣了片刻，孝庄太后慌忙上前要摸摸福临被打的脸："皇儿，额娘一时气糊涂了，来，让额娘看看！"

"不用了，额娘，如果您觉得不解恨，就往这边的脸再打一巴掌吧。"福临面无表情，捂着火辣辣的左脸将右脸转了过来，"汤玛法说过，做人要学会忍耐，如果有人打了你的左脸，就把右脸也伸过去，由他打，您倒是打呀！"

"你……气煞额娘了！"孝庄后气得直哆嗦，瘫坐在椅子里直喘粗气。

"是，儿臣任性，无情无义，有道是养不教，父之过，儿臣会变成今天这个样子，到底是谁的过错呢？说到儿臣读书吐血，这到底是为什么呢？如果您早一点把心思放在儿臣身上，早一些让儿臣读书临帖子，儿臣也不至于如此呀！从小，儿臣就没享受过家庭的温暖。整天跟着几个老妈子和一群太监们瞎混，听到的却是您的闲言碎语。对了，听说您与洪承畴也……儿臣佩服您哪，若没有您的庇护，儿臣是穿不上龙袍，戴不上皇冠。可是，这傀儡似的皇帝我做着窝心哪！折寿啊！我恨不得生在普通人家，做一个敢想敢爱敢恨有血有肉的男人！谁稀罕这金銮殿？说穿了，儿臣这皇帝，从前是为着多尔衮做的，现今是为了额娘您做的！竖着耳朵听什么听，全给我滚出去！"

盛怒之下，福临顺手拿起桌上的拂尘就是一阵乱打，宫女们个个吓得面如土色，慌忙退避。

"你，你个不肖子！今几个中了什么邪，到额娘这里来撒野？海中天，快去，快去请汤若望来！"孝庄后浑身颤抖着，脸色煞白，欲哭无泪。

话说完了，火也发够了，福临渐渐地平静了下来。看着母后一脸的哀伤，想着自己刚才那尖酸刻薄的话，福临又深深后悔了。他犹豫片刻，走到母后跟前，扑通一声跪倒在地，哭了："皇额娘，儿臣惹您伤心了。儿臣有罪，儿臣该死，额娘您就宽恕儿臣吧。"说着拿起母后的手朝自己的脸颊啪啪地抽了起来。

"皇儿，苦命的儿子！"孝庄后终于忍不住，搂住了福临放声大哭起来。

等汤若望坐着轿子急急赶来的时候，福临与母后正依偎在一起有说有笑的呢。

"好啦，汤大人，哀家遇到一件棘手的事情。我们母子俩已经商定好了，这事由你来裁决，你认为怎么做我们就怎么做。"

"这……"汤若望侧身坐在铺着锦缎的凳子上，有些丈二和尚摸不着头脑。因为他一路上悄悄打听到了这母子俩正在慈宁宫里吵得不可开交呢，怎么眼下又好了呢？

"老臣恐难以堪当如此大任。若是事关重大，皇上何不召开议政王大臣会议加以讨论？"

"唉，此事不宜张扬，否则也就不专程请汤玛法您过来了。"福临此时倒显得不好意思了，为了要立孔四贞而与母后大动干戈闹了一场，值吗？他现在性情易变，他自己也摸不透，难道真是中了邪啦？

"直说吧，福临想立哀家新认的义女孔四贞为妃。汤大人，您说这事行还是不行？"孝庄后语气平和，可双眼却有些红肿，她充满希望地看着汤若望，挂在胸前的金十字圣牌一晃一晃的。

"呵呵呵！"汤若望轻声笑了起来，白胡子直颤。"原来皇上如此多情，要普施雨露呀。从大的方面说，这是件好事，可是就事论事，却似乎行不通。哎呀，这事倒让老臣为难了。"

"汤玛法，您是额娘和我最信赖的人。您一向正直善良，实话实说，您就直说吧。朕这会儿也想通了，一切都是缘分，该怎么着就怎么着吧。"

福临颇为通情达理的话给汤若望以鼓励，他不再犹豫，侃侃而谈："照老臣的分析，满汉一家是大势所趋，但满汉联姻似乎还不是时候。大清国的根基还不十分牢固，西南有南明的势力，海上有流寇，内地还有汉人的反抗。听说，中原一代又出现了个神出鬼没的朱三太子，还有，据说前明崇祯帝的女儿也在聚众起事，她现在已成了一个来无踪去无影的独臂女尼，在这种不安定的情形之下，皇上和大清国首先要依靠满蒙自身的力量，要确保满蒙之间的联盟。去年皇上废后一事已经为满蒙之间留下了一个阴影，所以皇上若再行大婚须以满蒙共同利益为重。唉，虽说我身为传教士，没过过婚姻生活，但我对男欢女爱还是了解的，《圣经》里也有这方面的内容，这也是人之常情嘛。可是对于皇上，就未免不公平了。皇上已经是上一次失败婚姻的受害者，怎可以再受到这样的打击？可话又说回来，您是皇上，您不是普通人，您无法去追求您的最爱，因为，中国有一句古话，存天理灭人欲。老臣相信皇上不会为了区区男欢女爱而去冒天下之大不韪。"

一席话说得两个忠实的听众连连点头，孝庄后满怀钦佩和感激之情，福临却是神色黯然，不住地咕哝着："朕虽然是天子，可朕也是人呀，也有常人所有的七情六欲，让朕整日去面对一个朕不爱的人，这日子可怎么过呀，难道，就没有两全其美的办法？"

"皇上，鱼和熊掌不可兼得，这道理再简单不过了。说到四贞格格，据说她自幼就定了亲？"

"是有这事儿，这也正是哀家反对的原因。她从小就由父亲做主许配给了她父亲的偏将孙延龄。只是由于战乱，才一直没有完婚，但不管怎么说，孔四贞已经是孙家的人了。"

"使君自有妇，罗敷自有夫！"福临恍然大悟，拍着脑门子喊了起来："怪不得四贞妹妹一直在我面前吟这首诗呢，原来……"

"这孩子真是可人儿，多聪明啊，"孝庄后一听，不由得连连夸着孔四贞，"她这是在告诉你，她已经许配了人家！偏偏你是个榆木脑壳转不过弯儿来。”

“可、可那孙延龄不是至今没有消息吗？也许，也许他已经战死了？”福临不由得为自己的这个想法而眉飞色舞了。

“皇儿，你还是打消这个念头吧。”

“不，额娘，不是说好了听汤玛法的吗？”

汤若望看着少年天子，表情显得十分地无奈：“皇上，你不要高兴得太早。这汉人极重名节，尤其在婚姻上更是‘一女不嫁二夫’，‘嫁鸡随鸡，嫁狗随狗’，这事即使皇上你愿意，那孔四贞也不会轻易点头的，这样一来反倒伤了你们之间的和气。还有，孙延龄是死是活尚未可知，若他还活着，皇上你这事做得不就太不光彩了吗？”

“去他的孙延龄，朕一剑刺死他。”福临恨得直咬牙。

汤若望一乐：“我们西洋倒有决斗一说，两个男人往往会因为爱着同一个女人而展开决斗，弄不好其中的一个就会中剑而死，那只是崇高的骑士的爱情，十分浪漫，可惜在中国没有。”

“汤玛法，你是说我中国人不懂得浪漫吗？等着，朕也许会碰上一件浪漫的爱情故事，到时候你可得改变说法了。哈哈哈哈！”

福临这一笑反倒弄得孝庄太后和汤若望面面相觑了，这到底是喜还是忧？

在春寒料峭的时节，景仁宫里传出了一声婴儿响亮的哭声，又愤怒、又清脆，整个后宫顷刻间便都知道了：“景仁宫佟妃娘娘喜得皇子！”

佟妃疲惫地躺在产床上，原来的朱红色的口唇现在变得像是炉底的冷灰。她的眼睛，原来晶亮乌黑，像是夜空中的灿烂星辰，现在却变得眼神灰暗毫无生气。她长发散乱在胸前，像被揪乱的麻丝，她的手指缝里还缠绕着几缕拧下来的发丝。

呵，十四岁的母亲！

佟妃的脸上现出了一丝安详、柔和的微笑，双唇嚅动着说了句什么，便沉沉睡去。

两年以前，年仅十二岁的佟佳氏被选入后宫，成为少年天子身边的一名妃子。其时她的父亲佟图赖奉召回京，世祖皇帝福临亲自设宴慰劳，授其礼部侍郎官职，世职累进至三等精奇尼哈番（即子爵）。佟佳氏应召入宫无疑给佟家锦上添花，年幼的佟妃一心想着如何能得到少年天子的恩宠，以不负家人父兄的期望。可人人都知少年天子性情古怪，独居于乾清宫的东暖阁里，不要说后宫诸殿，连正宫娘娘住的坤宁宫也很少去！

佟妃自思在这后宫嫔妃才女如云之中，自己恐一时无出头之日也。难

道不是吗？生得天姿国色、百媚千娇的正宫娘娘自倚有才有色，以为坤宁宫是阿娇的金屋、是飞燕的昭阳，却谁知才不敌命，色不如时，终日只是焚香独坐，终宵只是掩泪孤吟！颇有心机的佟妃思前想后，不甘心就这样一日一日只管空度过去，每日里调脂弄粉装束得花香柳绿，只盼能被少年天子临幸。

功夫不负有心人，佟妃还真的就盼到了这一天！

这一日正是莺飞草长的时节，众嫔妃们陪着孝庄皇太后在西苑赏花，一簇簇盛开的芍药花，一株株绽放的海棠花，花香阵阵，芳草萋萋。久居深宫的嫔妃们快乐得像出笼的鸟儿，吱吱喳喳，笑声不断，逗得太后也笑呵呵地合不拢嘴了。

"孩子们，坐着歇歇吧，走了这一阵子累了吧？"早有太监宫女们在园子里摆好了桌子，放好了仙果茶点。孝庄太后坐在太阳底下，眯缝着眼睛养起了神。多惬意呀，春光明媚，暖意融融，嫔妃们年纪都只十四五岁，一会儿也坐不住，便在草地上斗牌、散步、赏花，乐此不疲，就连皇后慧敏也露出了笑脸。

忽然一阵马蹄声由远而近传来，一匹雪白的骏马上骑着一人，飞也似的向园子这边冲来。嫔妃们吓得尖叫起来，个个花容失色。定睛一看，又都喜出望外！少年天子福临也到西苑跑马来了！

福临一到西苑才知道太后也来赏花了，便骑着马兴冲冲赶来。"皇额娘，儿臣给您请安了。"

孝庄太后佯装生气嗔道："皇儿，知道额娘带着她们在这里赏花，就该悠着点儿，看看把孩子们吓的！"

福临朝这群花朵般的妃子宫女们扫了一眼，不以为然："她们都是八旗出身，不会这么娇贵吧？对了额娘，您坐好喽，儿臣让她们来跑马给您解闷儿。"说罢手一招，太监兀里虎将马牵到了太后的面前。

"额娘您看，这马如何？"

"嗯，这是一匹宝马呀。"孝庄太后以行家的目光仔细打量着这匹浑身雪白的马儿。这马生得跑促蹄高，竹批双耳，浑身毛发如同白雪剪成一般，油光倍儿亮，十分柔顺。真是个千金买骏，万里嘶风，无价之宝，众妃子们也渐渐地围了过来，一边啧啧称奇，一边搔首弄姿的，谁不想借机给皇上留下深刻印象呀。

"喂，你们看好了，这马毛皮雪白，就如同你们的肌肤一般美丽。"福临此话逗得妃子们一阵掩面轻笑，嘿，今儿个皇上可是难得有的好心情！瞧他身长玉立，如玉树临风般地站着，高耸的鼻梁，细长的眼睛，晶亮的眸子这会儿竟是温情脉脉，呀，他真是个风流多情的少年天子！

福临不用看就知道妃子们在偷偷打量着自己，更是神采飞扬。他内穿黄绫绣花长袍，外披银袍，足登黑色马靴，在花团锦簇的妃子们中更显得英容玉面，风度翩翩。孝庄太后看着眼前的这一幕，更是眉开眼笑，心情舒畅。

"诸位爱妃，朕知道你们久居深宫，难得有此机会，何不骑马走上一回呢？这良驹极温顺，骑在上面，又平又稳，又解人意。要东就东，要西就西，毫不费人驾驭之心。来来，你们哪一位先来跑一回？朕赏她，赏她……"福临一时想不出，只好笑着先搪塞着。

"你们都听见了吧？跑了马之后就向他领赏，有哀家做主，他不敢要赖的。"孝庄太后乐呵呵地在一旁怂恿着："孩子们，你们深宫安享，这些弓马之技怕是生疏了吧？不如趁此练一练吧。"

嫔妃们说说笑笑地一起向白马拥过来，这马儿立时变得有些紧张，毛发竖起来了，耳朵支起来了，不时地发出低吼，这么一来，嫔妃们又都止步不前了，你推我让谁也不肯上前。

"姐妹们如此胆怯，那就让我来试试！"随着清脆悦耳的声音，一个娇小玲珑的身影一晃站到了福临的面前，她面若桃花，盈盈下拜："景仁宫佟氏，年十三岁，汉军正蓝旗固山额真佟图赖之女。"

"嗬，朕是要你跑马，也没让你自报家门呀。"福临笑嘻嘻地看着佟妃。她圆圆的脸蛋儿丰腴而娇嫩，一双圆圆的黑眼睛秋波流盼，娇憨中透着绵绵情意，似笑似嗔的模样很是动人。

佟妃脱去浅粉色披风，露出一身合体的粉红旗袍，更显婀娜。她从兀里虎手中接过了马鞭子，用手轻抚着马背，马儿温顺地站着，任她抚摸。然后，佟妃踏上马镫，一个漂亮的鹞子翻身轻轻跃上了马背，带转马头高举马鞭，将双膝一夹，"驾！"白马放开四蹄，啸啸嘶鸣着悠悠扬扬地向前跑去。

在众人的喝彩声中，白马便跑出了很远。远远望去，只见上边一片红云，下边一团白雪，在如茵的草地上一团团地绽放着，色泽甚为亮丽。转眼间，佟妃又调转马头跑了回来，她端坐在马背上左顾右盼，一脸的得意。将近面前，佟妃只略把双膝一夹，那马便立住不动了。

福临迎上前去，连声叫好，并亲手扶下了佟妃，四目相对，心中俱是春情荡漾。于是福临只悄悄地说了句"朕今儿晚上临幸景仁宫……"，便羞得佟妃粉颊上频添两朵红霞，连忙点头跑开了。

当时，正值福临与皇后反目，于是，皇后越是吃醋哭闹，福临就越是

第二十五章　怒天子太后动真气　续皇桃佟妃诞麟儿

频频宠幸佟妃，就这样，一来二去的，佟妃便身怀有孕，这下可更不得了啦，她在后宫简直成了众矢之的！

有一回，佟妃腆着笨重的身子前往慈宁宫去给皇太后请安，刚进院就听见房里传来了一阵嘻嘻哈哈的笑声。她知道是姐妹们都来了，生怕自己来得太晚，便急急走上了台阶。正要推门，却又听见了房里传出的说笑声，当时她的脸色就变了！

"姑姑，母以子贵，若景仁宫的生下皇子，是不是会立她为后呢？"这是被降为静妃的慧敏的声音，看来，她虽已被废但在太后面前仍然很受宠，血浓于水嘛。

"未必！"这是孝庄太后的声音，显得有些冰冷，佟妃只觉心里一阵发慌，便又侧着耳朵听着。"皇后是国母，天子之偶，非贵人不足当此！再说，去年废了后，已招致了蒙古四十九旗的不满，这一回，还得从咱们满蒙八旗中立后。满蒙联姻，这是我大清的立国之本哪。佟丫头身为汉妃，皇上对她已经够恩宠的了。"

"可是，中宫不宜久虚呀。"

"这个嘛，姑姑自有安排。慧敏儿这回你也会高兴的，新选中的皇后正是你的侄女儿，还是咱们科尔沁家的姑娘！"

佟妃只觉一阵眩晕，连忙扶住了墙根。

"这下好了，看她还张狂！"

"好啦，怎么着你们也是姐妹，就积点德不要乱嚼舌头了。"大概太后也觉得静妃她们的话有些刻薄，便出面呵斥着。

此时的佟妃走也不是，进也不是，犹豫片刻只得硬着头皮进了屋。

"哟，佟妹妹来啦，您挺着肚子怪不方便的，还这么孝顺不忘了给太后请安，啧啧，真令人钦佩。"静妃两片红唇灵巧地嚅动着，像只鹦鹉鸟似的吱吱喳喳说个没完。

佟妃勉强朝静妃笑着，朝着孝庄太后就要盈盈跪下。

"哎哟，可使不得！皇上都免你跪拜了，也就不用再跪哀家了，快坐下说话吧，别动了胎气。"孝庄太后笑吟吟地，目光中透着慈祥。愈是这样，佟妃心里愈不是滋味。人前人后的太后对自己是两种态度，难道她也怨恨自己勾引了她的儿子而冷落了她的侄女？

尽管如此，佟妃仍装出一副受宠若惊的样子，躬身朝太后略一施礼，故意腆着大肚子从静妃面前缓步走过，一边回答："皇额娘放心，天家恩重，妾妃绝不敢稍有闪失，必当恪守胎训。"

"佟妹妹，你临产的日子快了吧？这下宫里可热闹了，又是一个双喜临门。姑姑，到时候您可得破费些，孩儿们要来讨赏钱哟。"

"对，对！慧敏说得不错，好事成双嘛，少不了你们姐妹的赏钱。"孝庄太后脸上的笑意更浓了，可佟妃却觉得透心的凉，她如坐针毡，别扭极了。

"佟姐姐，"田贵人笑嘻嘻地瞅着佟妃，"告诉你吧，咱们就要有一位中宫娘娘了，姐姐猜会是谁呢？"

"我……我，我真的猜不出来。"佟妃只觉得嗓子干涩像是被鱼骨头卡住了似的，自觉得说话的声音都变了。

"哟，姐姐，你别哪儿不对劲儿吧？瞧你面色发白，嘴唇都有些发青了！"田贵人大惊小怪地叫了起来。

"嘻，你们就别捉弄佟丫头了，怪可怜的。皇上今儿上午下了旨，选的还是科尔沁的姑娘为皇后，大婚日子订在今年的元月十六。"

"她呀，是咱们皇太后的侄孙女、静妃的侄女！"田贵人又不失时机地补充了一句。

佟妃的脸色更白了，觉得脊背上有阴风吹过，全身竟有些战栗了。她起身离座，闪了一个趔趄："妾妃先向太后道喜了！妾妃觉得身子不舒服，想先行告退。"

"那就回去吧！你临产的日子就要到了，就不要天天来慈宁宫了，回去好好歇着吧，回头哀家让弄些滋补的参汤给你送过去吧？"

佟妃不知道自己是在怎么出了房门的，她只觉眼冒金星，两腿就像灌了铅一般，她连忙扶住了房檐下的红柱子，不停地喘息着。

"嘻！她真是坐不住了吧？明着是来向太后请安，实际上是来打探消息的，这会儿她总算死心了吧！"

第二十六章

佟妃诞皇子得康妃　名夏奏皇上复衣冠

　　房间里面又传出了静妃与田贵人嘻嘻哈哈的说笑声，声音还特别大，似乎是要让外面的人都能听得见。佟妃气得浑身直哆嗦，觉得胸口快要喘不过气来了。

　　"还当自己能爬上去呢，不就仗着自己肚子里有货吗？这正宫娘娘的位置一直都是咱们科尔沁姑娘的，别人可休想！""癞蛤蟆想吃天鹅肉，没门儿！""嘻嘻！""咯咯！"

　　佟妃当晚就卧床不起了，敬事房的太监以及几名御医被连夜召进了景仁宫，萨满太太们跳了一夜的神，腰铃叮当，皮鼓咚咚，伴着佟妃那一阵紧似一阵的呻吟声，景仁宫乱成了一团……

　　"皇后，皇后娘娘进宫了，妾妃得去迎、迎驾！"沉睡中的佟妃身体突然栗栗颤动起来，喘息促急，没有血色的双唇连连嚅动着，含混不清地嚷嚷起来。

　　"孩子，丫头，我是额娘呀，快睁眼看一看吧，别吓唬额娘呀！"佟夫人在床边轻轻摇动着女儿。

　　"额娘……女儿恐怕被梦魇了。"佟妃睁开了眼睛，神情十分疲惫。

　　"我的儿，苦日子你总算熬出头了，来来，额娘扶你坐起来，吃一碗红糖鸡蛋水，补血又养颜。"

　　佟妃只勉强吃了两口便摇了摇头，两眼呆呆地出神。

　　"我的姑奶奶，你发的哪门子愣呀！"佟夫人爱怜地给女儿掖紧被角，趁着使女出去的空，悄声说道："乖女儿，这回可给你阿玛露了脸了，咱们佟家要交好运啦！"佟夫人眉飞色舞很是开心，"你生下了皇子，母以子贵，说不定皇上和太后一高兴，就会册封你为正宫呢！"

　　"额娘！"佟妃的表情充满了痛苦，竟呜呜地哭了起来。

　　"哎哟，我的儿，坐月子可哭不得呀，否则日后眼睛见光就会流泪发红，快别哭了。"

　　"皇儿呢？"佟妃抽泣着问。

"这你就别操心了，由好些个奶娘、嬷嬷伺候着呢，小人儿吃饱喝足了就睁着眼珠子四下看着，可精神着呢。"

"那……就好。"佟妃被母亲唠叨得有些心烦，疲倦地闭上了眼睛，但她却一点儿也不想睡。尽管她涉世不深，还是个半大的孩子，但自幼就听惯了母亲的教诲和开导，所以入宫后对自己的地位十分敏感。自中宫皇后被废之后，少年天子更懒得到后宫走动，佟妃自忖每日装束得花香柳绿，毕竟无人看见，打点的帐暖衾温，仍旧是独自去眠，心中未免怅然，她常常在半夜醒来，悄悄跪在观音像前——这是她去庙里进香时花钱请来的——祷告送子观音保佑自己能有继立之希望。这只是她心中的小秘密，不用说，后宫里的其他嫔妃们也都有这种愿望，这就要看谁的运气好，有造化了。没想到，送子观音显灵了，少年天子忽然就迷上了佟妃！十三四岁的毛丫头转眼间要当母亲了，这真让她又惊又喜又羞又怕！从此以后，佟妃的心里只关心三个人：皇上、太后和尚在腹中的小皇子。只要皇上对自己宠爱依旧，只要自己能产下龙子，那这皇后的位子离自己不就很近了吗？可谁知好景不长，多情的天子又移情别恋，天天陪着所谓的格格孔四贞说话解闷儿，看那样子过不久就要立孔四贞为妃似的！更大的打击是佟妃在慈宁宫听到了皇上即将再次立后的消息，这简直让她绝望！现在，生了皇子也无济于事了，这不公平呀！

佟妃紧闭着的眼睛里又溢出了泪水。母以子贵，现在，她只有将全部希望寄托在亲生儿子身上了。当初，皇太后不也跟自己的命运差不多吗，现在她不是早熬出头了吗？

"母以子贵，母以子贵……"佟妃脸上带着一丝笑容终于沉沉睡去。

北京的南城有一幢典型的江南风格的园馆，小桥流水，曲径通幽，粉墙朱门，门楣上悬着一块黛色大理石匾，刻着两个烫金大字"顾园"。

青石板铺就的小路上，两个文士装束的人手持折扇，谈兴正浓。稍年轻一点的男子穿着满式无领长袍，罩一件驼色绣花马褂，衣角下还系着一只五彩的荷包，显得文质彬彬，他是内院大学士陈名夏，另外一位身长须白，穿一袭蓝衫的人则是顾园的主人龚鼎孳。

"时光飞逝，三十年前，你我一同金榜题名，同朝为官，而如今……"陈名夏原本微黑的面孔显得很黯然："说起来，还是老兄你自在呀。当朝天子性情乖僻，喜怒无常，我总有一种朝不保夕的感觉，唉！"

"依我看，见好就收吧。老弟你做人太诚实，又一向说真话，这一套在官场上行不通呀，你总是不听，万一惹恼了皇上，那后果就……"

"狗改不了吃屎，我就这秉性，如果皇上真的是位明君，他就能分辨是

非曲直、好歹忠奸了。也是，朝廷里由满人做主，根本不把咱汉官放在眼里，皇上也是满人，哪有胳膊肘向外拐的道理？唉，这满汉关系难处哇！更不用说那些生活在水深火热之中的汉人百姓了。芝麓兄，你现在是无官一身轻，终日饮酒醉歌，手里又有使不完的闲钱，转眼功夫便造了这片风景秀丽、重楼叠院的园子，有钱能使鬼推磨，这话似乎就是专门说你的。你可听说过这么一首反映百姓疾苦的诗，叫作《煮粥行》？"

"瞧你这话说的！芝麓再怎么自在逍遥，对尤侗的这首诗也有所耳闻呀，再说我这顾园差不多成了江南故旧来京投亲访友的落脚之处了，我常可以从他们的口中得知江南的情况，唉，看来是今非昔比呀！一代不如一代！"

龚鼎孳说罢捋着花白的长须轻声吟了起来：去年散米数千人，今年煮粥才数百；去年领米有完衣，今年啜粥见皮骨。去年人壮今年老，去年人众今年少。爷娘饿死葬荒郊，妻儿卖去辽阳道。

"芝麓兄，你知道吗，老弟前日上朝的时候对皇上奏了一本，洋洋洒洒数千言，但其精辟之处却只有十个字：若要天下安，留发复衣冠！皇上当朝就夸赞我敢于直谏，是个忠臣哩！"陈名夏微黑的脸上这会儿泛着红光，显得很兴奋。

"怎么，你竟敢当庭说出这样的话，就不怕……"龚鼎孳心里一哆嗦，脸色都白了。

"何须如此惊怕？放心，此事不会株连到你的！哈哈！"陈名夏满不在乎地开着玩笑，讲述了连日来朝中发生的事情。

一日皇帝亲临内院，阅读《通鉴》。在读到唐朝武则天之事时，皇帝看着一旁侍读的大学士范文程、宁完我、冯诠以及陈名夏等人问道："在朕看来，唐高宗勾引父皇身边的才人武媚，并册立为后，实为无耻之甚。武媚毕竟为女流之辈，其所作所为不乏种种秽言，朕并不欣赏此人。"

大学士们见皇上已有高见，便不好再说什么，只是唯唯诺诺，点头称是。

"依尔等看来，自汉高以下至明代以前，以何帝为最优？"

范文程捋着稀疏的白胡子一副冥思苦想的样子，福临看着他，眉间已透露出几分不满。这位三朝元老已经快六十岁了，因为他曾一言定大计，为满洲取天下立了大功，所以很受少年天子的信赖，可渐渐地，福临发觉这位饱学的大学士越老越圆滑，明哲保身，不愿意再抛头露面了，难道他是真的老了？

"据微臣看来，汉高、文帝、武帝、光武、唐太宗、宋太祖、明洪武等俱属贤君。"大学士宁完我朗声回答着。这位三朝老臣，出身虽然卑下，并且身在满洲三十多年还"不熟满语"，但他对少年天子以及满洲贵族之好恶却心里有底，积累了二十年的从政经验，很得少年天子的赏识。

"而其中最优秀者为谁？"福临穷追不舍。

"唐太宗似过之。"

"岂独唐太宗？微臣以为历代贤君，莫为朱洪武。"陈名夏不以为然地提出了反对意见，宁完我拿小眼睛定定地瞅着他，嘴角上露出了一丝不易察觉的冷笑，这位汉裔大学士，对一向恃才倨傲的陈名夏非常忌恨。其实又何止宁完我一人？陈名夏自受顺治帝重用以后，力图恢复或酌用某些明朝旧制，而用人时一般又偏爱江南籍故人，所以常与墨守关外旧规的满族贵族牴牾，而以冯诠为首的北方籍汉官也多与他不和。

"嗯，朕也是这么想的。"少年天子的话令陈名夏甚为得意。一年多来，陈名夏时常被皇帝应召入宫筵宴，并几次获赐朝服等恩赏。有一回在内院，少年天子与诸满汉大学士畅谈治国之道，陈名夏不时地奏述，侃侃而谈，甚称帝旨，君臣二人海阔天空议论了半个多时辰。而在场的范文程、宁完我、洪承畴、额色黑、陈之遴等五位大学士皆被冷落在一旁。这一回，陈名夏又是独蒙帝宠，怎能不眉飞色舞，得意洋洋？

福临兴致勃勃，目不转睛地看着陈名夏："天下何以治，何以乱，且何以使国祚长久？"

陈名夏不假思索地对答道："皇上如天，上心即天心也，天下治平，唯在皇上。"

"既是如此，其道如何？"

"皇上可曾听过一首正在江南民间传唱的小曲，名曰《煮粥行》？"

"嘿！你说的是这首诗呀！"福临一拍巴掌，连声说道，"这诗一唱三叹，写法很是生动形象，属于乐府诗一类，告诉你吧，朕非但知道这首诗，而且正令宫里乐工们弹唱哩。过些日子等她们唱熟了，朕就带你们一起去听听，这样才会品悟诗文的意趣呢。"

少年天子居然对这首揭露清廷的圈地法和逃人法的小诗大加赞赏，并且令人谱曲要在宫中弹唱！冯诠与宁完我等人一脸的茫然。"皇上这是怎么啦？这可是一首嘲讽大清的诗文呀！"

"皇上，微臣以为这首诗不宜在宫中吟唱，"冯诠小心翼翼地观察着少年天子的表情，"这分明是对大清朝的不满嘛！"

"依微臣之见，此首诗的作者长洲人尤侗是居心叵测，他是要在民众中制造混乱！作为一名小小的技页，官职低微，可能是致仕无门才愤世嫉俗，

满口胡言的。皇上，此诗对大清的威严没有益处呀，何以要吟唱呢？依微臣之见，应将那不知天高地厚的尤侗打入大牢，这样一来，也就没有人再敢吟唱他的诗文了。"

"不然！"福临摇着头，看着冯诠和宁完我，"这不正反映了我大清政治的弊端和百姓的疾苦吗？尤侗写的是事实，反倒有助于朕了解天下之事，朕倒是很欣赏他的人品和才华。"

皇上这么一说，大学士们不再争辩了，陈名夏心中窃喜：嘿，这少年天子还真是个关心百姓疾苦的明君！我不如趁着皇上高兴，再进一言……去年散米数千人，今年煮粥才数百；去年领米有完衣，今年啜粥见皮骨；少年天子竟有滋有味地哼唱起来了，大学士们不得不附庸风雅，和着拍子，轻声附和着。小人原有数亩田，前岁尽被豪强圈。身与庄头为客作，里长尚索人丁钱。庄头水涝家亦苦，驱逐佣工出门户。今朝有粥且充饥，哪得年年造官府？商量欲向异乡投，携男抱女充车牛。纵然跋涉径千里，恐是逃人不肯收。

"哎呀，四海苍生，皆朕赤子。近来中原直隶一带水潦为灾，人民困苦，饥饿流移，深轸朕怀。朕即位十一年来，笃求治理，而治效未臻，切为民谋，而民生未遂，疆圉多故，征调繁兴，水旱频仍，流离载道，皆朕不德之所致也！"

见皇上如此自责，陈名夏心里万分激动，猛然跪在皇上的脚前，不顾一切地说道："皇上明鉴！要得天下安，留头复衣冠！"

"什么？留头复衣冠？"福临一下子怔住了，睁着一双漆黑晶亮的眼睛定定看着陈名夏。

"你……大胆，放肆！这薙发令乃大清区别于前明王朝的一种标志，你竟敢坏我大清祖宗之法？"宁完我义愤填膺，一双白多黑少的眼睛睁得溜圆。

"陈名夏，你也太狂妄了！"冯诠一双小眼睛滴溜溜地看着陈名夏，一副阴阳怪气的样子。

陈名夏并不理会宁完我、冯诠等人的冷嘲热讽和怒目相对，满怀期待地看着皇上："皇上明察，陈名夏一心为着大清的江山社稷着想，不忍看着皇上如此痛苦自责，不才愿为皇上分忧解难……"

"嗯，与其才高而不思报国，不如才庸而思报国之为愈也，"福临的脸色变得阴沉下来，"此事容议事诸王、贝勒、大臣及会议各官再议具奏。"

少年天子甩手出了内院。几位大学士们一直等皇上的御辇进了午门，这才起身松了口气。

"陈大人胆气令人钦佩，只是……不妥吧？"范文程理了理衣帽，向几位一拱手："老夫先行一步，失敬失敬！"

"老滑头！"陈名夏在心里说着，低头想着心事。看天子的态度，也不知是福是祸？

"哼，得意便忘形，各位，咱们可得留点儿神，走走，上前门楼子喝茶去，我请客！"冯诠拉着宁完我，边说边朝外走，额色黑迟疑了一下，跟了上去："算我一份！"

……

听完了陈名夏的叙说，龚鼎孳摸着胡子半晌没有言语。

"好啦，芝麓兄，我知道你为人处世一向谨慎，我也不是个二百五呀。皇上一向鼓励我们臣子直言进谏，只要没有私心，一心一意为国为民着想，皇上肯定会明察的。身正不怕影子斜嘛。"

"那，你敢说你没有结党营私，重登南党领袖宝座的想法？"

"嘿嘿，咱们东林党人以及江南文人原本就比那些有才无德、善于阿谀奉承的阉党以及满洲籍的文人们高出一筹嘛。想我江浙一带，人杰地灵、物华天宝，自古就是名士辈出的地方呀！"

"话虽如此，可现在是满人和阉党占上风，唉，风水轮流转。不提了，走，走，到厅里去喝几盅。"

"嘿，我还真是觉得饥肠辘辘的了。这会儿嫂夫人也许早就安排好了酒菜等着咱们呢。"陈名夏与龚鼎孳边往回走，边说着："芝麓兄，依我看，朝廷还就缺不得咱们江南才子名士。满洲以武功得天下，国体官制尽都承袭明制。倘若没有我们这些久游宦海历事二代的熟谙礼法之人为之辅佐，那大清岂不是成了一匹没人驾驭横冲直撞的野马了？我琢磨着，皇上这阵子常常以'满汉一体'谕示诸臣，这岂不是你我汉臣之福音吗？没准儿，你芝麓兄复出有望呢。"

"哎，这些日子我也已经习惯了，心如止水，就这样悠哉悠哉地打发余生我已满足了。有道是情场得意，官场失意嘛！"龚鼎孳这么一说，陈名夏哈哈大笑起来。

客厅里早已布置好了一个精致的茶座。一个古色古香的宜兴紫砂茶壶里泡着碧青的黄山云雾茶，几上摆着各色干鲜果品。

"夫人在哪里？酒菜备齐了没有？磨磨蹭蹭地干什么哪？"龚鼎孳摆起了主人的架子，向伺候茶点的使女问道。

"哟，两位老爷遛弯儿回来啦？快些快些，摆桌子上菜！"

珠帘一挑，走出了袅袅婷婷的顾眉生，她满面春风说着一口地道的京片子，脆生生十分悦耳："今儿个陈大人光临，妾身怎敢怠慢呢？方才妾身还亲自下厨了呢！"

"哟，这么说我倒是很有口福喽？哎，我说夫人，记得刚进府的时候您穿的是一身浅粉色的罗裙，头上挽个高高的发髻，是一身前朝官宦贵妇的装束，怎地这会儿又摇身一变成了满洲贵妇了？"

顾眉生咯咯笑着，也斜着陈明夏。"陈大人好厉害的眼神儿！也不怕传到尊夫人的耳中您可就吃不了兜着走了。鼎孳，怎么见了我这身打扮也不夸几句？"说着，顾眉生朝丈夫一笑，眼波流转，自是有万种风情。

"哈哈！芝麓兄，这话可让你说着了，真个是情场得意，官场失意！横波真乃仙人，芝麓兄艳福不浅哪！"

"真拿你没办法，今儿去碧玉寺上香，明个去前门听戏，眉生呀，你真是个乐天派！老弟，你说有这么一个天生尤物伴着，我还有什么不满足的？"龚鼎孳笑眯眯地说笑着，眨着眼睛从头到脚细细地打量着夫人。原来，顾横波趁他二人散步的时候，又换上了如今时兴的满洲贵妇的旗装——银红色绣着金菊的旗袍，围着一条长及衣裙的白丝巾，衣襟上别着一个金丝线绣的香荷包。头上戴一大朵大红绢花，乌发用金丝点翠的发箍束在了脑后，脚蹬着粉色闪金光的高底花盆鞋，这身打扮使得顾横波更显得婀娜妩媚。

"横波，你这手里还少了根烟袋杆。满洲的贵妇们可是整日烟袋杆子不离手的。给！"龚鼎孳从桌上拿起自己的镂花玉嘴儿烟袋杆，要递到顾横波的手上。

"去，你真当我没见过世面哪？"顾横波嗔道，将龚鼎孳的手一推，从衣襟里拿出了准备好的一只乌木细长杆的烟袋："看，这是什么？这烟袋嘴儿还是金的哪！"

三个人又是一阵说笑，然后才一起落座。顾横波坐在下首，亲自为龚、陈斟酒，桌子上虽无凤髓龙肝，也都是山珍海味，顾横波还专门吩咐上了几道江南风味的菜肴，宾主言语投机，气氛十分融洽。

"嘻嘻！""哈哈！"慈宁宫里一派檀板轻敲、歌喉宛转的景象，孝庄太后和两位太宗的嫔妃——懿靖大贵妃、康惠淑妃以及太祖皇帝的寿康太妃，在许多福晋命妇的陪同下，正兴致勃勃地看戏。

宫里的戏班子抽调的是各宫里长相俊俏、扮相俊美而且嗓子又好的太监，年纪大的有四五十岁，小的十几岁，都经过了一定的训练，有唱花脸的，有唱旦角的，有的武打功夫了得，有的则学会了吹箫、拉胡琴和敲锣打鼓。太监堆里也是"人才济济"呀。

这是一出猴戏《蟠桃会》，火眼金睛的孙悟空跟头翻得令人眼花缭乱，引起了台下一片叫好声。众多的小猴子们也是活蹦乱跳，满场子撒欢嬉闹，个个机灵可爱，乐得孝庄太后、懿靖大贵妃、康惠淑妃等几个老太太合不拢嘴儿。

"看见没？那边那只抓耳挠腮的小猴子是景仁宫里的德寿，旁边的那只老猴子是储秀宫里的顺昌，咦，今儿个挑大梁演这美猴王的是哪个宫里的？瞧他一双黑眼珠子滴溜直乱转，一笑还露着俩酒窝儿呢。"

"禀母后，这孙悟空乃是由皇上的跟班太监养心殿的总管兀里虎扮的。臣妾原以为他这人细皮嫩肉，说话又嗲声嗲气的，嘿，没想到他还真把孙猴子给演活了！"说话的是新皇后的亲妹妹淑惠妃，而皇后则不声不响地看着戏台子，眉宇间似乎有一股子淡淡的哀愁。

"万——岁——爷——驾——到！"宫门外太监拉长了声音一声禀报，慌得正在看戏的各宫嫔妃和福晋贵妇们纷纷离座，起身向后退避，跪地恭迎皇上。

福临一出现在慈宁宫，除太后以外的所有人立即跪倒，福临对此习以为常，恭恭敬敬地低头向母后问安，然后对着众人一声轻轻的"起"，那些打扮得美艳如花的贵妇人这才直挺挺地站起来，悄悄地坐了下来。

戏台子上的大幕落下来了，锣鼓家伙敲得格外热闹，福临笑了，坐在了母后的身旁："皇额娘这里可真热闹呀，差不多把各宫里的主位都聚在了一起，皇额娘，您倒是像天宫里的王母娘娘一般，看看，有这么多的嫦娥仙女陪着您。"

孝庄太后欣慰地笑了："皇儿，这话可是你说的。既是宫里有那么多的嫦娥仙女，你还不知足吗？看看，她们哪一个不是生得明眸皓齿、羞花闭月的？"

福临的眼神无意中与皇后相遇，他有些尴尬地移开了。孝惠章皇后姐妹在他对母后由怨生恨，对孔四贞眷顾殷殷的时候被选入宫，尽管太后对这一对姐妹花百般呵护，疼爱有加，但在少年天子的眼中，她们不过是摆在后妃位置上的牌位罢了。这位新皇后，性情倒是挺温顺的，不似前一个皇后那般生性妒忌，又刁钻奢靡，可是新皇后却没有足以吸引福临的欺桃赛杏般的容颜，福临一见了这个人高马大的新皇后便心生厌恶，没办法，即使像前一位已被打入冷宫的皇后慧敏那样，容颜秀丽，仪容出众，但皇上的心偏偏不在她身上又有什么办法？

皇后之位虽不如帝位那样尊贵、重要，但也不可久虚，就如一家之中有父又焉能无母，否则，那将意味着乾坤失词，国体不稳。因此，当那位

被打入冷宫的前皇后——现为静妃的博尔济吉特氏脸上的泪痕未干之时，皇太后又自作主张为儿子选立了新后——蒙古科尔沁贝勒淖尔济的两位女儿同时被接进宫中，并同时被聘为妃，一个月后，姐姐被册封为皇后，即孝惠章皇后，妹妹则被册为淑惠妃。按姻亲辈分论，淖尔济是孝庄太后的侄子，这两位妃子自然是太后的侄孙女了。此外，少年天子尚有静妃（废皇后）、康妃（即佟妃，生下三皇子以后被赏进号为康妃）、淑妃（皇后之妹）、恪妃（汉吏部左侍郎石申之女）、贞妃、恭妃、端妃以及庶妃数名，还有嫔、贵人、常在、答应等无定数，分居东西十二宫。后宫之佳丽，皆出自各门经过层层筛选，可少年天子对她们竟都看不上眼，奈何？

第二十七章
四贞取笑天子多情　名夏报效国家获罪

"皇兄，你就不要发愣了，这几位姐姐你不是天天见吗，为什么这会倒像是眼睛不够用了一样？"孔四贞笑嘻嘻地插了一句话。现在，福临另外册立了皇后与后妃，她对福临也没有什么顾忌了，又加上皇太后的宠爱，孔四贞整天快活得像只花喜鹊似的。

"贞妹，手里什么果子？怪香的，拿来给皇兄尝尝。"

"这……"孔四贞眼波流转，将手心里的几枚松子仁朝福临面前一伸，忙又缩回了手，笑道："这是女儿孝敬给皇额娘的，还轮不到您呐。嗯，有了，你把手伸出来呀，"孔四贞转身向一位女子说着，"皇兄要吃你手心里的松仁儿，还不快把手伸过来！"

孔四贞不由分说一把扯过了这女子的左手，咯咯地笑道："皇兄，额娘，你们看姐姐这手简直绝妙无双、无与伦比呢！"

"四贞，莫要胡闹！"董鄂氏乌云珠轻声呵斥着孔四贞，同时忐忑不安地抬头看了福临一眼。

"好甜美的声音！这女子竟说的是清清爽爽、抑扬顿挫的汉话！这可真奇了，她是哪个宫里的？"福临不觉耳目一新，精神为之一爽，目光急切地抬头看去，天，他们的目光就这样接触到了！

董鄂氏乌云珠面颊绯红，慌得一低头，露出了白生生的粉颈，衬着一片乌云似的鬓角，越显得黑白分明。她是个满洲打扮，髻儿高高的，鬟儿低低的，戴两朵粉色大绢花，颤颤悠悠的别有一番风情。此刻她分明感觉到了少年天子那双肆无忌惮的眼睛正在打量着自己，更加心慌意乱，春葱也似的纤手，松松地捏着一方粉色手帕。

"皇儿，额娘忘了跟你介绍了，这董鄂氏唤名乌云珠，是你十一弟的福晋，跟皇后和淑妃她们姐妹一同入选的秀女，被大妃娘娘相中，抢先了一步做了儿媳妇……"

福临的头脑中嗡地一声，额娘的话他听不清了，他只觉得浑身冰凉，冷透了心，十一弟博穆博果尔是自己的小弟，今年才十四岁，他怎么就有

这么好的福气？怎地在这乌云珠面前，其他的嫔妃就失去了光彩？真的是"回眸一笑百媚生，六宫粉黛无颜色"呀，瞧那皇后，孤傲地坐着，挺着身板，目不斜视，像一个老古董。她的妹妹淑妃，原本倒也娇小可爱，可这女子总是饶嘴饶舌的，性情有些像静妃，福临不喜欢这种过于招摇的女子。至于康妃，她倒是有功在身，生下了三皇子，如今是景仁宫的主位了，可是她如今怎地也变成这样俗媚了呢？一心迎合着自己不说，还时不时搔首弄姿的，真是自作多情！原先倒没怎么注意，怎么坐蓐之后倒生了一脸的红斑？难看死了。

"哐哐哐，当当当！"又是一阵锣鼓响了，新的一出戏开场了，福临的思绪被打乱了，心不在焉地朝戏台上看着。

"皇儿，别傻愣愣地干坐着呀，喏，这些是北边刚送来的奶油炒松子，还有糖炒栗子，吃呀。对了，皇儿喝些什么呀？"

"随便。"福临无精打采地说了一句，胡乱拿了一颗果子，又恐扫了母后的兴，便补了一句："额娘茶盅里的茶不错，叶片毛茸茸的，茶汤碧绿带着清香，可否也给儿臣斟一盅？"

"嘻！皇兄果真是慧眼识……茶汤！"孔四贞顽皮地一笑，用手推着乌云珠："快些呀，皇兄要喝你亲手斟的香茶呢。"

乌云珠迟疑了一下，起身从侍女手中接过了一把古色古香的陶壶，左手拿一只同样质地的茶杯，轻盈地走到福临的面前，稍稍行礼，然后动作轻柔地向杯中注入了淡绿色的茶汤，清亮清香，令人赏心悦目。

"请皇上尝新。"乌云珠朱唇轻启，露出一颗颗洁白如玉的贝齿。

"嗯，好茶，好茶！茶好人更好，妙，妙！"福临轻呷一口，立即赞不绝口，目光从茶杯上看着乌云珠。

"启奏皇上，这茶叶是明前茶，这水是去冬从松针、竹叶上扫下来的雪水，贮到今日甘醇无比，水滚三道方用来煎茶，这是臣妾随一位茶艺老人学得的，献丑了。"董鄂氏大大方方，娓娓道来，听得福临如痴如醉，他目不转睛地看着眼前这位笑靥如花的俏佳人，不觉心旌摇荡……

"皇儿，随额娘到房里坐吧，额娘让人给你弄些好吃的。"曲终人散，孝庄太后从椅中起身，有些疲惫的样子。

"不啦，额娘也该歇着啦。儿臣还惦着朝中的一个案子，这就回了。"福临没有像往常那样陪着母后再说笑一阵子，而是心事重重地走了。孝庄太后愣愣地站着，自言自语道："这孩子，今儿个又中了什么邪了？"

卯初三刻，紫禁城里仍是一片灯火辉煌。内庭的正门乾清门里一片忙碌，议政大臣们的八抬大轿已经陆陆续续地停放在两侧，身着朝服的议政王大臣们表情严肃，不苟言笑地鹄候在乾清门两侧。东方的霞光映在了乾清宫那巍峨庄严的宫殿上，那凌空翘起的飞檐邸吻上染上了一层淡淡金色。

宫门、廊庑、过道两旁站着身着黄马褂的佩带仪刀、弓矢的侍卫，个个精神抖擞。几名红衣太监在乾清门铺上了红地毯，又有条不紊地设了宝座，张开了黄伞。御座前左右稍远处放着几只香几，上面的三足鼎式香炉里焚着檀香，香烟缭绕，乾清门的气氛肃穆、威严。随后，传来了御前太监女人般尖声尖气的叫声："万——岁——驾——到！"

今天是少年天子福临"乾清门听政"之日，在乾清门设宝座，内院各部奏事大臣等齐集于乾清门外庭院内，依次上奏折或口奏，然后由皇上做出决策，并告之奏事官员，这样"乾清门听政"才告完毕。

乾清门是后三宫的正门，坐北朝南，门前是广场，此刻早已跪着一排又一排的满汉文武大臣，他们头顶上的红顶子在霞光中熠熠生辉，红彤彤的一片，很是赏心悦目。

"吾皇万岁，万岁，万万岁！"

"众爱卿免礼平身！"

"各位大人有本请奏，无本退朝！"御前总管太监吴良辅又是一声响亮尖细的嗓音。

"汤玛法，你怎么又行跪拜？看座！"

少年天子这一声格外的问候和恩宠令汤若望十分激动，霞光中他的面孔红红的，白发白须和一双闪着莹光的蓝眼睛格外地引人注目。福临不由得微微一笑。

"嘿，今儿一早皇上的心情不错呢。""可不，瞧他嘴角还挂着笑呢，是个好兆头。"群臣们如释重负，开始小声议论起来。

"谢……皇上恩典。微臣以为……不妥。"汤若望人一激动，汉语说得也不流利了。

福临有些不快，瞥了汤若望一眼："坐！"汤若望不敢再犹豫，如坐针毡地将屁股贴在了绣墩的一角，嘿，这滋味可真不好受哇！堂堂大清的天子乾清门听政，他汤若望怎能与皇上平起平坐？叔王济尔哈朗正腆着肚子站在自己的眼前，以他的资历和威望朝中谁人能比，难道他也要跪在自己的面前上奏？

"朕自亲政以来，即主张各衙门奏事，满汉大臣并重，尔等不论满人抑或汉人，不论大小臣工，皆朕腹心手足，理应一视同仁。何况我满洲高官只善骑射，仅会满语满文，对中原王朝的历史、制度、典故、人文知之甚少，不利于处理纷繁复杂的部务。故此，朕力主满汉一体，满汉一家，鼓励汉臣进言，提倡满汉群臣同心同德报效朝廷。然而，由于权力之争和见解不一，以及明季党争之延续，有些不自量力的汉官居然声称'部院衙门应裁去满官，专任汉人'的建议，真是岂有此理！"

少年天子"啪"地一声，掷下一件奏本，朝臣们心里一紧，又都不苟言笑了，大学士陈名夏心中更是惴惴不安，抬头看着黄伞下一脸威严的天子，心中一凛："乖乖，大事不妙哇，今儿一早起来右眼皮就扑扑跳个不停，上朝之前已经上了三炷香，怎地不管用？难道真有大祸临头了？"

"啪！"少年天子又朝红地毯上扔下了一份奏本，这是前两天陈名夏擅自召集内院二十九名汉官议事的奏本。

"陈名夏，你可知罪？"

"臣知罪，请皇上开恩。"众目睽睽之下，陈名夏慌了神，黑脸变得灰黑没有血色，匍匐在地，不敢抬头。

"明党之弊，历朝视为异端，不想竟再现于本朝！哼，分明是你们这些汉官心中不满，故为乖违。历朝不能容，本朝又岂能容？"

"皇……皇上圣明！罪臣并无他意，只一心为大清社稷江山着想，臣一心一意祈盼大清长治久安！"

"住口，休得狡辩！'若要天下安，留发复衣冠'，这就是你的长治久安之策？你分明是痛恨我朝削发，鄙陋我朝衣冠，蛊惑明绅，号召南党，布假局以行私，藏祸心而倡乱！"

福临满腔愤怒，双目炯炯，御案拍得"啪啪"作响。

"皇上明鉴！立朝纲，重法治，实乃百年大计，万世基业！如今八旗贵胄霸占民田，大肆圈占土地，私养牲畜奴婢，已招致民怨沸腾。而天下未定，边疆多事，皇上若不当机立断，只恐千里皆起乱萌，焉能长治久安！"陈名夏带着哭腔，声音颤抖着大声为自己辩解着。他侥幸地想：往常在内院也有与皇上辩得面红耳赤的时候，每一次皇上不都最终变得心平气和了吗？这一回，只要自己将心里所想的全说出来，皇上就会谅解的，这少年天子实在天资聪慧过人啊！

"无耻小人，又玩起了哭哭啼啼老一套的把戏，前明官吏的脸面都被你丢尽了！"福临一声冷笑，右手习惯地摸着唇上的胡子——其实这还只是一撮淡黄的小绒毛，福临时不时地总爱摸上一把，也许他希望能像个大人似的早一天长出浓黑的威严的胡须。

当初福临亲政之时，陈名夏因怕受多尔衮重用而遭牵连，便"厉声强辩，闪烁其词"，哭诉自己投诚有功，希图免死，这已给年幼的顺治帝造成了很坏的印象。这一次福临又旧事重提，陈名夏听了更是不寒而栗了。上一次陈名夏被发正黄旗汉军下同闲散官随朝，这一回看来头顶上的红顶戴怕是又保不住喽。罢罢，何不学龚鼎孳做个风流寓公，安享晚年呢？这么一想，陈名夏又镇定下来，心里咬着牙想：这回一定得挺住，不能让冯诠那帮阉党看我的笑话！

"陈名夏，朕这里有奏本，你当众读一读！"少年天子又"啪"往地上扔了一本折子。

陈名夏不敢怠慢，紧爬几步捧在手里，刚一打开，立时面无人色，额上沁出了黄豆大的汗珠子。"内、内翰林国史院大学士宁完我上疏，参劾大学士陈名夏结党怀奸一事，奏折如下：……"

"声音大一些，让满朝的满汉文武大臣都听个清楚！"

"……今将结党奸宄事绩，列款为皇上陈示，一、陈名夏父子居乡暴恶，士民怨恨……二、赵延先系陈名夏契交，名夏署吏部尚书时，徇私骤升，科臣郭一鹗言吏部升官，迟速不一，疏指延先为证……臣痛恩人臣贪酷犯科，国家癣疥之疾，不足忧也，唯怀奸结党，阴谋潜移，祸关宗社，患莫大焉，陈名夏口口声声说只须留头发、复衣冠，天下即太平矣，实欲宽衣博带，变清为明，是计弱我国也，其用心之恶毒可见一斑。……伏乞皇上将臣本发大臣确审具奏，法断施行，则奸党除而国家治安矣。"

陈名夏战战兢兢地读完了宁完我的奏折，心里已是绝望之极，他又是"通"地一声跪倒在地，泣不成声："皇上明鉴，罪臣冤枉啊！"

"皇上明察！微臣以为大学士宁完我句句属实，陈名夏罪不可赦！"冯诠急不可耐地跪倒在福临脚下，声音格外的尖细，犹如一把利刃，朝陈名夏那原本已往外渗血的心窝子上又捅了一刀！

"有道是一心可以事二君，二心不可使一君。陈名夏留头复衣冠之言分明是有了二心，对这种逆臣贼子，皇上何须怜悯？当然，皇上很看中他的才学，但我大清富有四海，我朝人才辈出，绝不少陈名夏这一人！"冯诠竭力喊叫着，像一只跳梁小丑，他怎么就不明白"兔死狐悲""唇亡齿寒"的道理呢？还不是为了党争，你死我活的南北党争！这是冯诠的阉党扬眉吐气的大好时机，他能错过吗？

少年天子未置可否，侧身看着汤若望。

汤若望手捋长须，俨然一副长者的风范："皇上明鉴，主耶稣要他的子民博爱，爱人类爱大自然，爱一切有生命的东西。皇上乃万民之尊，必得以仁慈为本，施仁政，行王道，则天下自会无为而治。"

"汤大人，你的意思是说要皇上宽恕陈名夏？"济尔哈朗早就对这个大大咧咧坐在御座之旁的长毛鬼子看不顺眼了。济尔哈朗腆着肚子，两腿站

得发直，他瓮声瓮气说道："皇上圣明！陈名夏并非不可赦。但是赦了陈名夏，李呈祥赦不赦？还有那擅自结党营私自作主张的二十九名汉官该如何处置？若此三案都不定罪，咱们满洲议政王贝勒大臣服不服？八旗将士服不服？咱们满洲东来，流血流汗吃尽了辛苦，总称用性命建立了大清国，同时也为自己挣得了一份家当，可这些自以为是的汉人偏偏鸡蛋里挑骨头，依老臣看，他们实在是亡我之心不死！皇上，对这些怀有二心的汉人绝不能手软。哈哈，汉人不是有一句诗吗，说什么发如韭，割复生；头如鸡，割复鸣。皇上，老臣倒想看看这些汉人是怎么个死法！"济尔哈朗声嘶力竭说得直喘粗气。

福临乌黑明亮的眸子一眨不眨地看着济尔哈朗，这位叔王年已五十六七了，须发尽白，由于多年奔驰疆场看上去已显得老态龙钟了，双下巴，短脖子缩到了肩膀里，浑圆的肚子将朝服撑得鼓蓬蓬的，使他的双腿显得格外的单薄。福临的嘴角现出了一丝令人不易察觉的笑意。郑亲王表面上是为江山社稷，实际上他也是在营私！他打击陈名夏是为了保护在圈占土地中过于张狂的佟图赖，这是他的外甥女婿！前一阵子据说叔王还试图帮着佟妃谋取中宫之位，哼，哼，叔王呀叔王，如今你虽德高望重，一门三王爷，但仍只能是朕的"持以忠心之义"的臣子，再由不得你指手画脚多嘴多舌的了！

"郑亲王言之有理！"福临突然提高了声音，庭院里格外的安静，只有远处树梢上的雀儿不知趣地吱吱叫着，它们看来也想弄明白这地下红彤彤的一片顶戴到底是什么玩意儿。

"陈名夏、李呈祥等人的奏折大不合理，简直是一派胡言！朕不分满汉，一概委以重任，可尔等汉官却不知恩图报，反而得寸进尺生了二心！从实据理而言，难道不该虚崇满洲？不是我满洲东来，尔等能有今日的荣华富贵？说什么留发复衣冠，朕今天就将尔等的头割下来，看尔等还怎么留发！"

话音未落，少年天子提起了朱笔。"来人，摘去陈名夏等人的顶戴，从重惩办，予以绞死，其妻子儿女贬为奴婢流放尚阳堡！"

"冤枉呀！"早已面无人色的陈名夏突然大吼了起来，使出了吃奶的力气挣脱着侍卫的捆绑："陈名夏有眼无珠，看错了人！本以为皇上你，你胸襟宽广，眼光远大，名夏才拿出了日常与你论诗谈史的勇气上此奏折，未想却惹下杀身之祸！我死不足惜，皇上，日后谁还能与你谈经论史？两三天后，名夏的身体就会成为一具僵尸，皇上，你就这么忍心吗？"

福临怔住了，他没料到这个在他看来虽有才华但品质气节却甚为恶劣之人竟也不怕死，既是如此又何必当初呢？人哪，你陈名夏既背明降清就已经背上了骂名，又一媚睿王，再诣谭泰，三邀宠于福临，这种毫无气节之人死不足惜！但，毕竟福临曾与陈名夏不止一次地促膝交谈过，彼此言语投机，真的就这样处死他，福临心里也有些不是滋味。但是，一切都已经晚了。

"皇上，名夏去矣，哈哈哈哈！"陈名夏爆发了一阵狂笑，廷臣们都感到了一阵阴冷肃杀之气，其时太阳当头正温柔地俯视着紫禁城。

"名夏不死于为非作歹之过，不诛于朝秦暮楚政治风云变幻之时，而丧命于欲图安民定国效忠朝廷之良策，惨败在北党手下，成了大清的奸臣，名夏死不瞑目哪！福临、冯诠、宁完我，陈名夏的冤魂时刻缠着你们，咱们黄泉路上再见，哈哈哈！"

"快，快，捂上他的嘴！"太监吴良辅急急地喊着，而福临却似乎被陈名夏骂呆了，他脸色发白，神情有些木然。

"万岁爷，时辰不早了，您得歇着了。"

"唔，那个，手持火枪的侍卫是不是叫费扬古？"

"正是。"吴良辅顺着福临的眼神看过去，慌忙点头，随即压低了声音："万岁爷，他正是护军统领鄂硕的儿子，也就是和硕襄亲王福晋的弟弟。"

"和硕襄亲王福晋？她……"福临的眼睛一亮，随即又是呆呆地："赏费扬古黄马褂！"

众人愕然。皇上这边杀人那边却赏人，这两件事八竿子打不到一块儿，实在令人纳闷！

南城的天主教堂沐浴在金色的霞光之中，淡灰色的三圆顶正中的那个巨大的十字架熠熠生辉。三个大大的拉丁字母透射着神圣的光芒，过往的路人纷纷驻足抬头，看着这异国的救世主，LHS——耶稣的名字。仿佛是一夜之间，北京城里矗立起了好几幢"古怪"的房子，它们大都是洋人兴建的，有法国的、俄国的、比利时的，还有德国的。这些教堂大多建筑别致，青砖木结构，前面配有三座塔楼，呈笔架形，内部并列庭柱两排，内窗为尖顶拱形，嵌着组成几何图案的五彩玻璃，地面砌着瓷花砖，精致而华丽，十分引人注目。

南城的天主教堂除礼拜天可以听到一阵阵悠扬柔美的唱诗声和祈祷声外，日常很安静。人们只是怀着好奇的心情远远地观望着，并不想靠近这个洋玩意儿。不过，入夏以来京城里出现了逃难的灾民，既有北地粗门大嗓子的汉子，也有南方说着糯软方言的民妇，他们有的是家乡遭了水灾，有的则是地被旗人强占了去，这才不得已背井离乡，四处漂泊。听说洋人有钱又好施舍，便有不少难民聚集在教堂的附近，指望每日能喝上一碗稀米粥。

可是今天一大早，难民们却发现教堂门口站着一队身着黄马褂的禁卫军，斧钺枪戟在阳光下闪着寒光。难民们在悄悄躲避的同时，不禁大发感慨："唉，今儿个的圣餐是吃不成喽！""咱们皇上怎么跟那个外国老头那么近乎？""菩萨保佑，这邪门的洋教咱皇上可万万不能信哪！佛祖快显灵，给皇上指点迷津吧！""皇上才不会被洋教迷惑呢。听人说，这少年天子聪颖过人，凡事自有主张，他既不信洋教，也不信菩萨，他信的是天神！""哎，皇上一大早的不临朝怎地往这儿跑？这座洋人的教堂就那么有吸引力？""说来也是的，这阵子皇上说不准什么时候就来了，有时候是大队人马鼓乐喧天，静街的长鞭甩得'啪啪'山响；有的时候却只带些穿黄马褂的侍卫和几个戴红顶子花翎的高官不声不响地过来了，真令人纳闷儿。"

"走开，走开！""不要在此地逗留，将闲杂人等统统押往宁古塔戍边！"突然之间从大街上又冲出了一队人马将这些蓬头垢面的难民们团团围住，一阵呼天抢地的哭喊声之后，骑兵们策马出城而去，中间就是一群五花大绑的难民……

第二十八章

闷幽幽问情色二字　孤零零对影月三人

　　教堂里面，少年天子福临正在和汤若望聊天。说来简直让人难以相信，这个十七八岁的天子也和一切这个年龄的青年人一样，好奇、好动。此时的福临仿佛不再是堂堂大清的国君、高高在上的天子，而是一位在老者面前谦恭有度、孜孜好学的年轻人，他的黑眼睛里透露出聪慧而自信的神情，嘴角带着笑容，显得十分和蔼可亲。

　　"汤玛法，这船的模型多漂亮啊，哟，它的白帆是用丝绵还是锦缎做成的？"

　　"皇上，老臣另有一个与这一模一样的双桅帆船，比它大一百多倍的真船，若皇上真的喜欢，老臣便敬献给皇上。"

　　"真的？这么一条大船你把它藏在了哪儿？"福临东瞅瞅、西看看，有些不相信。"这里堆放的全是些书和仪器，还有一些烛台和跪凳，怎么可能放得下一艘大船？除非……你把它们都拆散了？"

　　"皇上！"汤若望"扑哧"一声笑得胡子乱颤："前些日子不是说荷兰国要派使臣来京吗？老臣便托荷兰国的使臣从欧洲捎带了一艘真正的莱茵河上的双桅帆船，如果顺风顺水的话，他们也快该靠岸了。"

　　"噢，是这样。"福临顺手拿起了一尾鹅毛管笔，旁边有一摞写满算式的草稿纸。"汤玛法，您又在研究天文哪。近来天象有什么异常吗？"

　　汤若望的神情不觉严肃起来："老臣虽不能像范文程大学士那样观星望月，识五行之消息，察国家之运数，但因朝夕仰窥，故得略知一二。据老臣推算，今年秋天将有一次月食。"

　　"呀，今年秋天朕正想去秋猎呢，这么说朕是出行不利喽？"

　　"那倒也未必，只是，"汤若望碧蓝的眼睛直看着福临，"这也许是圣明的上帝的启示，皇上是不是也该反思一下，这两年的临朝有无大的过失？"

　　"有吗？"福临浓眉一抬，颇为自得，"汤玛法，这两年来朕一有时间便苦读圣贤之书，多少明白了些治国之道。自两年前丧师失地、两蹶名王的惨败之后，朕终于揣摸到了你所奉行的上帝仁爱的重要性，因此采取了招降弭乱的'文德绥怀'，嘿，还真见成效哩！"

福临两眼发光神采飞扬："自朕发下一系列谕令、敕书和诏告，招抚延平郡王郑成功以及南明永历政权的各部力量以来，不出数月，郑成功的父亲和叔父就率兵归顺了大清，而且南明政权也人心不稳，已经是穷途末路了！"

"仁爱，是君主的最大美德！这是我主耶稣的谆谆教导。在中国，则有儒学大师们这样说，施仁政方能得人心，得人心方可治天下！哦，上帝保佑！"汤若望边说边在胸前划着十字，神情十分虔诚。

"那么，上帝的律则，帝王也要和臣民一样遵行？"

"是的，帝王更要身体力行，做普通人的表率。因为他是榜样，统治着一个国家数以万计的臣民……"

"那……如此说来，朕也不能多娶妻妾嫔妃喽？"福临打断了汤若望的话，眼睛里带着几分顽皮。

"这……皇上既是天子，又当别论了，因你统治着世界上最大的国家之一，天主因此也特别眷顾你。"汤若望转着碧蓝的眼珠子，脑子也转得飞快。

"那么我可以随心所欲喽？"

"不然。"汤若望突然明白了天子的用意，神情一下子又严肃起来："老夫乃外藩之人，蒙圣上恩宠，常觐天颜，实老夫之大幸也。然臣近来窃睹圣躬，见精神消耗，有时临朝更是无精打采，臣以为皇上乃亲近女色之故也。"

福临一愣，神色有些不自然了："朕既为天子，也是万方之主，多选几个美女亦非大过。人非草木，偌大的紫禁城里竟没有一个能让朕满意的女子，这能怪朕吗？朕但凡看上眼的，却如水中月、镜中花一般可望而不可即，奈何？"福临的情绪有些激动，声音不觉提高了许多。

"皇上，你不该为了女人而消沉、自暴自弃呀！"汤若望的神情更忧郁了，他眉头紧蹙，爱怜地看着这个喜怒无常的天子。几年来的朝夕相处，汤若望从心底喜欢这个十分聪慧而好学的年轻人，作为天子，他竟对自己这个外国老头如此敬慕，怎能不使汤若望这个虔诚的上帝的信徒感到骄傲呢？但同时，汤若望也感到了肩头的担子，作为上帝的使者，他有义务为这个时常处于迷茫之中的年轻人指点迷津。

"我知道，你的婚姻生活并不幸福，"汤若望提到此事不禁涨红了脸，显得结结巴巴的，"皇后，她是你的妻子，你应当像爱自己一样地去爱她。"

"为什么？这太不公平了！"福临叫了起来，感到委屈，"这桩婚姻与上一次的一样，是母后操办的，而我与皇后根本没有感情！上一个人虽美貌但却刁蛮，令人望而生厌，而这一个呢，相貌平平近乎木讷，毫无吸引力，唉，对她，我是爱也爱不起来，恨也恨不起来，又怎么可能去像爱自己一样地专心地去爱她呢？汤玛法，我为什么不能去爱一个自己所爱的人呢？上一次是为了四贞，而这一次，又有一个人儿闯到了我的心里！我，实在无法忘记她，却又难以得到她，万般无奈的相思之苦日夜折磨着我，于是我就四处寻欢作乐，或是借酒消愁，或是纵欲无度……汤玛法，我很痛苦，真有一种生不如死的感觉！"福临将心里所想的话一股脑儿说了出来，垂下了头，他知道这回汤若望又少不了给自己讲一阵冠冕堂皇的大道理了。

"可怜的人，阿门！"汤若望叹息着，将福临带到了一幅圣母像前。这是一幅临摹意大利罗马大教堂的圣母像的复本，圣母玛利亚面容慈祥而圣洁，正用一双真诚的眼神注视着面前的中国皇帝。

"圣母玛利亚，请告诉我，难道我注定要被这种没有爱情的婚姻束缚一辈子吗？我还这么年轻，您就这么忍心抛弃我吗？求圣母赐福于我，阿门！"福临目不转睛地看着画中的圣母学着汤若望的样子在胸前划着十字。

汤若望默默无语。面对如此年轻而多情的天子，他实在是爱莫能助了。此时此刻，汤若望突然觉得这个少年天子很可怜，他还没有享受过快乐的人生和爱情，这对他很不公平呵。

"汤玛法，哪一种罪过大些，是吝啬，还是淫乐？"

"淫乐，"汤若望的语气不容置疑，"中国有句古话：'蛾眉皓齿，伐性之斧。'日消月耗安有不伤圣体之理？人之精力有限，养之则充足，耗之则虚损。皇上乃一国之君，近来少见与贤人君子谈论道德以养身心性命，即便偶一临朝，也是草草完事，精力倦怠为群臣有目共睹。皇上有所不知，皇太后为此食不甘味，特地嘱咐老臣相劝于你。可老臣见皇上也的确有苦衷，便一时不知从何说起了。唉，千言万语只是那么一句，皇上，你贵为天子，可不能由着性子胡来呀！"

"我有吗？正因为我是天子，一国之君，才一忍再忍，玩偶似的由他人摆布！只是，我、我不甘心哪！"福临的眼中有泪光闪烁，他喉咙哽咽着："我好羡慕那河中成双成对的鸳鸯鸟儿！我好羡慕那种男耕女织的普通人的生活！我，为什么要生在帝王家？玛法，我受不了，实在受不了啦！"福临双手抱头很痛苦的样子："我头痛欲裂！用你们的诗句说，我是一只夜莺，然而他们却不让我去拜访玫瑰园！"

福临发泄着心中的不满，再不发泄，他也许真的会崩溃的。

"皇上，给！"汤若望起身从酒柜里拿出了一瓶红葡萄酒，小心地斟了一满杯递到了福临的手上："一醉解千愁。皇上，老臣陪你一起喝！"

"今宵酒醒何处？杨柳岸晓风残月。"福临苦笑笑，仰起脖子一饮而尽。

福临回到乾清宫，依旧心事重重。午膳是在汤若望的教堂里用的，红葡萄酒还有各色西式糕点，倒也别有风味儿，只是吃来不如中餐那么可口。福临只觉得心里有些腻味，闷得难受。

"万岁爷可要召见哪宫主宫娘娘？"吴良辅也吃不透主子的心思，捧着一盘子绿头牌试探着问。

福临蹙着眉头没有吭声，吴良辅稍稍退到一旁，便不敢再言语了。自从去年皇上铸了严禁内监干政的铁牌子以来，吴良辅他们规矩多了，一个个都夹起了尾巴。

福临在十年的时候，违背了满洲旧制设立了十三衙门。帝谕上说十三衙门是满洲近臣与太监兼用，实际上主要是对太监而言的，此后，原先承办皇上衣食住行的内务府也被裁掉，改由十三衙门经管承办。"……宫禁役使，此辈势难尽革。朕酌古因时，量为设置，首为乾清宫执事官，次为司礼监、御用监、内官监、司设监、尚膳监、尚衣监、尚宝监、御马监、惜薪监、钟鼓监、直殿局、兵仗局。满洲近臣与寺人兼用。"

顺治帝福临此谕所设御用监等十三衙门，录仿明制而加以裁并，将明朝宫内太监的二十四衙门裁减为十三衙门，后又增设尚方司，合为十四衙门，但人们通常仍称十三衙门。当然，福临并没有头脑发热，正当内官吴良辅等人洋洋自得时，福临又谕命工部立内十三衙门铁牌："中宫之设，虽自古不废，然任使失宜，遂贻祸乱。近如明朝王振、汪直、曹吉祥、刘瑾、魏忠贤等专擅威权，干预朝政，开厂缉事，枉杀无辜，出镇典兵，流毒边境，甚至谋为不轨，陷害忠良，煽引党类，称功颂德，以致国事日非，覆败难寻，足为鉴戒。朕今裁守内官衙门及员数，执掌法制甚明，以后但犯法干政，窃取纳贿，嘱托内外衙门，交结满汉官员，越份擅奏外事，上言官吏贤否者，即行凌迟处死，定不姑贷。特立铁板，世世遵守。"

这样一来，即使是顺治帝福临身边的大红人吴良辅也乖乖夹起了尾巴，变得唯唯诺诺、毕恭毕敬的了。皇上这两年的变化很大，有时顽劣如无知的少年，有时又安分得像个老学究，一天到晚待在乾清宫的书房里，有时甚至秉烛夜读。自第一次废后之后，天子福临经常独处乾清宫，批阅奏章，苦读诗书，夜以继日，通宵达旦，有时读得累了，便若有所思地对灯凝望，一动不动。奴才们知道皇上内心的苦闷，都以为皇上再次大婚后便会好起来的，可事实上，坤宁宫新皇后那里皇上去的很少，明摆着皇后又遭到了冷落。还有，其他宫的娘娘也很少应召，至于其他的贵人、常在、答应，则连皇上的面也难见了。皇上到底是怎么了？有时候心血来潮，胡乱碰到了一个宫女便临幸于她，也不问问她的名字和地位。有的时候则一连数日闭门不出，一副清心寡欲的样子。这一回太监们再不敢多嘴多舌了，吴良辅也不例外，尽管他似乎已经猜中了皇上的心事，但若没有十分的把握，没有适当的机会，吴良辅不会饶嘴饶舌地去自讨苦吃的。有时候摸着额角上的疤痕，吴良辅就会觉得有失自己堂堂司礼监总管的尊严。他的这张脸盘子虽说不上多么俊俏，但却保养得当，细皮嫩肉的，稍稍在唇上涂些胭脂，嘿，还真有些妩媚呢。在当时的环境里，有学问的人靠学识入仕为官；有钱人拜"赵公元帅"经商成为富翁；而平头百姓，要想从社会底层爬出头，只有走自愿净身的捷径来换取发迹之途。

吴良辅的家乡在白洋淀，这里土肥水美，物产丰富，鱼满舱，粮满屯，的确是个好地方。可自从出了个恶霸吴七爷，老百姓便没了太平的日子。吴七爷上头有人啊，远房的叔伯是天津的大官儿，在京里也有关系，吴七爷在白洋淀巧取豪夺，愣说这湖里的鱼儿全是他家的，湖中的芦苇、水鸟也自然归他家所有，愣是将白洋淀的一草一木都霸占了起来，弄得民不聊生。老百姓谁也斗不过吴七爷呀，他有钱有势，还有一支手持皮鞭、火铳的家丁呢，谁在他吴七爷面前不是低头哈腰的矮三分呢？可说来也怪，吴七爷天不怕地不怕，唯独对吴各庄的吴大麻子恭敬有加，为嘛？吴大麻子的儿子是宫里的太监，听说很得主公的恩宠，手头有的是钱！这不，刚把自家的旧宅院翻修扩建完，一溜八间大瓦房，红砖白墙掩映在绿荫中，别提多气派了！

听说这一次吴大麻子那个在宫里"当差"的儿子要回乡探亲，吴七爷忙不迭地让家丁们敲锣打鼓等候在湖畔，并宣布要在村里请戏班子热闹两天，可把亲邻们乐坏了。年幼的吴良辅跟着哥哥们也挤在白洋淀边等着看热闹。呵，只见一只披红挂绿的大船缓缓驶来，船上的人穿着绫罗绸缎簇拥着一位穿红袍的人，他面白无须笑靥如花，正满面春风地频频向乡亲们招手致意呢。

"乖乖，这船多大呀，还有船上人穿的衣服都那么好看，闪着光，轻飘飘滑爽爽的，可真像是神仙下凡哩！"

"小良子，记住喽，这就是进宫当老公的好处。"

吴良辅的哥哥开导着吴良辅。

"嘛是'老公'?"

"唉,说了你也不知道,快看,吴公公快要下船了。"

自此以后,懵懵懂懂的吴良辅便牢牢记住了这一幕,八面威风,一身红锦袍的吴公公成了他的偶像。嘿,心想事成,真没想到,几年之后,吴良辅自己也成了"吴公公"。这是他自愿的,因为他渐渐地打听到,只要割去了自己的那玩意儿,便可以进宫伺候皇上,便也可以衣锦还乡光宗耀祖了。至少,爹娘和兄弟不必再为挨饥受穷而愁眉不展了,嘿,这是一条多好的道儿呀!

的确,打从割了那玩意儿之后,吴良辅就没后悔过。在他看来,吃饱肚子为上,即使没有荣华富贵,有皇粮吃,至少也可以免做饿死之鬼呀。难道不是吗?现在他吴良辅是皇上的心腹,堂堂的吴总管,戴着蓝顶子花翎的四品顶戴,月有俸禄,岁有赏钱,私下里还有各宫里太监们的孝敬钱,真是财源滚滚哪!这阵子家乡没人来京里,吴良辅手头的银子没地方搁,索性就掀开铺盖卷儿塞在了炕板下,这地方可保险了。

吴良辅呆呆地想着心事,没留神皇上已经出了乾清宫,慌得他一溜小跑跟在了后头,还是没敢多问。

福临眉头紧蹙,倒剪着双手,伫立在乾清宫的汉白玉丹墀上,此时此刻,福临的神态举止表现出了与他的年龄不相符的成熟和庄重,吴良辅愣愣地看着皇上的背影,心里说,皇上已经是成人了,再不好糊弄了,日后可得多加小心哪!

福临信步南行,出了乾清门。天色已晚,几名太监提着灯笼一前一后地照路,侍卫们则远远地跟着,不紧不慢。

月亮像个银盆似的挂在东边的天际,闪着淡金色的光芒。"花好月圆",福临的脑子里闪出了这几个字,这才想到再过两天就是中秋了,难怪,月亮已经这么圆了,夜空里还弥漫着馥郁的桂花香。他深深地吸了口气,一时诗兴大发,随口吟道:"明月几时有,把酒问青天。不知天上宫阙,今昔是何年?我欲乘风归去,又恐琼楼玉宇,高处不胜寒……"

月光洒在庭院里,一切显得宁静而安详,树木、藤架、亭台和房屋仿佛涂上了一层水银,变得神秘而美妙。

"将灯笼熄掉!"

福临吩咐侍卫们熄灭了灯笼,他想仔细享受这宁静的月夜,他走得很慢很轻,踏着树影、花影,闻着阵阵的花香,福临有些陶醉了,同时心头飘过一丝淡淡的忧郁。"花间一壶酒,独酌无相亲。举杯邀明月,对影成三人。月既不解饮，影徒随我身。暂伴月将影，行乐须及春。行乐须及春？"

福临将诗句复吟了一遍，脑子里映出了一个清晰的倩影，她的脸庞如象牙般的光洁细腻，一双漆黑的眼睛灿若繁星，两腮胭脂，一点朱唇，这女子分明是个小仙女，她的名字也格外的美："乌云珠！"

言者无心，听者有意，福临这么轻轻一喊，旁边的人自是听不清楚，只当皇上还在借景吟诗抒情呢，而吴良辅却听得一清二楚。"乌云珠？是了，就是费扬古的姐姐、襄亲王的福晋！嘿，万岁爷这回又陷进去了，奴才我怎么也得想个法子帮他了却这相思之苦呀！"

黑夜中，吴良辅的小眼睛滴溜乱转，犹如天边一颗颗转瞬即逝的流星。片刻之后，他的眼睛定位了，嘴边浮起了一丝诡秘的笑意："万岁爷，立秋了，奴才给您披件外衣吧。"

吴良辅的声音显得格外的柔媚，却打乱了福临的思绪，气得福临眼珠子一瞪："滚！讨厌的娘娘腔！"

"是，怪奴才多嘴！"吴良辅举手"啪"地抽了自己一耳光，声音依旧："万岁爷，过两日就是中秋了，听说太后要在园子里摆酒赏月，邀一些亲王、贝勒爷的福晋同乐，到时候，万岁爷也少不了去给太后捧场，奴才只是担心万岁爷万一着了凉，可就扫兴了。"

吴良辅絮絮叨叨一口气说了这么多，连他自己也有些后怕了："今儿是嘛回事？吃了豹子胆啦？"

"哦！你这么一说，朕倒记起来了。难得你一片忠心。哎，你说，她也会来吧？"月色下福临的眼睛分外明亮，一眨不眨地看着吴良辅，语气相当温和，而且还带着一副商量的口吻。皇上可是好久没这么与奴才们说话了，吴良辅心里不由得一阵窃喜："嘿，皇上上钩了！"

"万岁爷，奴才听不懂您的意思。"

"你个狗奴才，又在朕面前装傻了不是？好吧，快给朕出个主意，事成之后去内务府领赏银一百两！"

"嘻！万岁爷，这事儿包在奴才身上了，您就等着瞧好吧。"

孝庄皇太后为享天伦之乐，特地吩咐在慈宁宫摆中秋家宴，并在正殿南面搭了戏台子。戏舞百技并作，慈宁宫里觥筹交错，欢声笑语，好不热闹。

"北京，远的不说，自前明在此建都以来，一直是人们向往的地方。若以北京的季节而论，冬多，春少，夏季苦热苦雨，只数秋天最好。"白发苍苍的太祖皇帝的寿康太妃资格最老，所以说起话来也带着权威性。

"是这样。"孝庄太后笑笑表示同意。人到中年的孝庄太后看上去要年

轻得多，两道弯弯的细眉下是一双细长而明亮的眼睛，既让人感到和蔼可亲又让人觉得她很有威严。渐渐发福的身材并不臃肿，反衬出她的安详和高贵，其实，她才是这后宫的主人，至于寿康太妃以及懿靖大贵妃和康惠淑妃，本应搬出后宫别居的，可孝庄太后念着旧情，依旧让她们住在宫里，而她们也就倚老卖老舒舒服服地住着了。

"这天气真的渐渐凉爽了，今天是中秋，秋高气爽的，简直太舒服了。"懿靖大贵妃正吃着一串紫红的葡萄，嘴里还哑着："这玩意儿，就是好吃，又酸又甜，总是吃不够!"

"额娘，早知道您爱吃，臣妾把自家院子里的葡萄也摘些来孝敬您。那架子上结满了葡萄，一串串的罩着一层白霜，沉甸甸的，甜着呢。"襄亲王福晋乌云珠格格笑着在另外一个桌子上插着话，懿靖大贵妃是襄亲王博穆博果尔的生母，自然就是乌云珠的婆母了。

"这孩子!有了好东西要先孝敬太后才是，不懂规矩!"

"得了，你就别怪她了，喏，那些葡萄就是她亲手摘的。"孝庄后笑着也拿起了一串。

第二十九章

玄烨伶俐讨太后喜　妃嫔恼怒烦自人心

中秋节本是北京水果品种上市最多的时候，有红葡萄、白葡萄、鸭儿梨、红苹果、青柿子、石榴、桃子、烟台梨，还有大西瓜——当然，这是宫里头专为赏月准备的。此外，还有金糕、栗子糕、蜜海棠、蜜红果和油酥核桃仁、糖炒栗子等干果蜜食。自然，过中秋更少不了月饼。南方的月饼细腻精致，北方的月饼个大味美，各有千秋。京城里出售的南方风味月饼，有火腿、五仁、咸鸭蛋和豆沙馅的，咸甜不一。而老北京却习惯吃"自来红""自来白"和上供用的大月饼（大者尺余，上绘月宫蟾兔等），品种不多。

"皇阿奶，要吃饼饼！"一声稚嫩的童音显得格外的清脆。

"嗬，我的乖孙儿，来来，坐在阿奶的身上，要吃哪一块饼饼？"孝庄太后亲昵地弯腰抱起了不满二岁的皇孙三阿哥，忍不住在他的嫩脸上亲了一下。

"要吃，要吃！"三阿哥指着满桌子的果品，一双胖乎乎的小手拿了鸭梨又想去抓红枣。

"哎，这个可不能吃。乖孙子，这里面有核儿，你人还小，吃不得哟。"

"皇阿奶，我要吃！"三阿哥松开了鸭梨，将双手搂住了孝庄太后的脖子，撒起娇来。

"玄烨，听话，不许胡闹！"三阿哥的生母康妃显得有些不安，她瞪着亲生儿子，生怕这个小顽童惹恼了太后。"曹嬷嬷，快将玄烨抱走，你是怎么带三阿哥的？"

"不关她的事。这可人的孩子，噢，我许多年没有这样的体会了。"孝庄太后紧搂着玄烨，脸上洋溢着幸福之情。

"哥哥，阿其那！"玄烨的小手指着另外一张桌子，二阿哥福全正抱着一只大月饼啃得起劲儿呢。

"曹嬷嬷，你就是这样教育三阿哥的吗？瞧瞧，他竟开口骂他的哥哥！"孝庄太后气恼地看着玄烨的乳母孙氏。

"奴婢该死!"曹氏等人连忙跪倒,吓得变了脸色。

"算啦,大过节的,别扫了大伙儿的兴!苏嘛喇姑,三阿哥的启蒙教育之事日后就由你负责了。这孩子天资极高,是块璞玉呀。"

苏嘛喇姑点头应允后,朝玄烨说:"三阿哥,我给你讲个故事吧?你听说过老哈王脚下有七颗北斗红星的故事吗?"

"我知道!老哈王,是,是太皇太爷爷!"玄烨咧嘴一笑,挣脱了皇奶的怀抱,跟着苏嘛喇姑一溜小跑地走了。

"这孩子,真是聪明!当初佟丫头将出之时,哀家似乎看到她的衣裾有光若龙绕,一问方知她已经有孕在身。其实,当年我怀福临时实亦如此,所以哀家看来,玄烨这孩子必膺大福。"

孝庄太后的一席话说得康妃喜上眉梢,不料她的脚下却有人"叭"地啐了一口,康妃一愣,抬眼看着淑惠妃,她嘴里嗑着瓜子,"叭"地又朝地下吐了一口。而她旁边的皇后孝惠则拿着一只裂开了的石榴呆呆地出神。

"你们知道吧,玄烨可是人小志大哩。"孝庄后一时兴起,没顾及两位侄孙女的表情,笑着又说开了:"去年周岁抓盘,这玄烨两只胖胖的小手,竟把翡翠盘里盛的所有物件都抓起来了!这孩子将来必是福寿绵长、文武全才的主!"

众福晋嫔妃们纷纷点头附和着,皇太后高兴那就顺着呗。不过,这也是事实,谁会想到三阿哥连那只黑杆的狼毫笔也不丢弃呢?而当初二阿哥福全抓周的时候,尽抓那些红红绿绿颜色漂亮的玩意儿。

这么一来,康妃心里更是得意。她坐直了身子,拿起一只大鸭梨,"咔嚓"咬了一口,然后挑衅似的看着孝惠和淑惠两姐妹:"吃呀,两位姐姐,这鸭儿梨真甜呢。"

玄烨还有一个哥哥福全、两个姐姐及两个妹妹,她们的母亲封号都在贵人以下,上不了正席,纵然心里不痛快,酸溜溜的,也得强颜欢笑,跟着凑趣讨孝庄太后的好。

"万——岁——爷——驾——到!"慈宁门外老太监拖长着声音响亮地喊道。院子里原本正在吃喝的女眷们慌得起身,直挺挺地立在一边,低头垂手,也顾不上掸去衣襟上的瓜子壳了。院里廊下的太监宫女们更是匍匐在地,恭迎皇上。

孝庄太后看在眼里,心里高兴可嘴上却说着调侃的话:"皇儿,瞧瞧,你这么一来呀,女眷们怕是要饿着肚子回去了。"

"皇额娘,儿臣谨遵您的教诲,以孝治天下,每日退朝之后第一件事就是来给您请安。今儿个又恰逢中秋佳节,儿臣岂有不来之理?嗬,这么多好吃的，儿臣今天可以一饱口福喽。"福临满面春风，笑吟吟地坐在母后的身边，手一摆："起吧！"便伸手从果盒子里拈了颗蜜饯。

"你们也都坐下吧，咱这是家宴，没有外人，不必拘礼。海中天，传膳吧。"孝庄太后微笑着示意奴才们撤下了桌上的瓜果点心。

"皇额娘，您真偏心呐，"孔四贞撇着小嘴冲福临一挤眼睛，"您摆了那么多的果子让我们吃，这会儿肚子吃得差不多饱了，您才让上菜。若皇兄不来的话，您也许就用果子把我们姐妹们给打发了。"

孔四贞坐在后边的一桌，有孝惠皇后和妹妹淑惠，还有佟佳氏即现在的康妃、田贵人、静妃以及襄亲王的福晋乌云珠等，一色的妙龄女子，辈分相同，虽身份不一但都年轻美貌，如花似玉，真是一桌子黛绿鸦青，姹紫嫣红。

孝庄后听着孔四贞的戏言笑骂道："没良心的丫头，起明个儿就给你找个婆家嫁出去，哎，听说那孙延龄还没有消息，也好，你就老老实实待在宫里头陪着额娘吧。"

这一下把孔四贞闹了个大红脸，她脸上发讪低下了头咕哝着："额娘处处护着皇兄，就是偏心嘛。"

"四贞妹妹，待会儿上了酒菜让皇兄敬你一杯，你总该没有话说了吧？"福临笑嘻嘻地朝孔四贞看着，但他的眼睛却在急切地寻找着弟媳襄亲王妃乌云珠。呵，刚刚她被高大健壮的皇后遮住了脸，福临无所顾忌地看着董鄂氏，觉得在这群姹紫嫣红的满、蒙贵妇之中，只有她像一株绽放的芙蓉花，高贵、脱俗、清新艳丽，福临的脸上盛满了笑意。正宫娘娘孝惠似乎是第一次看见皇上如此温和甜蜜的笑容，一双杏眼痴痴地看着福临，而坐在她身旁的董鄂氏乌云珠却面若桃花，羞怯地低下了头。

孝惠章皇后这一对姐妹花原本是由当朝的太后姑奶奶孝庄后做主，被选入后宫为帝妃的。可就在入宫之前，姐姐就被册封为皇后，妹妹则成了淑惠妃。这是大清对科尔沁蒙古的恩宠，更是科尔沁人引以为自豪的。满洲的爱新觉罗氏打江山辖四方，而科尔沁的女人则成了大清的后宫之主。又一支崭新的龙凤奏鸣曲即将在紫禁城里上演了，孝惠章皇后姐妹俩怀着激动兴奋而惴惴不安的心情分别乘坐八人和四人抬的孔雀顶暖轿进了后宫。清代皇帝一生行两次极为隆重的大婚礼的，唯有顺治帝福临了。

坤宁宫的东暖阁里充满了喜气，墙上、宫灯上贴着红红的双喜字，龙凤喜床上罩着五彩细纱百子帐，大红缎绣龙凤双喜字炕褥、明虞和朱红的彩绣百子被，被上压着装有珠宝、金银元宝和谷米的宝瓶，孝惠端坐在炕前，红衣红裙红头花，顶着一个红盖头。

孝惠当然不知道，这次大婚的情形跟上一次几乎一模一样，礼仪、陈设、地点一切照旧，只不过前皇后是自己的亲姑姑，眼下则受冷遇成了静妃，而自己将会成为坤宁宫的新主子。孝惠的耳畔还响着执事官员的禀奏："皇后用大婚物品清单，金如意二柄，各重六十两；各种朝冠十顶，其中海龙、薰貂冬冠各一顶，各缀金凤十一只，内八只上镶大东珠七十二颗、小东珠一百六十八颗，顶凤三只，上镶大东珠十二颗、小东珠六十颗、贯顶大东珠三颗、珠顶一颗，猫晶石八件，上缀帽尾穗一挂，金镶青金石结一件，上镶东珠六颗、正珠六颗，上穿正珠四百八十颗……"孝惠虽贵为科尔沁蒙古的公主，却也从没见过和听说过这么多华丽珍贵的东西，而且，这些全归她一个人享用！什么东珠、珊瑚、红碧瑶、绿玉、琥珀、金珀、伽南香等各种朝珠十一盘，各种金镏子十四件，珍珠、绿玉、脂玉金戒箍五对。有一件明黄江绸绣玉彩金龙珠宝棉朝被，上面竟缀满米粒大小的东珠上万颗！

孝惠乘着凤辇由长长的迎亲仪仗队簇拥着，从大清门经午门入宫，至太和殿下，降舆入坤宁宫，这便是大婚的洞房了。坤宁宫在明代为皇后居住的中宫，清世祖顺治帝将它改建，西头大部分地方辟为祭神之所，东暖阁则作为大婚时的洞房。洞房内靠北是龙凤喜床，五彩细纱百子帐以及明黄和朱红的彩绣百子被上，百子造型生动，个个栩栩如生，象征着皇帝子孙万代兴盛。南边窗前有一铺大炕，是帝后进合卺宴、行合卺礼的地方。眼看着吉时快到了，孝惠的心开始"怦怦"地乱跳着，到现在为止，她还不知皇上长得什么样儿呢。

这一日宫里格外热闹和喜庆。皇宫内各宫殿、各门都挂上皮制的红灯笼，名称不一，款式也各异，有戳灯、挂灯、提杆灯、手把灯、羊角灯等等。此外，宫内各殿宇、门座等处，都要架彩或悬挂彩绸，铺设大红地毯，这些彩绸和毛毯多半由杭州、苏州一带制办，做工精美，色泽艳丽，更增添了宫里的喜庆劲儿。

孝惠的妹妹被封为淑惠妃，是坐着小辇金凤顶大仪车经神武门、顺贞门等后门，在下午入的后宫，而作为正宫娘娘的孝惠章皇后，则在掌灯时分坐着九凤金辇百子喜轿，经大清门、天安门、端门、午门、太和门、内左门、乾清门的正门入的交泰殿，在皇上与皇后拜完了天地之后，皇后则蒙着红盖头被送入了设在坤宁宫的喜房。

伴随着一阵悠扬的琴声和铜铃声，数十名萨满太太在坤宁宫西头唱起了喜歌："……天神保佑我爱新觉罗氏，将生下大富大贵的哈哈济，像野草长遍草原，像松子儿撒满山林，爱新觉罗氏的子孙，比雪鹰还要矫健，比猎豹还要矫健，天神保佑我爱新觉罗氏……"

不一会儿，四位身着华丽朝服的贵妇人袅袅婷婷地走进了坤宁宫，为首的一人是个中年美妇，体态婀娜，一双美目顾盼生辉，她便是一品命妇堂堂的豫王福晋刘三秀，私下里被满洲贵妇们称为"蛮子福晋"。她如今虽是孀妇，但已受了封诰，成了孝庄太后宫中的常客，这一回，她是奉命来侍候帝后合卺宴的，自然也是专管"憨宝"的——就是等帝后合了房，看看皇后有没有"喜"。

孝惠由四位福晋侍候着梳妆上头，戴双喜如意，梳双凤髻，胸前挂着朝珠，净面之后重又搽上脂粉，然后坐在了南炕的右边，隔着炕上的一张黄地龙凤双喜字红木膳桌，端坐着新郎福临。他目不斜视，眉头微蹙，任由福晋们支使着，像一个木头人似的。

孝惠由于害羞并不知道皇上是什么时候进来的，这会儿面对面坐着，她才有机会从眼角偷偷地看皇上几眼。这一看，她的眼光便再也离不开他了。少年天子有一双细长的眼睛，漆黑的眉毛，眸子非常明亮，可这会儿似乎有些迷惑。宽宽的脸庞，高耸的鼻梁以及丰厚红润的嘴唇，足以显示出作为男子汉的阳刚之美。当然，他还只是个大男孩，嘴唇四周还只有些淡黄的茸毛呢，不过，他的确很英俊，既威严又洒脱。孝惠心里一喜，立即觉得面红耳赤，她真为自己庆幸和骄傲呀！

御膳房的首领太监细声细气地报起了菜名，每报一个，自有小太监将食盒子打开将菜碗摆放出来。"两只大赤金盘盛着猪乌叉和羊乌叉各一品；两只赤金碗盛着燕窝双喜字八仙鸭和燕窝双喜字金银鸭各一品；另有中赤金盘四只，盛的是燕窝'龙'字样熏鸡丝、燕窝'凤'字金银肘花、燕窝'呈'字五香鸡、燕窝'祥'字金银鸭丝——合起来是'龙凤呈祥'，象征皇上大婚的吉祥！还有四只赤金碗盛着细猪肉丝汤二品，燕窝八仙汤二品；四只五彩百子瓷碗，盛的是老米做的饭两碗和子孙饽饽（即饺子）二十七个，外带赤金螺蛳碟小菜二品和赤金碟酱油二品、赤金镶玉筷子两双、汤匙两把、饭匙两把、红地金喜字三寸瓷接碟二件，有盖的赤金锅两个、赤金锅垫两个，还有红绸金双喜字怀挡（即餐巾）两块。膳齐，请皇上和娘娘用膳吧。"

"把盖碗打开。"福临似乎不情愿地从牙缝里蹦出了这几个字，声音听起来有些冷冰冰的。

这宴席上的每一道菜都盖着镶着宝石的金碗盖，在大喜红烛的辉映下，熠熠生辉，令人眼花缭乱。

"怎地没有酒？可惜了这一桌子的佳肴！"福临将赤金镶玉的筷子重重

地往桌子上一搁，吓得伺膳的几个福晋面面相觑。

"皇上，大喜的日子不兴吃酒的，等明个吧。"刘三秀怔了片刻，仗着是福临的婶娘，和颜悦色地说着。

"这话怎么说？你们汉人结婚时不还讲究喝交杯酒吗？"

"是……这样的，那就喝一些淡水酒吧。"

"不，朕一定要喝烈酒，那样才痛快！御膳房里有什么样的陈年老酒，快快着人送两坛来。"

"嗻！"御膳房的太监不敢怠慢，生怕宴席上的饭菜凉了，一溜小跑出了东暖阁。

"皇上，臣妾愿陪皇上一醉方休！"一直低头不语的孝惠皇后突然开口说了话。她是蒙古科尔沁的女子，素来豪爽，今天憋了一整天了，这低头不语的滋味可真不好受哇，想从前在一望无垠的大草原上或纵横驰骋，或信马由缰，总是那么自由自在，难道从今以后自己这大好的青春年华就要在这大内深宫里默默地打发吗？

"痛快，这才是科尔沁的女子！"福临的目光中流露出了一些赞许的意思，直到现在，这位再度成为新郎的皇帝才认真地看了新皇后一眼。"天神，这个人怎么也会入宫成为我的皇后呢？皇额娘把她夸成了一朵花，说什么美若天仙，人品出众，性格温顺贤淑，颇有母仪天下之风！她……哪里出众？脸圆圆的，颧骨高高的，隐约还有些雀斑，模样倒也周正，但绝称不上出众。嗯，也许她比前头一个的心地要善良一些，也是，那秀外慧中的女子也许还没出生呢。"

福临呆呆地看着新皇后出神，一旁的刘三秀等见状喜上眉梢，互相使着眼色蹑手蹑脚退了出去，她们都以为自己的任务已经完成了，只等着明个一早看皇后有没有"喜"了。

"皇上，妾妃敬您一杯！"孝惠不知哪来的勇气，从伺膳的太监手中接过了银盘子，上面有一只嵌着各色宝石的金葫芦和一小坛百年泸州老窖。孝惠掰开了精美的金葫芦，这原来是两个小巧的酒杯，所谓"合卺"的"卺"即为瓢的意思，把一只匏瓜剖成两个瓢，新郎新娘各拿一个用来对饮，这便是当时成婚时的一种仪式。

窗外，有人不停地小声哼唱着"交祝歌"，房里，红烛摇曳，一对新人频频举杯，这似乎是一个很温馨和谐的合卺宴……

乾清宫的庭院里，一群太监宫女们正兴奋地窃窃私语着："嘿，皇上今儿个是酒兴大发呀。""你懂什么？万岁爷这是醉翁之意不在酒！""这红烛怎么还不熄呀，万岁爷和娘娘的子孙饽饽也该吃完了吧？""着什么急呀，走走，咱们也找个地儿乐乐去！"爱凑热闹的太监宫女们等到下半夜，也没听见东暖阁里有什么动静，便没精打采地各自散去了。

第二天一大早，宫里就传开了。有的说，皇上根本就没看上皇后，和衣躺了一宿！有的说，听见豫王福晋慌慌张张地向太后禀报，皇上根本就没同皇后合房，她根本没见着"喜"！而更深沉些的太监们，则对此缄口不言，讳莫如深。

喧嚣而热闹的大婚之后，带给宫内的是一种莫名其妙的沉闷。孝惠章皇后就像是变了一个人，从此寡言少语，不苟言笑……她怎么会想到，年轻的顺治帝心里有一种强烈的逆反心理，多尔衮选的他不会接受，母后选择的他也在心里排斥，只有他自己选择的才是最中意的。眼下，福临已经选中了可心的一个，那就是坐在孝惠皇后身旁的襄亲王的福晋董鄂氏乌云珠！

自从福临弄清了乌云珠的情形之后，心中对母后的怨恨便又增加了几分；同时，对乌云珠的强烈的占有欲望也就更多了几分！原来，董鄂氏乌云珠是前年入选的秀女！

乌云珠应召入选的那一次，共有秀女二百多人，每日由皇太后亲自出马，皇上心血来潮时也会在殿前逐一挑选，怎奈时间一长便看得眼花缭乱起来，加之皇太后心里早已另有安排，福临渐渐地便厌倦了。正巧又有几位风拂杨柳般的女子走了过来，福临睁大了眼睛，觉得她们的婀娜姿态很有韵味，可一旁的皇太后却连连摇头，说这几个女子蛮子味太重，太过招摇，不合宫里的规矩，便挥手让她们退下，而这五人中的一位，便是娇小玲珑的董鄂氏乌云珠，在听到太后的懿旨之后，她心里一凉，眼角溢出了晶莹的泪花……八旗出身的格格们都有一次当秀女入宫应选的机会，如果被选中，初得的封号一般是答应、常在、贵人或嫔妃，以后可以逐级晋封，如果得到皇帝的封号就是内廷的主位了，就有可能尊贵无比！乌云珠自认为自己的身段和气度都属上乘，有心要讨得少年天子的喜欢，她有这个把握！可是……乌云珠竟被指配给了皇十一弟博穆博果尔，一个没有军功的半大男孩！

"乌云珠妹妹，发哪门子的呆呀，给，清蒸的大螃蟹。"孔四贞笑嘻嘻地朝董鄂氏的盘子里夹了只螃蟹，"姐姐，你今儿是怎么啦？你与乌云珠两人真是有趣，一副心神不定的样子。让我猜猜，两位姐姐的心飞哪儿去了？"

"就你的话多，吃蟹吧。"孝惠生怕孔四贞胡乱放炮，连忙低下了头。

"咱北京不产螃蟹，今儿这些金毛紫背、壮硕非凡的蟹是从直隶的胜芳镇采来的。常言说七月尖脐雄蟹螯大，八月团脐雌蟹黄肥，这时候正是吃胜芳的团脐雌蟹之时。"这边的桌子上，孝庄太后一边用一套精制的小钳子、小钉锤敲着蒸蟹，一边兴致勃勃地说着。

福临也来了兴致，自己动手掰开了蟹壳，一声惊叹："真是哩，这么多的蟹黄！皇额娘，您的话一点儿也不差。"

孝庄太后笑了："在北京住了这么多年了，算不上是个老北京，可算是半个北京人了。螃蟹在北京有'七尖八团'之说，谁人不知？咱们顺着时序去品尝，才能领略其味之妙呀。"

"枣儿红时，螃蟹露面，秋意最浓。大街小巷里的市声可热闹了。'甜葡萄哎！''脆枣儿喽！''大螃蟹哦！'奴才们一听这吆喝声就馋得不得了啦。"慈宁宫里的一个小太监垂手侍立在太后身旁，不时地递上一方干爽的怀挡（即餐巾）给太后揩手，这会儿见太后吃得津津有味的，便也不失时机地插着话，这也是宫里的一个规矩，每每传膳时，伺膳的太监便侍立在一旁说些宫里宫外的趣闻，给太后或是各宫的娘娘解闷儿。

"瞧瞧，乐子的这张嘴就是会说话。给，赏你一双蟹螯子吃。"孝庄太后笑着将敲下的一对蟹钳子往小太监周天乐的面前一推。

"来，再赏你一杯桂花酒。皇额娘，您这宫里的奴才个个聪明，真没的说。"福临对小太监点着头，一边又抬眼往后面的宴席上瞟。

"皇兄，干脆你坐我们姐妹这一桌好啦，省得你的脖子老往这边扭，不觉得酸吗？"机灵调皮的孔四贞说罢捂着嘴咯咯直笑。

"可恶的丫头！"福临不禁涨红了脸，灵机一动："四贞妹妹，咱们来比赛怎么样？咱们今儿个虽没有'带霜烹紫蟹，煮酒烧红叶'那般的逸趣，但自家姐妹聚在一起也是难得。这么着，咱们看谁吃得最干净，不准连皮带骨一齐嚼，以吃得好、吃得细为上乘，就由小乐子做裁判，他判谁赢就是谁赢。"

"嗻！奴才今儿个算是露了脸喽！"周天乐乐得眼睛都眯起来了。

"也罢，今儿咱们不分君臣尊卑，咱们母子、婆媳、妯娌与姑嫂之间来个尽兴！和和融融地过个中秋！"孝庄太后欣然赞同，一旁的白发老妪寿康太妃也乐得合不拢嘴儿。

"皇兄，这回你是输定了。"孔四贞拍着巴掌，笑声像银铃似的悦耳，她拿眼睛朝桌子上的姐妹一挤，悄声说道："众姐姐们，咱们今儿个一定要把皇上给比下去，如果他输了罚他什么呢？罚……酒三杯？"

"嘿嘿，莫说三杯，就是三坛子也不在话下！"福临笑嘻嘻地接过了话茬，眼角的余光一直不离乌云珠的左右。聪明的乌云珠对皇上频频射来的

"电波"岂能无动于衷？她心里又是兴奋又是慌乱又是娇羞，抿嘴儿笑着，有意无意地迎着福临的目光，这么一来越发撩拨得福临心痒难耐了。

"皇姐，您瞧我这个儿媳妇是不是有些太过招摇了？"懿靖大贵妃看着这一幕，低声地与孝庄太后耳语道。

"董鄂氏人品很端庄，相貌又可人，真是博穆博果尔的福气哟。依我看，若是换上汉家女子的装束，她倒更像是一个蛮子女子呢。哎，她待博穆博果尔那小子如何？"

"谁知道呢，"大贵妃皱起了眉头，"俩人倒是像一对金童玉女，好得形影不离的，可快两年了，她肚子咋就没有动静呢？这回，皇上又把博穆博果尔派去了江南……唉！"

懿靖大贵妃的一声"唉"使得孝庄太后不觉眉毛一抬："皇妹，你是担心他二人……"

"哪里，"懿靖大贵妃自知失态，连忙改口道，"皇姐指的婚绝没有错的。"

其实，皇太后孝庄心里也有疑虑，已经有些太监、宫女和几个主位的皇妃旁敲侧击地暗示过了，自打去年的中秋、重阳几次内廷家宴后，皇上格外优待襄亲王夫妇，未满十四周岁的博穆博果尔竟被皇上封为和硕襄亲王，引起朝野的惊诧。这博穆博果尔一无军功，二无政绩，尚是一个嘴上没毛的大孩子，他凭什么在一夜之间位极人臣，显赫无比？一来二去的，孝庄太后也渐渐地看出了些端倪，她的宝贝皇儿竟趁频频在宫里举办家宴之机，多次在御花园里与襄亲王福晋说说笑笑，有一回俩人还在凉亭里对弈了半日呢。最令孝庄太后不安的是，他们俩人交谈时说的是汉话，那些太监宫女们只落得大眼瞪小眼，呆若木鸡了。

第三十章

顺治帝动情情意浓　庄太后担忧忧思重

现在看着眉头微蹙的大贵妃，又看看眉飞色舞的皇儿和羞羞答答、秋波送盼的乌云珠，一向明睿智慧的孝庄太后隐隐感到了不妙。福临的举手投足、一笑一颦，绝逃不过做母亲的那双看似慈爱实则非常明睿的眼睛。她是过来人，只要看看现在这两个年轻人的眼神，还有什么不明白的？想当初，也是在后宫的家宴上，自己与英俊洒脱的皇弟睿王多尔衮不也是一见钟情的吗？真是造孽哟，皇儿福临这个喜新厌旧、自作多情的德性到底像谁？

"皇额娘，快趁热吃吧，蒸蟹凉了可就不好吃了。"福临不知母后的心事，两手掰着蟹螯，正嚼得起劲儿呢。

"唔，也许我这是瞎操心。乌云珠是他的弟媳妇，他这个当皇上的怎么着也得顾着大局呀，他也许不会做出越轨的事情来的。"孝庄后这么自我安慰着，明知是自欺欺人，但现在他二人又没有什么越轨的事情，她又能怎么办呢？这个皇儿，吃软不吃硬，也是起小就把他娇宠坏了。比如他对皇父摄政王的憎恨，比如他近乎疯狂的废后举措！一旦拿定了主意，他哪里还会在乎母后的感受？这回儿，他那丝毫不加掩饰的目光已经将他内心炽热的感情暴露无遗，又怎么可能因为母后的反对或劝阻而冷却？弄不好反会促成这个倔强执着的皇儿做出冒天下大不韪之事！

孝庄后颇为无奈地叹了口气，将右手按在了胸前的金十字架上，祈求着上帝的保佑。

宫里的嫔妃以及王府的内眷们，素来对吃螃蟹极感兴趣，这种食物味道极鲜美，实为消磨时日饮酒作乐的好东西。螃蟹一上市，就取代了消闲解闷的另一种好东西——鸡头米。这两样吃食在后宫里格外受宠，因为季节的原因，在夏秋之交北京的气候最为宜人。傍晚，女眷们相邀小聚，团团围坐在一起，一边细细品尝着这种美食，一边天南地北地神侃，直到暮霭四合方才尽兴而回。这两种食物在皇宫和王府的生活中，一兴一替非常自然，而且年年如此，女眷们乐此不疲，乘机将自己装扮得花枝招展，在几处轮流做东，或消闲小酌，或说些体己话儿，一改平日深宫大内那种刻板、沉闷的生活气氛。

北京的夏秋之交，正是"鸡头"上市之时。鸡头也叫芡实，是生长在水池中花托形状像鸡头的一种植物，它的种子可以食用，但其全株均有刺，吃时须得小心，颇费功夫。吃这玩意儿颇有讲究，而北京城的朱门甲第以及王府秘宫里的女眷们则吃得很拿手，一般人家为了省事，将带刺的鸡头米剥掉里外四层皮煮来吃，可宫里的女眷们为了消磨时间，也因为让鸡头米更有嚼头，只将它剥掉三层皮煮熟，然后像嗑瓜子似的，一点点地用朱唇玉齿将外边的一层硬壳轻轻咬掉，这样越嚼越带劲儿，越嚼越有味儿。北京的鸡头米多产于内城的筒子河、什刹海、积水潭等处，以不老不嫩的鸡头米价格最贵，也最有味道，至于太嫩的黄米和较老的紫皮，一般宫里的女眷们是不屑一顾的。

品尝完了鸡头米，螃蟹又该上市了。北京不产螃蟹，市面上所售的都是从外地运来的，其产地主要是直隶的赵北口和胜芳镇，赵北口以尖胜，胜芳镇则以团佳，故螃蟹在北京有"七尖八团"之说。尖团二字是指其脐而言的，尖脐是雄蟹，团脐是雌蟹。七月尖脐雄蟹螯大，八月团脐雌蟹黄肥，说得就是这个意思。螃蟹的吃法固然很多，什么"溜蟹肉"、"糖醋蟹"啦，"蟹黄烧麦"、"蟹黄包子、水饺"啦，还有"蟹肉银丝饼"等等，那些费事，是饭房的差使，也就是"应时菜"。通常女眷们更喜欢吃蒸蟹，吃这玩意儿费时费工，但却鲜美无比，再佐以自酿的美酒，更是愈吃愈爱吃，回味无穷啊。

嗜蟹自然成了宫里女眷们的一种癖好，无论老少，她们个个吃得精细在行。所以顺治皇帝一提要进行吃蟹比赛，便立即遭到了孔四贞的嘲笑——一个笨手笨脚的男子哪里会是个个心灵手巧吃得在行的女眷们的对手？既是不许连皮带骨一起嚼，自然是以吃得多吃得细为上乘。明摆着，皇帝的三杯罚酒是喝定了，不过，他输得乐意，心甘情愿。

"半个时辰到！请各位娘娘歇歇手吧，万岁爷，您也歇会儿吧。"小太监周天乐细声细气地这么一喊，女眷们纷纷停止了吃蟹，用洁白的怀挡轻揩着嘴角和手指。

"万岁爷，这怀表还给您了。"周天乐麻利地将一只金链的怀表系到了福临的衣襟上。"怎么这么快？我刚刚才吃完了一只！"福临的手里已经抓起了第二只河蟹，没奈何只好乖乖地又放回了盘子里，因为女眷们正看着呢。

"谁赢了？小乐子，可不许偏袒谁呀！"孝庄太后也乐呵呵地放下了刚吃了一半的螃蟹，只差一半蟹黄没吃了，不然，她就吃两只了。

"奴才宣布，第一名是……襄王福晋董鄂妃！你们瞧，娘娘已经吃完了两只，第三只蟹的螯也已经吃完了，她吃得多细呀！"

"那我呢？"孔四贞有些不服气，她的第三只蟹都快吃完了。

"你呀，啧啧，瞧那乱糟糟的一堆，靠边儿站！"福临故意摇头晃脑地朝孔四贞做着鬼脸，同时将一双眸子热辣辣地盯着董鄂氏。

"周公公，你说这最末一名是谁？"孔四贞并不示弱，看着福临面前的一只蟹壳不禁一脸的笑意。

"这个……"周天乐稍一犹豫，突然提高了声音："万岁爷输了，罚酒三杯！"

"哈！"女眷们一阵喜悦，慈宁宫里登时笑声四起，笑得天子福临面红耳赤地低下了头："好，好，我认罚！"

"来来，乌云珠姐姐，今儿个你是大赢家，这酒啊该由你来斟。"孔四贞笑嘻嘻地拉着乌云珠来到了福临的桌前，乌云珠的神态极不自然，显得十分羞怯，一双晶亮的眸子默默地看着福临。

福临目不转睛地看着乌云珠，眼睛里带着笑意，柔声说道："弟妹，你真的赢了，我输得心服口服。"

"来，斟这个，皇兄爱喝烈酒，茅台怎么样？"孔四贞说话间已经抱来了一小坛子酒。"快呀，快给皇上斟酒呀！"

乌云珠抿嘴儿一乐，低头看了福临一眼，悄声说道："妾身无礼了。"便执金壶倒酒，她的一双纤纤玉手捧着酒坛子显得格外修长白嫩。

"嘿，斟满呀，皇兄甘心受罚，姐姐你倒于心不忍了。满上满上！"

"四丫头，就你饶嘴饶舌的。"孝庄太后看着年轻人玩得开心起劲，实在不忍心泼他们的冷水，可是一见福临与乌云珠俩人眉目传情的样子，又觉不妥。唉，这事儿她真感到力不从心了，有什么好法子才能制止事态的发展？

在女眷们的哄笑声中，福临举杯一饮而尽，然后把金杯交到了乌云珠的手里："再来！"

乌云珠禁不住扑哧一笑，那副笑燕羞莺的模样简直让福临看呆了！他只顾看着乌云珠，伸手时却无意中碰到了她的手臂。"呀！"乌云珠的手臂一哆嗦，天热，她只穿了件单薄的丝绸衫子，被福临这么一摸，顿时臊红了脸。这一切都看在孝庄太后的眼里，她脸上的笑容有些僵硬，也许，她已经预感到要发生什么意外的事情了。"天神，请您告诫皇儿，不要恣意胡来。上帝，你救救皇儿吧，他似是被色迷了心窍！观音菩萨，万历妈妈，你们快显灵吧，快告诉我该怎么办？"常言说病急乱投医，这会儿孝庄太后也不管是何方的神仙，只要她一时想得到的，她都在心里念了一遍。看来，她真的是六神无主了。

"皇上好酒量！痛快！"女眷们还在起哄。福临连饮了三大杯，加上刚才喝的，这会儿觉得身子轻飘飘的，老是咧嘴想笑，他心里快活极了。

"别闹了！"孝庄太后不得不出面制止了，"吴良辅呢？送皇上回寝宫安歇，他有些醉了。"

"没有，没有！"福临的头摇得像拨浪鼓似的，"皇额娘，儿臣近来的酒量可大呢。这几杯酒算什么？小菜一碟！不信，让弟妹再斟几杯……"

"你们先回吧，时候也不早了。"孝庄太后没理会福临，朝女眷们下了逐客令。妃嫔福晋们在慈宁宫乐了大半天了，也尽了兴，恭顺地排成了一排，对太后行礼之后后退了几步，这才轻轻转身鱼贯而出。她们个个腰身绷得笔直，上身一动不动，目不斜视。这也是宫里的规矩，女眷们走路不许像蛮子女人那样风拂杨柳似的扭着腰肢，所以孔四贞也与她们一样，不摇不曳地后退着出去。

福临不说话了，呆呆地看着她们的背影，并无退出的意思。

"皇儿，你也歇着去吧。"

"我……"福临回过神来，一副欲言又止的样子。

"皇儿，你正值青春年少为何却子息不旺呢？后宫佳丽难道尽不入眼？"孝庄太后叹了口气，话中带着一丝责备，"多子多福，多子多助，咱们帝王家更讲求这个呀，皇儿，这关系到大清的江山，你明白吗？听皇额娘的话，今晚就去坤宁宫吧，孝惠她心眼儿好，又温顺，这样品行皆优的皇后你怎么忍心冷落了她？"

"我……"福临此刻不想与皇额娘争辩，他内心虽充满了莫名的喜悦，但有些意犹未尽，他想找个人出出主意。是了，这样的念头怎能让母后知道呢？福临一拍脑门子，嘿嘿一笑："皇额娘，儿臣还真觉得有些头晕，儿臣这就告退了。皇额娘的教导儿臣会记住的，放心，儿臣会让您有一打的皇孙的！哈哈！"说完掉头就跑，边跑边喊："吴良辅，吴良辅！"

乌云珠出了慈宁宫，上了便辇刚放下了绿绸子的轿帘，便听见一名太监急匆匆赶来的声音："襄亲王福晋请留步！奴才是坤宁宫的，我们主子派奴才来邀福晋去赏花儿！"

乌云珠感到有些为难了，不去吧，倒辜负了皇后的一片好意，可是，这时辰也的确有些晚了，天一黑还怎么出宫呢？

"起轿！"不等乌云珠回答，吴良辅一使眼色，几名穿灰袍的太监利落

第三十章　顺治帝动情情意浓　庄太后担忧忧思重

地抬起了轿子，健步如飞。

"你是坤宁宫的？怎么我瞧着倒有些像……"乌云珠坐在轿中，晃晃悠悠的，声音显得有些疲惫。

"娘娘，咱这宫里的奴才差不多都一个样！您哪，日后多来几回自然就能认出奴才了。"吴良辅觉得好笑。这只可怜的羔羊，正在被他送往虎口里，可她还全然不知呢。

乌云珠悠哉悠哉地坐在轿子里，眯缝着眼睛，回味着在慈宁宫的那一幕，禁不住独自微笑了。虽说她被选作秀女但却被指派给了皇弟博穆博果尔！她从小就做的"凤凰于飞，和鸣锵锵"的美梦就此破灭了，为什么当今皇上频频地向自己暗送秋波？连下人们都能看得出皇上在向自己一天天地逼近，他这是什么意思？乌云珠在惊喜羞怯之余，未免心神摇荡起来。以前听人们说当今皇上如何年少英俊，如何仁厚聪颖，如何风流多情，乌云珠不知是真是假，现在看来，这些全是事实，皇上的确风流倜傥，多才多情，他就是与众不同！一父所生，他与博穆博果尔怎么就有天壤之别呢？

"娘娘，请您下辇吧！"吴良辅亲手打开了轿帘，然后躬腰将手臂伸出。

乌云珠扶着吴良辅的手臂下了便辇，这才发现宫里已经上灯了，大红的灯笼，橙黄的光线，给人一种温暖的感觉。刚才乌云珠只顾想心事，这会儿四下一望，不由得有些诧异："这里……不像是坤宁宫啊？"

"娘娘，这是偏门，您进去就明白了。来，给娘娘照着路，您小心着点儿。"吴良辅的态度出奇的恭顺，口口声声的"娘娘"喊得乌云珠有些不自在。"这位公公，我是襄王福晋，您可不能随便乱喊的。"

"嘘。"

"也是，这宫里呀各座宫门都差不多一个样儿，都是两面绿瓦红墙夹两扇镶着许多铜钉的大红门，门外还立着一块雕龙照壁，门里一面雕花琉璃影壁，嗨，真把我给弄得晕头转向的。"乌云珠迈着轻巧的步子，随着大红灯笼的指引，缓步上了汉白玉的台阶。皇后召见，不论从国礼还是从家礼而言，她都要循规蹈矩，谨慎小心。

"奴才恭候娘娘！"两名小太监跪在月台前迎候着，乌云珠一愣，忙说："起吧，皇后娘娘等急了吧？"

"不，是万岁爷等急了，这会儿他还急得团团转呢，生怕奴才们把事情给弄砸了！"

"万岁爷？皇上……"乌云珠又是一愣，不由得停住了脚步。

"你个狗奴才，满嘴胡言，看把襄王福晋吓的，快去，禀告万岁爷!"

吴良辅狠狠瞪了小太监一眼，同时扶住了乌云珠，悄声说道："娘娘，事到如今，奴才也就实说了。奴才是万岁爷身边的，奉了万岁爷的令以皇后娘娘的名义把您请了来，万岁爷有要事与您商量呢。"

"不，不……"乌云珠突然从吴良辅的话中听出了弦外之音。他，堂堂的当朝天子，与自己的弟妹有什么"要事"好商量的？况且还是黑灯瞎火的晚上？

"乌云珠！弟妹快进来，朕等你等得好苦哇！"

乌云珠浑身一颤，人像散了架似的摇摇晃晃。红烛下的天子福临浓眉漆黑，眸子射出了炽热的目光。

"皇、皇上……"乌云珠话没说完便瘫软成一团，福临见状三步并作两步迎了上去……

第三十一章

顺治帝有违伦理情　庄太后气煞天子魂

自从那一次中秋家宴之后，孝庄太后因为看年轻人吃螃蟹的比赛，自己不觉得也吃了几只，因为螃蟹性凉，所以在夜里便觉肠胃不适，病恹恹地拖了好几天的时间。

孝庄太后昏昏沉沉地醒来，发觉正是阳光普照的正午。"当当当！"百宝架上那座精美的镀金西洋闹钟叮叮当当地敲了十一下，声音很是悦耳。

"哟，这一觉睡得可真够长的。"孝庄太后一骨碌想坐起来，这才发觉浑身酸软像散了架似的。

"太后，您醒啦？"随着一声轻轻的问候，苏嘛喇姑利落地撩起了明黄色的纱帐。"让奴婢给您穿戴吧，太后，您今个的气色好多了。"

"人老啦，不中用喽！吃几只螃蟹也会闹病，我年轻的时候有一回只恋着在草原上骑射，没成想被淋成了落汤鸡，浑身冷得发抖，嘴唇乌紫，谁知喝了碗热姜茶，打了个喷嚏便没事儿了，唉，真是一年不如一年了。"

"哪儿的话，太后您一点儿也不显老。您瞅瞅。"苏嘛喇姑扶着孝庄太后坐到了梳妆台前，那镜子里的中年妇人虽说神情有些倦怠，可风采依旧。两道细眉弯弯的，一双明亮的眸子稍稍眯缝着，显得慈眉善目的。

"说起来，静妃娘娘倒是见老了。许是她心情不好，人日渐的消瘦，一笑起来眼角全是皱纹，倒像是三十来岁的人了。"苏嘛喇姑侍弄着孝庄太后的一头黑发，轻轻地梳理着。

"唉，这孩子福浅哪。"孝庄太后不觉皱起了眉头。

"禀太后，刚才皇后娘娘以及康妃娘娘她们来给您请安，奴才见您还睡着，就把几位娘娘打发走了。"海中天亲手端着冒着热气的铜盆，进来给孝庄太后净面、漱口。

"这几日，皇上在忙些什么？"孝庄太后的发髻已经梳好了，苏嘛喇姑给她头上戴了朵粉色的大绢花，人立刻精神了许多。其实，孝庄太后不好直说，为什么福临这几天没来问安？他一向孝顺，又声称以孝治国，这自然是他每日必行的功课，为什么一连几天不见人影儿？

"太后，您凤体初愈，就别操那么多的心了。奴婢让人给您送些膳食来。"苏嘛喇姑接过了话，朝海中天一使眼色。她的这个小动作怎能逃得过孝庄太后的眼神？孝庄太后的心猛然一沉：福临这孩子真的又捅娄子了！

"禀太后，襄亲王求见！您看……"

"博穆博果尔？他几时回的京城？他倒比他的哥哥孝顺得多，让他进来说话。"

"太后，您还是先吃些东西再……"

"不用了，这会儿一点儿胃口也没有，喝杯热奶就成了。你们先下去吧。"孝庄太后打断了苏嘛喇姑的话，起身坐到了南面窗下的大炕上。

"儿臣博穆博果尔拜见皇额娘，恭请皇额娘大安！"珠帘一挑，满身戎装的襄亲王博穆博果尔用满洲话问候着，同时并跪着膝行，直到孝庄太后的脚下。

"皇儿，何必行此大礼？有你这份孝心就够了，收起来，看过你额娘没有？"

"皇额娘，儿臣不想活啦，求皇额娘给儿臣做主呀！"博穆博果尔抬起头，已经是泪流满面了。

"乖，不哭，堂堂八旗男儿，有泪不轻弹哪，给，把眼泪擦干。额娘听着呢。"孝庄后看着眼前这个十七岁的年轻人，白皙、纤弱、娇嫩，除了爱新觉罗家特有的黑眉毛外，眼睛、肤色乃至一双小手都是另一样的，显不出男子汉的阳刚之气，反而容易使人想起女子的柔弱。也难怪，作为皇太极最小的儿子，他生来就是在绮罗中长大的，皇族贵胄，钟鸣鼎食，无忧无虑，养尊处优。一遇到不顺心的事便会撒娇耍赖，哭哭啼啼。所以，孝庄太后一看博穆博果尔的这个样子，便觉得有些好笑，心中不免感叹，同是一父所生，他与比他大两岁的哥哥福临怎么就相差这么大？——真是英雄所见略同啊，曾几何时，博穆博果尔的嫡福晋乌云珠不也在心里发过这样的感慨吗？

"皇额娘……乌云珠，小贱人，她、她背着我偷汉子！她、她与皇兄……"博穆博果尔声音苦涩，哽咽着说不下去了。

"什么？此事当真？"孝庄太后倏地站了起来，身子晃了晃，连忙扶住了炕沿："皇儿福临与你是亲兄弟，你且莫听信谣言而伤了自家兄弟的和气！"

"和气？"博穆博果尔反问了一句，突然爆发了一阵苦笑——这笑声比哭还难听！"皇额娘您看，我这左边的脸现在还火辣辣的痛呢！皇兄他欺人太甚！他竟当着我的面，口口声声要娶我的福晋乌云珠！这，还有王法吗？

天神祖宗，你睁开眼看看吧，大清的皇帝要夺占弟妹，天理难容呀！"

大概是气急了，博穆博果尔的声音越说越大，也越说越流利了。他的脸一边红一边白，左边脸上清晰地印着几个指头印子！

孝庄太后脸色苍白，跌座在炕上："造孽呀！福临，你真是昏了头哇！"

且不说孝庄太后这边气得大发雷霆，顺治帝福临自知做了亏心事，几天来变得惴惴不安，性情格外的暴躁。纸里包不住火，这事早晚要被皇额娘知道的，何去何从，他也没了主意。一时间方寸大乱，连往慈宁宫请安的礼节都抛了脑后……"太后驾到——！""太后来了？快，快，吴良辅，就说朕身子不适，劝她回宫！"福临箭似的从炕上跳起，三步并作两步跳上了床，胡乱拉开锦被蒙住了头。

"奴才给太后请安了。"吴良辅率一班太监慌忙在乾清宫大门前跪迎太后。

"吴总管，皇上退朝了吗？"孝庄太后扶着海中天的肩膀下了便辇，径直朝里走。

"启奏太后，万岁爷一早起来觉得头晕目眩，身子不爽，便没有上朝，这会儿还躺着呢。"

"噢？御医看了没有？"

"万岁爷、万岁爷不让请，说躺躺就没事了。"吴良辅低下了头，他实在不敢面对太后那一双异常明亮的眼睛。

孝庄太后明白了，福临这是在装病哪！

孝庄太后呵退了左右，一个人进了东暖阁，不声不响地坐在南面的炕上，铺着明黄色绣金黄绫子的小炕桌上摆放着几盘茶点，一盅茶还是温热的，一本厚厚的唐诗被摊开着，这是卢照邻写的"长安古诗"，诗中有几句话被朱笔圈了点，想来是福临颇为欣赏的句子，孝庄后在心里默念着："……楼前相望不相知，陌上相逢讵相识？借问吹箫向紫烟，曾经学舞度芳年。得成比目何辞死，愿作鸳鸯不羡仙。比目鸳鸯真可羡，双去双来君不见？生憎帐额绣孤鸾，好取门帘贴双燕。……"

"皇额娘，儿臣不孝。"福临一骨碌从床上爬起来，跪到了孝庄太后的膝下。原来，自打太后一进门时，福临的心便提到了嗓子眼儿，他以为这一回又要遭母后的呵斥，母子俩会再一次吵得面红耳赤，不欢而散。可是，过了半晌却没听见母后的动静，福临沉不住气了，偷偷掀开了被角，原来，母后正捧着诗集认真地读着呢。

"皇儿身体不适却还在读书？怎么不去西暖阁？"

福临不大自然地垂下了头，嗫嚅道："儿臣、儿臣只是想躺一会儿，养养神，过一会儿就去西暖阁批阅奏折。”

"养神？年纪轻轻的，连着几日不理朝政，眼睛里却布满了血丝，这是什么道理？你呀，真让额娘痛心！"孝庄太后"啪"地一声合起了诗集，声音充满了恼怒。

"儿臣知错，儿臣再也不敢了。"福临的头垂得更低了。

"把头抬起来，看着额娘的眼睛！哼，爱新觉罗家的脸面都给你丢尽了！从你太皇阿玛到皇阿玛，有你这样疏于朝政而耽于享乐的吗？你不是愿意有所作为，要达到'乂安天下'的宏愿吗？记得你亲政之后额娘给你的忠告吗？背一遍让额娘听听，倘遗漏一个字，哼！"

"哈，这也算是惩罚？"福临一颗石头落了地，抬眼迎着母后的目光："额娘教诲，儿臣敢不牢记？但，儿臣有一个请求，可否、可否让儿臣起来背诵？"福临涎着脸想要赖。

"不成！背完了再说！"孝庄太后板着脸不苟言笑。

福临悄悄地吐了吐舌头，稍稍想了想，一字一句地背了起来。这是在他举行亲政大典之后的第二十几天，具体地说是在顺治八年二月十一日，被尊为昭圣慈寿皇太后的孝庄后，给他下的一道诰谕。因为做额娘的深知皇儿的心愿，福临愿做有志之君，无奈亲政之时才十三周岁，作为一国之君太小了，哪能通晓民情日理万机？加之，皇父摄政王对福临采取了"愚君"政策，纵容少主福临日夜玩乐，却有意不为幼帝延师就学，致使福临亲政时"阅诸臣奏章，茫然不解"！爱子心切又望子成龙的孝庄后当然明了这一切，于是她以自己身历三朝久经政海的经验和聪睿过人的远见卓识，不失时机地对爱子进行指点和教诲，而福临也深知母后用心良苦，自然将母后的教诲当作座右铭而熟记于心。

"昭圣慈寿皇太后诰谕皇帝曰：'为天子者，处于至尊，诚为不易，上承祖宗功德，益廓鸿图，下能兢兢业业，经国理民，斯可为天下主。民者，国之本。治民必简任贤才，治国必亲忠远佞，用人必出于灼见真知，莅政必加以详审刚断，赏罚必得其平，服用必合乎则，毋作奢靡，务图远大，勤学好问，惩忿戒嬉，倘专事优豫，则大业由兹替矣。凡几务至尊，必缫理勿倦。诚守此言，岂惟福泽及于万世，亦大孝之本也。'母后，儿臣背完了，一字不差。"福临一气呵成，满脸得意之色。

"额娘问你，'毋作奢靡，务图远大，勤学好问，惩忿戒嬉'，这几条你做得如何？"

福临回答得毫不含糊："儿臣君临天下，时时以国计民生为首务，救民水火，蠹者蠲，革者革，庶几轻徭薄赋，与民休息。儿臣一再通过亲政大典，上圣母尊号等大喜之日，颁发恩诏，大赦天下，蠲免积欠钱粮和部分州县额赋，或革除了某些非法摊派。儿臣牢记'满洲根本的基本国策，继续执行了祖先所制定的满汉一家'的政策，经常驾临内院，与诸大学士们讨论前朝政事得失，评论帝王，从中记取经验教训，探讨治国之道。儿臣自知幼时学业荒废……"说着福临顿了顿，有心看看母后的反应。果然，孝庄太后的眼中闪过了一丝愧疚之色，但仅仅是一闪而过，她的神态仍很自若。

"为此发愤攻读，求知若渴，经史子集无所不读，尤其是著名史籍，更是反复阅读，仔细思考，对于前朝盛衰的历史，儿臣已十分熟悉，时时加以借鉴。儿臣以明君自期，欲图做番宏伟事业，孜孜爱民，以一身治天下，这些都是有目共睹的事实呀。"

"好小子，说起来还理直气壮！你难道就没做过亏心事？否则，为什么要装病，不去向额娘问安倒在其次，可数日不临朝，奏折堆积如山，你心里就不愧疚？还口口声声地自诩胸怀大志，欲为明君呢！"

福临涨红了脸："额娘有话只管明说！拐弯抹角的多憋人呐！"

"那额娘问你，皇儿你为政最大的长处何在？"孝庄后目光炯炯。

"嗯…"福临认真地边想边说，"明季酷政之后，满汉水火之季，儿臣采用了仁厚宽和的对策，以招徕人才，安抚天下。"

"言之有理！"孝庄后露出满意之色，却突然话锋一转："这本是皇儿明见之处。可为什么却明于外事而暗于内事呢？"

福临再一次涨红了脸，避开了母后那炯炯的目光，心里说："这种房帏不修的内情，即使面对亲生母亲，也还是难于启口的。真是鬼迷心窍！不过，我并不后悔！"

"年轻人胡闹，也该有个分寸！再怎么着也不能忘了自家的身份！这事若传扬出去，不遭天下人耻笑吗？"

"儿臣不怕！"福临猛然站了起来，却因长时跪地而双脚麻木，脚步踉跄着扶着炕边，表情甚为痛苦："先贤早就有话：男女居室，人之大伦；饮食男女，人之大欲。皇额娘，当初你贵为太后，不也为了爱而纡尊下嫁吗？您当初为什么就不怕天下人耻笑呢？"

"放肆！"孝庄后的脸色变得煞白，而福临说到动情之处却涨红了脸。这娘俩均有些激动，一个气得浑身战栗，一个双拳紧握紧咬着牙关，室内出现了短暂的沉默。

"皇儿，木已成舟，她成了你的弟媳妇，难道你还不明白吗？用汉人的话说，你们根本没有缘分！"孝庄后十分艰难地从牙缝里吐出了这几个字，静静地看着福临的反应。

福临再一次被激怒了，他像一头雄狮般地咆哮着："我与她的姻缘是命中注定的！为何额娘你，你要将我俩活活拆散？凭什么让我娶你们科尔沁的那两个平庸的女子为后？我索性一不作二不休，明日即下诏再次废后，迎娶董鄂氏为妃！"

"反了，反了！"孝庄后连连摇着头，闭上了眼睛，她觉得一阵晕眩，许是这些日子身体不适还没有恢复过来，这会儿急火攻心，她禁不住捂住胸口轻轻地呻吟了起来。

"皇额娘，皇额娘？快，来人哪，传御医进殿为太后诊治！"福临慌了神，连声喊着，神色很是惶恐。

"罢了！不要兴师动众的，额娘喘口气就好了。"孝庄后依旧闭着眼睛，大口地喘着粗气。

"那……来人，给太后上茶！"趁着太监们还没进来的功夫，福临叹了口气，随口吟出了一句古诗："曾经沧海难为水，除却巫山不是云。"

孝庄后心里一颤悠，默默品味着这诗句的含义，苦涩地说出了几个字："皇儿，你好自为之吧！"说罢起身出宫，她绷直着身板昂着头，目不斜视，对以吴良辅为首的乾清宫的一大帮子跪送的太监、宫女们视而不见，直到出了乾清门来到便辇旁才放松了下来。正要上辇，身后却传来了一声怯怯的问候声："皇额娘吉祥！"

"嗯？是孝惠呀，怎么，皇上召你去乾清宫侍寝吗？"

"不是。"孝惠皇后的脸一直红到了脖子根，她吞吞吐吐地说着话，声音小得像蚊子叫。"臣妾去慈宁宫请安，听说……妾身就忙赶到了这里。皇额娘，您，没吓着皇上吧？"

都什么时候了，这丫头还为那个无情无义的小子担心！孝庄后叹息着，有些爱怜地看着这个外孙女。说心里话，这丫头的相貌并不是特别出众，却也很端正，细眉大眼，高高大大的有一副健康的体魄，而且，这丫头心地善良，似乎比她的姑姑——那个废后静妃的优点更多。她的父亲绰尔济是太后哥哥吴克善之子，她的母亲是太后的亲生女儿、固伦雍穆长公主，所以从辈分上说，孝惠皇后既是太后的侄孙女，也是太后的外孙女，而现在又成了太后的儿媳妇，这可真是亲上加亲呀！可能是由于她是小辈，加上胆小怯懦，在太后和皇上（实际上皇帝福临是她的亲舅舅！）面前，孝惠显得毫无主见，一味的唯唯诺诺，畏葸胆怯。自然，在掌管后宫诸事上，孝惠也显得极为被动，力不从心。

面对这个显得过于软弱、近乎无能的儿媳，孝庄后叹了口气："你呀，也太贤惠了！我倒要问问你，那次慈宁宫的中秋家宴之后，可是你传话派便辇接走襄王福晋的？"

"是……"孝惠的脸一阵红一阵白，她的内心在受着痛苦的煎熬，支吾了一会儿，才说道："那是皇上，皇上要妾身这么做的。"

"你就依了他？明摆着他要背叛你，不把你放在眼里，怎么着，你反倒不觉得难过而去帮忙他？你……你，倒叫额娘说你什么好呢？"

孝惠委屈的泪水不争气地悄然滑落，她跪倒在孝庄后的脚下，声音哽咽："他……不爱我，他……爱的是她！皇额娘，臣妾该怎么办？""你……他与她生米已煮成了熟饭，只有天神知道该怎么办。"孝庄后的声音里充满着绝望和无奈。自进了大清的后宫以来，她还几乎没被什么事情难倒过，可偏偏这个悖逆的皇儿，一次次地给她出难题，让她心力交瘁，心烦意乱！

"也难怪皇儿不中意孝惠！"孝庄后的脑子里突然闪出了这样的念头。"这样太过无能的儿媳，连自己都不称心，心高气傲的皇儿又岂能如意？

"自古红颜多薄命。"当上苍将灾难降给董鄂氏的时候，并未将幸福也一同赐给她。在顺治十年宫中的铨选秀女中，选中者不过十之二三，而董鄂氏乌云珠便是其中之一。一女当选，满门朱紫，乌云珠总算没让父母家人失望！当那一辆接一辆的骡车缓缓地驶至神武门前时，坐在轿中的乌云珠紧张得心提到了嗓子眼儿。日上三竿了，自有差役熄灭了每辆骡车前竖着的不同颜色和标识的两盏灯笼，然后由户部官员清点完人数后，候选女子下了车鱼贯走入神武门，在顺贞门外等候着决定命运的最后时刻，在乌云珠之前，已有好些姑娘被告之"撂牌子"，满脸忧伤低头无语地退出了顺贞门。终于轮到乌云珠了，只听太监一声尖细的嗓音："二等男、护军统领鄂硕之女董鄂氏留牌子！"

董鄂氏乌云珠闻听浑身一颤：这么说自己被选中了！每位候选的女子都有一面小牌子，上面写着各人的姓氏、籍贯、年龄等满文，面试合格则将牌子留下谓之曰"留牌子"，而"撂牌子"则是对落选者而言的。董鄂氏乌云珠是幸运的，因为每次选中者不过十之二三，倘若能与皇室结亲者更属少数，如有幸"备内廷主位"册封为妃嫔的更是凤毛麟角的了。而大多数人选秀女的命运，不过是充入后宫以应付各种差役，年满二十四岁之后则被遣送出宫嫁于他人。董鄂氏心比天高，果然一选就中，她按捺住内心的激动，有心要博得太后和皇上的青睐，"备内廷主位"才是她心中最终的愿望，连家里人都说她天生就是做主子的命！这种说法立刻就要应验了！

· 268 ·

可是，皇太后懿旨却将董鄂氏乌云珠许配给了当今皇上的同父异母的幼弟襄昭亲王博穆博果尔为妻！事情有些出乎乌云珠的意外，博穆博果尔小乌云珠两岁，当时还是个十四岁的大男孩！第二年，董鄂氏尊圣旨与博穆博果尔合卺成婚，成为襄亲王妃。失望之余，乌云珠别无选择，表面上温柔地做着襄亲王的福晋，住着华府，仆役成群，衣食无忧，尊贵无比，可内心深处，乌云珠却有那么一丝不满足。这种说不清、道不明的感情随着她频繁地出入宫闱而渐渐地清晰、明朗起来。如果对一个普通女子来说，能嫁入皇族为妃，享尽了荣华富贵，一定是十二分的心满意足了，可偏偏乌云珠是个不容易满足的女子，她色艺双全又生得如花似玉，虽自幼接受的熏陶教育是"娴女红，修谨自饬，进止有序，有母仪之度，姻党称之"，但骨子里却偏偏有那么一点儿不安分。她向往的是卿卿我我、两情相悦的甜蜜生活，而年少的丈夫却大大咧咧，不知冷暖。比起潇洒而多情而且善解人意的皇兄顺治帝来，乌云珠渐渐的有些心猿意马了，甚至内心庆幸能作为他的弟妇，能够常见到他的面。

乌云珠在应选入宫侍奉太后的半年之中，越来越强烈地受到了感情的煎熬，一面苦度着徒有其名的皇子福晋的生涯——她的丈夫被皇上派去出征，一面渴望着爱和被爱。十七八岁的年纪，正是花季，含苞待放，艳丽多姿，她的妩媚和俏丽深深吸引着同样年轻的顺治帝福临，一来二去的，随着福临的步步逼近，乌云珠心里又惊又喜又羞又怕，她是八旗女子，原本就没有汉族女子那种严酷的贞节观念，叔叔娶嫂子，伯父纳侄媳，这在满洲习俗中并不少见，甚至连朝中也屡见不鲜。这么一想，对于皇兄的挑逗和暗示，乌云珠也就心安理得了，这足以证明她的姿色出众，能够博得天子的青睐，这该是多大的荣幸啊！

男有情女有意，犹如干柴遇到了烈火，福临和乌云珠将世俗的束缚完全抛开，在经历了乾清宫鸾颠凤倒的一夜缠绵之后，两人已经是如胶似漆难舍难分了。顺治帝福临天生就是一个情种，他之所以做出了震惊朝野的"废后"之事，那是因为他自认为与博尔济吉特氏感情不和，而他对第二任博尔济吉特氏皇后的冷落也是同样的原因。没有办法，有的女子，令他一见钟情，而有的女子，却令他情绪低落，郁郁寡欢。福临自知对孔四贞的暗恋不会产生任何结果，便强压住内心私情的煎熬。而他与乌云珠这两个"多情却被无情恼"的少男少女一次次地邂逅之后，彼此便从对方的身上看到了自己所渴望的东西。于是，他们不顾一切地、无所顾忌地走到了一起，寻求着感情上的慰藉，做起了玫瑰色的梦。

第三十二章

迷情色遮蔽痴人眼　喜爱妃躲避众人言

　　对于自己的儿子福临惹下的这个"麻烦",孝庄后在震惊之余几乎是一筹莫展。她费尽了心思,正在为儿子的再一次大婚而高兴,因为大清的皇后依旧是她科尔沁家的人!而且儿子对四贞的态度也似乎在疏远,这就说明儿子尽管有时候会感情用事,但是关键的时候头脑还是非常清醒的,毕竟还是个孩子,这些让孝庄后提心吊胆的事她也还能理解。可福临疏远了四贞,却又移情别恋上了他的弟媳妇!而且,他俩已经……唉,此事若传扬出去岂不遭天下人耻笑?堂堂当朝天子竟与自己的弟媳妇悖理乱常,这实在是有损大清国体的尊严呀!不错,满人自古就有治栖之风,即所谓的"父死子妻庶母,兄终弟娶其嫂",可是,襄亲王尚健在呀,这场宫廷艳事到底该如何收场呢?

　　震惊之余的孝庄太后迅速恢复了平静,以她那特有的智慧的大脑制订了相应的对策,急谕册立东西两宫,并提议立孔四贞为东宫皇妃,试图以福临对孔四贞的旧情来阻止他的不轨行为。有什么办法呢?眼下最最重要的事情就是立即取消皇亲官眷入后宫随侍的特许,以避免他二人的再次相会,割断他二人的情丝,防止丑闻的再发生和曝光。怎奈孔四贞死活不答应,口口声声说自己生为孙家的人,死为孙家的鬼,大有为守贞节而献身的"壮志豪情"。聪明绝顶的孝庄后无论如何也想不通这汉人为什么这么看重名声、贞节,人活着难道就为博得个好名声?这有多难多累呀,这汉人真的是聪明一世糊涂一时呀!孔四贞的不领情,令孝庄后万般无奈,她急得坐卧不安,长吁短叹。天神,到底该怎么办呢?

　　天神显灵了,大概他不忍看到爱子心切、忧国忧民的孝庄后寝食不安、心力交瘁的样子,再这样下去,孝庄后也许会愁白了头发!襄亲王府传出了噩耗:"襄亲王博穆博果尔薨。""人生自古谁无死?"的确,生老病死乃人之常情,世间从无不死的人。然而年仅十六岁的襄亲王却死得令人惋惜,他太年轻了,怎么能就这样匆匆而去?

　　襄亲王府一夜之间变成了大灵堂,大门前的大红灯笼蒙上了黑纱,二门外的左边竖起了一根约三丈高的红旗（这是满俗，早年满人在草原游牧时，因人烟稀少，死了人就在帐篷前竖立红旗告丧），旗杆漆以杏黄色，柱顶则为金漆，上挂荷叶宝盖，杏黄寸蟒。旗下垂拂长约一丈的飘带，含引魂之意。由和尚、道士、喇嘛组成的念经班子敲着木鱼，击着铜铃，叽里呱啦为死者念经，超度亡灵。王府的规制，举行殡礼葬仪不搭客棚，不吹打鼓乐，不备酒筵，不发讣文，而以经单代之。

顺治帝福临亲往襄王府去祭奠自己的胞弟，面对着身披黑纱悲泣不已的董鄂氏好言劝慰了几句。董鄂氏在"吉祥板"（即灵床）前又勾动了哀思，恸哭不已，成了泪人儿一般。看着哭得如梨花带雨般的心上人——福临好生心疼却无从安慰，不过他内心深处却掠过一丝快乐。博穆博果尔突然薨逝，生母大贵妃哭得肝肠欲断，断断续续地向福临哭诉着："皇上！你兄弟他……他死得冤哪！他……他……他竟是悬梁自尽的！不信，您看他……这脖子上的血痕！"

懿靖大贵妃似乎是要与福临过不去，哭喊着拉着福临的衣襟来到了"吉祥板"前。博穆博果尔自己还没有子嗣，正由兄长和硕承泽亲王硕塞之子为其"开光"——即由死者孝子用筷子夹着一团棉花，蘸上清水为死者擦洗两眼周围。博穆博果尔原本白皙粉嫩的面庞已变得乌紫发暗，眼球突出，舌头外伸，神情甚为可怖。博穆博果尔身着丝绸面料的寿衣，有蟒袍、补褂和内衣，内絮棉花。头戴嵌着串珠的寿字和红宝石等装饰的小帽，足蹬朝靴，底绘莲花。身上盖着杏黄色的"陀罗经被"，上面有用朱砂书写的梵文"大悲咒"。

大贵妃凄惨地哭喊着："儿呀……你，你睁开眼看看哪，皇上，皇上他为你………做主呀！儿呀，你不该去的这么早呀！白发人送黑发人，天神，你为何要这般惩罚我？"

福临的脸色变得惨白。他隐约感觉到，博穆博果尔因自己而赌气自缢身亡，倘若不是自己与乌云珠有染，倘若不是前两天大怒之下搧了他一耳光，倘若……唉，我不杀伯仁，可伯仁却因我而死！福临有些愧疚，连忙移开了目光，博穆博果尔那死不瞑目的样子实在令他心惊肉跳！

过后不久，礼部按孝庄太后懿旨收养董鄂氏为干女儿，接入后宫，并向皇上本奏，将择吉于七月底册立董鄂氏为贤妃。皇上以襄亲王薨逝未久而不忍举行，谕礼部改在八月择吉册妃，这样，一对"有情人"终成眷属。

可在满朝文武的眼中，董鄂氏仅为夫君守了二十七天的孝，便被迫不及待的顺治帝接入了后宫，脱下孝服而换上了宫中盛妆，董鄂氏在尚有泪痕的脸上扑上了脂粉，"摇身一变"，名正言顺地成了顺治的"贤妃"！真

第三十二章 迷情色遮蔽痴人眼 喜爱妃躲避众人言

不知这一"贤"字从何说起？顺治帝这一"丑行"成了大街小巷人们津津乐道的话题，真不知这位少年天子还会做出什么样的风流艳事来。

心想事成的福临在兴奋之余，生怕爱妃乌云珠被传言所伤，于是带着她离开了北京，北上狩猎散心，俩人像出笼的鸟儿，成双成对，形影不离。一班子侍卫太监们也知趣地远远地跟着，生怕妨碍了皇上的"好事"。

大草甸子上草木茂盛足有半人多高，福临背着弓箭挽着爱妃乌云珠，没心思打猎却将乌云珠按倒在草丛中，也不管高低上下和四周刺人的草叶儿，就借这柔软干枯的秋草的绣褥，略略把腰带松开就款款的弯颠凤倒起来。乌云珠频频承受雨露，心中自是欢喜不已，但在这野外草丛中做这等事终究有些令人难堪，更何况不远处还有一群侍卫太监跟着？

"皇上，皇上……"乌云珠娇啼婉转，面若桃花，被刺眼的阳光照得眯缝着眼睛，福临见了又可爱又可怜，低下头压住了她的唇："不许你说话！不许！"

乌云珠无奈，闭紧了双眼，喃喃地说道："皇上……臣妾早已是你的人了。要怎么着，但凭皇上高兴……"一边扭动着腰身，含羞相就，喜的福临抱紧了她，一阵狂风骤雨，心中十分畅快。须臾雨散云收，二人相视一笑，又紧紧地抱在一起。

"万岁爷，万岁爷……"

"糟糕，是他们寻来了。皇上，臣妾衣衫不整，发髻凌乱，这、这可怎么办？"乌云珠慌得粉脸发白，胡乱整理着衣衫。

"怕什么？朕就喜欢看你这副慌慌张张的样子。"福临仍搂着乌云珠，笑嘻嘻地眯缝着眼睛："那一日在乾清宫的西暖阁，朕偷偷地私幸你，嘿，那可真够销魂的！朕搂着你，就如同得了一件宝贝，这一夜受用，啊，真是无法形容。"福临边说边将手伸进乌云珠的衣服里，轻抚着她那光洁细腻的肌肤。乌云珠生怕被那些冒冒失失的下人们看见这一幕，眼珠子一转，从福临头上摘下了帽子，伸手挂在了一株小树枝头上，这才放心地靠在福临的怀中。

乌云珠这一招果然见效。侍卫们远远地就看见了皇上的便帽在枝头晃动，便明白了，心也放到了肚子里，于是便以皇帽为中心，四下散开护卫着。

"你的肌肤柔滑如脂，抱在怀中，就如软玉一般，令朕不忍放手。一觉醒来，已是日上三竿，可是朕还是舍不得你出宫。"福临还沉浸在他二人初次相会的情形之中，津津乐道："可你却吓得脸色发白，连声音都发颤了。不过，你扮成小太监的模样才更加俊俏呢。"

"可是……臣妾时常会有一丝不安。博穆博果尔他……"

"哎，不要说令人扫兴的事，"福临用手按住了乌云珠的红唇，轻轻抚摸着，"一切都是天意。朕要告诉你的就是这么一句话：有情人终成眷属。"

"是的，这话我信。"乌云珠甜甜地笑了。

次日天气晴朗，福临一时兴起要众人搭台子比武。女真各部自古崇尚武功，素以骑射为本，"一马二箭三校场"，便成了女真各部的传世古训，古有"校场是女真脸"的俗谚。校场是现成的，地面铺的一色儿的珠色兔眼儿江石细沙，系用巨夯一块块砸碎而成，阳光下，恰似一张金色的大地毯，熠熠生辉。校场影壁上又以五彩花岩镶成虎、豹、鹰隼等猛兽凶禽图案，更显得气势非凡。侍卫们很快就抬来了五爪金龙宝座，随顺治出巡的宫廷乐队奏起了御乐《朝天子》，悠扬的乐曲声中，太监吴良辅拖着长声喊道："皇上驾到！"

身披明黄色软缎子大氅的顺治帝挽着爱妃董鄂氏的手，在众太监宫女的簇拥下登上了演武场的观礼台，侍卫们早已撑开了黄盖，福临脸上带着微笑对乌云珠说道："一会儿准有精彩的场面，朕要与爱妃看个痛快！"

"好哇，臣妾的马上功夫也不差呢。真想下去比试比试。"

"你？"福临凝视着乌云珠，见她那双碧水般清澈的眼睛里盛满了款款柔情蜜意，不由得心中一荡："好，待会儿朕与你也比试比试！"

"臣妾不敢！当着这么多大臣、侍卫的面，羞死人了。"

二人说说笑笑各自入座，福临张开嘴正要说话，只见内大臣鳌拜带着一个人高马大的蒙古汉子来到了近前。其实，鳌拜已经够威猛高大的了，可这人比鳌拜还要粗壮，似乎高出半个头。

"启奏万岁，喀尔喀蒙古汗王派使臣求见，说是送了一件宝贝给娘娘。"

"哦？难得他有这般诚意。"福临说罢，侧身看着乌云珠："瞧瞧，你不虚此行吧？早已名声远扬了。"

"皇上！"乌云珠身披大红金丝披风，发髻高耸，饰两朵金色的大绒花，格外俏丽。

"小的阿巴塔拜见大清国皇帝！"铁塔似的黑汉子声音洪亮，显得中气十足。行晋见礼之后，双手毕恭毕敬地呈上了一个红绸布的小包。

喀尔喀蒙古远在漠北，和漠南蒙古四十九旗同为元朝的后裔，但它没有归附大清国，只是每年有九白之贡，即进献白马八匹、白骆驼一匹，大清也回赠以金、银、丝、茶、盐等，以维持双方的关系。今闻听大清天子

出关秋猎，喀尔喀派了使臣特来修好，也算是诚心诚意了。当下，太监吴良辅从喀尔喀使臣手中接过了包裹，一层层地打开，众人的眼睛一亮！这礼物原来是工匠用小米粒般大小的珍珠串成的珠帐一个！

"乖乖，怪不得奴才捧着觉得沉甸甸的，这……这珠帐子得用多少颗珠子呀？"吴良辅咂着嘴双手举过头顶请福临和乌云珠过目。

这时，观礼台的右下侧出现了一阵小小的骚乱，一个八旗副将突然身子一歪，"扑通"一声栽倒在地。不远处身穿黄马褂的侍卫们七手八脚地将他抬了下去。

"难道，有什么麻烦之事？"福临浓眉一挑，颇有些不满。这秋猎之地，方圆数里地都是禁区，一千名精兵日夜戍卫着，应该是万无一失的呀。

"皇上，也许苏克萨哈发现了什么异常，卑职这就去看看。"鳌拜说完躬身退下。

"皇上，请让小的把这珠帐子撑起来？这样，娘娘也就不会受那风吹日晒之苦。而且，这珠串帐子还有一个好处，就是人坐在其中，帐外纤尘可见，而帐外之人却看不见里面之人。恕小的多嘴，方才那倒地之人想是肆无忌惮地盯着娘娘看，嘿嘿，色胆包天吧，所以才有如此下场。"喀尔喀的使臣阿巴塔嘿嘿笑着，抬头朝乌云珠看了一眼。这个黑大汉看似粗鲁，实则粗中有细，对方才之事看得是一清二楚。

"真有此事？倒让贵使臣见笑了。朕在此多谢你们汗主送来的礼物，这的确是一件无价之宝哇。"

原来，当皇上与宠妃登上阅武台之后，台下蒙古各族好手早已乌压压地站满了一地，他们个个摩拳擦掌，跃跃欲试，都想在皇上的面前大显身手。却有一个副将色迷心窍，直愣愣地盯着台上的乌云珠。身披红袍的皇妃，云鬓如漆，高耸若凤冠，鬓边斜插着两朵福寿字形金菊绒花，端庄妩媚，恍若仙人，直看得那个副将圆睁着两眼，大张着嘴巴口水直流，一副色迷迷的样子。二等侍卫费扬古见状怒不可遏。乌云珠是他的姐姐，如今又贵为皇上的宠妃，怎能让这种下作之人直勾勾地盯着看？费扬古的一张黑脸成了茄子皮色，也不做声，只将右臂向那副将用力一挥，只见一道银光闪过，那不知好歹偷看后妃的副将的脖子上已中了一支寸长如针的小神箭，一箭封喉，血脉立凝！

顺治帝贵为天子，一举一动都事关重大，更何况此时北上秋猎呢？天下尚未平定，边关多事，江南也是起义不断，在中原甚至有人打起了"朱三太子"的旗号。这些，不能不令母后孝庄为之担心，于是，她郑重叮嘱随同出巡的几位内大臣，让他们小心谨慎，多加防备。而随行的侍卫们也知道任务重大，不敢掉以轻心。自从知道少年天子钟情于自己的姐姐之后，侍卫费扬古便多长了一个心眼，暗中拜汉人武师学艺，嘿，这回还真派上了用场！这袖珍小袖箭用山中毒蛇汁浸泡过，中者血脉凝冻必死无疑。

听着这粗中有细的黑汉子道出了详情，福临不由得又惊又喜："阿巴塔，朕真看不出你有如此高深的功力，眼观六路，耳听八方，佩服，佩服！"

说话之间，珠串帐子已经撑了起来，上以金环束顶，下散如圆盖，宽可丈余，小太监们搬了紫豹皮苫盖着的檀香座放进去，又放了张小茶几，上面摆着时令果品和奶茶。嘿，这玩意儿还真实用！乌云珠朝福临嫣然一笑，坐进了珠串帐子里。

"哎呀，这比武还没开始，就先忙活了一大阵子，让贵使节见笑了。来来，请上坐！"福临对喀尔喀派来的大汉很是满意，吩咐给他看座。

"谢皇上！"阿巴塔突然"扑通"一声跪倒在福临的脚前，恳求道："皇上，小人对大清国向往不已，大清国如今欣逢盛世，国泰民安，比喀尔喀强过百倍！小人有个请求，望皇上答应，否则，小人就长跪不起了！"说罢，阿巴塔捣蒜似的连连叩头，叩得嘣嘣直响，脑门前不一会儿便有了血迹，沾了厚厚的一层黄沙。

"哎，你这是何苦？免礼平身，有话只管说。"福临连忙摆手制止了阿巴塔。阿巴塔粗眉大眼，一脸茂密浓黑的络腮胡子，膀阔腰圆，体魄魁伟，而且看得出，他有一身好武艺，并且很有心计。这样的人若能为大清所用，岂不是好？

"皇上，小人不想回喀尔喀了，小人愿追随皇上效犬马之力，恳请皇上恩准。"阿巴塔说完又是一连串的叩头，这回他脚前的沙地已被他的铁头撞出了一个小沙坑。

"快，快，扶他起来。"福临连忙朝吴良辅等人示意，一面哈哈笑道："阿巴塔，朕和你想到一块儿了，哈哈！"

"这么说，皇上您……答应了？"阿巴塔又惊又喜，一手把要扶他的吴良辅推了个趔趄，麻麻利利地站了起来。

"这个……"福临晶亮的眼珠子一转，才意识到这个问题有些棘手。两国交战不杀使节，这会儿喀尔喀与大清尚在修好，自己怎能擅自留下它的使节呢？这事不妥，绝对不妥。福临下意识地朝珠串帐子里看了一眼，嘿，这倒好，连乌云珠的眉眼都看不清，只有那细小的珠串在微风中摆动着。

福临无奈，又抬眼朝苏克萨哈、鳌拜等内大臣看着，几位均轻轻摇头，

第三十二章　迷情色遮蔽痴人眼　喜爱妃躲避众人言

有的直摆手。福临一笑："阿巴塔，朕的确很欣赏你，无奈你是喀尔喀的使节，无论如何……"

"嘿嘿嘿嘿！"阿巴塔挠着头皮笑了，一脸的憨厚，"其实，其实我不是！我是偷偷跑出来的，这宝贝也是我在汗王那儿偷来的。到了这里，正碰上皇上出巡，机不可失，于是小的便谎称是喀尔喀的使臣，否则，那些穿黄马褂的卫兵根本不许我靠近这里呀！"

这么一说，福临也笑了，心里一高兴随口说道："如此甚好！既然你是真心，朕就封你为护军统领，就是满语说的巴牙喇纛章京，以后这些穿黄马褂的侍卫全归你统领！"

"小的不敢！"阿巴塔诚惶诚恐又要跪拜，被福临制止了，阿巴塔皱起了浓眉："皇上，有道是无功不受禄。小的何德何能受皇上这样的恩宠？恕小人无礼，这护军统领小的不能做。"

"朕明白了，你是担心自己新来乍到没有军功，怕众人不服？"福临眼珠子一转，嘻嘻笑了起来，用手一指场外的各路好手："瞧瞧，场下的勇士们都等了好半天了。这样，如果你在今天的比武中获得'巴图鲁'称号，众人还有谁不服气呢？"

"嘿嘿，这倒是个好主意。"阿巴塔眉头舒展了，开怀大笑起来。

"天神，从哪里冒出了这么个黑塔似的野人？""皇上有意成全这人，这比武场上怕是没有你我兄弟的份儿了。""何以见得？这又笨又蠢的大黑熊说不定不堪一击呢！"众人议论纷纷，看来，对黑大汉的介入他们虽心怀不满，却也无奈。

太阳像一个金灿灿的圆盘，光焰四射，给人带来暖意。这晴朗的秋日加上无风的天气给观赏比赛的人带来福音，参加比武者也暗暗称喜。福临手一抬，示意吴良辅宣读诏书。

"皇上谕旨！"随着吴良辅拖着的长音，比武场内外顿时变得鸦雀无声了，人们的目光齐刷刷地盯着红衣太监手中捧着的黄绫子的圣旨。

"奉天承运，皇帝诏曰，今日比武，满、蒙、汉、回、藏、索伦、摩梭等皆为一家，盟、旗不分大小，不论尊卑，不论族姓，均以功论赏！无异心者，赤诚之臣，皆是列祖列宗之功臣。阅武台对面虎、豹、熊形三杆旗下，各有头簪金花、手捧美酒的美女十名，有本事的巴图鲁只管去取！"

"噢！"台下众人听了，一片叫好，欢声雷动。

"肃静！肃静！"吴良辅扯着尖细的嗓子大声喊着，继续宣读圣旨："此次比武选拔人才，不以衣帽取人，不以部落大小取人，选其骑射精熟者，武功精湛者，看其心对列祖列宗忠诚否……"

这道诏谕使蒙古周边的弱小部族的选手听了为之振奋，扬眉吐气。因为按照惯例，类似此种巴图鲁比武，往往是蒙古四十九旗夺魁呼声最高，而满族八旗子弟、王公大臣对此兴趣不大，因为他们的地位早已胜过巴图鲁，倘若充好汉在此比武夺魁中一败涂地，则要惨遭革职贬降为庶民之厄运，所以，他们对这种比武也不敢过分地轻敌。

福临对比武场上这种严肃的氛围很满意，台下各族好手们毕恭毕敬，不苟言笑的态度令他觉得开心，这才足以显示出大清的天威嘛！"开始！"福临再一次挥了挥手，说了两个字。

御前太监立即拖着长音喊道："圣上有旨，比武开始！"

顿时，号角齐鸣，鼓乐喧天。蒙古四十九旗以及周边数十个部族的好汉以及汉族的勇士共约千余名骑士，一齐放马入场，一时间人欢马叫，尘土飞扬。有的在马背上单臂倒立，有的在马上马下飞旋跳跃，各显其能。他们个个膀阔腰圆，身手不凡，骑马在校场里兜了三圈，名为"遛马"，实际是开赛前娱宾和马术表演，看得顺治帝福临眼花缭乱，不住地点头。

第一轮比赛骑射，共分十组，每组二三十人不等。将箭靶涂成校场地面颜色，稍不用心便很难分辨出来，分别由三名靶场阿哈（女真语：奴隶）拿着，藏在靶沟中，靶沟距射手六十步远，共出现三次，每次都是一闪即逝。手眼不快者，未待发箭，靶已隐没，最是难射。射手箭杆上都有自己的名字，以中靶多少定输赢。

眼看射过九组，有中一箭的，也有中两箭的，也有一箭未中的，含羞带忧低头退了出去。到了第十组却有二人连中三元，在众人的喝彩声中，两人兴致勃勃地上了看台。不消说，这其中一人便是阿巴塔，另外一个披银色绣花战袍，金盔金甲甚是威武，福临定睛一看，不由得笑了，原来这名少年将便是靖南王耿继茂的长子耿精忠。

"怎么，你二人这就要来领赏吗？好样的耿精忠，你若夺魁朕便为你主婚！"

"皇上，有俺阿巴塔的份儿吗？"

"这……"福临眼珠子一转，"阿巴塔，朕不是已经封赏过你了吗？你可不要得寸进尺哟。"

"皇上，卑职宁可不做那护军统领，卑职想做大清国的额驸。"

台下传来了一阵哄笑声，有人大声喊了起来："阿巴塔，撒泡尿照照自己吧，凭你那副嘴脸也想攀龙附凤？""大黑熊，别不知趣了，想娶我大清的公主，问问我们手中的长枪和短剑同意不同意！"

"来呀，阿巴塔，看谁先夺得那面虎形旗！"耿精忠话音未落，身形一

闪，箭也似的蹿了出去，抢先攥住了虎形旗旗杆，一阵放声大笑。

"小将军，别太得意，看你可夺得虎形旗么？"

耿精忠一愣，这才止住笑抬头看去，只见自己举着的竟是个空旗杆！而那面黄灿灿的虎形旗却被阿巴塔用一柄系着红缨子的短刀齐刷刷地割了下来。原来，适才耿精忠俯身拔旗杆时，阿巴塔早一个鹞子翻身跳上了坐骑，再从马背上腾空跃起，自半空中伸手割下了虎形旗，复又翻身稳稳地安坐在坐骑之上，整个身子纹丝儿不动。"哗！"校场内外又是一阵响如雷鸣的叫好声，很显然，阿巴塔技高一筹。

第三十三章

精忠出风头悔心肠　胡图求开恩忍恨意

福临将这一切都看得清清楚楚，有心为阿巴塔喝彩，又害怕年少气盛的耿精忠不服，心中踌躇不定。果然，耿精忠额头上的青筋暴露，对着阿巴塔说道："呸！你使诈，算什么巴图鲁！"

"你……黄口小儿休得满嘴喷粪！来来来，敢不敢再与爷爷较量较量飞马连弩？"

阿巴塔此言一出，耿精忠心里一沉：糟了，这大黑熊果然有备而来，谁不知道这飞马连弩的厉害呀？与人交战，看他手中只拿了一张弓，可迎风一晃，却可立即化为龙虎双弓，龙在前胸飞，虎在腋下啸，可以同时从身前身后发出五枚箭头，直取对方双目、心窝和胯下战马双眼。最难防的，是对手不知他龙弓为实还是虎弓为实，有时龙弓虚拨弓弦，有声无箭；有时虎弓一声皆无却有五箭并发连弩。两军阵前，阿巴塔靠着这手飞马连弩的绝招不知取了多少莽汉的性命，他如今又口出狂言，实则是有恃无恐哇！这可怎么办呢？我明明抢先一步拔下了旗杆，却被阿巴塔割下了旗帜，唉，这事闹的，窝囊！

耿精忠心里一时没了主张，只恨恨地拿眼睛瞪着阿巴塔，牙齿咬得咯吱咯吱响，可当他的目光与福临相遇时，不由得绷直了身子，垂下了眼皮，也许这时候他才意识到，自己是不是太出风头了、太招眼了？瞧瞧人家吴应熊，这会儿多斯文多本分哪，嘿，我这是怎么了？

耿精忠想的倒也是实话，若论起出风头、讲排场，谁比得上吴应熊？人家是皇亲国戚，抖得起这个威风呀。

平西王吴三桂、平南王尚可喜和靖南王耿继茂，皆是早年降清的前明臣子。本来是四藩，皆因定南王孔有德兵败自杀，独生子又为敌军俘走杀死而绝嗣，故只剩下了三藩。三藩之军皆独自管辖，既不编入八旗，又不隶绿营，但其编制仍按八旗之制。清廷入关之初因满洲八旗兵力有限，欲充分利用汉将汉兵，故三藩之旅得以受到重用，三王也分别镇守一省，俨然成了当地的土皇帝。顺治十一年二月，世祖福临下了两道敕谕，一道敕

书是敕谕平南、定南二王，平南王尚可喜留镇守广东，靖南王耿继茂移镇广西，后移镇福建，委派平西王吴三桂移镇云南，并且授以管辖该省的政治权力。顺治帝颇有疑人不用用人不疑的作风。平南王尚可喜早年降金，一向效忠朝廷，别无异心。靖南王耿继茂之父耿仲明，虽也归顺很早，但在顺治六年却以隐匿逃人被部议削爵，耿仲明畏罪自杀，这对耿继茂不会不留下阴影。至于平西王吴三桂，则情形又有所不同。起初他坚守关外抗拒清兵，只是当李自成大军包围山海关时，吴三桂才被迫向清兵求援，目的仍要保全大明江山。正因为有此曲折，摄政王多尔衮起初只对其利用笼络，并不完全放心，一直让墨尔根侍卫、固山额真李国翰随同移镇汉中，直到顺治十五年李国翰病故，吴三桂才得以独统军政大权。吴三桂对平定川陕滇黔立下了大功，这是有目共睹的事实，他并且积极统兵攻滇，要消灭南明永历政权，可见其对前明故君早已情尽义绝，今后自会永远效忠清帝不怀二心了，对此心知肚明的顺治帝这才决定派他移镇云南，并授以统军治政之大权，而平南、靖南二王分镇的广东、福建却只有处理当地军机事务之权，一应民事钱粮，仍旧地方文官照旧管理。平西王吴三桂在云南集军政财权为一身，成为坐镇大西南的"总管"，极为显赫。不仅如此，他的长子吴应熊早在顺治十年便娶了太宗第十四皇女和硕公主为妻，吴庆熊被授为和硕额驸、三等子，加少保兼太子太保。吴三桂父子的飞黄腾达怎能不令其他王爷心里痒痒？于是，在顺治十三年，靖南王耿继茂三番两次地咨告礼部，言及其子耿精忠、耿昭忠年已长成，"应靖缔结婚姻，不敢擅便，惟候上裁"，其意显希望能仿平西王之例，与皇室联姻。礼部与内大臣商议的结果，认为耿继茂之父"有携众航海投诚功，且继茂身任封疆，仰承皇上报功恤劳仁德至意，宜以亲王等女下嫁"，对此，顺治帝也做了打称，有心让平西王、平南王以及靖南王三王之子皆与皇女相婚配，使三王成为皇亲国戚，便会永远效忠朝廷了。

耿精忠等人显然是从朝中探听到了皇上的旨意，自己将娶被赐为和硕格格称号的和硕显亲王之姊为福晋，而弟弟昭忠将娶被赐为固山格格封号的贝子苏布图之女为妻，心中得意之极，便按捺不住想要耍耍威风。没想到在比武场上遇到了黑熊似的汉子阿巴塔，让耿精忠丢了面子。他有心要与阿巴塔一争到底，又恐自己不是他的对手，只恨得牙根发痒。可一遇上皇上那摄人魂魄的目光，耿精忠立时像一只泄了气的皮球，耷拉着脑袋不吭声了。

"第一轮赛罢，阿巴塔与耿精忠并列第一，双获巴图鲁称号！"

耿精忠心中一喜，感激地看了皇上一眼，满脸羞愧地跪谢退下。还是皇上善解人意呀，要不他耿精忠怎么下得来台？

"不行，这成什么话？分明是我兄弟拔了旗杆，凭什么他阿巴塔也是第一名？来来，吃我一招！"一位银袍小将噌、噌、噌几步跃上了看台，箭袖一捋，摆出了一副与阿巴塔一比高下的阵式。

福临定睛一看，一脸的不悦："嘿，这耿家兄弟怎么都是愣头青！真不识好歹，哼！"

"哈哈，好，好，小将何方人士报上名来，本将刀下不杀无名之鬼！"阿巴塔一捋黑须，爆发了一阵仰天大笑。

"唰！"银袍小将反手一抽，从背上拔出闪着寒光的利剑，朗声回答："本人行不改名，坐不改姓，乃靖南王之子耿昭忠是也！"

"嘻嘻！"阿巴塔一阵怪笑，眼泛凶光："又一个黄口小儿，本爷爷让你看看这招飞马连弩的厉害！接招吧！"

"万岁爷，您看这……"看台上的索尼、鳌拜等重臣也坐不住了，觉得耿氏兄弟与那阿巴塔闹得太不像话，便频频示意穿红袍的太监吴良辅和李国柱，让他们给皇上提个醒儿。

"由他去吧，不知死活的东西！"福临面色阴沉，从牙缝中挤出了这几个字。

"皇上，那耿昭忠会不会有性命之忧？他们兄弟是随侍皇上的，万一有了三长两短，您可怎么向靖南王交代呀？"珠串帐子里，董鄂氏的声音听来有些担忧。

"不用着急，"福临的声音变得轻软了许多，他悄声说道，"这该死的珠串帐子……弄得朕一点儿也看不见爱妃的身影，真急煞朕了。"

董鄂氏吃吃地娇笑起来，声音格外的甜润："妾身可是把皇上看得一清二楚、仔仔细细的呢。瞧，这会子您的眉头皱着，脸色也有些阴沉，唉，这剑拔弩张的场面真让人有些喘不过气来呢。"

"那阿巴塔的口气也未免太横了，朕就不信我大清八旗勇士中就没人是他的对手？爱妃，朕要让他输得口服心服，日后他才能服服帖帖地为朕所用！等着瞧好吧，那些个无用之辈死几个倒也无妨！"

福临端坐着不动声色，对索尼等人的暗示视而不见，吴良辅无奈，只得令台下敲响了第二轮比赛的三通开场锣鼓。

阿巴塔已然如猛虎般跨上了坐骑，双臂晃动，准备出龙虎双弓。

银袍小将耿昭忠不慌不忙，他的坐骑一如他的战袍一样，白的像雪，银光闪烁。耿昭忠气定神闲地坐在白莲驹上，手中漫不经心地玩弄着自己的长剑，众人见他举止潇洒，纯真中带着几分狡黠，文雅中透着些许儿野气，不由得暗中为他捏了一把汗：虽说是初生牛犊不怕虎，可阿巴塔怀有绝技呀，他的龙虎双弓杀人无数令人闻风丧胆，这小王爷莫非是吃了豹子胆啦？

阿巴塔显然没把耿昭忠放在眼里，他有心在众人面前卖弄一番，正夸张地舞弄着龙虎双弓，令人眼花缭乱。

"看招！"耿昭忠一声娇喝，出手迅疾，不知什么时候已收起了长剑，手中多了一把弯弓，他先发一箭，不偏不倚射穿了阿巴塔右手的箭袖。箭头"嗖"地一声，直插入阿巴塔身旁的黄沙之中，箭尾一阵乱颤。

"好！""打中了！"众人连声叫好。这一招是耿昭忠心存忠厚，他念及阿巴塔的身份，人家来自喀尔喀蒙古，现在还是大清的客人，得手下留情，所以耿昭忠没射伤他的手腕，只想给他点厉害瞧瞧。

"嘿，好小子，真不赖！"福临眼露精光，暗中为耿昭忠喝彩，他还真没看出这个少年马上功夫这么好，出手又是这么的快。

阿巴塔的黑脸又羞成了紫茄子皮色，他只当耿昭忠此举是有意戏辱于己，当下大吼一声："好小子，吃你爷爷一招吧！"连连虚拨龙弓三下，却自左腋下以虎弓暗发五箭，一心要取耿昭忠性命。

耿昭忠见阿巴塔恼羞成怒，眼露凶光，心知不妙，急忙挥舞长剑在胸前划起了一道道银练，只听叮叮当当一阵响声过后，阿巴塔射来的五箭有三箭被砍飞，但他的坐骑白莲驹却发出了一阵哀鸣，四蹄一软滚翻在地。

阿巴塔见状大喜，高叫一声："臭小子，再吃爷爷一招！"又是五发连弩飞出，场上顿时一阵惊呼，看台上的福临倏地站了起来，心提到了嗓子眼儿：完了，这回可怎么跟靖南王交代呢？唉，耿昭忠呀耿昭忠，连你哥哥都知难而退了，为什么你偏偏要逞这个能呢？阿巴塔，你的心也太黑了，你若杀了耿昭忠，朕便杀了你！凭你这种卖主求荣的武臣，怎能让朕放心呢？

耿昭忠没料到自己的坐骑被阿巴塔射瞎了双眼，当时一个倒栽葱摔落在地上，心中惶然，正待要爬起来，却听见"嗖嗖"又是几声箭响，登时头皮发麻，脸色惨白，浑身哆嗦着趴在马背后，自忖必死无疑了，他这时狼狈之极，已全然无招架之力了。

说时迟那时快，蓦地，从人群中跃出一人，手臂一挥，阿巴塔只觉眼前有两道金光迸散，那五发连弩竟似着了魔似的，在半空中打着圈儿，硬生生改变了方向，一支连一支飞进了那黑衣人宽大的袍袖里。

"好！""真功夫！""嘿，这是什么门派的？可真神了！"众人连声叫好，更激怒了阿巴塔，他狂叫着："奶奶的，爷爷我不怕你有高人相助，今天非杀了你不可!"抽出腰间的环刀,拨马冲到耿昭忠的跟前,恶狠狠地向他砍去。只见刀光闪处,血肉横飞,众人莫不大惊失色,看台上的福临更是心中一沉:完喽,耿昭忠这小子是死定了。唉,死就死吧,落得个身首异处的下场,你这是何苦呢?

"哗……"场外一阵大风吹过,顿时飞沙走石,遮天盖地,众人在疑惑之余,慌忙躲避,混乱之中,福临只觉有一股阴风迎面扑来,挥之不去,躲之不及,心中一急,声音都变了调:"护、护驾!"

话音刚落,只听面前一人"哎哟"一声,咕咚摔倒在地。珠串帐子里的董鄂氏一声惊呼:"是费扬古,弟弟!"

须臾,风停日出,依旧艳阳高照,天空格外地湛蓝。人们发现几桩奇怪的事情,耿昭忠的坐骑白莲驹已被剁得血肉模糊,而耿昭忠却不见了踪影,他身上的银袍被扔在了一旁。气势汹汹的阿巴塔也不见了,他不是要在比武中夺冠的吗?怎么一下子就走了?还有,御前侍卫、二等子费扬古躺在皇上的坐椅前,面色如土,额上冒着冷汗,气若游丝:"皇、皇上……我、我中了……黑砂掌。"

福临恍然大悟:费扬古这是护卫自己而被恶人击中的,好险哪!

"皇上无恙,臣等恭请皇上圣安。"

老臣索尼、鳌拜等人也是猛然醒悟,急忙趴在地上叩头。

福临脸带怒容,从鼻子里"哼"了一声:"一群饭桶,阿其那!御医在哪儿?快快为费扬古诊治!"董鄂氏出了珠帐,满脸泪痕地轻声呼唤着弟弟:"费扬古,费扬古!"

"快,快去捉刺客呀!"显襄亲王富寿脚一跺,转身要走,人群中又是一阵骚动,小王爷耿昭忠拖着黑大汉阿巴塔来到了近前,他的身后站着一位身着玄袍的光头老和尚。

"启奏皇上,阿巴塔是喀尔喀派来的刺客!"小王爷耿昭忠一脸的稚气,此时他的衣衫虽有些凌乱,但仍不失英勇之气。

"臭猪,阿其那,快快招来,否则小爷我先将你的一对眼珠子给挖出来!"

被点了哑穴的阿巴塔吓得哇哇乱叫着,跪在地上连连求饶。

福临心中气愤已极,心里说自己刚刚就是被这黑熊连连叩头叩得心软了,竟开口封他为御前统领!天神,这厮也太急躁了些,若是日后再下手的话,我纵有三头六臂也是防不胜防呀!福临心中气呀,觉得很没面子,抬脚便踢,还觉得不解恨,伸手又从吴良辅的腰间抽下了皮鞭,左右开弓地过了回瘾,这才将鞭子一丢:"让他开口讲话。"

"师傅，徒儿功力不够，还是有劳师傅您吧。"耿昭忠笑嘻嘻地将玄袍和尚拉了过来。

"阿弥陀佛，罪过，罪过！"玄袍和尚双手合十，目不斜视，口中念念有词，上前一步轻轻伸手一点，阿巴塔立即杀猪似的尖叫起来："哎哟娘呀，疼死爷爷了，不如一刀杀了爷爷！"

"再敢乱叫，先割了你的舌头！"耿昭忠将利剑往阿巴塔的脸上一贴，阿巴塔张着嘴巴却喊不出来了。

"就凭你这个怕死的孬种样子，也想骗取朕的信任？说，你此番乔装前来居心何在？"

"说！"耿昭忠和耿精忠一左一右用利刃逼住了阿巴塔，这回他们兄弟俩可是大出风头了。耿昭忠抓住了刺客，立了大功呀！

"反正是一个死，闪开，让爷爷痛痛快快地说话！"阿巴塔心一横，朗声说道："大丈夫坐不改名，立不易主，本人乃准噶尔部汗王麾下大将胡图是也。"

"糊涂？哼，你的脑子真是犯浑了。"福临觉得好笑，这大黑熊居然起了这么个名字。

"皇上，据小人所知，准噶尔部汗王手下有一员猛将，武艺惊人，无人匹敌，原来就是胡图。很显然，他混进比武场是居心叵测……"索尼贴在福临的耳旁轻声地说着，福临的眉头渐渐地蹙紧了。

当时中国北部和西北部居住着蒙古三大部。漠南蒙古在大漠以南，与著名的万里长城相近，也称内蒙古，早已归附清朝，在清朝定都北京之后被划为四十九旗，是清朝定鼎天下、入主中原的主力之一，一向与大清皇族联姻，彼此互为依靠。漠北喀尔喀蒙古又分为土谢图、扎萨克和车臣三部，分散在大漠以北，也称外蒙古。蒙古的第三大部则称为厄鲁特蒙古，位于天山和阿尔泰山之间。同为蒙古，所以内蒙古的四十九旗中有的与喀尔喀各部联姻，有的则与厄鲁特联姻，它们彼此有密切的联系。只有这三大部蒙古团结、安定，大清的北疆才能得以巩固。而此时大清的天下尚未一统，南疆不宁，如果北疆再多事，势必对大清国的安定造成不利影响。此番喀尔喀派刺客前来，分明是与大清国作对，它的反叛面目已经暴露无遗，只是，如果真的要对漠北蒙古用兵，一来会伤害漠南蒙古四十九旗的感情，二来南北战火同起，实为大清国的灾难呀，福临不得不陷入了深思。

福临重新落座，蹙着的双眉瞬间又舒平了："胡图将军，朕很欣赏你的勇气，只是，你这样死也太不值得了。"

"为主子效忠乃小人的心愿，有什么值得不值得可言？胡图此番有辱使命，料难生还，我主子托我向皇上进一言。"

"请讲。"

"蒙古不分漠南漠北都是一家人，今你们大清国强占了漠南蒙古，实则是在挑拨我们蒙古三大部族间的关系！今我喀尔喀三部俱已强大，不希望你们女真人牵着漠南蒙古四十九旗的鼻子走，让漠南蒙古重返我们的怀抱！"

"哈哈！"福临一声冷笑，"喏，漠南蒙古四十九旗的首领就在跟前，你问问他们愿不愿意？"

"胡图，你真是个糊涂蛋！我是科尔沁部的，你听明白了，漠南蒙古与大清国早已融为一体，不分彼此了，用不着你们来多管闲事！"

"胡图，你这是在痴人说梦！你们漠北各部势同水火，难道要我们四十九旗回去与你们一同去争夺那些水草和牛羊吗？呸！"

"话可不是这么说！"胡图大声嚷嚷着，显得理直气壮，"自古以来强者为王，弱者为寇。没争个高下，怎知我喀尔喀蒙古的强大？再说了，厄鲁特的巴图尔浑台吉有心统一准噶尔、和硕特、杜尔伯特和土尔扈特四部，到时候，我们彼此联手，天下无敌！"

福临张着嘴倒吸了一口冷气：这厄鲁特的巴图尔浑台吉是他御封的，它们四部当时多恭顺呀，想不到……

"皇上，今非昔比呀。想你们女真族经过几代人的厮杀吞并，确立了大清国。今天，我们蒙古各部也要重新联合起来，不是喀尔喀为盟主，就是准噶尔为盟主！"

"真的吗？这还得问问我们科尔沁人手中的这把刀同意不同意！"费扬古一晃利刃，吓得胡图一阵哆嗦，脸色灰白。

"胡图，你打算怎么向你的主子回话？"

"我……不成功，便成仁，只求大清皇帝赐我一死。"胡图垂头丧气地低下了头。

"真是个糊涂蛋、窝囊废！朕一向爱惜人才，方才见你粗眉大眼，体魄魁伟，心中早已爱惜不已。不过，似你这般白痴脑袋，留下也是无用！来人。"

胡图只当福临要处死他，吓得扑通一声跪在地上一阵求饶："求皇上饶我一死吧！小的家中尚有八旬老娘，小的是她的独生子，我，我不能让白发人送黑发人哪！皇上，我有绝技，会武功，会驯马，奴才愿为大清国皇帝效劳！"

福临早有不杀胡图之意，这会子又听说他会驯马，心中甚是高兴，不由得朝身旁的索尼等人看了一眼。

"皇上，这人出尔反尔，不能受他蛊惑！"鳌拜没有好气地大声说着，显然，他对自己贸然领进来这么个刺客而追悔莫及呢。

"你呀，以后多长个脑袋，怪不得人说人大愣、狗大呆，包子大了是韭菜，说得没错！"索尼埋怨着鳌拜。

"谁说我呆啦？连皇上……刚刚，不也差一点被这奸贼给蒙了吗？"鳌拜大声嚷嚷着，声音由大变小，到最后几乎是喃喃自语了。他再呆，也不能当面揭皇上的老底儿呀。

"你们，各位大人，不相信我胡图是吧？"胡图插话了，声音显得格外冷静。

"胡图，你拿什么作证让朕相信你呢？"福临黑眉一挑，目光直射着胡图。

胡图一听大清国的皇帝开了金口，自己有生的希望，便不假思索大声说道："小的愿对天起誓发咒，让天神作证！"

福临摇着头："收起你的花言巧语吧，朕不会再上你的当了。试想，对一个刺客的话，朕能相信吗？"

"皇上！我一定会改过自新重新做人！"胡图眼含泪光重新做人。还别说，男人有泪不轻弹，堂堂五尺男儿流泪再一次让福临心软了，在不知不觉中，福临轻轻点了头。

"谢皇上不杀之恩！求皇上赐刀！"

"嗯？"这一句让福临愣住了，吴良辅、费扬古等人连忙护住了福临，心里说这大黑熊葫芦里究竟又卖得什么药？

谁说人大呆狗大愣？黑汉子胡图眼见事情有了转机，忙不失时机地高声呼喊了起来，要知道皇上可是金口玉言，一言九鼎啊。如今，只要他胡图可以保住脑袋，就一定会有东山再起报仇雪恨的机会的。想当年成吉思汗老祖宗兵败之后，不也是忍气吞声地当别人的干儿子，最后成了一代天骄的吗？男子汉大丈夫能屈能伸嘛，可，他们似乎对自己还有戒心，不相信自己的话，怎么办？也罢，胡图心一横、牙一咬，大声说道："皇上，小的愿断指对天起誓！"

"当真？"福临的眼中充满了疑问，到底该信不该信呢？看来，他也犯糊涂了。

"耿昭忠，把你的佩剑给胡图。"福临有心看看胡图的胆量和诚心。耿昭忠巴不得这样，狠狠瞪了胡图一眼，双手平伸着将佩剑递了过去。

"天神，您为胡图作证呀！皇上，请您看清楚了。"胡图别无选择，在众目睽睽之下，伸出左手小拇指，咬牙一剑砍下，只听"嚓"地一声，半截小拇指飞出老远落在沙地里，他的左手小拇指立时血流如注。

"哎哟娘哟，疼死爷爷我了。"胡图在心里喊着，却没有出声。他掷下宝剑，心里却在说："含血点点在心头，今日之仇，断指之仇，一定要报！爷爷与大清国势不两立！"

"御医，给胡图包扎伤口！"愣了片刻，福临才想起来，一连声地喊着御医。看来，这一回他是真的为胡图的行为感动了，动了真情和怜悯。"胡图，你就留下做朕的驯马官吧。"

"谢皇上不杀之恩！谢皇上恩宠，小的从今以后愿追随皇上以效犬马之力！"胡图竭尽全力大喊着，说罢身子一歪，竟疼晕了过去。

不仅是福临，四十九旗的旗主们也被胡图的这个举动惊呆了，一个个睁大了眼睛，呆若木鸡。这个刺客真的从此洗心革面、脱胎换骨重新做人了？但愿浪子回头呀，这难道不是大清国的吉兆吗？

努尔哈赤起兵，一统女真各部；皇太极盛京称帝，改国号为清，与大明抗衡；到了顺治朝，清兵入关，定鼎北京。这期间大小战役不计其数，蒙古四十九旗为大清国立下了赫赫战功。这四十九旗的稳定关系到大清江山社稷的荣衰与疆域的安定，这一点少年天子福临心知肚明。对于雄心勃勃企图称雄蒙古各部的准噶尔以及喀尔喀部，福临暂且只能按兵不动，以礼相待。福临想收服眼前这个黑大汉胡图，人都说鳌拜魁梧雄壮，可跟胡图一比，还是矮了半截。比武时，胡图果真出手不凡，看他弦发数箭，福临就想收留他为侍卫了。此人若有文韬武略，福临甚至想封他做统领、做将军。由这样的蒙古猛将统率蒙古铁骑，四十九旗谁人不服？又何愁北疆不稳呢？天朝一旦降伏了胡图这个草原上的魔怪，其他部族的反叛自是不在话下了。

御医们手忙脚乱地给昏过去的胡图诊治，又是掐人中又是灌汤水，众人唏嘘不已："真是一条汉子呀！"

第三十四章

浴温泉蛮女侍君主　罗帐前妃嫔争恩宠

隆冬深夜。转眼间顺治帝北上狩猎已过了四十多天，塞外的秋景转瞬就被银装素裹的冬雪所覆盖，千里冰封，万里雪飘，风景更佳。迷恋塞外景色的顺治帝决定继续住下去，选个吉日再举行冬季木兰围场，要玩就玩个痛快。再说了，这里日日有美人董鄂氏相伴，也没了朝中诸多的规矩，朝中之事自有太后和一班子文武大臣们打理，福临落得个自由自在，他真有些乐不思蜀了！

偌大的皇庄里灯火通明，这里听不到紫禁城五凤楼的钟鼓声，附近也没有居民的村落，但却一点儿也不显得冷清。皇庄的巡更灯在不停地晃动着，四周的白雪与刺眼的灯光相映射，整个皇庄营地像是披上了深银灰色的大锦袍。皇庄很宽敞很气派，一排排桦树、榆树、松林形成了天然的围墙、屏风，别有风格，内侧铺有马道，正中是松轩茅顶、圆木垒壁、兽皮铺地的"皇宫"，虽没有雕梁画栋的色彩和飞檐斗拱的气势，但在这周围大大小小的军营、帐篷中却非常引人注目，里面烧着火炕、火塘，铺着华毯锦被、裘皮、嘿，真比住在皇宫大内还温暖舒适呢。

宽大的火炕上，董鄂氏乌云珠像只可爱的小猫蜷缩在一旁，可能是火炕太热了，她的一只膀子伸在被外，雪白的手臂上戴着一只镂花的金镯子。

"皇上，皇……"睡梦中的乌云珠轻轻翻了个身，手臂下意识地朝旁边伸去，却是空的。

"皇上，天已经亮了吗？"乌云珠咕哝着还是不愿意睁开眼睛。嗯，怎么没有一丝声响？

乌云珠这才起身，靠在炕上愣愣地出神。皇上的枕头放得平平整整的，难道，他又是一宿未合眼？他……这会儿在哪儿，在干什么？昨个晚上，乌云珠早早地就被接到了这座"皇宫"里，当时皇上正在挑灯夜读，只淡淡地对她一笑："你先上炕歇息吧，朕还想再读会儿书。"说完便将眼睛盯在了那本厚厚的古书上，再也没看乌云珠一眼。满心喜欢的乌云珠顿觉百无聊赖，有心在屋里走动，又怕惊动了皇上，就这么呆呆地坐在火炕上，竟不知不觉地睡着了。

"嗯，记得我是和衣而眠的，难道是他……"乌云珠想到这儿脸上一红，连忙拉紧毯子盖住了身子，她只穿了件薄薄的胸衣呀。想到这些日子来皇上对自己的种种柔情，乌云珠的心里又释然了。这回出宫行猎，皇上将后宫嫔妃都留在了紫禁城里，日日夜夜只恩宠乌云珠一人，真可谓是"三千宠爱在一人"了，乌云珠自是很知足，觉得自己是这世上最最幸福的人儿，又怎么会想到年轻多情的皇上此刻正在崖下的温泉里与另外一个女子相拥而眠呢？

很少有人知道，这一次顺治皇帝选中的冬季木兰的宿营地是在救皇崖的半山腰上。还是从母后的口中，福临听说了"救皇崖"这么个神奇的地方，那一年父皇皇太极兵败逃到了崖上，他只身一人又中了箭伤，眼看身后追兵已至，而崖下又是陡峭的绝壁和厚厚的积雪，皇太极两眼一黑身子一软，他是又急又怕又绝望，一下子觉得天旋地转，一个倒栽葱掉到了崖下！追兵沿着皇太极滴在地上的鲜血蜂拥而至，看着无底的深渊大笑而回。谁料到皇太极命不该绝，他并没有落进万丈深渊，而是被崖边堆满了积雪的松树枝托住了，等他悠悠醒来的时候，正泡在咕咕冒着热气的温泉里，身边围着一群美艳如花的摩梭族的女子……半个月之后，皇太极在温泉里治愈了箭伤，养足了精神，重整旗鼓，他一出现便将敌人吓得魂飞魄散。等皇太极东征西讨站稳了脚跟，在盛京坐上了八角龙庭披上了龙袍，便敕封该崖为"救皇崖"，并手谕文官下轿，武官下马，木兰围场以此为界，不得擅入崖下摩梭人的地界！这"救皇崖"果真名不虚传，其实，不只是皇太极，当初太祖皇帝也曾在此被救人热泉疗伤呢，如此奇妙的地方，如此热情而美貌的摩梭女子，怎能不令年轻而多情的顺治皇帝为之神往呢？

那一日，蒙古四十九旗旗主、达斡尔族的首领、鄂伦春族的首领以及索伦各族首领依次向福临朝拜，最后朝拜的摩梭族两位女首领，稍稍年长些的是一位中年美妇，披着黑狐皮大氅，衬得肌肤分外白嫩。年轻的头戴白色貂皮帽，身披大红绣花披风，颜如玉，目如星，令福临喜出望外！怪不得太皇阿玛和皇阿玛念念不忘"救皇崖"，还有什么摩梭族的女阿夏，嘿嘿，原来这里的女子生得如此娇嫩鲜美，恐怕太皇阿玛和皇阿玛在她们那里不只是沐浴疗伤了吧？

福临被美貌的摩梭女撩拨得心旌摇荡，未免想入非非起来。他一脸的笑容目不转睛地看着这两个出众的女首领，嗯，她二人各有千秋，一个丰腴韵味十足，魅力逼人，一个像一朵蓓蕾初绽的三月桃花，红艳艳，水灵灵，青春勃发。

摩梭人热情好客却并不淫乱。她们仍保持着自古以来的母系家族群体，家族中的家长是祖母、母亲或女儿，男人则是陪衬、侍从，处处听从女人的安排和照应，男女相处得十分和睦。摩梭人的孩子只知道妈妈而不清楚父亲是谁，因此总是由女人当家做主说了算……

福临心里开始不安分起来，起初有些后悔此番出猎时日太久，没多带几个后宫嫔妃来解解闷，整天只面对董鄂氏一个人，哪里还有火一样的热情？当然，也还有几个妃子同来，对她们福临是不屑一顾的，有时候他宁可勾引几个宫女玩玩，这些婢子在又惊又喜又羞又怕的情形中总能给福临带来几分新鲜和刺激……

大清国的皇帝亲临温泉沐浴，令摩梭女首领兰朵又惊又喜，她先令姐妹们在温泉边恭候福临，自己一转身消失在一个洞口深处，留下了一串银铃般的笑声。

福临此番是微服出行，随身只带了吴良辅和侍卫耿昭忠，没想到刚入摩梭人的地界便被眼尖的摩梭女首领认了出来，一群笑靥如花的摩梭女嘻嘻哈哈将福临引到了首领居住的洞口，却用身子拦住了不明就里的银袍小将耿昭忠："小将军，着什么急呀，来来，姐姐们陪你去捉蝴蝶，放风筝玩。"

"这是滴水成冰的冬天，你们不怕冷我还怕呢，不去。"耿昭忠四下打量着摩梭人的住地，看得出，这个新近受宠的侍卫戒备心很强。

"嘻！难道小将军没看见远处的青天白云和绿树吗？我们这儿背风向阳，一年四季都温暖如春呢。"一个头戴花环的女子笑嘻嘻地指着远方婆娑的绿荫，耿昭忠也笑了，露出了一排整齐雪白的牙齿："真是这样。这儿真是个好地方，真想不到这塞北还有胜过江南的洞天福地呢，妙极了。"

眉清目秀的耿昭忠文绉绉的话令摩梭女们一阵嬉笑，吴良辅扯了他一把："走吧，耿将军，别搅了皇上的雅兴！"

福临被几位女子推进了一个洞口之后，心里也扑通扑通地跳了起来。虽然说他是慕名而来，但对这神秘的地方以及神秘的风俗仍是不甚了解，所幸这洞里虽然热气蒸腾，但每隔几步就在壁上悬着一盏兽皮的宫灯，倒也清晰可见。这哪是山洞呀，分明是一个女子的闺房。室内烧着几只火盆，炭火熊熊，让人觉得温暖舒适。地上铺着虎皮褥子，也许是貂皮的吧，正中间摆着一个小炕桌，放着一盆水仙，怪不得室内有一股子淡淡的芳香味儿呢。咦，火盆的那边便是一潭碧清碧清的泉水，正咕咕地翻着水花，冒着热气。福临情不自禁走到水边，弯腰掬起泉水，哇，好热的清泉！"太祖皇帝遇女阿夏，救人热泉疗伤。此处乃世间奇观，水汤如沸，鸡卵入水即熟……"福临的脑子里闪出了这几句话，这可是宫里的"秘史"呀。

福临此时被室内的炭火和热气蒸得浑身燥热，当下也不多想，三下两下便脱去了袍服和靴子，胡乱朝皮褥子上一丢，一丝不挂地跳进了热泉里。

"咯咯……"温泉里响起了一阵娇笑声，"好个性急的皇上！小女子兰朵已经在此恭候多时了。"

"噢，兰朵，真的是你吗？那一日在阳光下朕可是把你看了个仔细，过来，让朕再看看你的模样。"福临的声音有些发颤，在这奇特的二人世界里，他只觉得浑身热血沸腾，饥渴难耐。

"哗！"一阵水响，兰朵白花花的身子钻出了水面，若明若暗的灯光下，福临看见她湿漉漉的长发犹如飞泻的瀑布垂在她的腰际，那浑圆高耸的乳房上玉珠滚滚。

"真美呀，"福临惊呆了，三宫六院的嫔妃们谁敢与他一丝不挂地同池共浴过？原来这女体是这么的诱人，仿佛是一个晶莹剔透的、洁白无瑕的上等羊脂玉似的美人鱼！

兰朵知道大清的皇帝目光中的含意，见过她的人谁不惊叹她的美貌？可有幸与她同池共浴的人却屈指可数，作为摩梭族的女首领之一，兰朵生性高傲，又何曾把普通的男子放在心上？

"哗！"又是一阵水波飞溅，兰朵像一条美人鱼般地漂浮在水面上，朝福临一乐："皇上，来抓我呀，来呀！"

福临受到了启发，哈哈一笑猛扑了过去，池中立即泛起了一阵涟漪……

银袍小将耿昭忠也过不了美人关，他被引进了旁边的一间小屋——其实，这一间间的小木屋都是建在温泉之上，专供人洗浴玩乐，而初来乍到的福临还以为这是一个个小山洞呢。

一个与耿昭忠年纪相当的妙龄姑娘几乎赤裸着全身迎了上来，耿昭忠早已羞得面红耳赤，恨不得从地缝中钻出去。

"看你，还是皇上身边的将军呢，这么胆小怕事？这会子连你的主人都泡在温泉里了，你还犹豫什么呢？"小姑娘咯咯笑着，像蛇一样地缠住了耿昭忠。"嘻，我还真没见过这么害羞的男孩子呢。"

"谁说我是男孩子？告诉你，我早就是男子汉了，前些日子皇上还封我是巴图鲁呢。"耿昭忠不乐意了，红着脸分辩着。

"既是男子汉为什么还这么扭扭捏捏的？你不是特地陪你的主人来洗浴的吗？还愣着干什么？快些脱衣呀。告诉你吧，陪皇上的是我的姐姐兰朵，她让我来陪你，我叫梅朵。"

"你们、你们摩梭女子太美了。"耿昭忠避开了梅朵那火辣辣的目光，胡乱地解着战袍，可是，他又停住了手，认真地问道："难道、难道你们对谁都……都一样吗？"

"你呀，真是个木头。"梅朵伸出纤纤玉手狠狠地戳着耿昭忠的前额："你把我们摩梭女子想成什么了？告诉你吧，我们摩梭人好客规矩，却并不淫乱而轻贱了自己。对朋友我们以礼相待，对敌人我们拒之门外。对尊重我们的人我们热情有加，对贬低我们的人我们不屑一顾。若不是看在大清国的皇帝是我们最高贵的客人的份儿上，你少不了要挨一顿鞭子。对了，你快听听，屏住呼吸。"梅朵的小嘴朝隔壁努着，耿昭忠轻手轻脚地将耳朵贴在了木板上。过了一会儿，耿昭忠嘿嘿笑了起来，原来，他听出了隔壁是吴良辅那尖细的嗓音，他一声接一声地哎哟叫唤着，想必是正遭罪哪。

"请梅朵姑娘赔罪，在下有所不知，冒犯了。"耿昭忠一本正经地向梅朵赔着不是，因为他已经从吴良辅那哀号的声音中体会到，若是受到这些摩梭女的捉弄肯定是不好受的。

"知道就好。我们摩梭人原本就是个特殊的部落，生活习俗与外人格格不入，也难怪你不理解，好啦，本姑娘就不怪罪你了。"梅朵说完抢先一步跳进了温泉。

耿昭忠迟疑了一下，发现自己的衣服早已脱了个精光，嘿，刚刚自己就这么赤条条地向梅朵姑娘恕罪？没羞没羞真没羞！耿昭忠又羞又愧又激动，他已经按捺不住自己的七情六欲了，这一次他不再犹豫，朝站在池中的梅朵扑了过去，池中立即掀起了阵阵波浪，俩人嬉笑着搂成一团……

福临在温泉里与兰朵尽情嬉闹之后，又美美地饱餐了一顿，这才恋恋不舍地告别了兰朵。"好兰朵，这一次的经历朕刻骨铭心，放心，朕过两日再来，以后每年朕都来，就住这'救皇崖'上。"

"皇上，摩梭部如今人少力弱，皇上须得为我们撑腰呀。我们摩梭女子不出嫁，否则，兰朵愿意终日侍候皇上！"兰朵的眼中泪水涟涟，话语中充满了温情，与刚才在水中无所顾忌的样子判若两人。

"放心，朕不会辜负你的。"福临已经穿戴整齐，他得趁天亮之前赶回皇庄去。

"皇上请看……"兰朵见福临急着要回去，心中一急，拉着福临走进了一间书房。书房的正中挂着一个横幅，福临一眼就认出，那刚劲的字迹出自他父皇的手笔："神池疗伤。"

"哈哈，这么说这间屋子也曾是我皇阿玛住过的喽？"福临不觉笑出了声，他们父子在这一点上是何其相像呀，竟迈进了同一间屋子！

"何曾住过一天，你皇阿玛在这里整整住了一十五天！天天都是我母亲陪着。今天，母亲又让我来陪你，可你却急着要离开！"兰朵的眼泪又流出来了。

"朕真的是有要事在身，"福临苦笑着，伸手揩去兰朵脸上的泪水，"朕虽贵为天子，但在宫中却觉得十分无奈，老祖宗订了多如牛毛的条条框框，这规矩那忌讳，由不得朕呀。再说那些汉人总是睁大着眼睛盯着朕，动不动就拿他们的三纲五常来指责朕。唉，朕这皇帝当的累呀！说实话，朕倒情愿脱去皇袍，与你在这世外桃源般的洞天福地尽情欢娱！怎奈国不可一日无君哪。瞧瞧，朕的皇玛法和皇阿玛都来过摩梭，如今朕也来了，以后朕还要让朕的儿子来、孙子来，总之，摩梭与大清是世世代代分割不开了的。"

"但愿如此！摩梭原本是山野部落，势单力薄，常常遭受他人的欺辱。这下子皇恩浩荡，我摩梭人从此可以安居乐业了！小女兰朵代表全摩梭人先谢过皇上了！"兰朵说着便要盈盈下拜。

"不必多礼！这里又没有外人，你又何必见外呢。"福临连忙扶住了兰朵，目光中充满了浓浓的爱意。

"小女子愿侍候皇上一辈子！愿皇上身体健康，多子多福，万寿无疆！"

"那好哇，不如你也给朕生个皇子吧。"福临趁机将兰朵搂进了怀里，俩人又是一番亲热……

董鄂妃一早起来就闷闷不乐。她是个极敏感的女人，多日来与皇上的朝夕相处，对皇上那炽热如火的激情乌云珠已经习惯了，可近几日皇上却对她不冷不热不即不离的，眼神也有些冷淡，乌云珠心知不妙，皇上在外面肯定又有花头了，可这大漠荒野的，皇上又会迷上谁呢？

"好累呀！"福临回到了皇庄的"皇宫"里，打着哈欠，一脸的疲惫。

"皇上，臣妾给您请安了。"乌云珠的声音怯怯的，她弄不明白为何在一夜之间自己会失去了皇上的欢心？如果这时候福临正眼看她的话，就会发现她的双眼红肿，她刚刚还在暗自垂泪呢。

"不必了，朕身子有些乏想歇会儿。"福临根本没看乌云珠一眼，乌云珠顿时觉得手脚冰凉。看来她的猜测是对的！

"万岁爷，您要不要个热手巾揩揩脸？"吴良辅走路一瘸一拐的，似乎很疼。

"全都退下。"

"嗻。"

第三十四章　浴温泉蛮女侍君主　罗帐前妃嫔争恩宠

"吴总管，你跟皇上去了哪儿？"乌云珠悄悄跟在吴良辅的身后，出了"皇宫"才开口问道。

"没、没去哪儿。皇上一早醒了，说去遛个弯儿。"吴良辅苦着脸，走路一副龇牙咧嘴的样子。

"皇上昨晚一宿没回来，他宿在哪里？这冰天雪地的，难不成你帮着他又去骗谁了吧？"

"哎哟喂，董娘娘，您可冤枉奴才了。您不是说了吗，这冰天雪地的皇上又能去哪儿呢？娘娘，您就放宽心吧，皇上对您可是真心实意的。"

"哼，他见一个爱一个，对谁都是真心实意的。"董鄂氏气不打一处来，情知从这个奴才口中套不出半点实情，气得一转身回了自己的住处。

"乖乖，看不出娘娘也会发脾气。唉，女人，真不是什么好东西，是祸水！那两个摩梭臭婆娘可把爷爷我给害惨了。"吴良辅恨恨地骂着，没好气地喊了起来："小柱子，小喜子，还在挺尸呢，快给爷爷捶捶腰！"

"怎么了你这是？"福临一觉醒来，日已西斜，"朕怎么看你不对劲儿？"

"万岁爷，您可说准了。昨个晚上，那两个摩梭臭婆娘把奴才整得好惨哟。您说说，奴才是中人这与她们又有什么关系？可她们却气得又掐又抓说是奴才欺负了她们！万岁爷，奴才连身上的命根子都给割了，还拿什么去欺负人哟。"

"哈哈哈哈！"福临一听乐不可支，"要不，今晚上咱再去出出这口气？"

"别！"吴良辅两手直摆，"奴才这回可丢尽了脸面。堂堂的大内总管被那两个又高又壮的臭婆娘像拎小鸡子似的抛来抛去，嗨，万岁爷，奴才这心里不好受哇！"吴良辅低下了头。

"看看，还亏你说得出口呢，堂堂的大内总管也有落泪的时候？好了，朕也知道你吃这碗饭不容易，等回北京朕赏给你一处宅子，娶他个三房四妾的，再抱个养子，这日子不也就红红火火的了吗？"

"谢万岁爷！"吴良辅破涕为笑，"奴才只要跟在万岁爷的身边心里可甜着呢，多风光呀，人家羡慕还来不及呢。老家亲戚街坊想着法子要把自家的孩子往宫里送呢，都觉着我有出息呗。"

"这就好，这就好。走，随朕去看看费扬古，也不知道他受的内伤好些了没有。"

出了房门，福临被四周洁白的瑞雪晃得眯起了眼睛，白雪反射着正午的阳光，银光炫目，眼前似有无数条彩虹闪烁。最美的是福临御座前的篷顶树枝上挂着的一串串冰珠，冰树玉枝与红黄夺目的龙旗相辉映，鲜艳夺目，无比璀璨。

御座里面铺着厚厚的皮褥子，众太监们伺候着福临坐了进去，又忙着递上手焐子与毛毯。福临的头上戴着薰貂冬冠，冠上饰着一颗龙眼大小的东珠，身披豹皮大氅，围着火红的狐毛厚围巾。

第三十四章 浴温泉蛮女侍君主 罗帐前妃嫔争恩宠

第三十五章

忍寒冷得亲人呵护　受惊吓获爱妃体恤

侍卫们抬起御座，踩着厚厚的积雪发出"咯吱""咯吱"的声响往前走着，一会功夫，就传来了马嘶声声。"嘀，快看看那马儿，毛色明亮，高大健壮，快点，过去看看。"

"万岁爷，那黑汉子胡图果然有一手驯马神技，奴才的这两手跟他一比呀，差远啦！"兀里虎手指着骑在一匹黑马上的黑衣大汉对福临比划着。"他每天早上出去驯马，到正午才回，原先这些野马驹子可毛躁了，见了生人不是尥蹶子就是一阵吼叫，您瞅瞅这会儿，它们一个个摆尾踏蹄的多温顺呀。"

"嗯，果然如此，兀里虎，要不你拜胡图为师跟他学学？"

"奴才倒是想呀，就怕人家不收咱呢，"兀里虎嘟哝着，"拜师学艺这不丢人吗？怎么着奴才也是大内管事的，还戴着四品顶戴呢。"

说话间，胡图已经远远地翻身下马拜见了福临："皇上吉祥，奴才有礼了。"

"胡图，做朕的驯马师不觉得委屈吗？好好干，将功赎罪。"

"谢皇上厚爱！能为皇上效犬马之力，奴才也就知足了。皇上您看，这群良驹中有十匹东海窝稽马，都是百里挑一的，经奴才这些天的调教，已经十分驯熟。尤其是这一匹，奴才称它是日月银鬃兽。""来来，过来。"胡图一声唿哨，一匹毛发丰满油亮的白马驹闻声而来，低着头在胡图身上摩鬃舔衣，十分亲热。

"果然是一匹良驹！"福临见了这匹宝马真是又惊又喜，惊的是莽汉子胡图这回没有扯谎，他果然有高超的驯马神技；喜的是自己一直想寻一匹中意的宝马良驹，今日终于遇见了。"窝稽有神兽，体白如银练；走如柳絮飘，驰似玉雪飞。好一匹日月银鬃兽！"

见皇上连连称赞，并且赋诗一首，胡图咧嘴一乐："皇上，这匹宝马就请恩主收为坐骑吧，从此往后，胡图和这些良驹便都是皇上的了，胡图愿为皇上效命，粉身碎骨，在所不辞！"

福临见胡图情真意切，心中未免高兴，认为这黑汉子果然是个知恩图报的巴图鲁，从此自己手下又多了一员忠心耿耿的猛将，当下便点头答应了。"朕也十分喜欢这匹宝马，兀里虎，这日月银鬃兽日后就由你照管了，若有一根毛发受损，朕唯你是问！"

"嗻。"

"那……"胡图睁着一双突起的大眼珠子，"奴才每日喜欢饮日月银鬃兽的乳，无论再饥再累，只要吮吸它的鲜乳，便觉浑身温暖，力气恢复如初。要是一日不吃它的奶，奴才会受不了的。"

"哈哈哈！"看着胡图此时欲罢不能、欲说还休的窘态，福临开心地笑了起来，这黑汉子也知道害羞啊。

"去，兀里虎，认胡图为师傅吧，好好学学他的驯马术。胡图啊，你教教徒弟还照样有鲜奶喝，满意不满意呀？"

"嘿嘿嘿嘿！""谢万岁爷！"黑脸的胡图和白脸太监兀里虎两个人都乐了，一个笑声粗犷浑厚，一个笑得清脆悦耳，这一粗一细听起来还挺和谐的。

起风了，虽说是中午时分，但突起的狂风卷起了地上的积雪，呼啸着抛上半空，霎时太阳的光芒便被遮住了，天变得有些阴暗而显得冷清。强劲的朔风吹得松林呜咽，像刀子似的刮着人们的脸，营地里的帐篷像一只只遇上风浪的小船，晃动着似乎很快就要倒塌下去。

"该死的天气！回宫！"这时候福临不禁想起了紫禁城的好处，是的，出巡多日，他也真的该回"宫"了。

费扬古的帐篷正在狂风中剧烈地摇晃着，董鄂妃四下张望着，脸色煞白。一般在野外搭篷，内室起码要围上皮毯，把火塘、火炕烧得旺旺的，尤其是在寒冬时节，否则，人睡着了还不得冻成冰棍儿？可弟弟费扬古的帐篷却只是一层单薄的牛皮，虽然生着火炕、火塘，那刺骨的寒风却无孔不入，正肆虐地从门帘、窝缝里拼命往里钻，把原本就显得清冷的帐篷弄得更冷了，寒气袭人。董鄂氏刚来了一会儿，便冷得有些发抖了。

"弟弟，你，冷吗？"

费扬古躺在皮毯上，眼皮动了动，勉强挤出了一丝笑容，但却说不出话来。他中了黑砂掌，整个胸口都变得黑紫黑紫的，他不能开口说话，稍一用力就会吐出黑紫黑紫的血。他就这么躺着，已经好些天了，御医也没辙，费扬古吃什么吐什么，给他喂药丸子灌汤药反倒是害了他，不但没见好，反而加重了。

看着几乎是奄奄一息的弟弟，董鄂氏面容悲戚，泪流满面。"难道就这么看着弟弟死吗？弟弟舍身救了皇上的性命，皇上却不闻不问，夜里出去鬼混，白天高谈阔论，甚至对我也开始疏远和冷落了。这究竟是为什么？这多么不公平呀！人都说外戚依内宫而荣，恃内宫而骄，可，我这个做皇妃的却没有给弟弟带来好运呀！"

尽管这样，董鄂氏在内心还是承认福临是一位多情而重情的皇帝，他在位期间处理过的许多事情都是受感情的左右，而他想方设法纳董鄂氏为后妃并在很长一段日子里对她恩宠有加也是其中的一件。在董鄂氏进宫后不久，她的父亲鄂硕的官职便从护军统领晋升为内大臣，世职也从二等男进为一等子，后又进为三等伯，鄂硕的职位晋升得如此之快，自然是借助了皇帝对他女儿的宠爱。真正是"后宫佳丽三千人，三千宠爱在一身。金屋妆成娇侍夜，玉楼宴罢醉和春。姊妹弟兄皆列士，可怜光彩生门户。遂令天下父母心，不重生男重生女"。文武百官气不顺也不行呀，谁叫自己没生出这样的女儿呢？

其实，董鄂氏乌云珠的父亲鄂硕并不是那种恃宠而骄的庸俗之辈。他的家族虽然出了个受宠的皇妃，但他的荣耀绝不仅仅因此而获得。

鄂硕所在的栋鄂氏（即董鄂氏）家族是满洲的世族，三代武职。其祖伦布，在太祖时曾率四百人前来归附，太祖授其长子锡罕（即鄂硕之父）为骑都尉世职，后来，锡罕在随贝勒阿敏远征朝鲜时战死疆场，鄂硕继承了父业，为三等轻车都尉世职，继续跟随太宗南征北战。鄂硕曾跟随着豫王多铎征明，跟随着睿王多尔衮讨伐察哈尔的林丹汗，后多次入关征明。清兵入关之后，鄂硕马不停蹄南下征战，转战于陕西、江南等地，战功显赫，世职晋二等男爵。到顺治六年，鄂硕被擢为镶白旗满洲副都统职，追随郑王济尔哈朗，前往两广讨伐永历政权。自天聪八年鄂硕第一次参战到顺治六年征湖广和两广，鄂硕戎马生涯十五年，从关外杀到关内，从塞北杀到江南岭南，为大清打江山立下了汗马功劳，他的确是一位战功卓著的战将。只可惜，在鄂硕的女儿成为皇妃后的第二年，鄂硕便撒手人寰，还没来得及享受一下女儿给他带来的满门荣耀就匆匆离去了。作为鄂硕唯一的儿子，费扬古承袭父亲的爵位时，还只有十四岁。现在，青春年少的费扬古身受重伤，面色枯黄，两眼无光，难道，他就要去见他的父亲吗？

"不，我要去见皇上！"董鄂氏想不下去了，心乱如麻的她哆嗦着给弟弟掖紧了皮褥子，一转身便要出去，却差一点与一个人撞了个满怀。

"阿弥陀佛！老衲无意间冒犯了女施主，尚请谅解！"随着被风掀起的风帘一开，一位光头和尚双手合十低垂着眼睑站在了董鄂氏的面前。

"你……是什么人？要干什么？"惊慌之余，董鄂妃后退了几步，声音中带着不安和惊恐，右手下意识地按在了腰间的佩剑上。

"嘘……"门帘又一闪，银袍小将耿昭忠走了进来，照例带来了一股冷风，他的衣帽上落了厚厚的一层雪，想必在野外耽搁了不少时间。

"小人不知娘娘在此，冒犯了。"耿昭忠行礼之后，将董鄂氏带到了一旁，如此这般地说了一遍。

"当真?"董鄂氏不再惊慌，仍带着疑问。这个身份不明的和尚能医好弟弟的内伤?

"这全是皇上的旨意。娘娘放心，您就先回吧，给将军治伤要紧哪。"

"那……"董鄂氏犹豫片刻，把目光转向光头和尚，"就拜托这位师父了。"

"嘻嘻! 老衲发过誓，说今生绝不再多管闲事，可禁不住这位小将军的再三恳求。对了，小将军，你不是说这里有上等的美酒吗? 先抱两坛来让老衲喝了暖暖身子。"光头和尚用手挠着头皮，摇头晃脑，嘻嘻哈哈。

董鄂氏刚放下的心又提紧了："这样一个疯疯癫癫的臭和尚凭什么相信他? 万一是贼人……"

"老师父，你若要小的拜你为师，得先治好这位将军的内伤，不许要赖! 这是皇庄，少不了你的酒喝!"

"岂有此理，老衲救了你的命，你反倒忘恩负义翻脸不认人了!"老和尚一双金鱼眼瞪得更圆了，显得怒不可遏："若不是见你小子天资聪颖，是个可造之材，鬼才救你呢。"

这么一说，董鄂氏想起来了，这个光头和尚就是那一日在比武场上从胡图的飞马连弩下救出耿昭忠的玄袍和尚! 嗯，他出手不凡，或许真的能医好费扬古? 别人不信，耿昭忠和皇上自己总该相信吧?

"求师父快快医好我兄弟的病! 小女子先谢过师父了!"

"这个是自然……哎，男女有别，多有不便，女施主请不必施礼了。罪过，罪过，阿弥陀佛!"光头和尚结结巴巴，居然收敛了刚才的痴狂样子。

董鄂妃这一次是错怪了福临。费扬古为救自己而中了毒砂掌，福临能无动于衷吗? 更何况费扬古还是自己爱妃唯一的弟弟?

那一日比武场上的混乱让福临大吃一惊。当了这些年的皇帝，从小就处在担惊受怕之中，凭福临那双擅长察言观色的眼睛，什么事都瞒不过他的视线。胡图这头笨熊自称是阿巴塔，把比武场搅得乱七八糟，当时福临就觉得气氛有些不对。果然一阵风沙起后，人群中有人朝自己下了毒手，多亏忠心耿耿的费扬古挡在了身前，否则躺在地上奄奄一息的可就是他福临了!

思前想后，福临起初的念头是即刻结束行猎回京，可他又不甘心。身边有这么多的侍卫和大内高手护驾，难不成让一两个歹毒小人吓破了胆？再说了，这个歹人是怎么混进来的？他跟眼前的这帮大臣侍卫们有没有关系？一定要弄个水落石出！福临不愧为真龙天子，当时他就觉得救出耿昭忠的玄袍老和尚大有来头，这使他颇感兴趣。这位老和尚无疑是位武林高手，否则他怎么能在瞬间从胡图的连弩箭下救出呆得半死的耿昭忠？他为什么要救耿昭忠？身为小王爷，耿昭忠断不会与这些来路不明的武林中人扯上关系的，这一点福临颇有把握。隐患未除，势必重现，福临拿定主意再拖延些时日，索性驻扎下来接着进行冬季木兰，故意给歹人一个有利的时机，另方面也看看那位老和尚是何来路。如果老和尚有意相助，那可就太好了，福临有了这位武林高手的保护，尽可以放心地在雪原林海中追逐野兽，猎豹打虎，玩个痛快。甚至，福临还打算聘老和尚为师傅，让他训练八旗子弟，顺便在木兰中选择精兵强将。八旗子弟明显的是一代不如一代了，他们在北京的豪宅王府是越盖越大，越盖越豪华，可他们的功夫却变成了一击就溃的烂豆腐。唉，这就是养尊处优的结果呀。就说富寿吧，福临念他从小丧父，一再地给他晋爵封为显襄亲王，可这孩子却不怎么争气，小小年纪养得又白又胖的，活脱脱一个白痴的样子，唉，他的父王豪格当年可比他精明多了！

福临的心思只有他自己知道，这是秘密、天机。他不顾危险坚持要进行冬季木兰围场，惹得索尼、鳌拜等老臣们直埋怨，个个提心吊胆。而耿昭忠却成了皇上的心腹，他按照皇上的旨意，终于在皇庄外的一座破庙里找到了这位衣衫破烂、貌不惊人的老和尚。现在，一切的希望都在老和尚身上了。

光头老和尚不再言语，盘腿坐在了费扬古的对面，吩咐着："扶他起来，让他自己坐着。"

"这……"耿昭忠迟疑着，已经气若游丝的费扬古还能自己坐着吗？但耿昭忠没再问，他对这个救命恩人有一种自然的亲近和信任感，平白无故，他为什么要救自己？他肯定是个好和尚。

光头和尚闭着眼睛，双手合十，口中念念有词。猛然间，他伸出了黑不溜秋、粗糙不堪的双手，向费扬古的胸部重重地一击……

凛冽的狂风卷着鹅毛大雪，遮天蔽日，整整下了两天一夜。行围中断了，皇庄四周的森林、草原、山岗、小溪都白茫茫的一片，无边无际，而皇庄里的一座座蒙古包、帐篷则变成了一只只雪白的大馒头。

终于雪霁天晴，火红的朝阳亲吻着冰雪覆盖的大地，好一片圣洁的冰雪世界！

闷在茅殿里两天的福临一睁眼，便兴致勃勃地喊道："兀里虎，备马，朕要出游射猎。"

老臣索尼在厚厚的皮帘外低声谏劝："皇上，大雪封山，道路掩埋，难辨方向，此时出猎甚为不妥！"

"怕什么？咱们满族的祖宗自幼便生长在这里，即使天上下刀子也得出猎，不然族人吃啥？再说了，大雪后出猎正是捕逮猎物的好机会，野兽得出来觅食呀，这些老规矩难道你都忘了？"福临知道老臣索尼忠心耿耿，是群臣百官中最可以信赖的人，所以口气显得平和而亲切。

"那……老奴去通知内大臣和御前侍卫们。"

"不用兴师动众的。索大人，这一带的沟沟坎坎你很熟悉，就由你在前头开路，朕只带几个贴身的侍卫就得了。"

说话间，福临已经穿戴整齐，头上戴着一顶崭新的猞猁皮帽，毛茸茸的护住了耳朵和脸颊，只露着一双漆黑晶亮的眼睛。他身上裹着同样崭新的皮衣皮裤，脚蹬上哈密的毛皮靴子，抬得老高给索尼看："怎么样，朕的这副打扮像不像一个猎人？"

"像倒是像，不过老臣觉得皇上您更像一个做毛皮买卖的商人。这山野里的猎户有哪一个像您这般细皮嫩肉、白白净净的？"索尼咧嘴一笑，满脸的皱纹。

老臣索尼不敢扫了皇上的兴，立刻备马开路。他穿上了毛朝外的豹皮大氅，背上箭囊和佩剑，横弓在背后，显得精明强干。福临一见乐了："哈哈，你这头老豹子，倒像是一个地地道道的猎人哩。怎么，他们也都去？"

"皇上，这冰天雪地的，人迹罕见，不多去些卫兵老臣不放心哪，万一出了差错，老臣回去如何向太后交代？得了，老臣奉旨头前开道，皇上，咱们一会儿见！"索尼利落地坐上两条猎犬拉的爬犁，一抖缰绳朝前滑去，不一会儿便消失在茫茫雪原中，他的身后留下了两行宽宽的雪道。

以往每次木兰（满语为哨鹿之意）都是由满、蒙等国大臣和侍卫们先行，天蒙蒙亮即分左右两翼出发，按预定地点进行合围，形成了方圆数十里的大包围圈，受惊的野兽在圈子里惊慌失措，有的横窜竖跳，有的呦呦哀鸣，而后皇上则率文武内大臣、众侍卫等人围攻，分级进行射猎，如同瓮中捉鳖，十分尽兴。而这一次，少年天子一时心血来潮，执意要独自出猎，此举自然极富刺激，但却也难免发生意外之事。一则在冰天雪地里出来觅食的野兽早已饥肠辘辘、饥不择食了，万一皇上撞上了猛兽，如虎、豹或是黑熊或是饿狼，岂不如羔羊送入虎口？再则这雪野漫无边际，万一皇上迷失了方向，或陷进了雪窟，或滑入了山谷，或遇上了歹人……后果简直不堪设想！

福临却不愿意这么想，他是真命天子，吉人天相，谁敢动他一根毫发？射虎射豹是冬季木兰围场最精彩、最有趣的事情，比射鹿刺激得多，这个机会不能错过！

"日月银鬃兽，咱们上路吧？"福临抚摸着坐骑柔软厚实的毛发，宝马低吼一声，将前腿跪下，嘿，它还真有灵性！否则，吴良辅、兀里虎等奴才少不了又得被当一回马鞍子使了。

"驾！"骑在雪莲白马上的福临神采飞扬，扬鞭催马，他身披的黄缎子披风飘动了起来，像一丛跳动的火焰在风雪中上下飘舞，光彩夺目。鳌拜、富寿等王公大臣们紧随其后，再后面跟着的是全副武装的巴牙喇兵，他们身披甲胄，腰系弓刀，或举着各色旗纛，或手执各种兵器，有的架鹰，有的则牵着猎犬，虽然人数比平日里少了许多，却也浩浩荡荡，颇具规模。

索尼用爬犁开出来的雪道曲曲弯弯通向了密林深处，马上的福临目观四周，耳听八方，他相信大雪过后，狍子、雪兔、虎豹等野兽会四处觅食，此行一定会满载而归的。眼见得进入了一处深山沟，这里积雪很深，料想会有野兽出没了，福临勒住缰绳，把手中系着红缨子的马鞭高高地举过头顶，这是停止前进的信号，他身后跟着的卫队便悄然无声地停了下来，不错，这里偶尔已经能听到野兽的吼声了，人们的情绪立即高度紧张起来，个个张弓搭箭，准备大显身手。

福临下了马，把背后的弓箭拿在了手上，然后举目四顾，脚下是软绵绵一望无垠的积雪，四周是雄奇险峻的怪峰和密密的松林，他不禁心中感叹："好一个险要所在呀，两旁的山峰中若藏有歹人，我就是有三头六臂也难以逃脱呀。该死的索尼，怎么将朕引到了这里？"

"皇上，这里地势险峻，自古以来是强人打劫首选之地，而且它又在围场的边缘，为安全起见，奴才请皇上调转方向去别处射猎。"

看来，鳌拜与福临想到了一块儿，他们都意识到了这是个凶多吉少的地方，为什么索尼会朝这儿走呢？

福临有些警觉，低声吩咐耿昭忠："速派人在周围巡视，看看可有异常情况！"

"万岁爷，索大人就在前边，正举着旗子招呼您呢。"吴良辅眼尖，指着远处一个白花花不断跳动的影子。

"可能他发现兽群了，好，统统下马，乘雪橇追击，捉住活的有赏！"福临精神一振，率先跳上了雪橇。

"请皇上稍候！"银袍小将耿昭忠忽然滚鞍下马，跪在福临的雪橇前："请皇上与小人换穿披风。"说着耿昭忠解下了披着的白裘皮风衣。

　　"怎么，你怕朕会遭歹人袭击？"福临两眼灼亮，神情严肃。

　　"小人只是担心。那一日比武会上不也曾有歹人要加害皇上吗？今日木兰，皇上衣着太显眼，随行的亲兵人手又不多，小人担心……"

　　"不怕，不是还有你师父在吗？"话虽如此，可福临的心已经在"嘭嘭"乱跳了，的确，他身上的这件明黄色缎子披风实际是公开了自己的身份，若这周围真有歹人，那就真成了他们最好的靶子了。福临沉吟着，显得犹豫不决。

　　"皇上，古人云：害人之心不可有，防人之心不可无。臣以为耿将军言之有理，有备无患，请皇上换衣。"鳌拜也跪了下来。

　　"瞎，本来皇上出猎是欢欢喜喜高高兴兴的，被你二人一惊一乍的，还有什么趣？简直是莫名其妙！这方圆数十里，都是我大清皇帝行围之所在，闲杂人等一概不许入内，你二人这一说，莫不是怀疑我这个管围大臣办事不力吧？"显襄亲王富寿沉下了脸。

　　福临心里一动：富寿这次出行的确有些不同往常，他的神态、举止让人觉得别扭。他这是怎么啦？难道是他暗中与我作对？不，绝不可能。我作为他的皇叔，如此善待于他，他本应知恩图报才是呀。当初豪格作为开国七大和硕亲王之一，统理军政，功勋卓著，但因为与叔父睿王多尔衮争夺帝位而遭残害致死，落得个削爵籍没、嫡福晋被多尔衮逼纳为妃的悲惨下场。而目睹这一切的儿皇帝福临却只能睁一只眼闭一只眼，无可奈何，因为他的帝位也已是岌岌可危，而他自己也是朝不保夕了。老天爷真是开眼了，不可一世的皇父摄政王多尔衮去世时候，顺治帝福临才可以扬眉吐气，亲理朝政。福临高度赞扬了兄长豪格的开国功勋，下诏复追豪格王爵，建碑记其功于茔上，并增注其军功于册。不仅如此，福临对当时年仅九岁的侄子富寿也格外优待，封他和硕显亲王，为议政大臣之一。试想，一夜之间，未满十岁的富寿就成了议处大清国军政大事的六位和硕亲王之一，该是何等的高贵和威风呀！

第三十六章
陷虎口亏神鹰救驾　讲禅机欲妄语惊天

在福临的眼睛里，他的兄长和亲侄子才是他最坚强的后盾。事实上，帝位之争，刀光剑影，又怎么可能会充满温情与亲情呢？年龄尚小的富寿一时间非常满足，他小小年纪便高高在上，父王在九泉之下也应该瞑目了。但是一想到这帝位本该属于父王，本该由父王再传给他富寿的，富寿的心里就不平衡了。渐渐的，富寿对叔叔福临由爱生恨，竟一发不可收拾了。表面上，富寿整日闭门不出，实际上他暗中结交了不少江湖人士，他的府第里藏龙卧虎，吸引了不少武林高手，富寿这是在玩火呀，其实，年幼无知的他是受到了坏人的利用。福临的敌人、大清的敌人多着呢。

福临心中疑惑，叹息着："富寿说得是呀，好好的射猎被你二人给搅了。换就换吧，耿昭忠，你就不怕死？"

耿昭忠眨着眼睛，显得胸有成竹："小的已早有准备，再说还有师父在暗中帮我呢。如果真遇上歹人，小的一定将他擒获。"

"果真如此，那我们就不虚此行了。"福临说完下意识地瞟了富寿一眼，突然觉得侄子的脸色苍白，心里不由得一愣。

"皇上，小的先行一步了！"披上明黄色风衣的耿昭忠上了雪橇，朝福临轻松地一笑，转身朝前方驶去。福临凝视着耿昭忠的背影，心里无限感慨：患难深处见真情，耿昭忠、费扬古这些小将，机灵过人，对自己忠心耿耿，是完全可以依靠和信赖的人。反而自己的亲人却疏远了，话不投机还得加以提防，唉，人都说血浓于水，可在帝王家这话就不灵验了，这多让人寒心哪！

"嘡嘡嘡！"行围的号角声打断了福临的沉思默想，他精神一振。正巧一群雪鸟惊叫着从林子里飞出来，福临连忙跳上雪橇，又见一只雪兔瞪着惊恐的红眼睛，一步三回头地蹦跳着，显然，这雪兔已被吓得晕头转向不知往哪儿逃了。

福临觉得非常有趣，跳下雪橇，迈开大步朝雪兔追过去，他要亲手捉住这个兔羔子，送给爱妃董鄂氏。

"危险，皇上！"鳌拜一急，黑脸变得灰白，声音也变调了，大手一挥朝侍卫们喊道："快，快，上去保护皇上，野兽就要出来了！"

侍卫们呼啦一声朝两边散去，拉出了一个扇形的半圆圈，向莽莽雪原和福临包抄过去，扯着嗓子吼叫着，与远处传来的"喤喤"号角声相呼应，在山谷中回荡着，此起彼伏。山崩地裂般的吼声犹如炸雷在人们头顶上轰鸣着，不要说虎豹等猛兽会慌了爪子，就是参加行围的人也感到格外的紧张，因为被追逐的猛兽也发出了阵阵刺耳的吼叫，这是一种绝望的哀号，它们要以死相拼了！

这极富刺激和挑战性的场面吸引了福临的全部身心和视线，他竟在雪野中一蹦一跳地与雪兔玩起了捉迷藏！"雪兔，别怕，不要动，乖，我不会伤害你的！"福临猫着腰轻轻呼唤着，试图靠近雪兔。紧张得竖直了耳朵的雪兔瞪着福临，他走它也走，他停它也停，就这么对峙着，急得福临抓耳挠腮没了主意。

"皇上，快后退，猛兽出来了！"鳌拜的声音已经变了调。

福临扭头一看，惊呆了：乖乖，这么一大群野兽！狍子、雪豹、东北虎、黑瞎子，它们怎么都聚到一块儿了？福临虽然腰里挂着佩剑，手里拿着羽箭，可此时却慌了神，手哆嗦着不说，想要迈步才发觉两腿像灌了铅似的抬不起来。

"日月银鬃兽，快去救你的主人！"兀里虎急中生智，一个口哨，宝马长啸着甩开四蹄箭似的冲向福临。福临像见到了救命的稻草，迅速地爬上马背，这才发觉宝马浑身都在颤震，两只耳朵更是抖个不停，因为已到近前的猛兽也是它的大敌呀。

"射箭，放鹰，快快！"回过神来的福临在马上声嘶力竭地叫了起来，而日月银鬃兽则惊得腾起前蹄引颈长啸，在原地打起转来，差一点儿将福临掀翻在地！

众人早已大惊失色，他们的战马更糟，早已吓趴在地上，怎么打也站不起来了。侍卫们虽紧张得剑拔弩张，但却按兵不动。眼见皇上就要被猛兽包围，凶吉难料，他们却为什么不射箭发弩呢？因为行围有一个规定，大凡有大的猎物出现，必须要由身份最尊贵者首先发箭，然后众将帅才能乱箭齐射，这是八旗行猎铁的规矩，谁敢冒犯？

"奶奶的，给我放箭！"福临在马上，又吼又叫又比划，侍卫们终于听清楚了，"唰唰"如云的箭矢从日月银鬃兽的两侧呼啸着飞去，吓得日月银鬃兽又是一阵嘶鸣，它突然前腿一软跪在了地上，福临一不留神被摔了下来。

"糟糕，护驾，护驾！"离福临尚有几丈之地的鳌拜没命地喊了起来，举着手里的火铳"嘭嘭"朝天鸣放。可这时候野兽吼叫的声音已经压倒了一切，眼见得福临就要被群兽踏成肉泥！

就在这千钧一发之际，天空中突然出现一片乌云，接着"扑啦啦"飞来一群猎鹰。随着一声响亮的哨声，领头的青鹰扑拉着双翅朝兽群冲去，顿时展开了一场鹰兽混战。这是些经过专门训练的青鹰、鹫鹰和雕鹰，古书上有记载，说它们上能捉天鹅，下能擒羊捉鹿，虎豹见了也得让三分，果不其然！这些猎鹰双睛发亮，利嘴如挠钩晃动，油光透亮的羽毛拱托着扇翅，直冲上天，比流星还快，比羽箭更准，眨眼间扑向了兽群。顷刻间，上百只青鹰神鸟大显神通，伸出锋利的脚爪和又尖又长带着弯钩的利喙，将野兽们啄得嗷嗷直叫，抱头鼠窜。

福临被这意外的场面震惊了，天降神鹰相助，莫非这是天意？看着那些被啄得血肉模糊的野兽，福临心中一喜，双腿夹紧了马肚子，雪莲宝马也已经恢复了镇定，乖乖地挺身站立后退，只三两下便脱离了险境。

"放箭，放枪！"鳌拜连滚带爬到了福临的马前，拉弓搭箭对准了四下逃散的兽群。又是一阵枪林弹雨，中箭的野兽死伤无数，在雪地中哀号，惨不忍睹。

"呜！"又是一声响亮的哨音，青鹰群停止了对野兽的啄咬，挥动着双翅在半空中盘旋着，似乎在向福临汇报着战果，然后便高声鸣叫着穿过密林不见了踪影。

侍卫们早已将福临和宝马团团围了起来，其余的人则在四下追击着野兽，因为那些受了伤的猛兽往往更加凶狠百倍，稍不留神就会被它伤害。

"佛祖保佑，观音菩萨保佑，地藏菩萨保佑，奴才给您叩头了！谢谢各位菩萨保佑我主平安，谢谢大慈大悲、救灾救难的佛祖！"吴良辅"通"地一声跪在雪地上，他眼含泪水，口中不停地叨念着，对着神鹰飞去的方向又叩又拜，神情极为虔诚。

福临心里一热：是得好好谢谢天神和佛祖，对了，还有耶稣基督和活佛！若不是它们鼎力相助我福临即使不被这些野兽踩成肉泥，也早成了它们果腹的美食了，多险的一幕呀，我为什么要逗这个能？

纷纷扬扬的鹅毛大雪又下了起来，三更的梆子声笃笃敲着，声音格外响亮。此时虽没有月亮，但皇庄里巡更的灯却在不停地晃动，显然，侍卫们加强了戒备，因为近日来接二连三的怪事似乎都与皇上的安危有关，他们不得不提高警惕，以防不测。

白天的木兰显然又是歹人设的一个圈套，老臣索尼一马当先滑着爬犁而去，此后却被侍卫们在雪堆里发现了，幸亏他的黑皮帽露出了一点，否则索尼就要冻僵了。他中了歹人的毒镖，一箭封喉，昏倒在地，而他的爬犁却被人调转了方向，驶向山谷丛林深处，不久就发生了大清皇帝顺治险些被野兽吞噬的惊险一幕。

福临回想着白天惊心动魄的情形，夜不能寐。看来，冬季木兰得提前结束了，此地不可久留，随行的元老重臣们联名上疏，要求皇上连夜撤营回京，被福临拒绝了。当然要回京，而且越快越好越安全，但也不必如此狼狈，惊弓之鸟似的退回，岂不给对手留下笑柄？无疑，歹人接二连三地下手，时间、地点都计算得如此精确，说明随行的大臣侍卫中有他们的同伙。这么一想，福临心中更不安了，让居心叵测的坏人混在其中一起回京，他的安危不还是没有保障？

报更的梆子声敲得福临有些心烦意乱，这会儿他倒渴望听见五凤楼那悦耳的钟声了。

"万岁爷，时辰不早了，您该歇了。"门帘外传来了吴良辅低低的声音，大概他早就听到了福临的叹息声。

"索大人的伤势如何？还有费扬古，他的内伤有没有治愈？来人，朕要亲自去探视。"

"这……恕奴才无礼，还是等天明之后再去吧。哎哟耿将军，您来得正好！"

"启奏万岁，索大人所中之毒已基本上被排出，此刻他已安然入睡了，请皇上放心。索大人和费扬古将军的伤都是我师父给治的。"

"好，好。去请你的师父来一谈！不，朕亲自去拜会你的师父。走，头前带路！"

福临的茅殿位于皇庄的正中央，四周是行围大臣根据随行官职大小而分地段安营扎下的帐篷，三步一岗五步一哨，戒备森严，每时每刻都有御卫兵把守、巡视，其间是一排排、一丛丛的黑松林和白桦林。月夜下，王公大臣和御林锦卫的军营，帐篷东、西、南三侧随山就势，蜿蜒曲折，星星点点，宛如缩小了的万里长城一层层地护卫着皇庄。仅从这扎营的布局，便可看出少年天子福临的军事天才，尽管他登基时还是个不谙人世的顽童，入关后又一直住在紫禁城，并没有立下显赫的军功。

一等护卫费扬古的帐篷位于皇庄的外围，室内简陋得令人吃惊。昏黄的油灯发出黯淡的亮光，火塘和火盆中的火似乎燃尽，只剩下发白的灰烬，室内充满了阴冷之气。

正中的毛皮毯上盘坐着双手合十的光头老和尚，他一动不动，对半夜

第三十六章 陷虎口亏神鹰救驾 讲禅机欲妄语惊天

三更掀帘而入的来人看也不看。

"真是个疯和尚！不过，他却真的有本事，先后两次在关键时候出手，第一次救了耿昭忠，第二次让朕脱离虎口，这会儿又全仰仗他来给两位受了重伤的人医治。他怎么就这么有本事呢？如此说来，朕那些随行的御医倒全是饭桶了，滥竽充数，全是废物。"

福临静静地坐在一旁，示意他人不要打扰老和尚，细细地观察着帐内的陈设。他的对面靠着帐篷有一张小炕桌，一个小铜鼎里点着几支香，正悠然地化着轻烟，室内有一股清香味儿，但同时还有一种苦涩的中药味儿，原来一只小炭炉里正熬着药呢，那里面的炉火倒是烧得很旺。一阵阵鼾声从火炕上传过来，福临定睛一看，不由得乐了：好家伙，费扬古和索尼两人一老一少卧在炕上，睡得正香呢。

"嘘！"老和尚长嘘一口，头顶上竟冒着热气，原来他为救费扬古与索尼二人，已耗去了不少内力和元气，刚刚正在闭目养神，坐禅练功。对福临等人的进来，和尚自然知道，但他不能开口说话，否则前功尽弃。

"罪过罪过，深更半夜，有劳皇上探望，老衲受宠若惊，请受老衲一拜！"

福临笑着还礼，连连称谢："师父真乃世外高人，朕这两位爱将的性命是师父捡回来的，就连朕本人若没有师父出手相救，也早已性命不保了。救命之恩，无以为报，师父请受福临一拜！"

"哪里，哪里，罪过，罪过！阿弥陀佛，此帐篷狭小而简陋，皇上不宜多坐，夜深寒气重。小徒，送你的主人回寝宫吧。"

耿昭忠点着头："皇上，我师父在给两位将军疗伤，室内须得阴冷一些，所以……"

"那又何妨？毕竟是帐篷里，再怎么着也比外面暖和吧？朕正想趁机与大师一叙呢，敢问大师怎么称呼？"

"嘿嘿，俺们出家人，草木形骸，随便怎么称呼都成。"和尚舒展了一下身子，忽然想起了什么，吩咐耿昭忠道："昭儿，那炭炉上的茶汤开了，给俺沏两碗来，让皇上暖暖身子。"

耿昭忠迟疑了一下："那壶里不是您熬的汤药吗？"

"多嘴！叫你沏你就沏！"

"是，师父。"耿昭忠没辙，悄悄瞥了吴良辅一眼。吴良辅会意忙躬着身子问道："万岁爷，不如奴才去吩咐御膳房的几位师傅弄些酒菜来，您与这位师父边吃边谈，既驱了寒又尽了兴，岂不美哉？"

"不可！俺既出家在外就要守戒规，酒肉之类的美食是万万吃喝不得的。皇上，洒家倒是劝您品一品茶汤，它能驱寒增暖，强身健体，养阴生津，解毒泻火……"

"哈哈哈哈！"福临爽快地笑了起来，"师父倒像个药铺的掌柜了，好，就来一碗茶汤吧！"

"先干为敬，洒家先喝了。"和尚端起茶汤，连吹着咕嘟几口喝光了，用大手将嘴唇一抹，一副心满意足的样子，然后看着福临。

"这哪里是茶？分明是汤药！闻着又苦又酸，黑红黑红的还有些浑浊，这，可怎么喝？"福临心里嘀咕着，蹙着眉看着和尚："师父，我并不太渴，喝一两口可以吗？"

"中，中，爱喝就喝，没人逼你！"和尚的方言很重，显然他是中原河南一带的口音。"大老远的他为什么跑到了东北？"福临的心中闪了一丝疑问，他顾不上多想，既然人家这么宽容大度，怎么着也得喝上一口以表示自己的诚意呀。

"苦哇！"福临鼓起勇气端起了十分粗糙的大黑碗喝了一口，随即一脸的苦相，苦、涩、酸、咸，说不出的一种怪味儿。

"再喝一口试试！"和尚显得很高兴。

为了讨和尚的好，福临只得又屏住呼吸呷了一小口，咦，这一次似乎味道不那么怪了，虽然苦涩，可舌根竟带着一些甜味儿。福临咂着嘴巴，竟不住又抿了一口。

"怎么样？洒家说的不错吧？出家人不打诳语，别看这茶汤黑乎乎的难看，它可是用长白山上百年野红参熬成的呢。说起来，它比皇上您在宫里用的什么贡品参、东北老人参的药效和滋补价值还要高！"

"听师父的口音似是中原人，怎地跑到了此地？这白山黑水可是龙兴之地，是朕的老家呀。"福临趁机问道。

"这就是咱们的缘分了。俺们出家人有如天上的白云，山中的野鹤，来无踪去无影的，可谁知俺一到了这里便再也不想离开了，这不，闲来无事俺们几个师兄弟还驯养了一群青鹰，还真派上了用场。"

"既是如此，朕就拨些银两在此盖一处庙宇与你师兄弟几人住，好好地替朕守着这片风水宝地，你看如何？"

"哈哈！花非花，雾非雾，夜半来，天明去。来如春梦不多时，去似朝云无觅处。只怕等皇上盖好了庙宇，俺也等不得了。皇上，你我二人甚为投缘，倒不如俺两个人隐居到深山里去，不再过问这凡间的俗事，落得个自在逍遥！"

"师父何出此言？"耿昭忠闻听吓得直摇头，唉，师父说话颠三倒四、

疯疯癫癫，一会儿正襟危坐，一会儿放浪形骸。难道，这样的人就是真正的世外高人？偏偏皇上非要让自己认他做师父，其实，即使皇上不让，这个疯和尚也定会将自己收了为徒。嘿，我耿昭忠的资质果真这么与众不同吗？真是奇事一桩。

"你真是个疯和尚。朕一个万乘天子，放着如此锦绣窝巢不受用，却去随你避入深山，好笑，好笑。"福临笑了，还从未有人对他说过这样的话，因此他觉得很有趣。

"皇上说对了，俺的绰号就是'疯和尚'。出家人不打诳语，皇上可要听俺一句肺腑之言！"疯和尚定定地看着福临。

"请讲，我一直在用心听着呢。"其实，福临觉得好笑，不知这疯和尚又会冒出什么样的念头来？

"皇上，你若出了家，定会比俺还疯还痴。嗯，是了，到时候你就是一个不折不扣的痴道人。"

"哦？愿闻其详。"福临瞅着一本正经的疯和尚，心里一动。

"嗨，皇上不要太过认真了，凡事看开一些心中就会释然了。皇上想想，您后宫里的三千蛾眉皓齿，早晚不过是白骨一堆；您紫禁城那一座座雕梁画栋的殿堂，多年以后不过是烧火的干柴而已。而充斥其中的锦衣玉食、丝竹管乐不过是借办来应景的公器，皆为身外之物，又何必留恋不舍？据洒家看来，皇上的光景，月已斜了，钟已敲了，鸡也鸣了，没几年好光景过了，不如趁早醒悟，跟俺出了家，寻一个自由自在无牵无挂的所在，还省得到头来一段丑态。若你只管迷恋尘世，贪恋火坑，无异于自寻绝路，只恐怕一声锣鼓住了，连佛祖菩萨也救不了你的性命了。"

福临被这疯和尚一席话惊得呆了半晌，竟不能答应。

"师父！你再口无遮拦胡说一气，弟子就不再认你为师了！"耿昭忠跺着脚瞪着疯和尚。

"臭小子，为师救了你的命，要你怎样，你便该怎样，你反倒对师父吹胡子瞪眼睛了！哼哼，我疯和尚一生就吃亏在多管闲事上，每管一次闲事，必定要赔许多老本进去。眼见得一点儿家当就要赔光，自己发狠赌咒说：好人难当，从此再也不管闲事，便从中原搬到这塞外北疆。谁知见了臭小子你，就又出手救了你。此后便欲罢不能，嗒，那炕上躺的两个人已无性命之忧，皇上你也已躲过了一次血光之灾，至于臭小子你，好自为之吧，我的老本不多了，万万不能再舍了传与你，得，磕头谢恩吧，老衲这就要走了！"

"哈哈！师父乃世外高人，菩萨心肠，救人一命如造七级浮屠。我们这几人都是师父救的，大恩未报，师父怎能说走就走？今朕听了师父一席话，茅塞顿开，果然觉得这尘世间诸事太过无聊，不过若让我一夜之间就抛弃它，却也不行。福临有一个建议，不如请大师随我一同回北京，我与师父便可以经常促膝谈心，以解心头之虞。"

"好倒是好，可是洒家的老本差不多要赔光了，此后若是小昭子在洒家面前耍赖，少不得要将洒家的宝贝也骗了去，不妥，不妥！"疯和尚的头摇得像拨浪鼓似的。

"嘻！师父又在吹牛了，你自己连件囫囵僧袍都置不起，哪里还有什么'老本儿''宝贝'？"耿昭忠眨着眼睛装出不屑一顾的样子。

"臭小子，居然瞧师父不起！过来看清楚了，这是什么？"疯和尚一边嚷嚷，一边伸手入怀，掏出了一本皱巴巴的古书。

耿昭忠抢过来放在灯下一瞧，惊呼道："这真是一本宝书，《诸葛阵法》，里面还有布阵图呢。"

福临也是面露喜色："朕在宫里，虽有琼宫瑶室般的仙境、奇花异草的仙景，又有丝竹管弦的仙乐，还有成群结队的粉香色嫩的仙姬，却偏偏没有能与朕推心置腹、说笑逗乐的仙人。师父，你这个朋友朕是交定了。这书上虽有布阵图和文字，但朕读起来仍似天书一般，不知师父可否赐教于我？"

"怎么，堂堂天子也想抢洒家的宝书？"疯和尚翻了福临一眼，咕哝着："洒家天生的耳根子软，又爱听人奉承。只要有人叫我几声活佛爷，洒家便心花怒放飘飘然了，一门心思地便要收他做徒弟，可受了徒弟叩拜之后，便得拿件宝贝出来做见面礼。到如今，洒家手上便只有这本宝书了，皇上，可没你的份儿了，小昭子，你也千万不要喊为师是'活佛爷'，倘若洒家一时兴起收了你做关门弟子，肯定得把这宝书和书上的阵法传给你，到那时老和尚可就惨喽，两手空空多没面子呀。"

耿昭忠"扑哧"一笑："原来您老还有这么个规矩，得，师父，活佛爷，您还没给弟子见面礼呢，否则，弟子是决计不肯拜您为师的。"

疯和尚又是双眼一翻："你敢！"然后又一阵嘿嘿的傻笑："活该，你这个疯和尚！"自己将自己骂了一顿。

"如此说来，大师就不肯赠福临些宝贝了吗？"

"阿弥陀佛，恕罪了。非是老衲不肯，而是你贵为万乘天子，而老衲则功德有限，万万不敢倚老卖老。对了，若皇上诚心向佛，老衲倒是有好些个朋友，像憨璞聪大师，还有玉林琇、苗溪森、木陈忞、玄水果等，他们才是真正的高僧呢。说起来，俺们出家人中可是人才济济呢。"

"噢?"福临一双晶亮的眸子盯着疯和尚,显得若有所思。

"水……饿……"火炕上不知是索尼还是费扬古翻了个身,嘟囔着。

"嘿嘿,他没事了。小昭子,再给他喂些参茶。"

不知不觉中,天边已露出了鱼肚白,而帐篷里的福临却仍感到余兴未尽。"大师,佛门境界真有你说的那么好?其实在朕看来,你们山野之人,即便能多活几岁,然身不知有锦绣,耳不知有五音,目不知有美色,岂不白活一场,与朽木枯石又有何异呢?"

"其实不然,"疯和尚挠着头皮,边想边说,"只怪我疯和尚笨嘴笨舌的,若是换了憨和尚他们,又精通佛法又巧于辞令,皇上您恐怕已经皈依了佛门。唉,这事只有靠憨师兄来办了。"

"你好大的口气,你怎么知道朕一定会皈依你的佛门?"福临摇晃着脑地不以为然:"说来说去,朕是绝对不会抛弃眼前的荣华富贵与锦衣玉食,跟随你们来到那深山穷谷之中,粗衣淡饭修身养性,这是绝对不可能发生的!"

第三十七章

疯和尚一语破天机　小玄烨染足娱祖母

疯和尚目不转睛地瞪着福临，忽然拍着巴掌笑道："皇上，你是否可以和贫僧打一个赌？只恐怕到时候你还要求我们呢。山中其实快活得像神仙一般，包你受用不尽啊。"

福临也笑了："等到时候你把你的那些高僧朋友一起请了来，看劝不劝得动朕。大师不妨说说这深山之中到底有何诱人的景致，令你们流连忘返？"

"嗨，说了半天，皇上对我佛门真是一点也不知晓哇。且听贫僧略说一二。俺们出家人早已看破了红尘，看透了人生，自觉整日过着无忧无虑的神仙般的生活。俺们住着瑶宫紫府，吃的粗茶淡饭却赛过疱凤烹龙。只一件云霞百补衣，便觉得冬不冷夏不热，春秋恰好。出游时白云为车，天风作御，一霎儿苍梧北海；要睡时蓝天为衾，大地作炕，顷刻间往古来今，好不逍遥自在！不论是非，也无荣辱，羞他世上马牛；不识死生，谁知寿夭，笑杀人间短命。"

疯和尚这边说得手舞足蹈正在兴头上，福临却一撇嘴哈哈大笑："纯粹是痴人说梦，一派胡言。这些话儿用于哄骗百姓倒还可以，到朕这里可就行不通了。"

"皇上，疯和尚句句是实，不敢妄言！"疯和尚见福临真的不相信，急得抓耳挠腮涨红了脸。

"万岁爷，奴才以为大师的话一点儿也不夸张。奴才的家乡，家家拜佛供神，庙里的香火可旺呢。再说，此番万岁爷险遭不测，万能的佛祖便派大师来护驾，结果化险为夷……"

"去，这里没你说话的份儿，"福临瞪了一眼吴良辅，"该死的奴才，扫了朕的兴，掌嘴！"

吴良辅怯怯地答应着，立即跪下举起双手对着自己的嘴巴"呼呼啪啪"抽了起来："你个该死的奴才，臭嘴，叫你饶嘴饶舌，叫你不知好歹！……"

"阿弥陀佛！罪过，请皇上看在疯和尚的面子上饶了他吧。贫僧感到惭愧，费了半天的口舌而皇上却没有省悟。罢了，贫僧就此归入山林再也不出山了。"疯和尚的神色变得凝重起来，起身拿起了禅杖和褡裢，将小炕桌上的两只粗碗放了进去。

"福临若冒犯了大师，尚请大师见谅。大师，你可不能就这么走哇！"福临急了，眼巴巴地看着疯和尚。

"师父真的要走？那你从今就不过问弟子的武功了？唉，那你又何必收了弟子为徒呢？"耿昭忠也急了，上前扯着疯和尚的袍子。

"哎，扯不得，扯不得。再用力扯这袍子就烂得没法遮体了。徒儿，为师不会丢下你不管的，好好练你的武功吧。"疯和尚说罢转向福临，一字一句地说道："佛说，缘生万法。人与人之间，相识相亲或相憎相仇，都是一种缘分。皇上，您注定与佛门有缘，日后自会有佛门高僧为您宣讲佛法，而您也一定会潜心向佛，优礼佛祖的。贫僧告辞了，你我缘分已尽！"

疯和尚说罢掀起了棉帘，立即从外面吹进了一股冷风。这时正处于拂晓前的黑暗，塞外的寒风正猛。

退朝之后，福临仍按惯例去向母后请安。时值仲秋，正是北京城一年四季中最美的时节。慈宁宫的花园里开满了丁香、海棠和榆叶梅，五颜六色的菊花也"粉墨登场"了，姹紫嫣红，煞是喜人。

正午的阳光仍旧很温暖，延寿堂前的走廊被晒得暖洋洋的。太后正靠在铺着薄毯的靠椅上，眯缝着眼睛，边晒太阳边逗弄着皇孙玄烨。

"再背一首诗给皇奶奶听听。"

"还要背呀？孙儿都背了三首了，这会儿口也干了，让孙儿玩会儿吧？"玄烨笑嘻嘻地摇着孝庄的手臂，看样子是想要赖。

"这个调皮鬼，跟你皇阿玛小时候一模一样，心里就想着玩！不成，再背一首诗，嗯……吟一首赏花的诗给皇奶奶听听。"孝庄太后细长的眼睛里盛满了笑意，可她却故意板起了脸。这个皇孙，既聪明又顽皮，须得严加管教日后方能成大气候。许是孝庄太后在儿子福临年幼时没悉心地照料过他，那时候宫里明争暗斗她哪有心思去教育儿子呀，母子俩能囫囵保全地位和性命已经是不容易了。再说，孝庄太后当时也绝想不到自己的儿子日后会坐上龙庭呀，结果自幼耽于玩乐的福临虽然临朝却读不懂臣子的奏章！

孝庄后对此心中有愧呀，怪自己当时年轻好强只顾想着如何出人头地而忽略了对儿子的培养和教育，直到现在福临还对此耿耿于怀呢。所以，孝庄后把对儿子的愧疚之情变成了悉心教育孙子玄烨，这多少使她得到了慰藉。小玄烨从出生之后便由一群乳母和宫女伺候着，与他的生父生母反

314

倒有所疏远，因为他不能时常进宫。为了避免染上可怕的天花，小玄烨被送到了西郊一处清静的寺庙中居住，听经拜佛竟成了他的一种癖好。可是孝庄太后唯恐孙儿感到寂寞，隔三差五地把玄烨接到慈宁宫玩一会儿，祖孙俩的感情倒是十分融洽。

福临远远地看见了这祖孙俩说说笑笑的情形，不想扫了他二人的兴，便让众多的随从停在揽胜门口，自己蹑手蹑脚地进了花园，猫着腰踮着脚尖，鹤行鹭伏，全然没个皇帝的体统，倒像是又回到了儿时捉迷藏的时光了。

"赏花的诗？"玄烨规规矩矩地站在皇阿奶的面前，忽闪着一双黑亮的眼睛思索着，模样十分认真。一旁的几位奶娘和宫女瞧着有人禁不住捂着嘴吃吃笑了起来。草色青青柳色黄，桃花历乱李花香。东风不为吹愁去，春日偏能惹恨长。玄烨奶声奶气地背诵完，转身就想跑开。"皇孙儿，眼下是什么季节呀？"孝庄太后喊住了玄烨。"什么季节？花开的季节呗。"玄烨挠着头，又抬脚踢着地，看样子有些心不在焉。

"皇孙儿，你给我站好喽！这是怎么给大人说话的？一点规矩也没有。想想看，柳叶儿青了桃花儿红了应该是什么季节？现在菊花开了又应该是什么季节？"

躲在树丛中的福临见玄烨一声不吭，心中未免有些抱怨母后了：真是的，才四岁的孩子，哪能分辨得出春秋四季呀！

其实，福临对自己的几个皇子并不是很亲近，为什么？他本人不也还是个没长大的孩子吗？他还没有切身感受到那种伟大而幸福的父子之情和父子之爱呢。再说了，生了皇子的那几个妃子并不中福临的意，她们生了皇子对福临而言，完全是"无心插柳"嘛，就说那个宫女春月吧，福临一时心血来潮就临幸了她，可她的肚子就那么争气，半年以后就生了个小公主出来，母以子贵，春月因此成了后宫的嫔妃之一，可福临却再也没召幸过她。

"菊花？皇阿奶，皇孙再背一首写菊花的诗吧。"憋了一会儿的玄烨聪明地避开了皇阿奶的问题，小嘴一张又朗朗地吟诵了起来。他说的是一口地道的京片子，声音清脆而圆润，犹如玉落珠盘，喜得孝庄太后合不拢嘴。秋丛绕舍似陶家，遍绕篱边日渐斜。不是花中偏爱菊，此花开尽更无花。

"皇阿奶，这词是元稹写的，他是说菊花是四季中最后开的花，不怕冷不怕霜，而其他的花却都被冻死了。"

"好，说得好！真是我的乖孙子。来，来，让奶奶亲亲！"孝庄太后乐得眉开眼笑，伸出双臂将小玄烨揽在了怀里。

"皇阿奶，该讲故事给孙儿听了，孙儿已经背了好几首唐诗了。"

"三阿哥，奶娘带你去赏花捉雀儿去，让皇阿奶歇歇吧。"乳母曹氏上前劝阻着。

"等一等奶娘，皇阿奶早就跟我说好了的，每次我来先背诗，然后奶奶就讲个故事。对不对呀，皇阿奶？"

"对，对！让皇阿奶想一想，今儿个给你讲个什么故事呢？"

"孙儿最爱听大青马救主的故事。"玄烨偎在孝庄后的怀里，撒着娇，伸出胖嘟嘟的小手抚弄着孝庄太后脖子上的十字架。

"好吧。大青马救主说的是英明汗王努尔哈赤小时候的事情。英明汗王呱呱坠地的那一天，他家屋前的大树上飞来了许多花喜鹊，吱吱喳喳叫个不停，人们都说喜鹊报喜，出生的孩子长大之后一定是个贵人。果然，人们发现在襁褓里的努尔哈赤的脚心上生着七颗红痣，这真是吉人天相哪！"

"皇阿奶，我也是吉人，不信您瞧，孙儿的脚上也长着七颗红痣！"玄烨挣脱了太后的怀抱，弯腰脱下了小皮靴，又吃力地脱着脚上穿的绣花白棉布袜子。

"奶娘，过来帮帮我呀！"

"三阿哥，您这是做什么？昨个奶娘给你洗脚可没发现有什么呀？"曹氏蹲了下来，将玄烨抱到了自己的腿上坐着，一边帮他脱袜子一边问着。

"哎哟，三阿哥的脚背上怎么生出了几个红点点？"曹氏这一惊叫，引起了孝庄后的注意，她也弯下腰，仔细地盯着玄烨那白嫩的小脚丫子。

"乐子，把花镜拿来，我看不清楚。"

玄烨的脚背上一连串整整七个红点点，不多不少，像天上的北斗七星那样排列着。

"这孩子莫不是在出痘吧？天神，保佑三阿哥无灾无恙。"孝庄太后戴上老花镜，伸手抓住了玄烨的胖脚丫子。

"糟糕，弄错啦。老哈王（东北民间称努尔哈赤为'老哈王'）的脚心里有七颗红痣，可我却点在了脚背上！"玄烨没注意大人们的紧张神情，自顾自的咕哝着。

"太后，让您受惊了！"苏嘛喇姑"扑哧"一笑，悄声说道，"今儿个一早三阿哥就在奴婢房里捣鼓了半天，后来奴婢发现上回您给的那盒胭脂少了许多，被指头抠了好几个洞洞……"

太后舒了口气，伸手在玄烨的脚背上轻轻一抹，嘿，竟弄了自己一手的胭脂红！

"你个小东西，吓了皇阿奶一跳！你贵为皇子，原本就是吉人天相嘛。"

"真是小捣蛋，小小年纪，玩起了这种把戏！爱慕虚荣，哗众取宠，你们这些个奴才是怎么伺候三阿哥的？"福临从树丛后闪身走了出来，眉头皱着。

"奴婢叩见皇上！"唰，一群奶娘宫女齐刷刷地跪在两旁，噤若寒蝉，与刚才说笑的场面形成了鲜明的对比。

"三阿哥叩见皇阿玛！"玄烨冷不丁地见父皇走了过来，一时间有些发愣，可他太聪明乖巧了，很快想起了什么，学着大人们做出煞有其事的样子，跪倒在地。

"看看，把我皇孙儿吓的，快起来吧乖孙子，"孝庄太后对福临的态度和口气颇为不满，"好不容易跟孩子乐一乐，这又有什么不好？老小老小，如今哀家也懒得管其他的事了，还不兴跟孙子逗逗乐？"

"皇额娘说的是。"一见面就受了一顿数落，又当着众多下人的面，福临很是不快。朝她们一摆手，弯腰抱起了玄烨："多日不见，皇儿又长高了，也长见识了。皇阿玛没吓着你吧？"

"没有。"玄烨看着有些陌生的父皇，怯怯地回答。

"皇阿玛为什么抱三阿哥，不抱我呢？"二阿哥福全打着哈欠从房里出来，一路小跑到了福临身边。

福临放下了玄烨，看着福全那睡眼惺忪的样子，禁不住又板起了面孔："唉，你们一个个不是贪睡便是贪玩，以后可怎么办哟。皇额娘，福全五岁了吧，玄烨也四岁了，该给他哥俩请几位先生了。"

"可不是嘛。刚刚哀家详细问过苏嘛喇姑，她说小哥俩的汉话说得都还好，尤其是玄烨既会说满文又会说汉话，什么地道的京腔，甚至南方的汉话他也听得懂呢，因为曹嬷嬷祖籍在江南。只是那些个嬷嬷们都不识汉字，没人敢教他哥儿俩汉文。"

"嗯，是得为他们俩请几位饱学宿儒来加以教导。玉不琢不成器，再这么下去，他俩恐怕就如同儿臣当年一样了，学业荒废，不学无术……"福临忽然意识到自己说漏了嘴，连忙打住。唉，怎么又当着母后的面提起从前的那些陈芝麻烂谷子了？

"皇儿，过了这么多年，你对此事还是耿耿于怀？"孝庄太后叹了口气，神情有些黯然。

"母后，儿臣不是那个意思！"

"皇奶奶，经常叹气不好，会老的。这是苏嘛喇姑说的。"正说着懂事的玄烨又轻轻拍着皇奶奶的膝盖："皇奶奶，您哪里不舒服？孙儿给您捶捶？"

"来，来，玄烨，你给皇阿奶捶腿，我给皇阿奶捶背。"福全以哥哥的口吻支使着玄烨，两个小家伙相视一笑，纷纷举起了小拳头。

"哎哟，轻点儿，轻点儿，我的小祖宗！"孝庄太后脸上带着笑意，眯起了眼睛，靠在椅子上舒舒服服地由两个孙子"伺候"着。

"两位阿哥，你们可抢了奴才的饭碗啦。"小太监周天乐故意愁眉苦脸地叹着气。

"皇儿，你即位也十多年了，又正值青春年少，偏偏子息不旺。这事你不着急吗？你呀，专房之宠太过，后宫佳丽如今都是你的人，夜夜让她们守着空房，她们岂能不生怨恨？就是乌云珠在后宫的日子也不好过呀。这事你想过没有？多子多福，多子多助，帝王家尤其是这样呀。"

"是，儿臣明白了。"福临不想再惹母后不快，垂下眼皮躬身敬听着，显得极为孝顺。

"母后在你的眼中也许是个不称职的母后，但时光不能倒流，过去的酸甜苦辣母后再怎么说你也体会不到。现在，母后只有一个心愿，要当一个称职的皇奶奶，把几个孙子抚养调教出来。说起来，你这个做父皇的是不是也不称职呢？福全、玄烨他们哥儿俩，一见你就像老鼠见了猫似的，话都说不利索了，他们是你的亲儿子，日后大清的江山还得指望着他们这一代去继承，你怎么就对他们不冷不热、不闻不问呢？"

"儿臣……儿臣日理万机，总是抽不出时间来。"

"什么日理万机，全是借口！东南战事，自有五省经略洪承畴为你打理着，还有平西王他们协助，朝中诸事，又有满汉大学士和文武大臣日夜襄理，你呀，一门心思只知道玩乐！内院今儿个呈的折子都批阅了吗？"

"儿臣退了朝，就来慈宁宫向您请安了，儿臣这就回去批本！"福临讨了个没趣，转身就要走，忽然又想起了什么，提高了声音："母后，儿臣此来是特地向您报喜的，差一点给忘了。那孙可望投降啦！"

"什么？你，你再说一遍！"孝庄太后绷直了身子，让两个孙子一边儿玩去，吃惊地睁大了眼睛。

"孙可望跟李定国火并，孙可望负气出走，离开了云南投降了！"

"天神、祖宗、耶稣基督、阿弥陀佛，这可太好啦！"孝庄后喜不自胜，眼睛里闪出了泪花，"皇儿，这是上天助我大清呀，你可得一鼓作气，成就天下统一之大业，开万世昌明之根基！"

"儿臣正有志于此呢，皇额娘，您就等着瞧好吧！到时候儿臣陪着您去那江南水乡看看，到大理转转，再去天涯海角走走，总之，儿臣要陪您游遍天下!"

"好,好!"孝庄太后看着神采飞扬的儿子,心里一阵激动,"额娘也盼望能有这么一天哪!皇儿,快坐下,给额娘仔细说说。"

大西军于顺治三年在四川西充惨败,领袖张献忠战死,大西军由四位大将军孙可望、李定国、刘文秀、艾能奇统率,改变了作战方针,避入云贵一带保存实力,以图东山再起。果不其然,一年之后,大西军在云贵已有了立足之地,部众增至二十余万,四将军亦同时称王,主帅孙可望成为"国主",然而其内部的矛盾也日益激化。

顺治九年夏秋之交,安西将军李定国反击清兵,"清兵大败,横尸遍野",并且创造了"两蹶名王,天下震动"的辉煌战绩,引起了主帅孙可望的妒忌和怨恨。

定南王孔有德和和硕敬谨亲王尼堪之死,自然也震惊了朝廷。事实表明,自清兵入关之后,满洲八旗的战斗力日益下降,早已是今非昔比了,甚至连领兵出征的宗室王贝勒也不能与往日相比。奉旨出征南下的主帅和硕敬谨亲王尼堪,无论是在计智还是在经验抑或是战功上,都远不如当初所向无敌的定国大将军豫亲王多铎、靖远大将军英亲王阿济格以及靖远大将军肃亲王豪格他们。说起来,尼堪在宗皇王、贝勒、贝子中,也称得上是一位久经鏖战的骁勇之将了。他是太祖长子褚英贝勒的第三子,是顺治帝福临的堂兄,早年便跟随伯叔兄长东征西讨,屡建战功,由固山贝勒晋封为和硕敬谨亲王,位极人臣,所以南下荡平敌寇的重任理所当然地落在了他的肩上。然而结局却出乎人们的意料之外,谁能料到,堂堂主帅,手下有十万大军,居然仗恃匹夫之勇轻敌冒进而被对方用乱刀砍死,体无完肤,死无全尸?

大西军的强大战斗力令福临震惊,他立即采取了应变措施,调集兵力加强防守。因为大军主帅战死,这乃是大清国自老哈王努尔哈赤起兵以来的头一回,是震骇全军、震惊朝野的特大噩耗,是极损大清朝廷颜面的丑事。

顺治十年春天,顺治帝对内三院下谕,表明他改变用兵方略并授命洪承畴经略湖广五省军务之意图。由于全国的抗清运动又出现了新的高潮,而满朝文武却只会长吁短叹忧惶无措。福临以为,年逾六十的洪承畴有能力担当这力挽狂澜的重任,特地委任已准备告老还乡的洪承畴为太保兼太子太师,经略湖广、广东(后改以江西代)、广西、云南、贵州五省,总督军务,兼理粮饷,"抚镇以下,听其节制,兵马粮饷,听其调发,一应抚剿事宜,不从中制,事后报闻"。

受到重用的洪承畴当时激动得老泪纵横，当即拍着胸脯保证要"尽心竭力，以期剿抚中机"，不负委任。其实，洪承畴劳碌一生，为明清两朝的统治者效尽犬马之力，却在百姓中背上了千古骂名，这让他恼羞成怒，心中万分痛苦。当初洪承畴投降大清之后，崇祯帝还以为他已被清兵"碎体而亡"宁死不屈呢，认为他是个"节烈弥笃"的忠臣，亲自在郊外设坛建祠，痛哭遥祭。可直到拖着辫子的洪承畴骑着高头大马随多尔衮入京之后，明代遗民才知道此人早已变节偷生，不禁摇头叹息说："苍素变于意外，人不可料如此！"总之，自恃甚高又领兵有方的洪承畴在汉人的眼中成了一文不值的粪土。尤其让洪承畴闹心的是，当他出兵南下镇压了徽州（今安徽歙县）金声领导的抗清力量时，遭到了宁死不屈的金声的一顿臭骂。原本，洪承畴想以现身说法打动金声，让他回心转意归顺大清，却不料金声双目圆睁，大声怒斥道："呸！你是何人，敢冒充洪亨九？金声只知，亨九当初受先帝厚恩，官至阁部，不幸阵亡。先帝恸哭辍朝，御制祝版，赐祭九坛，予谥荫子，此是我大明忠臣。而你，却已不再是当年的洪亨九了，你是大清的走狗，可耻的逆贼，呸！"

在官场和疆场上一直春风得意的洪承畴被金声骂得狗血喷头，羞愧难当。自此，洪承畴变得谨慎起来，心中也更加忧虑了，他只有用马不停蹄的征战来填补内心的空虚和苦闷。正当他已经心灰意冷打算归隐田园之际，却又得到了少年天子的重用，这怎能不让洪承畴喜出望外？

"……朕承天爱民，不忍勤兵黩武，困苦赤子，将以文德绥怀，归我乐宇，必得凤望重臣，晓畅民情，练达治理者，假以便宜，相机剿抚，方可敉宁。遍察适臣，无如大学士洪承畴者，着特升太保兼太子太师、内翰林院大学士、兵部尚书、兼都察院右副都御史，经略湖广、广东、广西、云南、贵州等处地方，总督军务，兼理粮饷……功成之日，优加爵赏。俟地方稍定，善后有人，即命还朝，慰朕眷怀……"

少年天子如此重用一个明朝的降将汉官为五省经略，怎能让宗室的王、贝勒、贝子们咽得下这口气呢？

大清的基本国策是"首崇满洲"，或者说是以满洲为根本，这早在福临即位时就郑重申明了的。顺治即位恩诏的第一条就强调诸"亲王佐命开国，济世安民，有大勋劳者，宜加殊礼，以笃亲贤"。第二条即是大加封授亲王郡王之子孙弟侄的封爵。而第三条和第四条仍念念不忘"满洲根本"："满洲开国诸臣，或运筹帷幄，决胜庙堂，或汗马功著，辟疆展土，俱应加封公侯伯世爵，锡之诰券，与国咸休，永世无穷"；"开国以来，满洲将领等官，应得叙荫。"

当初，皇父摄政王是如此办理的，后来世祖福临亲自临朝之后也还是照旧。对待号称天皇贵胄的宗室王公，世祖福临毫不犹豫地予以加恩、封赐或晋封宗室爵位。他一方面委托满洲开国元勋及其子弟为六部尚书、侍郎、八旗都统、副都统、护军统领、驻防将军和出征大将军和将军等，让他们分任军政要职，统军治政；另一方面又扩大议政人员，让更多的满洲王公大臣成为议政王大臣会议的成员。

　　在自清一代上百位亲王、郡王中，大体分为两类。其一为"军功勋归诸王"，指的即是清初开国定邦功勋卓著的宗室王公，如礼亲王代善、郑亲王济尔哈朗、豫亲王多铎、肃亲王豪格、承泽亲王硕塞、克勒郡王岳托、顺承郡王勒克德浑，后来在乾隆朝又增加了睿亲王多尔衮，这八王的爵位世袭罔替，不降袭，人称"八大铁帽王"。其二为"恩封"王公，系因是皇子皇孙而封，爵位不能原位世袭，必须依次降袭。这样一来，爱新觉罗的宗室人丁兴旺，位高权重，人才济济，更加尊贵显赫了。

第三十八章

杵心窝福临忤额娘　窝心火孝庄怒皇儿

一直到顺治九年的时候，议政王、议政贝勒多达十六七名之多——和硕承泽亲王硕塞、多罗谦郡王瓦克达、显襄亲王富寿、多罗安郡王岳乐、多罗信郡王多尼、多罗敏郡王勒都、多罗贝勒尚善、世子济度、杜尔裙、杜兰等。议政大臣就更多了，总计从顺治八年一直到十二年，福临先后任命的议政大臣多达三十多位，比如，内院大学士范文程、宁完我、希福等，户部尚书车克、礼部尚书觉罗郎球、兵部尚书蒙古固山额真明安达礼等，两黄旗及其他旗重臣鳌拜、苏克萨哈、遏必隆等。

爱新觉罗王室大有人在，八旗王公贵胄对明朝降将洪承畴的一夜走红甚为眼热，感到愤愤不平。难道说，顺治帝摒弃了以满洲为根本的基本国策，开始倚重汉官而冷落自家人了？真是岂有此理！

回顾顺治朝以往十余年的征战史，大凡大规模的攻坚攻城之战均由大清王室贵胄坐镇统兵，而且是攻无不破，战无不胜。然而，顺治帝此番却做出了如此重大转变的决定，怎能不令满洲八旗王公感到忿忿不平呢？五省经略权限之大，前所未有，洪承畴洪经略摇身一变成了辖治五省的最高长官，是指挥五省征抚的最高统帅。这样大的特权，汉官之中人（包括汉军旗人）无人拥有，就连贵为王爷的平西、定南、平南、靖南四王，也只分限于四川，或广西，或广东，只有一省，而洪承畴却可以节制五省，几乎与顺治初年的定国大将军豫亲王多铎、靖远大将军英亲王阿济格之权势相等，远远超过了当初由摄政王敕谕洪承畴的招抚江南之权！

洪承畴果然不负众望，出兵一年多就平定了湖广和两广。然而，面对颇为强大的大西军控制下的云贵地区，洪承畴主张以守为战，待条件成熟时再大举进攻，同时加紧对大西军主帅的招降。由于军费激增，朝廷财政也处于全面告急之时，加上"满洲大兵屡苦远驰，地方官民疲于奔命"，不仅廷臣对洪承畴日益不满，就是福临也失去了耐心。早日统一滇黔，这是少年天子心中最大的心愿，洪承畴对此心知肚明。为了保全自己的功名，洪承畴在朝臣的非议之下，以自己"有罪、无能、老疾"为理由，上疏朝廷请求解任。

经略可以解任，但对据守着云贵天险的大西军以及受其保护之下的永历政权，却非一纸诏书就能解决的。守既不易，攻又难进，万一冒险进攻，损兵折将，这个结局又当如何收场？福临对此真是苦无良策忧心忡忡了。

然而，天佑清廷，正当万般无奈的洪承畴打点行装准备返京接受惩处之时，正当天子福临坐卧不安之际，前线传来了大西军"国主"孙可望归顺的消息，福临能不喜出望外吗？

福临正沉思着，孝庄后喜滋滋地说道："洪承畴不愧是凤望重臣，文武双全。此前他奉旨招抚江南便立下了大功，此番他仍以文德绥怀，使孙可望归我乐宇，西南的局势为之改观。他真是个不可多得的人才呀。"

"母后一直很欣赏洪承畴，这一点儿臣心里有数。想当年在盛京，宫里不是盛传洪将军投降是因为庄妃吗？"看着母后喜气盈盈的模样，福临忍不住冒了一句。

"你……"孝庄后粉脸蓦地变白了，原本眯缝着的眼睛也睁大了，"皇儿，你这话是什么意思？当初连你父皇都赞成这件事，怎么你今天倒要来挖苦额娘吗？放肆！"

"儿臣不敢！"福临一伸舌头，"儿臣一直觉得母后对洪承畴过于偏爱了。随便说说而已。其实，当初洪承畴受命离京时，儿臣正是看着皇额娘的面子，才特赏赐他蟒朝衣袍帽带靴袜、松石嵌撒袋弓矢、鞍辔二副、马五匹，让他风风光光地去上任，让他心里一直想着我大清国对他的好处。对他，儿臣总不能十二分地信任他。额娘您想，前明崇祯当初对他宠信有加，破格擢升，几年内就由一个四品督粮参政一跃而为巡抚、总督。统领大军，青云直上，似乎很快就要入阁拜相了。可关键之时，生死攸关之际，洪承畴还是背叛了他的主子，这种变节苟且偷生之人在汉人的心目中是最让人憎恨的。既如此，儿臣我又怎么能十分相信他对大清国的诚意呢？他此番出兵，本应在湖广、两广平定之后，再乘胜进军，夺据云贵，可他却按兵不动，难道说他对大明王室后裔永历帝又动了心？"

孝庄后一声冷笑："既然如此又何必当初？我真替你感到羞愧！年逾花甲的洪承畴八年来在前线战场餐风宿露，而他背后锦衣玉食的天子却对他指手画脚，妄加非议。你今日所言，岂是堂堂君子能说出来的？哼，以小人之腹度君子之心，洪承畴出力不讨好，你何不另派他人？"

"额娘，儿臣不过一句戏言就惹得您大动肝火，唉，为了一个不相干的汉人，这又是何苦呢？咱们母子情重还是你护着洪承畴重要？"

"无所谓！如今你翅膀硬了，动不动就拿话来刺我，还谈什么母子情？

你说话做事总是心血来潮，根本不考虑后果，你不妨扪心自问，你做人处事像一个万乘天子吗？"孝庄后气得脸色发青，独自从坐椅中站起身，头也不回地朝西偏殿走去，她的孙子正在那边玩呢。

"唉，好端端又被我给搅和了。每次来请安，我总是尽量抛弃心里所有的烦恼和不快，可每次却都不尽如人意，今儿个又落得个不快而散。洪承畴，我们母子俩为你而生芥蒂，你给我好自为之吧！"

福临闷闷不乐地出了慈宁宫。

坤宁宫的庭院里，秋阳杲杲，群芳争艳，难得的好天气，难得的好心情，正宫娘娘孝惠章皇后正与宫里的几名主位娘娘坐在院子里晒太阳。正中的圆桌上摆放着热腾腾的奶茶和各色水果糕点，姐妹们你一言我一句，谈兴正浓。这里不比慈宁宫，她们的言谈举止要自由自在的多。

"啧啧，你们看四贞手中这扇子，怎么就这么香、这么好看呢？哎哟哟，拿在手中只要轻轻这么一摇，柳腰这么一扭，眼神这么一看，再这么抿嘴儿一笑……"

田贵人连说带比划，引得娘娘们一阵嬉笑声，连平日郁郁寡欢的静妃也笑出了声。

"其实呀，这蛮女就是好看，个个粉雕玉琢似的，小蛮腰，樱桃口，加上裙下时隐时现的一双小金莲，哎哟哟，哪个男人见了会不动心啊？来来，四贞你站起来给我们扭一扭。"

"我？哈哈，我可不是什么三寸金莲呀。不信你们瞧瞧，我这脚可不比你们的小呀。"孔四贞斜靠在椅子上，将穿着花盆鞋的脚往前一伸，众人又是一阵嬉笑。原来孔四贞自幼在父王的军营中长大，也就没了汉人女子的诸多规矩，加上为了舞刀弄枪耍起来方便，她的脚只缠了几天便解放了，这不，她伸出来的脚看起来比几位娘娘的还显大呢。

"你们还别说，豫王福晋今年也该四十多了吧？可人家却还是那么细皮嫩肉的，一点儿也不见老。看来，江南的水土养人呐，不像咱们姐妹，自幼便风吹日晒，那塞外的风有时候像刀子似的，往脸上抹什么脂粉也不行呀。"淑惠妃靠在皇后姐姐身边，姐姐越发地显得福态了，而她却越来越瘦了，看来她们的日子并不好过呀。静妃的脸色苍白，一副病快快的样子，当初她贵为皇后的时候是多么光彩照人呀！至于康妃，儿子玄烨已经四岁了，可她脸上暗红色的蝴蝶斑还没有褪去，看来往后是褪不掉的了，她原先的脸盘倒是又光洁又白嫩的，要不，她怎么能被少年天子一眼看中？唉，这些都已是陈年旧事了。只有孔四贞仍旧快快活活的，人还未到笑声就到了，她命好呀，虽然没了父王，但有皇太后的恩宠，偏偏皇上又对她情有独钟，若是她点个头，恐怕早成了贵妃了。

"姐姐们，我知道豫王福晋是怎么保养自己的，对了，春红，快去将皇后娘娘的脂粉盒子取出来。"孔四贞吩咐完了宫女，又叽叽喳喳地说开了："刘三秀这人跟我挺投缘的，心肠好，又没脾气，我常常去她府里玩，有时就住下了。这么一来二去的，我学到了几招。比方说这脸吧，就是在滴水成冰时，刘三秀也是先用凉水洗脸，然后再用热水洗，冷热这么一交替，不仅脸色好看而且皮肤更有弹性了。"

"真的？那今儿晚我就用凉水洗面。"田贵人听得极为认真。

"别听四贞瞎说。大冷天儿的用凉水洗脸？我一想头皮都发麻。刘三秀，人家那叫天生丽质！豫王也真有眼力。"淑惠妃撇着红唇不以为然地反驳道。

"嗨，我怎么是瞎说？不信你们试试就知道了。对了，佟姐姐，您这脸上的蝶斑可以敷些脂粉遮盖一下，就像这样。"孔四贞嘴不闲着手也不闲着，打开脂粉盒子，朝康妃的脸上敷起粉来。

"不成，敷上这些厚厚的脂粉，脸上像结了一层霜似的，恐怕不好看吧？"康妃有些疑惑，想用手擦掉。

"别动，等我敷好了您照照镜子看看，不好再擦也不迟呀。嘻嘻，坐好了康姐姐，您就给大家做一回看看嘛。"孔四贞拿起粉扑沾上一点粉朝康妃脸上轻轻敷着："姐姐们看好了，要这样敷粉，连额头和脖子上也得敷一些，然后拍匀喽。要不然，脸蛋子雪白，脖子却蜡黄，多不相称呀。"

"哦，是这个理儿，我怎么就没想到呢？"这一回，连皇后也连连点头了。

"敷匀了粉之后，要这么拍胭脂……佟姐姐的脸上有些斑……当然这是佟姐姐的骄傲，她生了三阿哥嘛，可有斑在脸上毕竟不雅，嗒，先施一点儿胭脂，再扑上些薄粉，这叫作飞霞妆。你们看效果如何？"

"哇，果然脸颊上现出两片红霞，哪里还能看见什么色斑？"淑惠妃大惊小怪地咋呼起来。佟妃看着自己镜中的模样，也笑了，嘴里喃喃地说道："真是这样，不注意就看不出来了。唉，有时候我真愁得不想出门呢。"

"慧敏姐姐，你脸色苍白显得没有血色，我给你拍个桃花妆，嘿，你们瞧瞧！"

众人又是一阵感叹，果然静妃与先前已经判若两人，面似桃花，她又恢复了往日那欺桃赛杏般的容颜。

"可，这又有什么用呢？女为悦己者容，可我们却没有悦己者。皇上的魂都被董鄂氏那个小妖精给勾去了，哪里还能想到咱们姐妹？"淑惠妃长叹一声，这话说中了各人的隐痛，她们都低头不语了。

"依我看，皇上对乌云珠也不会持续多长时间。起码，他从秋猎回来之后，已经不像以前那样日夜召幸她了。皇上就是这样的人，对女人只有三分钟的热度，而我们，却终日只是焚香独坐，掩泪孤吟。装束得花香柳绿给谁看呢？"

康妃的一席话引起了她们的一阵欷歔，她们如今是同病相怜了，连说话也投机了。当初在康妃生育之前，恰逢中宫虚位。后宫的嫔妃们曾当着太后的面挖苦、讥笑过她。现在由于康妃也受到了冷落，谁还再嫉妒她呢？她们现在最最忌恨的人是董鄂妃乌云珠，这是她们共同的敌人，因此，像现在的小聚自然是不会叫上乌云珠的。

孔四贞有些发愣，她心里当然明白这些姐姐们的苦楚。她们应选入宫，自倚着有才有色，只以为那阿娇的金屋，飞燕的昭阳，可计日而得。谁知才不敌命，色不如时！这少年天子用情不专又生性傲慢，整天只喜欢做那些偷香窃玉的勾当，竟把弟媳也弄到了手！康妃的话没错，乌云珠受宠又能持续几天？孔四贞待在紫禁城好些年了，对诸姐姐们日复一日地凄风苦雨般的生活感到后怕，就冲这，她说什么也不愿意入宫当什么妃子！

"姐姐们，别再难过了。山不转水转，这以后的事谁也猜不准。现在要紧的是咱们先把自己的容颜保养好，等到天下一统之日，咱们姐妹去游游江南，跟那些女子比一比！对了，我从刘三秀那里还学了些玩意儿，刘三秀那一日身子不舒服，没有下炕，可我一见人家那打扮，嘿！简直叫绝呀，她的两鬓和眉心贴着三块鲜红的红绫，里面是黑乎乎的药膏，可被红绫子这么一盖，整个人俏生生的，哪里还像个病人？"

"啧啧！亏她能想得出来。"

"寡妇家家的，她还这么妖冶！"

"人家这叫病西施妆，自有一番娇态，对不对呀，姐姐们？"

"哎哟，这个蛮子女人，变着法子打扮，可不是越扮越娇美了？"

"咱们哪，干脆挑个日子一起去豫王府跟她学学！"

"对，再问问她身上穿的那闪光的袍子料是从哪儿买来的，那些袍子又光滑又轻柔，摸上去凉凉的像丝一样，穿在身上别提多舒服了，衣服还格外的服帖……"

女人们一口一个"蛮子女人"，又变得有说有笑了。

福临低头想着心事，跟班的一群太监也不敢多言，抬着便辇在后头跟着。老远就听到了一群女子的娇笑声，嘻嘻哈哈，叽叽喳喳，尤其是孔四贞那格外响声清脆的笑声，令福临一阵好奇：这群女子怎么这样开心？恰好经过坤宁宫的偏门，福临停住了脚，门前的太监早已慌得匍匐在地，大气也不敢喘了。

此时的福临心中好奇，踮着脚朝院中看过去，映入他眼帘的是这么一幅景象：皇后斜躺在靠椅上，膝上盖着花毯，正笑眯眯地倾听着。两侧的椅子里坐的分别是淑妃、康妃和静妃，她们正目不转睛地盯着正中间为大家表演的孔四贞，田贵人则站在孔四贞的身后，扭着腰肢，一招一式认真地比划着。

"姐姐们想一想，咱们都穿着那又薄又软带着本色亮花的锦袍，走起路来，风拂杨柳似的，右手持一把檀香扇，左手拿一方丝帕，就这样，袅袅婷婷的，飘飘的像仙女儿似的，好看不好看呢？"

"哇！好看死了！""我做梦都想呢！"女人们又是一阵嘻嘻哈哈的乱笑，笑得花枝乱颤。福临脸上也现出了笑意，忍不住叹息着："女人疯起来也真热闹，无怪人说三个女人一台戏，她们这又说又笑还带表演的，可不比看戏还热闹？连静妃都笑得那么开心，她要是一直这么斯斯文文的倒也不让人烦。咦，今儿个康妃显得特别精神，红扑扑的脸儿很有神韵，自她生了玄烨之后，整个人就像换了一个人似的，整天蔫不拉叽的倒像是被霜打了的茄子。瞧瞧，连田贵人今儿个也那么娇艳，眉间和两鬓上贴着指甲盖大小的红点点，顾盼生辉，也仿佛换了个人儿似的。她们笑得多开心哪！嗯，好像后宫的主位娘娘都齐了，怎的不见董鄂妃？

"董鄂妃此时憋在储秀宫做什么？"这么一想，福临脸上的笑容便消失了。几个月的朝夕相处，他与董鄂妃也算是心心相印、情投意合，可自从秋猎回来之后，福临发现乌云珠变得寡言少语，眉目之间时常有一种淡淡的忧郁。她这是怎么啦？

储秀宫正门前，早有太监禀报，董鄂妃率领宫里的嫔、贵人、常在、答应等跪了一地。

"乌云珠，皇后她们正在慈宁宫里说话赏花呢，没邀你吗？"

"哦……臣妾身子不爽，故此……"乌云珠的神情有些黯然，低头避开了福临的目光。其实，淑妃康妃她们视自己为敌人，皇后表面上虽和善，可对自己也是不冷不热的，乌云珠每日去坤宁宫向皇后请安自然明了皇后对自己的态度，唉，自己也没招惹她们，怎么就把她们得罪了？

"以后多去皇后那里坐坐，总比一个人闷在屋里好吧？朕觉得你的脸色不太好看。"

福临的关心使乌云珠感到温暖，她心里一热，脸颊绯红："谢皇上关心。皇上请歇息片刻，臣妾去为皇上预备晚膳。"

乌云珠毕恭毕敬地回答，令福临有些扫兴："喂，晚膳自有御膳房的人伺候又何劳你费心呢？朕怎么觉得这些日子以来你变得有些怪怪的？"

"没有。臣妾只是觉得皇上您爱吃臣妾做的包儿饭，臣妾想……"

"好啦好啦，你抬起头来说话好不好？这儿又没有别人，你怎么变得缩手缩脚的那么呆板了呢？这到底是为什么？"

乌云珠勉强一笑："这是宫里，臣妾得守着宫里的规矩，免得她们说闲话，如果传到太后那儿，臣妾就担当不起了。"

"哼哼，那么你难道不知道朕不喜欢你这副缩手缩脚的样子吗？乌云珠，你现在身份已经早变了，是朕的妃子，名正言顺的，难道还怕谁瞎议论不成？你真让朕失望。"

"臣妾……"乌云珠垂下了眼皮躬身回答，却被福临粗暴地打断了："好啦，既然你喜欢这样，朕又何必强人所难呢？当然，你也许有不得已的苦衷，罢，罢，过些日子朕再来见你好了。吴良辅，起驾，回宫！"

"皇上！"乌云珠脸色微变，跪倒在地，眼睛里溢出了泪水，满是祈求的神色。

福临发现乌云珠情不自禁流露出的失望，心里稍觉不忍，语气缓和了些："起来吧，朕要回去批阅奏本。"说着举步便走，明知乌云珠正在眼巴巴地看着自己，可福临硬是铁了心绝不回头：真没意思，怎么她们一个个的，入了宫便没了先前的天真和活泼，故作高贵，显示端重，逆来顺受，低眉顺眼的，她们以为这样就能讨得朕的欢心吗？早先是佟佳氏，那么一个娇小玲珑活泼稚气的小姑娘，一旦频频地召幸了之后便整个变了个人儿，一本正经，开口贤淑敬谨，闭口才德容止，令人生厌。想不到乌云珠也是如此！当初的依依之情，无拘无束的欢悦之情都到哪里去了？活见鬼，这死气沉沉的大内深宫，真令人压抑和烦闷！"活人还能被尿憋死？"不知是哪个太监说过的一句玩笑话，此时倒令福临眼睛一亮："吴良辅，咱们出宫到天桥找乐子去！"

入夜之后，正阳门外的大栅栏便成了城内最繁华热闹的地方。此时京城的内城各门早已关闭，灯光寥落，人声渐息，而南城却是灯火通明，人声鼎沸。棋盘街，大栅栏，廊房头，二三条胡同，灯市，花市，菜市，书场，珠宝市等以及日用百货、吃的喝的，应有尽有。而大栅栏因它特殊的地理位置，更加繁华热闹，街市上有栉比的店铺、酒楼茶馆和戏园子，还有五光十色的花市和灯市，的确是一条人群熙攘、灯火辉煌的地方。

第三十九章
科举制选拔得人才　乾清门冕旒听国政

　　临街的一座茶楼里面笑语喧哗，客人们吃着茶点，有的还要了几碟酒菜，三三两两显得十分尽兴。

　　三四位文人模样的儒生正在围着桌子共饮，侃侃而谈，桌子上放着两笼水晶小包，两盘芝麻火烧，几碟酱牛肉之类的卤菜，还有两碟鸡茸虾仁酥饺，简直是太诱人了。

　　"哎，你们吃呀，不要太斯文了，否则可对不住自个儿的肚皮哟。"

　　为首的一人须发斑白，飘飘若仙，他就是龚鼎孳，今晚的东道。"这一路上辛苦了吧？老夫说要为你们几位同乡故旧设宴洗尘，你们偏偏不肯，选了这么个不起眼的地方，吃的喝的都太普通了，真让老夫过意不去呀。"

　　"哎，龚前辈何出此言？他乡遇故旧，正是我等的荣幸与欣慰呢。前辈，晚生以茶代酒，先干为敬！"年少英俊的昆山才子徐元文起身端起了茶酌。

　　"罢，罢，徐公子是老夫早有耳闻的风华人物，今日一见果然不俗，细眉长目、隆鼻朱唇，玉树临风的身材，啧啧，真叫老夫好生羡慕哟。"

　　徐元文有些发窘，借机低头向龚鼎孳深深一揖："无论如何，在下先谢过先辈。龚大人为人热情诚恳，令晚生好生感动！"

　　"哪里，你是牧斋兄特地向我引荐的人才，老夫岂能怠慢？听说公子年方髫龄时便具公辅之量，可有此事？"

　　徐元文再一次涨红了脸："都是他们添油加醋瞎编的。"

　　"不然，老伯，此事晚生很清楚。那时元文才只有五岁……"

　　"敬修兄，你就不要在前辈面前出小弟的洋相了。"

　　"这事谁人不知？江南世家昆山旧族徐府公子徐元文就是与众不同！说真的我熊赐履自叹弗如，望尘莫及！早知你此番来京赶考，我就老老实实呆在孝感不来了。明摆着，你肯定在我的前面！"熊赐履面白无须，清瘦儒雅，也是风度翩翩的美少年。

　　"敬修老弟，快说来听听呀。"四十多岁的老儒生程汉斌在一旁催促道。

"话说五岁的徐元文一日自书馆回家,头脑里只想着老师教的诗文了,过自家门槛时被绊倒在地。他的父亲扶起他,笑着说:'跌倒小书生。'你们猜猜,小元文他对了什么……他应声而对曰:"扶起大学士!"你们说,元文他有没有志气?当然喽,有谁能像元文那样由一代弘学巨儒顾亭林先生当舅舅和才师呢?元文日后肯定会青出于蓝而胜于蓝了。"熊赐履说话时脸上带着颇为羡慕的神情。

熊赐履往日的性格过于严肃,可能与他道学讲得过于认真有关,因此人们往往敬重他的才学却对他敬而远之。今天大概是好友相见,他才显得如此兴致勃勃。生活中的熊赐履为人清高,苦读经学,独来独往,课余或读书习字或摆弄几盆花草,过着怡然自得与世无争的恬淡生活。

而昆山才子徐元文则出生于徐氏大族,人们无法考证他们家与明初的中山王徐达、明朝中期的宰相徐阶有什么联系,但徐家的确是世代富豪,而且世代文运昌盛。当然,闻名天下的儒学大家顾炎武更给他们徐氏家族增添了光彩——顾炎武是徐元文的舅父,由此可见,与徐家联姻的也都非同一般。据说徐元文是个神童,在十二岁时就以秀才身份考举人。他诗文双妙,人又生得风流倜傥,江南的骚客文人无不为之倾倒,若徐元文早生二三十年,谁敢说他不是称雄于江南文坛的钱谦益或龚鼎孳呢?

有关徐元文的故事很多,他小小年纪便要考举人,乡人便问道:"小小年纪就要做官,到底想做多大的官?"徐元文不假思索:"做阁老。"众人便嘲笑起来,以为这小孩太过狂妄,于是一个秀才便挖苦说:"未老思阁老。"徐元文脱口对道:"无才做秀才。"逗得众人大窘,原想讥笑他,反被他将了一军。

由于龚鼎孳居京城已有多年,对江南近年的风物人情知之不多,因此便兴致勃勃地向徐元文问个不停,言语表情中对徐元文极为欣赏。

"元文小弟,你此番赴京赶考,你舅父亭林先生同意吗?"

徐元文一脸的认真:"大乱之后,人心思定。眼见得大清不日即可收复云贵,天下一统,疗疮痍、苏民气、安天下,我辈正是大有用武之处!至于我舅父,他一生身涉万里,名满天下,对世俗官场名利已看得很淡了。舅父说要拔足西行,笃志经史,并不坚决反对我们兄弟出仕,足见人心思定已是不可逆转了。再者说,我等恰逢青春年少、风华正茂之时,且不说博取功名、封妻荫子,就是那句老话'天下兴亡,匹夫有责'如今也正用得着呀。我辈怀腹经纶,若能为国为民做一番治国平天下的好事,也不枉此生了。敬修兄想必也有同感吧?"

"正是。大清若要治国平天下，非孔孟程朱圣道不可，我辈愿为此出力流汗，至于功名利禄则是身外之物，我辈出仕不是为了孔方兄啊。"

提到"孔方兄"，众人的话就多了起来，你一言我一语，七嘴八舌地议论起了顺治十四年的顺天科场一案，也就是"丁酉之狱"……

清朝统治者入主中原以后，为了网罗汉人知识分子，从顺治三年丙戌开科取士，几乎连年考试，来发现人才，选择聪睿饱学之士，加以培养提拔，擢任尚书侍郎总督巡抚和大学士。然而，随着考试的增多，大大小小的科场案也就随之接踵而来了。从《吴梅村年谱》中的记载来看："壬辰（顺治九年，1652）权贵人与考官有隙，因事中之，于是科场之议起。"而闹得最凶的，牵连最广的，影响最大的，莫过于顺治十四年的丁酉（1657）科场案，它在有清一代二百多年的历史中，也是罕见的。

九月里，秋闱榜发，人情大哗。落榜的秀才们义愤填膺，愤而剪发告状，刻写揭帖投送科道各衙门，嘲骂丁酉乡试徇私舞弊，揭露分房考官李振邺纳贿。南城沸腾了，人们被这件丑闻刺激得异常兴奋，睁大了眼睛要看顺天府和朝廷怎么收场，连街谈巷议也拿这当作最有兴味的题目，津津乐道，乐此不疲。

这一日安亲王岳乐府里几位书僮和小太监正在私下议论着，虽然主人有严禁下人谈论国事的规矩，可这件事外面早已传得沸沸扬扬的了，说说又有何妨？

"乖乖，南城这两天可热闹了，那么多的儒生聚在一起，把天都快给吵翻喽。"瘦瘦的小太监在和略胖的小太监说话。他们常跟在王爷身后或是奉命出府去办事，什么宫里城里、天南地北的事情都逃不过他们的眼睛和耳朵。而整日待在王府里大门不出二门不迈的两个书僮可就惨喽，憋得难受哇，就想找人说说话。这一会儿，两个书僮闲着没事也围了过来，今儿个上书王爷正在闭门读书，府里清静极了。

"哎，你说那位张监生胆子倒是够大的啊，居然剪了发辫到衙门里头告状，大闹顺天府的科道衙门！"

"许是他气愤之极？"圆脸的书僮说话文绉绉的。

"气又有何用？考官纳贿作弊，从来如此！朝中无人莫做官，这就是结论！"瘦瘦的太监不免要卖弄他知道得多，侃侃而谈，那神态带着几分夸张，直听得两位书僮瞪着眼睛一眨也不眨。

"没钱，有势也成啊，你看看高官里三品以上的大老爷家的子弟，不是一个个都中了吗？据小的所知，新举人王某，仗着他娘舅舅在京里做官，一考就中；山东赵某家中有的是钱，拿钱铺路，出手那个阔呀，还不是想什么就有什么!"

"你们俩没听说过现今咱京城酒馆里最流行的酒令吧?"尖下巴的瘦太监故作神秘地压低了声音,两名书僮竖起了耳朵:"三人喝酒,一人说:'京师有一舅,顺天添一秀,生人怎能够?'另一人则说:'佳人头上金,举人顶上银,金与银,世间有几人?'第三位这样说:'外面无娘舅,家中无富婆,舅与婆,命也如之何?'你们听听,如此这般,可就坑了才高志大的贫寒之士了!唉哟哟,这是什么事儿哟,南城里闹翻了天,可紫禁城却平平静静,恐怕到现在还不知情呢!"

"住口!一派胡言乱语!"

一声怒喝,安亲王出现在台阶上。他虽然穿着家常的衫子,但眉目中仍有说不出的威严。府里的人都知道,王爷平日里就不苟言笑,脸上难得露出笑容,偶尔发起脾气来就像是发威的狮子那样,全府上下哪个不怕?

"王爷!"几个书僮太监登时脸色发白,连忙跪倒请罪。刚刚还伶牙俐齿的,此刻全都吓得筛糠似的说不出话来了。

"家法伺候!今日非让你们几个奴才知道府里的规矩,这国家大事岂是你们可以随便乱说的吗?"

"小的知罪!求……老爷饶过这一回!"

"哼哼,你们既犯了府里的禁忌,就得受罚!今儿个老爷我要杀一儆百,看你们以后还敢不敢乱嚼舌头!管家,把府里上下的奴才全都叫到前院里看看!"

安王爷岳乐起先是郡王,成了王爷之后府门以及王府里的设施、规格都与做郡王时不同,规模更大了。王府不仅品级高,而且建筑规模大,王府中的正房称为殿,殿顶覆盖着绿色琉璃瓦,殿里设有屏风和宝座,外表看起来很像是一个缩小了的宫廷。

北京城里的王府从明朝永乐十九年(1421)拓城开始,一共修造了多少王府宅第(自然包括公、侯、伯、子、男和亲王、郡王、贝勒、贝子、国公等)实在是不计其数。王府井在明代就建有王府。有些旧王府扩建成了清代王府。

大凡王府都是按照一定的形制规划建造的,这一点在《大清会典·工部》中有明确记载:"凡亲王、郡王、世子、贝勒、贝子、镇国公、辅国公的住所,均称为府",其中,亲王、郡王居的地方称王府。至于那些不是凤子龙孙的达官显贵,尽管有封爵或有尚书、大学士、军机大臣的头衔,但他们的住所却不能称"府",而只能称为"宅"或"第",其规模、房屋间数、油饰彩画、台基高低、门钉多少均有规定,不能逾制,否则就是犯上。

一般而言，清代的王府大都按下述形制建制的，看起来如出一辙：王府的建造形制，中路一律相同，东西两路没有一定之规，可以自由配置。亲王府门五间，前有门罩（即上有起脊屋顶而下无门窗的一堵墙），过道高出地面，府门外有石狮、灯柱、拴马桩等设施。府门正中对着的是大殿，俗称银安殿（台基高近五尺），坐北朝南一溜五间，顶用绿色琉璃瓦，平时锁着，只有举行大庆典时才开放，人们出入均须绕东西甬道而行。大殿之后称小殿三间，两侧东西偏房为太监的住处。小殿正北对着的是神殿五间，两边为东西配殿，东间是王爷大婚时的住所，西间则挂着铃鼓等乐器，是供萨满太太跳神时吹拉弹唱的。王爷的住房、书房等皆在跨院，再往后则为后院下房、库房等。当然，偌大的王爷府少不了花草林木，这玩意可没法"一刀切"，各个王府自然有不同的景致了。

　　安王爷的府第院宇宏大，廊庑周接，很有气派，大花园有两座，分别在中路的两侧，一左一右，一边是叠石假山，楼阁亭台，一边为奇花异卉，曲径通幽，各尽其妙。

　　安王爷一声令下，带着亮蓝顶子的管家跑前跑后地忙活开了，不一会儿，上百个太监差役齐刷刷地站在了二门外的空地上。四个乱嚼舌头的太监和书僮跪在安王的脚下，安王此时脸色铁青，神情威严。

　　"王爷有令，将这四个不知天高地厚的奴才各抽五十鞭子，免去一年的赏银！此后谁敢胡嚼舌头坏了府里的规矩，严惩不贷！"首领太监已经上了年纪，声音细得有些刺耳，让人听了很不舒服。

　　立即，一名护卫捧着家法过来了——一个漆盘子里放着一条油亮的细皮鞭。安王爷一言不发，拿起鞭子对着四个奴才就是一阵猛抽，可怜四个奴才顾头却顾不了腚，不一会儿便个个被抽得皮开肉绽，但他们却紧咬牙关不敢喊半个字。

　　"阿玛！我要到宫里去啦！"岳乐的身后跑出了一个绿袍小女孩，伸出一双胖嘟嘟的小手摇摇晃晃地扑向岳乐。

　　岳乐这才住了手，弯腰揽过了小女儿阿娇。阿娇才两岁多，生着一张粉嘟嘟的脸儿，一双乌溜溜的大眼睛晶莹动人，还有一个樱桃小口，这孩子生得就是讨人喜爱！

　　这么一来，被罚的奴才们才得以解脱，安王福晋打扮得花枝招展，笑眯眯地对岳乐说："王爷，今儿个是大喜的日子，就放过奴才们这一回吧，都下去吧！"

　　"哎，我说……咱们的娇娇去了宫里会不会哭闹？这一走，我还真有些舍不得。"岳乐抱起了女儿，像一位慈父似的亲着女儿的小脸。

第三十九章　科举制选拔得人才　乾清门冕旒听国政

· 333 ·

"不要，不要！阿玛王胡子扎人！"阿娇被扎得叫了起来，脸直往岳乐的怀里钻。

"王爷，你怎么糊涂了呢？这是皇上对咱家的恩典呀，别人家想还想不到呢。"夫妻俩并肩往前走，后边跟着一群太监和使唤丫头。

"简亲王家两个，顺承郡王家一个，咱家一个，全都送到宫里由皇太后亲手抚养，将来长大了使得公主封号，食公主俸禄，这还不是天大的喜事？这一回阿娇可给咱府上增了光！"安王福晋说得眉飞色舞，身后低头跟着的侧福晋眼圈却红红的，她才是阿娇的生母，而安王福晋不过是阿娇的嫡母，嫡母可不是亲娘！看着阿娇一天天地长大，嘴巴甜甜的刚会说话，就要送进宫里，想见也见不着，做娘的能舍得吗？

"……再说，咱阿娇进了宫，你也好常常进宫去看看皇太后和皇上。你在朝中一向为人耿直，都说你是新派，可得罪了不少八旗王公呢。你就不能圆滑些？像简亲王那样？"

"好了，少啰唆了。皇上圣明，我岳乐为人处事如何，皇上一眼就看得出来。要不，我能从郡王被封为亲王？知足吧。"

"倒也是的，皇恩浩荡，这日子过得可真滋润哪！"安王福晋舒心地笑了。

"当当当！"伴随着五凤楼悠扬的晨钟，紫禁城那一重重沉重的宫门徐徐打开了，午门、天安门、正阳门乃至皇城四周的城门也应声打开了。此时尚是黎明时分，东方瑰丽的朝霞将紫禁城装扮得像仙境一般的灿烂、迷人。

宫门、廊庑、过道两旁站着穿黄马褂的佩刀矢的侍卫，看这阵势，莫非今天是什么重要的日子？

今天，少年天子顺治帝要在乾清门听政，乾清门外的丹墀上，铺着明黄色缎子绣着飞龙的御座已经设好，地上铺着大红的毛毯，御座后有扇山水屏风，屏前竖着两柄崔金宝扇。御座前有香亭熏炉，香烟袅袅，缭绕在丹柱之间。宝座两侧的玉阶下八字排开摆着两列雕龙绣凤的座椅，这是为议政王大臣们预备的。

万事俱备，此时旭日东升，霞光万丈，给紫禁城披上了一层金光灿烂的外衣，太和殿、乾清宫沐浴在金色的霞光中。这是个崭新的、美好的一天。"万——岁——驾——到！"乾清门是后三宫的正门，坐北朝南，门前是广场。此刻已经乌压压地跪满了一排排的满汉文武大臣，他们头上那红彤彤的顶戴在朝霞中熠熠生辉，十分醒目。

顺治身着朝冠朝服缓步走出了乾清门，他面色红润，身姿英挺，一双炯炯的眼睛扫着高呼万岁的臣子，不动声色。他那丰厚红润的嘴唇上已经蓄起了两撇浓黑的胡须，虽然很短，但却被修饰得很漂亮，这证明少年天子已然是个成熟的男子汉了，其实，他才二十岁，整整二十岁。

顺治那青春的步伐和帝王的威仪令群臣们不敢仰视，直到他坐进了御座中，将手一摆："众卿家免礼平身！"台下的满汉大臣们再一次山呼万岁，之后才垂手站立，一动不动。

"万岁有旨，请议政王、贝勒入座！"

站在前排的十几位满洲议政王大臣闻听之后上前几步，行叩见大礼："谢主隆恩！吾皇万岁，万岁，万万岁！"然后，议政王们坦然入座，分列在顺治的两侧。东首第一位是承泽亲王硕塞，他是当朝天子顺治的异母兄弟。在皇太极的十一个儿子里，活下来八个，而真正参与打天下立下军功的，便只有豪格和硕塞。硕塞是顺治的五哥，其生母是太宗侧妃叶赫那拉氏。按太祖诸子封爵之例，侧妃庶妃之子不得封和硕贝勒、和硕亲王，太祖之第七子阿巴泰，对建立金国、大清国以及入主中原，都立下了赫赫战功，但也只封至多罗郡王而已，其他如四子汤古代、六子塔拜、九子巴布泰、十一子巴布海等，仅分别封为辅国将军、镇国将军、辅国公等。到太宗去世前硕塞已有十四五岁，但却并未受封，直到顺治元年，由于清朝入主中原，普天同庆，硕塞得以晋封为多罗郡王，在册文中还特别强调硕塞系帝之"庶兄"。然而到顺治八年福临一亲政，便立即晋封硕塞为和硕亲王，并且增注军功，此举已经打破了太祖太宗时的惯例，少年天子的用意很明显，他是想通过封授兄长及亲侄的方式，来增强自己的支柱。对此，朝臣中谁敢说个不字？自然，硕塞心里是有数的，当初皇兄对自己的册文他还记得清清楚楚哩。册文中这样说：

"我军破流贼，灭明福王，平定江南时，尔同多罗豫郡王于潼关，破流贼李自成兵二十万，遂入潼关，得西安府，平定秦地，又定河南，克扬州府，渡扬子江，取江宁府。又追苏尼特部落腾机思时，闻腾机思在滚噶鲁台地方，尔同多罗豫郡王两夜三日追及之，俘获腾机思部落及其牲畜。喀尔喀部土谢图汗兵迎战于查济布喇克地方，尔率众列阵，大败彼兵。次日，硕雷汗兵迎战，复率众列阵，大败之。围困大同时，坚守汛地，贼兵有至者，辄同众挥兵杀败之。又贼众万余人入据代州关，尔与和硕端重亲王树梯攻克。又得胜路、助马路贼兵七千，去我三里许，立为两营，尔亲督战败之。尔原索多罗郡王，加恩封为和硕承泽亲王。"

身为和硕亲王的硕塞自然而然又成了议政王大臣之一。由于开国元勋功臣此时皆已离开人世，故此，三十多岁的硕塞成了议政王大臣里举足轻重的一位，主管兵部衙门，对顺治感恩戴德，忠贞不贰。

西首第一个座位上坐的是安亲王岳乐，其父是饶亲郡王阿巴泰——太祖的第七子，算起来，议政诸王大臣中，岳乐的年龄最长，已经四十六岁了，辈分最高，学问也数得上，为人处事老成持重，头脑十分冷静，一直是少年天子顺治的得力支柱，所以他坐上首，对于多半为后辈且又不学无术的诸王来说，是无人可及的，只除了紧贴着坐在岳乐下首的简亲王济度除外。

简亲王济度是郑亲王济尔哈朗的次子。说起来，郑王爷是大清的开国功臣，三朝元老和开国七大亲王之一，也是睿亲王多尔衮死时仅有的四位和硕亲王之一，其他三位，阿济格很快被擒捕，满达海缺乏果断，而多尼还年幼，毫无军功可言。这样一来，德高望重而又有拥戴之功的郑亲王自然而然、无可争议地高居诸王之首，被八旗王公大臣视为左右政局的实权人物，争相依附和听命。而少年天子对郑亲王也十分感激和尊敬，特下谕宣布郑亲王年老，"一切朝贺、谢恩，悉免行礼"，这可是当时"皇父摄政王多尔衮"才能享受到的礼遇呀！不久，顺治又下谕加封和硕郑亲王为"叔和硕郑亲王"，并册文表其军政大功，册文说：

"我太祖武皇帝肇造鸿基，创业垂统，以贻子孙。太宗文皇帝继统，混一蒙古，平定朝鲜，疆圉式廓，勋业日隆。及龙驭上宾，宗室众兄弟乘国有丧，肆行作乱，窥窃大宝，当时尔与两旗大臣坚持一心，翊戴朕躬，以定国难。续领大军征明，遂取中后所、前屯位、中前所。又率大军征湖广时，闻山东曹县为众贼袭据，便道往剿，用红衣炮攻拔其城。又恢复湖广宝庆等四府八州四十四县，又遣发将士收服贵州省五府七县，败敌兵凡六十四阵，诛伪王一、伪巡抚一、伪总兵十四、文武官四十一员，收降伪总兵一、大小伪官六十九员，遂定湖南。睿王心怀鬼胎，与尔共同参与朝政大事，难以行私，不令辅治，没有缘故的罢为和硕亲王。等到朕亲政之后，才知道尔持心忠议，不改初志，因此赐予金册金宝，册封为叔和硕郑亲王。"

第四十章

行册封尽显八面风　问民情私访琉璃厂

这一加封，使济尔哈朗成为有清一代唯一保持这一崇高尊号的"叔王"。因为，曾被立为太子的大贝勒代善，仅只被太宗封为"兄王"，顺治即位后并未加封为"伯王"；睿王多尔衮虽被尊为"皇父摄政王"，多铎也加封为"叔王"，但皆非出自顺治的本意，故而他二人死后皆被削除了尊号，因此只有郑王济尔哈朗一人保持了"叔王"的荣誉称号。不仅如此，顺治还在一日之内加封其长子富尔敦为世子，二子济度为多罗简郡王，三子勒度为多罗敏郡王，这在当时是轰动朝野的唯一的特殊恩宠！郑亲王一门四王爷，是何等的显赫！

这一切，在济度的眼中认为都是应得的，退一步说，倘若没有父王济尔哈朗的拥立之功，倘若不是父王对幼主一贯的"持以忠义之心"，那么显然，坐在今天龙椅上的人早就不是顺治了。不久，在富尔敦去世之后，济度和勒度与父王一道成了议政王大臣，自然父王是议政王之首，而顺治对父王集众议奏之事，大多应允。不这样，顺治又能如何？他一个不谙政事的毛孩子懂得什么？

简郡王济度在顺治十四年承袭了父亲的亲王爵，改号简亲王，也已是位极人臣。然而，济度的心里总有那么一点点的不满足，这其中的原因只有他自己知道了。济度的血管里，流淌着老哈王努尔哈赤的热血、皇太极的雄心和父王济尔哈朗的忠诚，合成了马上得天下、马上治天下的伟大抱负！在他看来，在世的皇族亲王、郡王中，他济度论威望、论尊贵、论军功应在首位。难道不是吗？目前与顺治帝同辈的，只有简亲王、安亲王和信郡王三人了，信郡王多尼与天子顺治年纪相仿，论资历论军功都数不到他，至于安亲王岳乐又算得了什么？按辈分，他俩是兄弟；按位分，岳乐新进亲王，也不及自己。唯一的不足，是岳乐比自己年长几岁，但自己可是叔王济尔哈朗的世子呀！

合该济度与岳乐这对兄弟不那么友善，他二人一个喜欢韬略一个爱骑射，话不投机半句多呗。这会儿，坐在西首的济度就怎么看岳乐觉得怎么

不顺眼。岳乐的红宝石顶子朝冠在朝阳下发出了耀眼夺目的光芒，他眉头微蹙仿佛正在想着心事。奇怪，都这时候了，他脑子里还想着别的事？济度盯住了岳乐，真恨不得变成他肚里的蛔虫。

议政王大臣们依次坐定之后，这才发觉在玉阶上皇上御座的旁边太监又搬来了一把带着软垫的椅子，不消说，这自然是给汤若望这个外国老头预备的。

果然，少年天子发话了："给汤玛法赐座！"

人群之中的汤若望应声而出，叩头拜谢。看他的打扮和动作，朝袍朝靴朝珠，戴着红顶子，倒像是一位地道的中国人，而当他低头走上玉阶时，脑后拖着的却是一条金灿灿的长辫子。外表看来，汤望若从容镇定，其实内心里，这个金发红毛的洋鬼子却十分忐忑不安，很不是滋味。为什么？他这一坐，居然位居诸议政王大臣之上，与当朝天子并列，满族王公大臣岂不窝着火？每一回顺治给他赐了座，就等于当众刮了满族王公大臣们的脸面，退朝之后等待汤若望的将是无数的白眼和阴阳怪气的冷嘲热讽。对满族王公大臣，汤若望有一种莫名的恐怖，因为他们之中已经有人扬言要毁教堂，取缔耶稣教！这可是汤若望为之奋斗了一生的事业呀，为了这伟大而神圣的事业，汤若望咬着牙也得上台去坐呀，限明显，他汤若望一日不倒，耶稣教会在中国便可多收许多信徒，只要少年天子对自己的尊宠不变，那么耶稣教征服中国就大有希望，这可是东亚的一个超级大国呀，这么一来，他汤若望在上帝面前也会十分的自豪和骄傲！

想到这里，汤若望心里平静了些，侧身小心翼翼坐下了，目光无意中与议政王大臣鳌拜相遇，汤若望的心里一沉：鳌大人的目光十分不友善！上帝，我并没有妨碍他什么呀！

其实，汤若望还没发现，怒视他的人大有人在！站在顺治身后的红袍太监吴良辅和银袍将军耿昭忠此时正满怀敌意地注视着他。

其实，就人品和学识而论，汤若望都是一个值得人们敬佩的人物。高度人性化的基督教以及欧洲特有的和风细雨般的说教，几乎在一夜之间就征服了在冷峻无情的宫廷中长大的当朝天子顺治。经过一番接触和调查，在确信汤若望的品行诚实、学识渊博而又颇有教养之后，顺治与汤若望这一老一少的感情已超出了君臣，甚至宛若父子了。由于太后的缘故，顺治尊称汤若望为玛法（爷爷），并与基督教结下了不解之缘。

说起来，顺治与汤若望的相识是由于孝庄太后胸前佩戴的十字架所引起的，虽然太后对基督教并不十分关心，她心中所有的只是儿子帝业之成败。然而有趣的是，十字架挂在孝庄太后那心不在焉的胸前，而基督教义却深深地渗透到了顺治的心坎里。自从结识了这位金发碧眼的洋老头之后，顺治从他身上发现了许多新的中国人身上未曾看到的东西：汤若望有渊博的学识，天文、地理、历史，似乎无所不精，此外他的身上还带着某种高贵的气质与品质——这难怪，汤若望原本就是一个贵族——以及脉脉的温情和执著的信念等等，都令少年天子耳目一新，如痴如狂。

强烈的好奇心与求知欲驱使顺治多次违背君臣之礼，在两年之内竟亲临教堂先后拜访过汤若望达二十四次之多！他们谈论天文、历法、自然和社会以及伦理、道德、宗教，君臣之间相对而坐，促膝谈心，十分随意。而按照当时的规定，凡是皇帝在臣僚或普通人家坐过的地方，都要盖上明黄色的绸布以示尊贵，而任何人都不可以再坐了。因此，汤若望有一次苦笑着问顺治："尊敬的皇上，您已经坐过了这里所有可以坐的地方，那么以后我该坐在哪里呢？"

福临哈哈大笑："汤玛法，你又何必学着他们那样拘于礼仪呢？咱们是朋友，这是你的教堂，你的书房，你的卧室，你是主人，愿意坐哪儿就坐哪儿好了，又何必多此一问呢？"这么一来，汤若望也乐了，白胡子笑得直颤。

当时，中国皇帝礼遇欧洲朋友的消息，通过邸报传遍了德国和欧洲。在欧洲的史料中曾有这样的记载：

"皇帝特别愿意与沙尔（即汤若望）讨论宗教问题。一次，皇帝嘱咐书记官把养生术、上帝的信条、恩典和'十戒'等逐一记下来，……皇帝不管此时外边正刮大风，下令立即取来这些书籍，独自坐在一处僻静的书室里，整整读了一夜……在沙尔神父的住处，皇帝让他介绍跪凳和念珠的用法，而且询问了基督教规以及生活方式……圣诞节时，皇帝也饶有兴趣地来到教堂看马槽（耶稣诞生之处），并且观看了耶稣、玛丽亚、天使三位神王和牧民的像。"

有一次，顺治在万寿节的当天，突然当众宣布要在汤若望的住处大办酒宴，以致慌里慌张的汤若望感到措手不及，那一次的酒桌甚至摆到了教堂外的马路上！

作为一个拥有生杀大权的世界上大国的统治者，顺治帝有时候备感孤独和无奈。他手下不乏阿谀奉承之徒，却难寻一位勇敢无私、不计名利的忠臣，最终让少年天子感到欣慰的是，他发现了钦天监正汤若望可以做他无私的顾问和朋友，他待人友善，循循善诱；他思路敏捷，敢于针砭时弊；他不计较个人得失，对官场的腐败十分反感……汤若望完全是一个自身清白、修持自谨而从无生活劣迹的人！起初，少年天子也曾有过怀疑，这位太过多情的福临无论如何也不能相信这是事实：每每深夜，汤若望身边的侍从和助手们早已鼾声大作，进入了梦乡，而他却一直在祷告、看书或是写作。若不是事先派了心腹之人悄悄地监视着汤若望的一举一动，福临还以为这个老头肯定会在夜深人静之时做些寻花问柳、偷鸡摸狗的勾当，他怎么就能长期甘守寂寞和清苦？自己贵为天子，拥有三宫六院，还日日想着别的女子，甚至不止一次地换上便装在夜半更深之时溜出后宫去寻欢作乐呢！

爱屋及乌，顺治帝让汤若望过继他侍从的孩子为干孙子，让他改姓汤，赐名为"汤士宏"，并且发了谕文说：鉴于汤若望终身不娶的诺言，其生活上无伴侣，孑然一身，皇帝准其过继一个干孙子。此后，顺治给汤若望加了一堆头衔：钦天监正、太仆寺卿、太常寺卿。1653年，顺治帝别出心裁，发给了汤若望一张印有龙纹的极精美的敕书，上面写道："尔汤若望来自西洋，精于经纬，阅通历法。徐光启特鉴于相，一时专家治历如魏文魁等，实不及尔。但以远人，多忌成功，终不见用。朕承天眷，定鼎之初，尔为朕修《大清时宪历》，迄于有成。又能洁身持行，屋心乃事。今特赐尔嘉名，俾知天生贤人，佐佑定历，补数千年之厥略非偶然也。"

顺治帝所谓"赐尔嘉名"果然是与众不同的，他赐给汤若望"通玄教师"的尊贵称号。此后，汤若望更是官运亨通，青云直上，到顺治十四年时，汤若望已正秩正一品，官帽的顶子上是一枚红宝石，深红色的朝服上用金线绣着一振翅欲飞的仙鹤。顺治帝并且按照传统，对在遥远的大洋彼岸的汤若望的父母和祖先都一一追封官爵。只可惜，汤若望孑然一身，否则，他的子孙也要受益无穷了！

说来好笑，脑筋再聪明的欧洲人也不会理解，已经长眠地下一百五十多年的汤若望的曾祖父、曾祖母也会得到中国皇帝的追封！真正应了中国的一句古话：一人得道，鸡犬升天了！

可是，大红大紫的汤若望好运似乎已经到了尽头。物极必反，乐极生悲，人怕出名猪怕壮，这些看似不太协调的字句开始悄悄地在汤若望的头上应验了。

可以这么说，从汤若望那儿，顺治帝学到了许多新的知识，寻求到了情感上的慰藉，但却不是真正的精神寄托。只有当顺治接触到佛教之后，他的心灵才受到了强烈的震撼，似乎找到了真正的精神寄托，以至于他不顾一切地要抛开世俗烦恼落发为僧，至死也没有放弃过这个念头。

赤墙碧瓦的报国寺坐落在宣武门下斜街，因为庙里生长着两棵枝繁叶茂遥相对应的古老双松，故又称"古双松寺"，据说始建于辽金时期呢。

山门洞开着，一片参天古松掩映着院子里大大小小数十间殿堂僧舍。这里并不清静，悠悠的钟声和不绝的木鱼声伴着熙熙攘攘的香客们的嘈杂声以及商贩的叫卖声，合成了一曲不太和谐的交响曲。

报国寺果然热闹。正中是一座斗拱飞檐覆着绿色琉璃瓦的大雄宝殿，阵阵的木鱼声正是从那里传出来的。殿门前站着几名灰袍庙祝，他们主要并不是负责接待络绎不绝的香客，而是负责管理着庙门前那一块人来人往笑语喧哗的市场，因为这可是寺里的一大宗收入呀。

不知什么时候报国寺门前的这块空地变成了市场。算命看相的、耍猴斗鸡的、卖狗皮膏药的、卖冰糖葫芦的、卖杂七杂八小玩意儿的小商贩们操着南腔北调在地上摆着摊子，卖麻、辣、酸、甜各色风味小吃的店铺也比比皆是。到了年节，还有耍龙的和唱大戏的到这儿来卖艺，庙祝们对热闹的集市很是开心，每天清扫场地，免费送茶送水，跟坐商和行商收些管理费，庙里的日子就好过多喽。

报国寺名声在外，门前市场的繁华热闹几乎可以与开封的大相国寺、南京的夫子庙相媲美，人们逛完了天桥，一直往西，到了宣武门也就是到了报国寺了。

不用说，那几个衣着光鲜、油头粉面的肯定是京城富家子弟，他们的身后跟着一群躬腰屈膝的奴才，有的提着鸟笼子，有的提着食盒子，正指手画脚地朝人堆里走。

这一边，有十来个八旗兵，虽没佩着刀剑，可他们的腰里却鼓蓬蓬的，显然家伙藏在里面。为首的那位看似个小头目，他穿着洗得发白的蓝布棉袍，虽然是旧的却很干净，头戴貂帽，脚蹬黑筒皮马靴，手里把玩着一柄折扇。嘿，这装扮有些不文不武、不伦不类的，不过这人却很开心，左手拿着一串刚出锅的糖葫芦，张口就要咬。

"皇……黄爷，您悠着点儿，小心烫着。"奇怪，一个年纪轻轻的马弁开口竟是娘娘腔。幸好这熙熙攘攘、人声鼎沸的地方并没人注意他们。

"去！朕……我知道了，再多嘴割了你的舌头。"福临对吴良辅一瞪眼，小心翼翼地咬了一口，又甜又酸又脆又香，真好吃！

在闹市的一隅倒有个僻静之处，这里是书肆，既有摆地摊卖书的，也有摆在长条桌上卖古玩、字画的，还有卖眼镜、烟筒、茶叶以及一些日用杂物的，可谓闹中取静，别有一番景致。自然，经常光顾这里的大多是读书人了。再往后几十年，这儿就是别具特色的一条文化街——琉璃厂。

几位读书人手持折扇慢步走过来。当中一人一袭雪青色长袍，外罩狐皮马甲，举止很是潇洒，更有一张面若冠玉的脸庞。他便是昆山才子徐元

文。他左边的穿深蓝色长袍身材稍高一些的是湖广才子熊赐履，他右边的穿暗红长袍胖墩墩的是齐鲁才子王渔洋。他三人同住在宣武门南边的会馆里，由于志趣相投又都才华横溢，惺惺相惜，不几日便成了形影不离的好朋友了。今天，他三人是慕名而来报国寺外的书肆逛逛。

这里的书肆在明代就出现了。据记："'京师'市各时间：朝前市者，大明门之左右，日日市，古居贾者也；……城隍庙市，月朔、望、念五日，东起弼孝坊，西逮庙墀庑，列肆三里。图籍之曰古今，彝鼎之曰商周，匜镜之曰秦汉，书画之曰唐宋，珠宝、珠玉、珍错、绫绢之曰滇、粤、闽、楚、吴、越者集……"潘荣陞《帝京岁时记胜》："门外（指琉璃厂门外）隙地，博戏聚焉，每于新正元旦至十六日，百货云集。灯屏琉璃，万盏棚悬，玉轴牙签，千门联络，图书充栋，宝玩填街。更有秦楼楚馆遍笙歌，宝马香车游士女……"

"果然不俗！想不到在这熙熙攘攘的街市里，还有这一方净土，你们闻闻，这幅字画很香哩！"徐元文说着就朝一间书铺走，这里面卖的大多是字画、碑帖和金石文玩等，既有商周的铜鼎，也有唐宋的名瓷，仔细鉴赏定能买到称心如意的宝玩。

"走走，咱们今儿个是来添置文房四宝的，前面有一间铺子叫文萃苑，咱们不妨前去看看。"王渔洋拉着徐元文就往前走，徐元文有些恋恋不舍，嘴里还念叨着："这些字画中肯定有不少名家的真迹，待会儿我还要来细细观赏。"

"且慢，元文你看看，这是否是赵子昂的真迹？"熊赐履从后面拉住了徐元文的衣袖，指着挂着的一幅八骏图，那马画得昂首嘶风，很是精神。

"你们俩这前拉后扯，我这袍子可受不了啦！"徐元文笑着拨开了王渔洋的手，又用折扇轻轻敲着熊赐履的肩膀，悄声说道："这些马画得倒也神俊，可再仔细一瞧却有欠缺之处，恐怕是幅赝品。"

店主见这几个读书人小声嘀咕，便笑脸相迎："几位相公气度不凡，想必是行家，本店虽不大，但好东西却不少，真心想买您得仔细看看，来，来，里边请！"

"多谢了，我们几个不过随便看看，不耽误您做生意了！"徐元文双手抱拳向店家致歉，不经意间却发现了一只被擦拭得亮闪闪的宣德炉，金灿灿的，小巧别致，上面还雕刻着精美的花纹。徐元文眼睛一亮："老板，这只宣德炉什么价？若价格合适我便买下。"

"这个……"白白胖胖的店老板嘿嘿笑了两声，"相公果然是慧眼，一眼就相中了这只鼎炉。只不过您来迟了一步，眼下这炉子已经有了买主，您就是给个天价咱也不能卖。做买卖得讲个信誉，先来后到，对不起，得罪您了。"

"看不出，你倒还真是个本分的商人。若我这位朋友愿意出高价你也不卖？嘿嘿，人人都说无商不奸，这话到这儿行不通了。"熊赐履在一旁打着哈哈。

"几位看样子是江南文士，又通情达理，饱学诗书，你们就别为难我了。实不相瞒，"店主压低了声音，"这宣德炉是为一位女客准备的，她前后来了好几回了，一来二去的，敝人就看出这女子精于鉴赏，对古玩字画很内行。比方说，小店门前挂着的那幅八骏图，人家愣是没正眼看过，早就看出那是件赝品！"

熊赐履听得睁大了眼睛："乖乖隆的咚，今日若是这位女客在此，小生我不是要出洋相了吗？如此说来她倒是位奇女子了，敢问她姓甚名谁？相貌如何？"

"怎么，你不服气便罢了，还好意思问人家女子的相貌？当心我写信告诉嫂夫人……"王渔洋朝熊赐履眨着眼睛，调侃道。

"你们俩呀，有事回会馆去说行不行？既如此，君子不夺人之所爱，我等告辞了！"徐元文朝熊、王二人一努嘴，三人并肩出了小店。

"哎，元文兄，我就琢磨不透，能有这等法眼的女子会是谁呢？兄弟你是个风华正茂的俊书生，那位女子也必定是位风华绝代的俏佳人。"熊赐履边走边说边沉思。

"喷喷，就你这样子，就听人家店主的一句话就分了心，那明年的春闱你还考不考了？"

"这与春闱又有何干？"熊赐履满不在乎，"我既已决定要出仕，自会全力以赴。只是，如今与徐兄、王兄一同赴京赶考，只怕小弟要落在你二人之后呀。不过，只要不是名落孙山，便也没什么可忧虑的。"

"熊兄过谦了。我辈读书人只是顺应天意，丁酉顺天、江南两案，朝廷执法如山，求贤之意颇诚，我辈有缘一起为朝廷效力，还分什么先后呢？唉，时不我待，有时我真为白白浪费的几年光阴而惋惜呀。"

"这下不就好了吗？皇上明年要为天下一统特开恩科，咱们也算是时来运转了，从此便一心一意做了太平盛世的贤臣，造福苍生，也不枉此一生了。"王渔洋也大发感慨，声音不觉提高了些。

"嘘……咱们此番雄心勃勃地打算蟾宫折桂，可不能如此招摇呀。旁人若听了，倒觉得咱们一介书生也太不知天高地厚了。"徐元文左右看看，小声提醒着他俩。

"徐兄你也太多心了。你看这书肆里，熙来攘往的不都是些读书人吗？他们想必也与咱一样在为科举做些准备，咱们是不约而同吧。"

三人说说笑笑不知不觉来到了一家饭庄门前，白墙碧瓦朱漆大门，门楣上三个烫金大字格外醒目："隆盛轩"。

徐元文三人相视一笑，抬脚便进了隆盛轩。说起来，位于宣武门外的这家饭庄在京师士大夫中很有名气哩。按照清初满汉分居北京内外城的规定，宣武城南主要是流寓京官和士人们聚居的地方，故而四周有大批的官宅和会馆，而隆盛轩恰恰位于宣武城南，渐渐地便成了专做京师士大夫生意的饭庄了。虽说是饭庄，但隆盛轩又颇具文雅之风，这里轩窗雅洁，壁悬楹联，另辟有茶室，闹中有静，茶点酒菜很适合南方士人的口味，故而，隆盛轩实际上成了京师远近闻名的士大夫的"公共食堂和茶馆"了。在道光年间，隆盛轩更名为"广和居"，名气更大了，当然这是后话。

"三位相公里面请——！"小跑堂的肩上搭着一条白手巾，显得干净利落，热情地将三人让到了一处临窗的桌子前，又忙着沏茶倒水。紫砂的茶壶茶具，散发着一股淡淡的乡土气息，徐元文三人默默地品着茶，一时无语。

"这位爷，请问您吃一点什么？"小跑堂的又开始招呼其他的客人了。这位看来是旗人的小头目，虽然在装束上并不起眼，但是面若冠玉，一双眼睛显得格外有神，浓黑的眉毛和浓黑的胡须使他增添了不少男子汉的威严。这位气度不凡的青年就是刚刚在大街上吃糖葫芦的少年天子福临。今儿一早给皇太后请安之后，福临就带着吴良辅与御前侍卫耿昭忠、费扬古等人偷偷溜出了西华门。前门天桥那一带热闹是热闹，但是太嘈杂，再说了，那里晚上去才更妙，于是福临就来到了报国寺的书肆逛逛，果然是大开眼界啊。

第四十一章

说弊端小酌隆盛轩　比才能大谈未来事

福临刚刚正饶有兴趣地打量着隆盛轩里的陈设，所以并没有回答店小二的问话。

"这位爷，小的听您说一口地道的京片子，不知这肴馔皆南味的隆盛轩里的菜肴合不合您的口味。这么着，您若要吃那天福楼的吊炉鸭子、宝华春的熏鸡熏肚片，还有那一品香饽饽铺的奶油花糕，您只管吩咐一声，小的立马出去给您买。"

"我这儿还没开口呢，你倒说了一大箩。如果要吃那天福楼的烤鸭，我为什么跑到这里来呢？"

"这……爷说的有理，"小跑堂的嘻嘻一笑，露出一对虎牙，"爷稍等片刻，小的立马把本店上好的酒菜给您端来！"

"且慢，小二，你怎知我爱吃什么？"福临对这个口齿伶俐的店小二产生了好感，偏偏要为难他。

"嘿嘿！小的但听爷吩咐。"

"你说说看，那幅楹联说的是什么意思？"

福临用手一指，店小二随口念了起来："'十斗酒依金谷罚，一盘春煮玉延肥。'爷，这是取元人萨雁门集中语称颂本店的名馔糖蒸山药的。要不先给您来一盘尝尝？"

"唔，看不出你还略通文墨。"

"哪里，耳濡目染吧，让爷见笑了。"

这边，徐元文他们三人也早已打开了话匣子。

"哎，今儿个我做东，你们俩点菜吧。"徐元文家境殷实，比熊、王二人条件好得多。熊赐履出身于书香门第，家中虽不贫寒却也非富族。当年张献忠杀进湖广，熊赐履全家十数人被乱军所杀，只他和母亲侥幸活命，从此家道中衰，母子相依为命。出生于昆山世家大族的徐元文自然知道熊赐履清贫而又清高的生活窘境，每次小聚差不多都是他做东。熊赐履深知徐元文的好意，一来二去的便也习以为常了。

"咱们来一盘'江豆腐'？有道是'江家豆腐伊家面，一人离筵便不鲜……

"赐履兄，你已经够瘦的，光吃豆腐怎么成？反正是元文兄做东，咱们也来些解馋的。对，再来一盘'潘鱼'和一盘'胡鸭'。"

"说来令人感慨万分，这隆盛轩的许多名菜都是以来此进餐的京官士人的名字命名的。有朝一日，不知会不会出现以你我兄弟们的名字为名的菜肴？"

"哈哈，元文兄，你的野心可不小哇！你最喜欢吃什么？让我想想……"王渔洋大声嚷嚷起来，"对了，你最爱吃螃蟹是吧？放心，有朝一日你入阁拜相，这隆盛轩里保准又多了一道美味'徐螃蟹'！哈哈！"

"瞎扯，难不成有人爱吃甲鱼，便有菜名叫'×乌龟'？"徐元文被王渔洋的话也逗乐了，三人开怀大笑。

"三位公子好开心哪！听口音你们是南方人士，专门进京赶考来的？"福临撇下了一桌的菜肴，笑眯眯地走到了这边，正巧还有一个空位，他便问道："我不请自到，可以坐下说话吗？"

"请！"徐元文上上下下打量着这位满族军官。看样子他不过二十来岁，但他的语气和神态自有一股子威严和风度，似乎与他的年纪不太相符。不管怎么说，来人很文雅，落落大方，不油滑也不骄矜，比平日里常见的那些个前呼后拥的满洲贵胄要谦恭有度。徐元文和熊赐履以及王渔洋忙客气地点着头，欠身相迎。

"啊，先容我自报家门。我姓黄，山西人士，此番来京帮家父做一宗小买卖。有幸与三位进士相会，真是有缘哪。本人粗通文墨，才疏学浅，但对于饱学之士心中：敬佩之至，所以请恕冒昧。"福临煞有其事地胡说一通，京片子里夹杂着一些山西方言味，说得不伦不类的，一旁的吴良辅他们听了只管捂着嘴巴乐。

"这样吧，咱们边吃边谈，将那桌子上的菜都端过来吧，不然凉了就不好吃了。"

徐元文二人未置可否，福临已经招了手，不一会儿店小二便上了一桌子的菜肴。

"有上好的竹叶青吗？俺喝家乡的酒下去才顺当。噢，不知三位进士可喝得习惯？你们江南人大多喝味儿淡的米酒、黄酒，也是，若头脑喝得晕晕乎乎的还怎么做文章呢？小二，再抱几坛米酒来！"

见来客口口声声地称自己为进士，徐元文朝熊赐履看了一眼，欠身说道："这位黄……"唉，他只说姓黄，该怎么称呼呢？看年纪又比自己小一些，徐元文犹豫了一下："黄大人，在下只是一介儒生，我三人相约是进京赶考的，至于能不能金榜题名成为进士，还不一定呢。"

"是这样，那太好啦！"福临眼睛发亮，"我们一见如故，岂不是极有缘分？你们就喊我黄弟好了。"

"什么？皇帝？"熊赐履手中的筷子一抖，有些吃惊。

"我本姓黄，论年纪又比你们小一些，称我为小弟不是很合适吗？各位大哥，咱们先干两杯！"福临心中好笑，觉得跟这些书呆子称兄道弟的很好玩。

"在下湖广熊赐履先干为敬！"

"好，爽快！"

"在下昆山徐元文不胜酒力，以茶代酒吧。"

"在下是齐鲁王渔洋……"

福临对熊和王点着头，频频举杯，眼睛却紧盯着徐元文，突然问道："顾亭林是你什么人？"

徐元文一怔，脸上有些不悦，心里说，我舅父之名如雷贯耳，也是你可以直呼其名的吗？

"黄弟，徐公子正是顾先生的亲外甥！"熊赐履喜欢喝酒却不胜酒力，此时已经有几分醉意，话也多了。

"既是这样，你舅父亭林先生答应你出仕吗？"福临认真地问道，一双晶亮的眸子定定地看着徐元文。

徐元文不能不回答，他无法避开对方那几乎可以洞穿一切的目光。

"人各有志。这些年来大清国如旭日东升，若我汉人再一心向着南明就太过迂腐了。我辈自幼学习四书五经，可谓满腹经纶，而大清国不日即可收复云贵，荡平海寇，一统天下。若谈到疗疮痍，安天下，非孔孟程朱圣道不可。所以……"

"好，简直太好啦！"不等徐元文把话说完，福临竟兴奋地抓住了他的手摇了起来。

"'天下兴亡，匹夫有责'，今后治国平天下的事正要依靠你们汉人呢。"

"怎么，黄弟你不是汉人？是了，你穿的是八旗戎装，真是怪了。"熊赐履大惊小怪地嚷嚷起来了。

"这个……"福临一时也没辙了，是呀，今天为什么要穿这身满族人的衣袍呢？唉！

"回各位爷的话，我们黄爷跟旗人沾点儿亲，所以也入了旗籍了。"

吴良辅好意地为福临解围，谁知他说的柔柔的娘娘腔更让徐元文他们心中疑惑。

"哟，我说这位大师，敢情您没走错地儿吧？喏，顺着门前的大街往东走再拐个弯，那才是您该去的地方。"店小二一声响亮的吆喝，吸引了福临等人的目光。

"阿弥陀佛！贫僧刚从报国寺出来，路经隆盛轩，还不兴进来喝杯茶？"老和尚白胖胖，笑模笑样的，慈眉善目，令人倍增好感。

"嘻！隆盛轩今儿个宾客如云，连大师也进来捧场了。得，您里面请！"店小二很会做生意，嘴里吆喝着，忙不迭收拾整齐了一张空桌子。

"师父，您请坐这儿吧！"耿昭忠面带惊喜之色，上前施礼，"请问大师法号，宝刹何处？"

老和尚没有回答，环顾左右，喃喃自语着："论数，贫僧今日当遇贵人，果不其然，这店里一片富贵之气，善哉善哉！"他的声音不大，但却很清晰，当他的目光与福临相遇的一刹那间，福临仿佛是被魔法定住了似的，呆呆地看着和尚，灵魂似已出了窍。

"哎，元文兄，这位师父我认出来了，是海会寺的主持憨璞聪大师，前几日我专门去了海会寺一趟，为母亲大人的病占卜凶吉，当时就是憨师父给我算的卦。"

"海会寺的住持？"福临心里一动，心里说，这必定是缘分了，我还没来得及去拜会他，他却找上门来了。怪事，礼佛吃斋能这么灵验，这么让人倾心吗？海会寺的香火日盛一日，求医问药、占卜凶吉的人几乎踏破了山门，佛教真的有这么大的法力？

"这位年轻人，贫僧见你眉宇间气概不凡，是一个大有作为的人，不过你眉宇间另有一股阴晦之气，如果你不能超过自我的话，事情就很难说了。"

福临又是一呆，有些迷惑地看着老和尚。

老和尚直盯着福临解释说："老衲观居士气概，有我佛普度众生之志，但我佛如此宏愿，亦非一蹴而就，须得靠居心一心一意弘扬佛法，晓谕众生，方可使世界脱离苦海，同登乐土。方今尘世妖孽猖獗，正气不张，在此污泥浊水之中，居士年纪轻轻能成就此番大业，实属大不易，此乃吉人天相呀！但天下之事，纷杂浩繁，岂能有一人做完？故老衲奉劝居士一句，红尘俗世，皆身外之物，居士千万不要看得太重，否则就躲不过轮回之苦了。"

福临点着头，似有所悟。半晌才问了一句："大师之言，弟子茅塞顿开。弟子尚有一事相问，不知这天下承平之日何时到来？"

老和尚哈哈一笑，声若洪钟，聚在隆盛轩里吃酒饮茶的学士们纷纷围拢了过来，个个面露惊喜之色。能在这里巧遇海会寺的高僧，百闻不如一见，憨和尚果然智慧圆通，道行高深。这些学子儒生，尽管满腹经纶，但每当面对不可预知的、又无法左右的命运时，很难做出正确的选择，有时也难免求助于神灵，指点迷津。此刻他们都以虔诚而恭敬的神态看着老和尚，因为这位满洲小军官的问题也正是他们这些读书人最关心的事情。

"阿弥陀佛！人心思定已不可逆转，西南与东南边陲不日即可收复，天下一统指日可待。也许东南海上的不平还要持续一段时日，但也无妨大局。老衲看各位都是饱学之人，都是为了一个共同的目的，善哉善哉！学而优则仕，治国平天下之事正需要你们读书人相助，奋发努力吧，老衲愿你们心想事成，美梦成真！"

"谢师父吉言！""谢大师指教！"

和尚一席话喜煞了这些莘莘学子，他们之中像徐元文这样出身世家大族、富甲一方的人毕竟为数不多，更多的是与熊赐履境况相同的贫寒之士，贫士出仕，唯有科举呀。

"这下子我就心安理得了！"一位看上去已不太年轻的老儒生大发感慨，"天下一统乃大势所趋，人心思定，足见大清已是天命所归。丁酉顺天、江南两案，朝廷执法如山，求贤之意颇诚。我辈读书人，自当顺应天意呀。"

"正是！"熊赐履快人快语，一扫往常性情过于严毅的道学劲儿，"我原也担心科场承明末之滥觞，弊端百出。今年顺天科场一案，李振邺、张我朴授首，人心大快；江南科场弊端已发，朝廷也定能查个水落石出，严惩不贷。皇上英明有为，乃我辈儒生的洪福呀。但愿天下科举铨选一扫积弊，杜绝弊端，我辈出头之日必将指日可待！"

"哈哈哈哈！"福临的眼睛里倏然闪出两道喜悦的光亮，欢快之情溢于言表，随即爆发了一阵爽朗的大笑："识时务者为俊杰，你们这些有治国平天下抱负的儒生必将成为大清的俊杰、栋梁、有用之才！哈哈哈！"

说起科场舞弊之事，众人的话就多了，同为读书人，学而优则仕，谁对此不关心呢？

"皇上明睿，远见万里。科场之弊诚然可恶，理应严明法纪，时加匡正。但凡吸引人才，自古以来，从无以斧钺刑杖随其后的道理。"一位中年儒生言谈之中似有些不平，他相貌清瘦，眉宇间带着淡淡的忧郁，鼻梁的左侧有一颗黑痣，很是显眼。

"承恩兄，事情既已发生，一切都不可挽回了，但愿从此以后科举选官能够公开公平，杜绝任何的徇私舞弊。"徐元文与鼻翼旁长着黑痣的神情忧郁的中年男士算是同乡了。这人是江苏常熟人，名孙承恩，其弟孙旸是江南科场舞弊案的受牵连者，被遣戍边外，并且连累了全家人。

"铨选之政纵然堪称清平，但能免贿赂，不能免人情，科举亦然。考官贿买关节，大于法纪，自要绳之以法，但何必牵连甚广？同为科场舞弊，显然朝廷对江南一案的惩处要比对顺天一案的惩处严厉了许多倍，这又是为何呢？如今屡兴大狱，治罪甚于大逆，无辜受牵连者求天不应，入地无门，是不是有些过分了？"孙承恩的眼圈红了，声音有些哽咽。

福临正在兴头上，刚刚听了几位儒生对朝廷对他本人的赞美之辞，心中不免洋洋自得。可这个"有痣"青年却当众大诉其苦，莫非他有苦衷？

福临扬扬浓眉，想说什么，又竭力忍住了。也好，难得听到这些逆耳之言，索性沉住气吧。若这个有痣儒生说的太离谱了，待会儿再抓他不迟！

"唉，承恩兄，你弟弟孙旸兄是受牵连的一个，这无辜受冤的还多着呢。那桐城才子方章钺的父亲还在朝中做官，就因为与主考大人同姓，朝廷就认定他们必定是同宗，这就犯了大罪！而且还使其他几名考取的举人也遭了牵连，他们的父母兄弟全部被流放到了宁古塔！这事想起来真让人后怕呀！若是我辈有人参加了丁酉科举，那今天还能坐在这里吃酒闲谈吗？所以承恩兄，你就想开一些吧。"

孙承恩一脸的苦笑："突遭厄运，家道中衰，若要重振家业，重树我兄弟二人在江南的名望，便只有科举入仕了。但愿皇上圣明，替天行道，还我孙氏家门的清白！"

福临听明白了，这个孙承恩心中虽有不满，但对我大清并无二心，也算是个可用之材，且看他的真才实学如何吧。

"还有吴兆骞，他的结局更令人惋惜。响当当的江南才子，千不该万不该落得个如此结局呀！"儒生中又有一人发出了哀叹。

"哼哼，看来这些个儒生多来自江南，他们对朝廷对江南科场舞弊一案的处置颇有不满。朕就是要借机煞一煞你们江南文人的威风！不要一个个学那归庄顾怪，枉有满腹经纶！其实，这尤侗、吴兆骞，还有那方章钺，还有眼前的这位孙旸的哥哥孙承恩，只要你们能够正视现实，将来难免不会没有出头之日！让你们吃吃苦头也好，你们这些个江南才子有时候也太狂妄了！"

福临渐渐陷入了沉思，他自己心里当然再明白不过了，他对江南科场一案的确是从重惩处的。为什么要这么做？他当然有自己的想法。先说南闱的两名主考官方犹和钱开宗吧，临行前皇上专门召见面谕，令其"敬慎秉公"，而方、钱二人是阳奉阴违，违谕坏法。对此等主考若不予以严办，今后天下臣子谁会遵旨？若都拿皇帝的御旨当作儿戏，这天下岂不乱了套啦？

到了顺治十四年的时候，眼见得清入主中原已坐稳了江山，少年天子治国有术，倡言"满汉一家"，令广大汉人士子刮目相看，从彷徨苦闷中解脱出来，决心脱胎换骨为新朝效力，于是大江南北老少儒生纷纷埋头苦读圣贤书，制艺八股文章，期望以科举致仕而出人头地，耀祖光宗。然而跃跃欲试的儒生们却时运不济，遭遇到了震惊一时的丁酉科场案。这年秋天，南北两地开科取士，称南闱和北闱。在放榜之后，北闱士子鼓噪大闹，扯破了榜文。南闱士子更是群情激愤，怒不可遏，社会鼓荡。

先是由北方的无名氏写了一本《万金记》，万即南闱主考官方犹之姓去掉上面一点，金即南闱另一主考官钱开宗之姓去掉右部，来揭露方钱二人弄权科场，大捞油水的内幕，一时在社会上流传甚广，在江宁书肆十分畅销，舆论哗然。长洲尤西堂侗（即尤侗）又做了一部《钧天乐》，也是讲考试行贿买通关节之事，此书在京师传得满城风雨。当时，"尤侗、汤传楹高才不第，隐姓名为沈白、杨雪，描写主考何图，尽态极妍，三鼎甲贾斯文、程不识、魏无知，亦穷形尽相"，"上震怒，遂是有狱"。

对才子尤侗，顺治帝一向很赏识，常在宫中吟诵他讽刺当朝弊政和表现百姓疾苦的《煮粥行》。顺治极其佩服尤侗的文采，称其为"真才子"。他甚至把尤侗的其他许多诗文也谱成曲，时常令乐工们弹唱，品悟诗文意趣。顺治对尤侗、归庄等人的作品甚为宽容，此类讥刺当朝的诗文若在后朝或前朝，作者必杀无疑。是故当时人盛赞年轻的顺治帝的开明之举："乐府流传人禁廷，月明一面唱珑玲。词人不坐青邱祸，老退闲书贝叶经。"其中的"青邱祸"系指前朝明太祖朱元璋因不满大臣高启的一首诗而将其杀死的字祸旧事，而这种事情若发生在稍后的乾隆朝，还不知要株连到多少人呢。

文字之狱，是明清史上普遍而又独有的特征。当仓颉造字的时候，他或许不会想到本应造福于苍生的文字竟也会给人类带来灾难吧？当然，罪不在仓颉，不过，当仓颉的在天之灵看到由他创造的文字给后人带来的负面影响——灾难、血光之时，他会不会深深后悔呢？所幸，大清的少年天子顺治帝是一位开明的君主，这种悲剧在他在位的时期基本上没有发生过，这岂不是汉族士人的一大幸事？

须知，明末清初之际，江南一带有不少汉族士大夫在思想上甚至在行

动上坚决反清，最典型最有影响的莫过于这一时期最杰出的三位著名思想家——顾炎武、王夫之和黄宗羲了。正如《清史稿》中所写的那样："天命既定，遗臣逸士，犹不惜九死一生，以图再造。及事不成，虽浮海入山，而回天之志，终不少衰……呼号奔走，逐坠日以终其身，至老死不变，何其壮欤！"

江南一带由于受明末东林党、复社的流风遗韵的影响，文人士大夫们始终不肯与大清合作，若是当朝天子认真追究起来，那么满朝文武中还能有那么多的汉人大学士和汉官吗？还能有现在的徐元文、熊赐履等人在京城里高谈阔论、谈笑风生的情形吗？

身为帝王，贵为天子，顺治帝竟把骂自己骂得狗血喷头的归庄、尤侗等人的诗文谱成乐曲，佐食下咽，这难道不体现了少年天子的博大胸襟和非凡的气度吗？这对那些饱学而又清高的江南文士不是一个福音吗？所以，徐元文、熊赐履们不再犹豫，不再"执迷不悟"了。正因为如此，他们的生活和境遇才比他们的父辈们要优裕得多，而他们的才华和能力也得到了最充分的体现，从而博得个青史留名，岂不美哉？

顺治帝宽厚待士的种种做法在朝中的汉官们最为清楚。比如王崇尚、王熙父子便亲身体验过。父子同朝为官，平日里又备受皇上的赏识，这父子俩也就更加尽心竭力、勤于供职了。可是老虎也有打盹的时候呀，有那么一回，竟差一点送了两父子的命！

那是发生在北闱与南闱两个科举大案之后不久的事情，当时在朝的汉官多半受到了牵连，就是与此案无关的官员也是人人自危，转眼间便觉矮了三尺，当然那些满洲的王公大臣和大学士们就更加得意洋洋了。

屋漏偏遇连阴雨。有一次退朝时，王熙父子竟不约而同地对朝鲜使臣垂头而泣，泪容悲戚，大失朝仪，被当日的纠仪给事中任克溥参了一本！

这还了得？任克溥奏称王熙父子"心里念念不忘故明，分明有叛逆形迹"！

对此，王熙父子只得认罪，承认是"情不自禁"，因为当时朝鲜使节一时疏忽竟穿着前明的朝服来上朝，令王熙父子触景生情，黯然神伤！

可是，就汉臣而言，思故明者便为不忠，不思故明者便为忠吗？这个念头在少年天子的脑海中闪过，他当即便有了主张，只用一双明亮的眼睛看着惶恐不安的王熙父子，微微一笑："身为明臣而不思明者，必非忠臣！朕岂不明此理？起去！"

只这么轻描淡写的一句话，令在场的汉官们唏嘘不已，王熙父子更是激动得热泪盈眶：多么宽容圣明的君主呀！

既是如此，顺治为什么又要严惩南闱一案中的众多士人呢？主要是南闱之弊，影响太坏，流传太广，不予严惩，难平民愤和士心。江南一带，人才辈出，精英荟萃，物华天宝，非其他地区所能相比。自大清开科取士之后，每一次会试的状元、榜眼、探花，多为江浙才子所得。包括顺治十八年在内，顺治朝前后共举行了会试殿试，其中，吕宫、邹忠倚、孙承恩、徐元文、马世俊五名状元是江苏人，史大成是浙江人，只有傅以渐、刘马壮两名状元是山东、湖北人。八名榜眼中，江苏有两名；八名探花里，江苏有四名，浙江有四名，还不包括在朝的大学士，九卿总督、巡抚等汉官，他们也多系江浙人士。因此，如果科场弊端太重，真才得不到选拔，势必使朝廷难觅良才，而那些怀才不遇的士人难免滋生不满和对抗情绪，甚至诋毁朝政，动摇民心。所以，顺治帝下决心严惩了南闱科场一案，并且使一些无辜的士人受到了牵连。当然，这里边恐怕也与满洲王公大臣对汉人的不满和挑拨以及汉人太过清高有关。比如那个有名的才子吴兆骞，都说他才思敏捷最善做文章，动辄下笔千言，最有"晾才绝艳"，可是当顺治帝在中南海瀛台亲试该科江南中式的正副榜举子时，这个吴兆骞竟交了一张白卷！

顺治传 SHUNZHIZHUAN

第四十二章
说殿试兆骞交白卷　宣佛旨大师度皇帝

　　不禁引起一阵哗然。因为殿试有规定，"不完卷者，银铛下狱"，吴兆骞不是没有做完卷子，而是一个字也没有写！这究竟是为什么呢？有人说他是惊魂未定——皇上亲自复试之日，"堂上命二书一赋一诗，试官罗列侦视，堂下列武士，银铛而外，黄铜之夹棍，腰中之刀，悉森布焉"，而且，"每举一人，命护军二员持刀夹两旁，与试者悉惴惴其栗，几不能下笔"。在这样恶劣的情势下，一向下笔千言的吴兆骞竟"战栗不能握笔"，"不能终卷"。也有人说吴兆骞是一个恃才傲物的人物，故意卖弄自己所以才制造了这样一场轰动朝野的白卷事件。其实，是吴兆骞看到殿试如同刑场般的景象，一时感慨万端，把笔一扔，朗声说道："焉有吴兆骞而以一举人行贿的吗？"真是清高得近乎狂妄了。

　　顺治一怒之下，将吴兆骞连同其父母妻子兄弟一起发配到了宁古塔。顺治十五年十一月二十八日，顺治帝在刑部奏折上谕批：方犹、钱开宗俱着即正法，妻子家产，籍没入官。叶楚槐等十八名同考官处绞刑，妻子家奴，籍没入官。方章钺、吴兆骞等八名考生，俱着责四十板，家产籍没入官，父母妻子流徙宁古塔！值得一提的是，就是在这一次殿试中，江南才子吴珂鸣同样身带刑具，在护军营的乌三校持刀监视的情况下，写出了为世人传颂的佳作，文列第一成为解元，不久，顺治帝特赐他进士及第。所以，吴兆骞的结局完全是他咎由自取的。

　　然而，仅仅是因为一人中举有舞弊之事，就要连父母兄弟子女都要连坐，充军到数千里之外的荒凉边境，冰天雪地，人迹罕至，特别是宁古塔，清人称"其地重冰积雪，非复世界，中国人亦无至其地者。诸流人虽各拟遣，而说者谓之半道，为虎狼所食，猿穴所攫，或饥人所啖，无得生也"。如此看来，顺治帝这样的惩处未免太重了。为什么这么说呢？

　　纵观中国古代列朝对犯人的惩罚，虽然条例繁杂，但大致可以概括为打、杀、流放三种。表面上看起来，流放可以使人免受皮肉之苦，似乎更能够保全性命，比起前两种惩罚而言，更像是一种较为仁厚的惩罚。其实不然！受过鞭刑、笞刑的犯人当时是皮开肉绽，伤痕累累，可是过不久伤口便会愈合。而杀头不过是碗大的疤，长痛不如短痛，倒也利落。至于流放，对犯人来说却是一种一辈子受折磨的酷刑，死了倒也罢了，问题是只要是一息尚存，便要忍受这种无休止的精神折磨。因为朝廷动辄将犯人的全家、全族甚至几族一起流放，突然在一夜之间原本是锦衣玉食的家庭遭到查封，籍没入官而且家人降为奴仆，为防止逃跑，一路上须带枷远行。普通百姓一般不会遭流放，要么就学陈胜、吴广"揭竿而起"，要么落草为寇做一个绿林好汉，偏偏就苦了那些饱读圣贤书的"名士"和"才子"，稍有不慎便会遭此厄运，而且原本不相干的亲族也要受到牵连。这就是典型的中国古代判决，处罚之重，到了完全离谱的程度！

　　后人有这样的诗句："南国佳人多塞北，中原名士半辽阳。"其实这里边包含着多少让人不敢细想的真正大悲剧呀。所以，当不识时务的吴兆骞服刑时，他在京中的好友顾贞观、徐乾学、吴梅村等人都来给他送行，纷纷为他鸣不平，却已于事无补了。友人们眼睁睁地看着吴兆骞带着枷锁离京而去，吴梅村悲从心来，以诗相赠送友人上路。吴兆骞这一去就是二十多年，若不是京城中老友的鼎力相助，他只怕要老死在宁古塔了！吴兆骞本想科举出仕，光宗耀祖，却反而连累了家人，到池五十四岁在北京去世时，他一直没有出人头地，只留下了几卷悲凉、催人泪下、读之令人回肠荡气的诗稿和这个令人欷歔不已的故事。

　　让我们一起读一读吴梅村的《悲歌赠吴秀子》一诗吧："人生千里与万里，黯然销魂别而已。君独何为至于此，山非山兮水非水，生非生兮死非死。十三学经并学史，生在江南长纨绮。词赋翩翩众莫比，白璧青蝇见诽谤，一朝束缚去，上书难自理。绝塞千山断行李，送吏泪不止，流人复何倚？彼尚愁不归，我行定已矣。七月龙沙雪花起，橐驼腰垂马没耳。白骨皑皑经战垒，黑河无船渡者几？前忧猛虎后苍兕，土穴偷生若蝼蚁。大鱼如山不见尾，张鬐为风沫为雨。日月倒行入海底，白昼相逢半人鬼。噫嘻乎，悲哉！生男聪明慎勿喜，仓颉夜哭良有以。受患只从读书始，君不见吴季子。"

　　吴兆骞的好友大词人顾贞观在吴遭流放之后，常常以词代书互叙友情，令吴兆骞感动万分。吴兆骞在塞外写了《寄顾舍人书》最为感人："嗟乎，此札南飞，此身北滞，夜阑秉烛，恐遂无期，惟愿尺素时通，以当把臂，唱酬万里，敢坠斯言。"把一股悲愤慷慨的生离死别之情，抒发得淋漓尽致。

　　顾贞观惦念友人，为此冤狱，特写了《贺新郎》亦名《金缕曲》二首相寄，也写得极为深情。第一首是："季子平安否？便归来生平万事，哪堪回首！行路悠悠谁慰藉？母老家贫子幼，记不起从前杯酒，魑魅择人应见惯，料输他覆雨翻云手。冰与雪，因旋久。泪痕莫滴牛衣透。数天涯依然骨肉，几家能勾？此似红颜多薄命，更不如今还有。只绝塞苦寒难受。世载包胥承一诺，盼乌头乌角终相救。置此札，君怀袖。"

第二首是："我亦飘零久！十年来深恩负尽，死生师友。宿昔齐名非忝窃，试看杜陵消瘦，曾不减夜郎僝愁。薄命长辞知己别，问人生到此凄凉否？千万恨，为兄剖。兄生辛未吾丁丑。共些时冰霜摧折，早衰蒲柳。词赋从今须少作，留取心魂相守。但愿得河清人寿。归日急翻行成稿，把空名料理传身后。言不尽，观顿首。"

这两首词，字字是血，声声是泪，实为被惩罚之举人鸣冤叫屈，认为这些人本系才子名士，如孙旸、陆庆曾、方章钺及吴兆骞等人，并非是腹内空空行贿得中，因此皇上对南闱一案惩办的似乎过于苛刻和严厉。其实说起来，对于"丁酉之狱"，顺治对南闱和北闱的处治原则是大同小异，即都是连妻子父母兄弟一并流徙，只不过是京闱案流徙之地为尚阳堡，比南闱案之宁古塔要近一些而已。

当然，国人对"丁酉之狱"无人敢言皇上苛暴，但少年天子已然发现，由于科场案株连太多，已弄得满朝汉臣缄口寒心，人人自危了。于是，顺治又下了一道谕旨，犹如一缕春风吹皱了一池春水，又犹如一场春雨滋润了干涸的土地，满朝汉臣们的脸上重又现出了舒心的微笑，不仅如此，汉人文士儒生们也对当朝充满了渴望和信心。因为，在由皇上亲点的那些"确有学问才能"的文官中，除了伊桑阿之外，杜立德、李霨、王崇简、王熙、冯薄……全都是蛮子文士！这下文官们又交上了好运，前途一片光明！瞧瞧，眼前这些汉人儒生文士千里迢迢进京，不就是想博取功名，有所作为吗？

"朕为万国之主，至尊无上，乾纲独断，雷霆天成，官民震慑，岂不痛快？这皇帝做的倒有些个滋味儿了。"福临暗自想着，一脸的得意之色。

"咦，大师何时走的？"随着吴良辅一声尖叫，福临这才回过神来，连忙双手抱拳朝徐元文等人致意："卑职佩服几位学士的才华和人品，几位他日定能如愿以偿，治国平天下就靠着你们了。告辞告辞，哈哈哈哈！"

店小二一见福临几人要走，慌得上前一指满桌的菜肴："黄爷，这银子您还没付呢。"

"噢？好说好说，小吴子付账。"

"黄爷，小的身上没带银子。"吴良辅往怀里摸了摸，一脸的沮丧。

"要不黄爷写个字据，小的明日去您府上取？"店小二试探着问，脸上的笑容已经有些勉强了。混吃混喝的地痞无赖他见得多了，可眼前的这位言谈举止都有一种特别的气质，不像是那种人。

"你要去我的府上取？"福临一抬浓黑的眉毛，笑了。将手中的折扇往店小二手中一放："得，凭这把扇子你到我府上随意支取银子，该多少给多少，这总行了吧？"

"这扇子……"店小二半信半疑地打开了折扇，绢丝扇面上画着山水花鸟，两个蝇头小字赫然入目："御笔。"

"妈呀，他是皇……"店小二心里一喜，捧着扇子大叫起来，撒腿往店门口跑去。

大街上过客匆匆，熙熙攘攘，哪里还能看得见那位黄爷的踪影？

"出什么事了？小二，这菜肴我付钱，总不能让你为难呀。"徐元文朝店小二喊着，他很善解人意。

"老和尚说得对，今儿个咱这隆盛轩里真来了贵人，可了不得了，贵人到咱隆盛轩来啦，掌柜的，天大的喜事哟！"店小二捧着扇子，笑着喊着直奔后堂，把徐元文他们几个搁在了一边。

京城西郊有群山，总名为西山。古人形容西山说："连冈叠岫，上于云霄"，"挹抱因环，争奇献秀"，景色异常清幽，春夏秋冬景色各异，妙不可言。春夏之交，晴云碧树，花香鸟语；秋季则万山红遍，层林尽染；冬天，则积雪凝素，雪景尤胜，时人誉为："西山晴雪"或"西山霁雪"，是北京著名的景胜之一。自金元以来北京地区就流传着"燕京八景"，历代帝王、文人纷纷为八景咏诗，八景遂名扬天下。八景为："太液晴波"（或"太液秋风"），说的是北海、中海和南海的水上景色；"环岛春云"指北海的琼华岛（后为万寿山）白塔、松柏等美景；"金台夕照"，是从燕昭王筑黄金台的典故中引申出来的，金台遗址在广安门外；"蓟川烟树"，北京古为蓟地，周围多树木，四季苍郁，轻烟拂空，故名；"玉泉垂虹"，京城西玉泉山和玉泉池，水青而碧，清澈见底；"卢沟晓月"，广安门西南四十里处的卢沟桥两侧栏上雕有数不清的石狮子，晴空或月正时登桥遥望最为迷人；"居庸叠翠"，位于京城西百余里处的居庸关，为万里长城的重要关口之一，有关城和边墙，形势极为险要；还有一景即为"西山晴雪"或"西山霁雪"。

西山慈善寺的红墙碧瓦，在漫山遍野的瑞雪中格外醒目。一夜大雪，将寺前的小路都封住了。清晨雪霁，两位灰衣僧人打开了山门，挥舞着扫帚和铁铲，不一会儿便扫出了一条路。

"师兄，今儿个天冷，大雪封山，香客恐怕要少喽。"小僧人扔下竹扫帚，双手揉搓着被冻红的耳朵。

"未必！"高个僧人还在铲雪，他不时地往手上哈着热气，"咱庙里来了高僧，等会儿你就瞧吧，那香客若不把咱这山门坎给踏破了，我就喊你一声师兄！"

"嘻嘻，你这么大个子，我哪敢让你尊我为师兄呀，倒是下回烤野兔子吃的时候，你吃慢些，多给小弟我留着就成了。"

"去去，说话不会小声点儿？没有拿你当哑巴，干活吧。"

"咦，师兄，还真让你说准了，这么早就有香客上山了。"小僧人一声高喊，又蹦又跳到殿里告诉师父去了。

"哼，小懒虫，小馋猫，好吃懒做的家伙。"高个子僧人嘴里咕哝着，手里的铲子舞得更快了。

清晨的阳光投在山野雪原上，映出淡淡的粉红色，而未照阳光的阴影处又泛出浅浅的蓝色，使银装素裹的雪地显得多姿多彩。一顶绿呢小轿晃晃悠悠地顺着弯弯山路慢慢爬了上来，八名轿夫着红袍青靴，个个威武壮实。轿子前后还跟着数十名着风衣风帽的侍从。

"乖乖，看这阵势，这位香客必定大有来头，得，今儿个咱这慈善寺又能有大宗的收入了。"高个子沙弥连忙放下铁铲，双手合揖，迎上前去："风雪严寒，有劳施主，请寺中安歇。阿弥陀佛。"

从绿呢轿中下来一位披貂皮大氅的年轻人，黑色的狐皮暖帽上嵌着一颗大红的宝石，脖子上围一领火红的狐毛围巾，据说是用几十只火狐狸的腋毛缝制而成的，柔软异常，围在胸前仿佛里面藏着个小火炉子似的。

大个子沙弥见来人气宇不凡，忙退到一边，双手合十，从眼角偷偷打量着。八抬大轿，前呼后拥的，就连那些仆役侍从也显得那么有气派，沙弥心想轿中的必定是一位老成持重的官人，谁知竟是一个翩翩美少年！此人额高而宽，眉宇俊朗，浓眉如黛，一双黑白分明的眼睛里透出一股子令人不可抗拒的尊贵威严之气，英气逼人，可是，这少年的眼神中仿佛还有一丝迷茫。

"看来，这个富家弟子遇上了烦心之事，瞧他这气派又能有什么事让他心烦呢？"沙弥挠着后脑勺百思不得其解。他的修行还不深，不能够像师父那样能洞穿一切，所以他依旧只能是个沙弥。

"爷，雪地上滑，您走路悠着点儿。"披着狗皮风衣的吴良辅上前一步，放下了长长的衣袖，将右手臂高高抬起，正好成了福临的"拐杖"。

自从皇上拜望了海会寺的高僧憨璞聪之后，由于憨璞聪巧于辞令，与顺治帝相谈甚洽，少年天子仿佛突然遇到知音，不久便召憨和尚入宫问佛法大意，从此，佛教也打开了清宫的大门。顺治十年，北京地区的佛教徒对横行肆虐的天主教甚为愤怒，便聚资重葺毁于明嘉靖年间的城南海会寺，并请来临济宗龙池派四世法师费隐容的法孙憨璞聪和尚主持新刹。憨璞聪善于攀附权贵，他得知满族人对佛教并不感兴趣，便想方设法买通关节，用重金贿赂了少年天子身边的当红太监吴良辅。这一招果然灵验，没多久，少年天子趁去南苑秋猎之机，中途走进了海会寺，这一进，少年天子便不愿意再退回来了。对佛教近乎茫然无知的顺治帝将憨璞聪请进了西苑万善殿为自己详说佛法，这一说就是十天。于是，少年天子知道了，天外还有天。顺治帝欲罢不能，对佛教产生了浓厚的兴趣，憨璞聪见时机成熟，便向当今佛界的宗门耆旧以及江南各大名刹的高僧如玉林琇、茚溪森、木陈忞、玄水果等逐一告知，从而使佛教的临济宗抢先一步在京城和紫禁城里站稳了脚。顺治帝一高兴，敕封憨璞聪为"明觉禅师"，派他住持憨忠寺（今北京法源寺）。

　　吴良辅心里也高兴呀，顺治的心性做奴才的摸得最透。他先让憨和尚在书肆和隆盛轩里出现，引起顺治的好奇，让他动心觉着有趣，而不是让憨和尚贸然去求见。因为皇上是什么身份，真龙天子呀，求见的人太多了，皇上即使肯见，过不了一两天的功夫，就会忘到脑后去了。而且，若是正经八百地引见，可能会让汤若望紧张，这个鹰鼻鹞眼的洋鬼子心眼儿多着哪，他能让佛教入宫抢夺他的地盘？吴良辅对汤若望的洋教早就看不顺眼了，他那天主圣母什么的，能抗得过中国的如来佛观世音？别人不知，吴良辅心里可是清楚得很，皇上和太后之所以如此看重汤若望，除了这人有些学问，人品不坏，更重要的是南明永历政权也信洋教，要争夺天下招降永历政权，起码也得做做样子尊敬洋教，这叫国家大事！可是，眼下孙可望已经归顺了，永历眼看也就要玩儿完，因此说，洋教在清廷里的地位也就该被佛教所取代了。吴良辅是个虔诚的佛教徒，这些他已经参透了。今天，吴良辅是陪天子来拜见浙江湖州报恩寺的住持玉林琇的。

　　说起来，吴良辅和玉林琇又里应外合布置好了一个圈子，让顺治帝迫不及待，"自投罗网"。随着对佛事的了解，顺治已不满足仅与憨和尚谈禅了，于是便遣使南下宣诏，请玉林琇入京说法。玉林琇十八岁循入空门，仅仅数月，便悟道得法，二十三岁成了报恩寺住持。他"出世"之早，为禅门罕见，备受佛门弟子尊敬。在他住持之下，报恩寺寺境清肃，道风严峻，为一时典范，加上憨璞聪的竭力推荐，终于引起了顺治帝的好奇和兴趣。如果临济宗诸僧能得宠于大清皇帝，那么这一门派的发扬光大将是无

可置疑的。但玉林琇已经吃透了少年天子的心思，他借故自己卧床不起、先母未葬等等，迟迟不赴召，而顺治却并不恼怒，只是再三敦促。由于当时江南士人多不满异族统治，对满族人统治的大清有着广泛的排斥情绪，加上世俗之隔，有大量的汉人文士遁迹于禅门，崇尚遗民风节，而佛门之中也一向有所谓的高僧"谢宠忘荣"之说，因此玉林琇故作清高，生怕影响了他在江南士人百姓中的声望。现在时机成熟了，玉林琇才姗姗起程，少年天子等得实在是不耐烦了，这不，不顾天寒地冻亲自拜望玉林琇来了。

人创造了宗教，而非宗教创造了人，因此宗教的根源不在天上而在人间。佛教反映着中国现实社会的诸多苦难，并且为人们"指出"了一条脱离苦海、寻求来生幸福的路径。顺治帝一向多愁善感，他在十字架下没找到光明之路，却在佛门中看到了曙光，他相信他的痛苦——爱别离、怨憎恨之苦可以在佛教中得以消除。

福临边走边想，穿过了前殿，踱进了大雄宝殿，宝殿里塑着佛祖金像，右边是有求必应坚毅严肃身骑白象的普贤菩萨，左边是聪明睿智笑容可掬跨着雄狮的文殊菩萨。大殿两侧是瞠目龇牙、形态各异的四大天王。此时殿内无一闲杂人员往来，正中供桌上青灯长明，烟雾缭绕，只有清脆的木鱼声在高旷的大殿里回荡。

"佛祖在上，受小的一拜！"吴良辅"通"地一声拜倒在地，喃喃的祷告声打断了福临的思绪，在高不可攀的如来佛祖面前，堂堂的大清天子突然间觉得自己是这么的渺小，这么的庸俗。佛法广大，宇宙无限，身为皇帝，也有七情六欲，也是苦海中的凡夫俗子，好比大千世界里的一粒尘埃，浩瀚星空中的一颗流星，是那么的微不足道，卑不足称！与佛法相比，人的生命太短暂了，白驹过隙，转瞬即逝，奈何？

福临的心里涌起了一股莫名的悲哀，双腿一软竟也跪在了蒲垫上，拜倒在了至高无上普度众生的佛祖脚下，将头低了下去。这一拜，露了馅，福临穿在里面的明黄色龙袍的衣角露了出来，敲木鱼的老和尚惊喜地喊道："万岁驾到，贫僧有眼无珠，有失远迎，罪过，罪过！"

福临一怔，见被他识破了身份，索性脱下皮大氅甩给了吴良辅，对老和尚说："朕特来拜望玉林琇大师，烦请大师出来相见。"

"大师已恭候多时，请万岁随贫僧到后院去。"

福临有些不悦，心里说玉林琇，你的架子也太大了吧？三番两次请你不来，来了却又避而不见，唉，朕真是着了魔了，竟被你这个和尚牵着鼻子走。没办法，就再忍耐一下吧。

福临轻轻叹了口气，跟着和尚往里走。吴良辅心里高兴，扯着嗓子喊道："皇上有旨，今儿个慈善寺关闭山门！"随行的轿夫立即四下散开，在寺里众多的屋宇前后兜起了圈子。扫雪的两个沙弥互相看了一眼，嘀咕着："原以为来了个有钱的主儿，这倒好，天底下最有钱的皇上来了却是一个子儿不掏，还得关了山门，这香火钱可从哪儿来呢？"

难怪刚才福临在大雄宝殿里会走了神，原来这慈善寺的前身叫魔王庙，果然曾经是一座喇嘛庙！只是经过临济宗门下僧人们的修整和重建，才使原先的阴霾鬼魅之气荡然无存。而翻修过的藏经楼、念佛堂与方丈室等，都显得非常幽静和古朴。阳光下，覆盖着积雪的苍松在微风中抖动着被压得弯弯的枝条，这里的一切都是那么静谧和空旷，除了脚踩积雪发出的"咯吱咯吱"的声音之外，仿佛一切都凝固静止了似的。福临不觉屏住了呼吸，神色渐渐庄重起来，他甚至意识到在这样一处超然化外的地方，要忘却尘世似乎并不是一件困难的事情。

这里是玉林琇的临时禅房，窗明几净，长几上摆着几卷经书和纸砚，禅床上盘腿坐着一个身材瘦小的和尚，若不是他颏下几绺雪白的长须，倒像是一个十几岁孩童的模样，四个字便可概括：鹤发童颜。

福临进了禅房之后第一个感觉是阴冷，奇怪，这房里居然连个火炉子也不生！这和尚来自江南，他能受得了北地的冰雪严寒吗？这和尚原来貌不惊人，难怪不肯入京，他的这副尊容可真有些登不了大雅之堂！福临的脑子里忽然冒出了两句诗："只疑云雾窟，犹有六朝僧"，又想起了汉人故事里与白蛇精作对的法海和尚。正在胡思乱想的时候，玉林琇睁开了眼睛，面无表情地一指对面的竹椅子："请坐！"

福临心里突然慌了，立刻坐了下来。"哎哟天啊，真的好凉啊！"可也是，大冷的天坐竹椅子，这让皇上怎么受得了？唉，若是披着那一件狐皮大氅就好了。但，这玉林琇为什么就是不冷呢？

第四十三章

林琇劝天子归佛门　福临苦真情难延续

　　福临与玉林琇的目光相遇了。只这一瞥，少年天子的心灵就受到了深深的震撼！玉林琇的姿势稳如泰山，长眉疏髯，清癯安详的面庞，细长的眼睛中射出的超凡脱俗的光芒，令一直心神不定的福临顷刻间变得心悦诚服了，他规规矩矩地垂手坐着，身子绷得笔直，像是一个犯了错误诚心接受老师训斥的学童。

　　"朕想前身的确是僧，如今每到寺院禅房，见僧家窗明几净，处处洁净，总是好生羡慕不忍离去。说来也怪了，朕宫里差役奴婢数百上千人，怎么就不觉得如这般清爽洁净？"

　　"老衲看来，皇上乃佛心天子，若久修梵行，定能修成正果。"

　　"朕有一事不明，还请大师解惑，"福临认真地看着玉林琇，"从古治天下，皆是祖辈相传，日理万机，不得闲暇。朕祖上信天神，奉喇嘛，而朕却好学佛法，这却是为何？朕是从谁而传？"

　　玉林琇眼睛一亮，仿佛紧紧地摄住了福临的魂魄，循循善诱："老衲观皇上乃是金轮王转世，夙植大善根、大智慧，天然种性，故礼佛信佛不化而自善，不学而自明，故为天下之至尊，南面而有天下，向明而治也。"

　　能得到高僧如此的夸赞，少年天子心里好不得意！因此，福临随口说道："朕已有皈依我佛之心，但一时又抛不开凡尘。请问大师，朕是了却尘务再皈我佛，还是抛却尘务，即皈我佛呢？"

　　"尘务未了，凡心不净，即便皈依，亦难成正果。以老衲之见，皇上不如了却尘务之后，再皈佛门，日后一定可成正果。"

　　福临听得直点头。说得也是，他身为大清国皇帝，怎么能放弃江山社稷呢？他一直还有志于与历史上的明君们一比高下呢，未见分晓，他自然不甘心就这样遁入空门。可见，老和尚玉林琇很了解自己的心思。因此，福临轻轻叹了口气："朕极不幸。五岁时先太宗早已晏驾，皇太后仅生朕一身，又极娇养无人教训，因此年幼失学。直到九王谢世朕亲理朝政时，才发觉读不懂汉臣的奏章，那时候已经十三岁了。"

小沙弥早已献上了热茶和几盘水果点心，福临趁热喝了一口，顿觉唇齿留芳，一股热流直涌心田。"好香，好茶！"

玉林琇那过于严肃的脸上突然现出了笑意，扬声喊道："慈翁，将炭炉子搬进禅房来，再给皇上添一个狗皮褥子！"

福临一乐，挠着头皮："敢情方才大师是考验朕？天神，若大师你在冰天雪地里让朕跪听训诫，朕也不得不从啊！哈哈！"

一位身披大红销金袈裟的和尚一手拎着一只炭炉子应声而入，顿时禅房里变得暖和了许多。

"皇上，这位是老衲的大弟子茆溪森，人称慈翁和尚。"

"茆溪森？朕好像在哪里读过你作的偈语，写得实在是绝妙。人生如梦又如戏，生有何欢死何惧？如梦似幻何所依，梦醒却又在梦里。"

茆溪森见自己的偈语竟被顺治皇帝随口吟出，心中一喜，乐得嘿嘿直笑。他的相貌比其师傅玉林琇要中看多了，但是，人不可以貌相，海水不可斗量啊。

玉林琇忽然说道："人生百年，电光石火；本无一物，何染尘埃？随心到处，便是楼台，逐意行时，自成宝相。老衲看来，皇上参禅悟道，决计不难。"

福临心头一震，定定地看着玉林琇。其实，方才自己所说皈依佛门完全是一时之念，随口说说而已。而现在，自己与玉林琇师徒二人竟是如此投缘，大有相见恨晚之意，这岂不是天意？岂不是缘？再说，这老和尚口口声声自己将来一定能得道，不如就拜他为师吧。于是，福临也是一脸的认真："老和尚收朕为弟子吧。"

"这……似乎太早了些。"玉林琇没想到顺治皇帝竟会提出这样的要求，脸上现出了犹豫之色。

看来，佛教已经赢得了大清皇帝，盛极一时的基督教在京畿一带已处于下风。可是，佛教内部却并不是铁板一块，围绕着让大清皇帝接纳哪一个门派，反使佛教各派系旧有矛盾更加激化，而这些少年天子福临是不会知道的。禅宗自六世祖慧能之后，首先分出南岳怀让和青原行思两派，以后南岳系又分为沩仰、临济两支，青原则分出曹洞、云门、法眼三支，合称五家。到宋代，临济再分出黄龙、杨岐两派，至此，禅宗分裂为"五家七宗"。日后，以临济宗和曹洞宗二支独秀，但学禅者又多信仰临济，于是曹洞遂成"孤宗"，因此清初佛界有"临天下，曹一角"之说。

自从临济宗诸僧得宠于顺治之后，京师内外添建新寺，大小佛寺香火骤旺，而江浙一带的礼佛修寺之风更是蔚为壮观。在紫禁城，连孝庄皇太后也几次派近侍到万善殿，请和尚们开示参禅要领，宫里太监宫女们参禅拜佛力更多了。这样一来，临济宗觉得了不得啦，先由憨璞聪的法师费隐容写了一部曲解禅宗世亲的《五灯严统》，自诩临济宗为佛门正统，欲借朝廷势力欺压佛门别宗。玉林琇深知佛门对此已有异议，所以在顺治面前大讲佛法借以笼络少年天子，没想到少年天子只定一心一意要礼佛，而并无意去管佛门的什么"正宗"与"正统"，这怎能不令玉林琇喜出望外？

玉林琇故意显得迟迟疑疑，犹豫不决，实际上他又在玩他三番五次受了邀请之后才入京的老把戏了——少年天子太痴情，一心一意要钻研佛典，只想在莲台下求得精神解脱，他简直纯洁得近乎痴傻了！对这么一个痴情帝王，见多识广、将三宝经律烂熟于心的玉林琇可以不费吹灰之力就让他落发为僧，遁入佛门！但，玉林琇还不能这么做，他怕急着将大清皇帝引入佛门会犯下众怒和天谴！

"求老和尚答应！"福临见玉林琇迟迟不应，有些急了。

"师父，收大清皇帝为徒，此乃佛门盛事呀。只是如此一来，慈翁将要与皇上同辈了，嘿嘿。"

"你我一见如故，若成为同门师兄弟，岂不更好？"福临一把抓住了茆溪森的大手。

"也罢，老衲依皇上就是。"玉林琇终于点头应允了，起身走到几案前，提笔思忖着要给福临选择法号，而茆溪森则忙着研墨。

福临此时心中竟有说不出的惆怅。他深深地叹了口气："师父赐朕法号，拣一个最丑的字才好……"

玉林琇笔走龙蛇，一气写了十多个字进呈皇上御览。福临不假思索，指着"痴"字道："此名甚好。"

"唔。论辈分，你是禅宗龙池派第五代，行字辈，法号便是行痴了。"

"行痴？"福临黑眉一扬，旋即笑道："妙，妙！茆溪，朕此番与你可真成了同门师兄了！"

"大师不但佛学精深，书法也是极好，字迹圆劲，笔笔中锋，不落书家俗套。不知大师楷书曾临过什么帖子？"

"哈哈！"玉林琇眯起了眼睛，带着满意的神情打量着这位新收的弟子："老衲初学黄庭不就，继学遗教经，后来又临夫子庙堂碑，一向不能专心致志，故无成字在胸，往往落笔就点画走窜了。对了，老衲想一睹皇上书法魄力，还请皇上赐教呢。"

"不敢不敢，弟子怎敢当场献丑呢？"话是这样说，可福临却已挽起了衣袖。茆溪森又是一笑："嘿嘿，师兄我再为师弟你磨一回墨吧。"

"有劳师兄了。"福临伸出五指撮起毛笔，这一招叫"抓笔"，略一思索，随即中锋起落，运腕不运指，以强劲的功力写出了一个大大的"佛"字。

玉林琇在一旁抚掌笑道："这个字最佳，乞皇上赐给老和尚吧。"

福临心中得意，嘴上却连说着"不堪不堪"，而玉林琇已经将这个大"佛"字轻轻拿了起来，连连致谢着："恭谢天恩。"

福临来了兴趣，坐在椅上，全神贯注，奋笔疾书。四尺甚至六尺的整张之纸，也不嫌其大，一平尺的镜片和上宽下窄的扇面也不嫌其小，一笔一画，不疾不厉，手法是那样的精湛，他全神贯注的样子更是可爱。此时的福临更像是一个文士儒生。

"嘿，这样写不是更过瘾吗？"一抬头福临看见了禅房里雪白的墙壁，他嘻嘻笑着，抓起了一管大毛笔，蘸满了浓墨，左右开弓，当即在白墙上写起了诗文：天下丛林饭似山，钵盂到处任君餐。黄金白玉非为贵，唯有袈裟披最难。

茆溪森端着砚台，大声念着，朝师父玉林琇会心地一笑：这皇上可是一入佛门便越陷越深了，真是佛门幸事呀！朕乃山河大地主，忧国忧民事转繁。百年三万六千日，不及僧家半日闲。

"甚妙，甚妙！"茆溪森嘻嘻笑着，随口说道，"世间哪有迷人物，原是痴人自着迷。我说行痴呀，你总算悟道了。天地间哪有那个不死的仙方，长生的妙药？你只看秦始皇、汉武帝何等好神仙，到头来毫厘无用。"

福临笑了："秦始皇错用了徐福，而汉武帝又偏信了文成五利，所以他二人都没有功效。再说，那时候也没有这宗教，只有让那些方士道人去炼仙丹求长生不老的仙药了。真是可笑！嗯？"福临似是想起了什么，盯着茆溪森："师兄此番话听起来很耳熟呀。是了，两年前朕去塞外秋猎时曾遇到一个疯和尚，说来也是奇怪，他见了朕之后，便口口声声让朕放弃琼宫瑶室，随他去做那天上的白云，山中的野鹤。"

"师弟，这就是缘哪。那疯和尚你猜是谁？正是师兄我收的弟子白椿！哈哈哈哈！"茆溪森笑得双手直颤，险些把墨汁洒到了地上。

"当真？如此看来，朕真是与佛门有缘了。"福临一呆，挥笔又在白墙上写了起来：莫道僧家容易得，皆因前世种菩提。虽然不是真罗汉，亦搭如来三顶衣。恼恨当年一念差，龙袍换去紫袈裟。我本西方一衲子，缘何流落帝王家？

福临笔走龙蛇，一气呵成，在禅房四面雪白的墙壁上尽情地书写着，抒发着心中的感慨。老和尚玉林琇一双小眼瞪得溜圆，呆呆地看着少年天子那龙飞凤舞的大字和诗句，半晌一言不发。他确实动了真情，原先他已经对这个夷狄之君能讲一口流利的汉话，有相当的汉文化素养已经感到惊奇。现在又亲眼目睹了少年天子那酣畅淋漓的墨宝以及发自肺腑的诗文，老和尚简直诧异之极！

"阿弥陀佛，皇上博古通今，年纪轻轻就有如此高的诗文素养，又写得一手漂亮的柳体，真乃旷世之大智慧！"

"师父谬夸了。朕不过一时兴起，信手拈来，胡乱涂鸦而已。写出来，心里反倒轻松了。"福临仿佛遇着了知音，在玉林琇面前很是随意自在，无拘无束。久已郁郁的心情如释重负一般，他的脸上竟浮起了难得的笑容。

不知不觉，已过去了几个时辰。小沙弥站在禅房外，声音低低怯怯的："师父，斋饭已备好了。"

"既如此，就请皇上赏光在此用斋如何？"

"吃斋菜，"福临习惯地扬起了黑眉，"也罢，朕既做了佛门弟子，理应吃素呀。"

一行人出了禅房，踏雪绕过藏经楼，来到了前院一侧的斋堂，房里已经坐满了僧人，围着一张大长桌子，再一看，吴良辅、费扬古他们也坐在一张桌子上，福临朝他们顽皮地眨着眼睛，跟着玉林琇进了隔壁的单间。

嗬，桌子上已经摆满了热气腾腾的菜肴。"好香呀，朕这会儿真觉得饥肠辘辘了。"

"皇上请慢用。这些是素肠、素火腿、素鸡、素牛肉，还有素鱼和素虾，不知可合皇上的口味？"

"嗯，朕先尝尝。"福临举着筷子夹了一根金红油亮的素肠，轻轻一咬，嘿，鲜嫩无比，味道十分可口。"不说是素肠吗？怎么朕吃出了一股子肉香？肥美的肉香，好吃极了，肥而不腻，满口浓香。"

"佛门斋菜虽说都是素食，但经过庖僧精心的调配和刀功，采用蒸、煮、焖、煎、炒、爆等方法，把原本是普普通通的豆腐、面粉和蔬菜，烹饪成了色香味俱全、品种形状各异的美味佳肴。皇上，斋菜也可祛疾保健、延年益寿，比仙药还灵验啊。"

"唔，弟子相信。索性让朕将这寺里的厨子带两个回宫去，这样朕不就可以天天吃这仙药了吗？还有哇，师父，也请你随朕一同下山，就住在西苑的万善殿，这样朕与师父便可朝夕相处，谈经论道了。"

"谨遵圣旨。"玉林琇双手合十，做出一副言听计从的样子。

"师父可别弄颠倒了，师父在上，请受小徒行痴一拜。"福临笑着也双手合十，像模像样地拜着。

这时，山门外似有人在砰砰打门，声音不重但却一声声不断，细听似乎还有女子的说话声。

玉林琇朝侍立一旁的沙弥摆摆手："去，告诉外面的女施主，今日不做法事，请她改日再来吧。"

福临吃饱喝足站了起来，有些抱歉："想不到朕此行倒妨碍了外面的香客，人家好不容易上山，心里肯定有难事，我佛慈悲为怀，师父，就请打开山门吧，朕也该起驾回宫了。"

"老衲是出于对皇上的人身安全起见才……再说，这也是那几位将军交代的。好吧，老衲去前边看看。"

山门洞开，正是下午时分，山门外人声鼎沸，嗬，还来了不少的香客呢。福临披上了毛皮大氅，刚准备上轿，突然眼睛一亮，他看见在喧嚷的香客中一位娉娉婷婷的女子，手里拿着一炷香火正举步朝玉林琇走过来。

"大师！果然是您！请受小宛一拜！"

"怎么是你？"玉林琇一愣，忙上前扶起了女子，口中念念有词："阿弥陀佛，善哉善哉！小宛姑娘你……怎么到了京城？听说冒公子他已经……"

"大师！"董小宛带着哭腔，声音哽咽，"小宛也是刚刚听说了冒公子的噩耗，小宛在京师举目无亲又身不由己，恳请大师为冒公子超度！"

"阿弥陀佛，风雪严寒，难得女施主一片真心，请随老衲到殿里去吧。"玉林琇的神情变得肃穆而悲哀，摇着头捻着胸前油光发亮的佛珠，轻轻叹息着转身走向大雄宝殿。

董小宛抹去了眼角的泪水，扯了扯身披的银红镶白鼠皮的斗篷，紧紧地在后边跟着。

"恕我冒昧，你是董小宛？"福临一直在一旁目睹着董小宛的倩影，心中已沉寂多时的情爱之心又泛起了阵阵涟漪。这个女子简直就是九天下凡的仙女！她修眉凤眼，细腰高身，头戴双凤八宝钗，银红的斗篷下露出一截粉绿的长袍，她的装扮光艳照人，她的举止雍容华贵，她的容貌更是绝色无双！

少年天子只觉得喉咙哽咽，十分费力地问了一句，那声音早已变了腔调！

"你……是什么人？"董小宛一惊，抬头正与福临目光相遇，她原本苍白的脸色蓦地变得通红，眸子刚一转过去，就定住不能动了，像中了魔似的。

"啊，这是一种让人心跳、让人面红耳赤的感觉。多少年了，我董小宛

已为人妇，年近三十，为什么会对眼前这个英俊清逸的少年产生这种触电般的感觉？佛祖保佑，我是来给冒公子超度的，可不该心猿意马呀！"

"这位公子，你我萍水相逢，原本为路人，还是各走各的路吧。"董小宛头一低，不敢再看对方那明亮的眼睛，那眼睛里分明有一团火，几乎令她难以抗拒了！

董小宛慌慌张张几乎是一路小跑进了大殿，她此时的举止竟像是一位情窦初开、十分窘迫的少女，方才那种仪态万方的贵妇人之气几乎荡然无存。

"天神阿布凯恩都里，月神比牙格格，我遇上了董小宛！你们让我怎么办？"福临木雕泥塑一般呆立着，他的内心却在呐喊着。

京师八大胡同，是达官贵人醉生梦死，妓女们强作欢颜的青楼之地。清初禁止官吏狎妓，但不禁"男风"。所谓"男风"，俗称"相公"，又称"像姑"，其实就是男妓。像姑多为年少的优伶兼营，又称为娈童、优童、歌童等，其卖淫处称为像姑堂子。狎像姑之俗源于明代，清初沿之似乎更为兴盛了。京师著名的像姑堂子也在八大胡同，比如在韩家潭、樱桃斜街、陕西巷等处。有人写道："这京城里面，逛相公是冠冕堂皇的，什么王公、贝子、贝勒，都是明目张胆的，不算犯法；唯有妓禁极严，也极易闹事，都老爷查的也最紧。……犯了这事，做官的照例革职。"因此，这时候京师的妓馆并不多见，有那么几个也是门庭冷落。当然，那些歌妓小班的情形要好得多。歌妓小班也称作清吟小班，表示歌妓们卖艺不卖身，流品不同，应该是娼寮中身份等级最高的，这很类似于金陵秦淮河畔的南曲。

南曲出身的董小宛命运多舛，流落到了京师，自然就只能投奔八大胡同中的清吟小班作为自己的立足之地了。

第四十四章

小宛求竹签算命运　僧人说真言惊众人

董小宛的新家在胭脂胡同临街的一处幽静的院落里，这里距离重楼嵯峨的皇宫仅仅是一街之隔，但是却是两重天。每到夜深人静的时候，当紫禁城各个宫门前宫灯高挂的时候，胭脂胡同两侧的朱阁翠楼的角门前，也挂上了一盏盏朱纱粉灯，阵阵绿竹弦管，妙曼清音，伴着随风摇曳的纱灯，使这个透迤幽深的小巷变得五光十色。

从一幢小巧的楼房里传出了叮叮的琵琶声，一曲哀怨的《飘零怨》从楼上半掩着的窗户里悠然飘来："侑酒承欢，豪筵彻夜；歌扇舞衣，消磨无价；似这般飞逝了少女年华，咨嗟！谁怜我禁闱巷永，横塘路赊。蓦传呼：少年客乍到寡家，未必终身有托，祸福凭他。算来身世总飘零，思忖也心魂惊怕。罢！罢！罢！只恐宿缘注定，无错无差。"

琴声戛然而止，接着传出一阵女子急促的咳嗽声。

"小宛，天寒夜冷，你身子单薄，不如早些歇了吧？"

"王姨娘，小宛虽然命苦，可偏遇上了你这么好心肠的姨娘。想来小宛在此也住了两个月了，总不能白吃白喝您的呀。今儿晚上，小宛准备应客了，所以才练练嗓子。"

"哎哟我的儿，姨娘可不愿你受任何委屈呀。眼下这生意虽不景气，可一日三餐的姨娘暂时也还能供得起，姨娘早就知道，除非你不开口，一开口这胭脂巷就会车水马龙，热闹起来！"王姨娘乐得眯缝着眼睛，扭着胖胖的身子给董小宛披了件袍子。董小宛哪里知道，当初她千方百计逃脱虎口——五省经略洪承畴的宅邸时，洪夫人便暗中与王姨娘谈妥了价钱，董小宛其实是被卖到了胭脂巷，她是脱离了虎口又掉进了狼窝！

昨天从慈善寺进香回来，董小宛内心的忧伤暂时得到了抚慰。她也明白自己这身不由己的处境，连死都不能如愿哪。大哭了一场之后，董小宛重新振作了起来，强打着精神，淡施脂粉，决意就在这陌生的烟花柳巷中聊度余生了。她不愿意回金陵，此刻她也没有办法回去，只要她一出门，王姨娘总是派四个五大三粗的男仆跟着，无论是拜佛进香还是去花市书肆，

第四十四章　小宛求竹签算命运　僧人说真言惊众人

她都不可能一人独行。她还是一只笼中的鸟儿！

"王姨娘，你下去吧，有客人来只管招呼一声。"

"好，好，姨娘让厨娘给你弄碗汤圆吃，暖暖身子，也润润嗓子。"

王姨娘乐得屁颠颠地下楼去了，董小宛怔怔地坐着，忽然一声呼唤，"冒郎……"扑倒在床上。

往事不堪回首！已经脱籍从良的董小宛与心仪已久的冒辟疆比翼双飞，共结连理，可这好时光却只持续了几年的光景！

董小宛和如皋才子冒辟疆也称是好事多磨了。起初，董小宛从姐妹们中听说冒公子的人品如何，才华又怎样，便暗暗动了真情。加之南曲名妓陈圆圆曾经与冒辟疆订下了终身却被棒打鸳鸯散，董小宛对冒辟疆更加痴情了。想想，圆圆姐能一见倾心的人，准错不了。可是董小宛因为生性倔强，而得罪了秦淮河畔的地痞无赖，不得已连夜避祸吴江，从而与冒辟疆失之交臂，直至半年后两人才见面。

端午节后，冒辟疆备了盘缠，带着书僮，一路风樯快马直奔苏州，安顿下来之后，便按图索骥寻访董小宛。正赶上六月二十四日荷花生日，苏州阊门外沿山塘河至荷花荡一带热闹非凡，城内士女儒生竞相而出，山塘河里，楼船画舫，笑语喧哗。绿荫丛中，小石桥下，不时走过成群结队任意游冶的红男绿女。舟中的人，情妆淡服；游冶子弟，轻歌鼓吹。冒辟疆触景生情，随口吟道：吴中白莲洛中栽，莫恋江南花懒开，万里携归知尔否？红蕉朱颜不将来。

过了彩云桥，只见山塘河边浓荫之中坐落着一处小楼，四周曲径通幽，绿树莲塘，景色十分幽雅恬静。冒辟疆收起了折扇，正要举手拍门，却见门上贴着一副字体娟秀的对联，上写道："宛平晓月沉，君山碧玉浮。"联中既写明了胜地风景，又暗涵着董小宛的芳名。冒辟疆心里一阵狂喜：苍天不负有心人，冒襄我三访半塘，总算找到了小宛的住处，但不知她近来可好，是否别来无恙？

冒辟疆情不自禁地整理着衣衫。其实在动身之前，冒辟疆特意沐浴更衣，换上了一件淡蓝的绣满流云金霞的长衫，手持折扇，更显得风流潇洒，一副超尘绝俗的翩翩风度，有如雪松临风，亭亭玉立！

董小宛正醉卧在床，听见如皋冒公子来了，喜从天降，醉意顿消。连忙披衣下床，也顾不上梳洗便奔下了楼。可是刚下到半楼，董小宛便停住了，她居高临下，一下子就把冒辟疆整个儿身影全部摄入了眼帘。呀，真不愧是复社中的名士，果然风流倜傥，一表人才。当下，董小宛目不转睛地看着冒辟疆出神，而冒辟疆也在悄悄地打量着董小宛。虽说董小宛青丝未理，云鬓松疏，但她的醉态中含有一种傲气，又带着几分妩媚，联想到董小宛当筵拂袖、不事权贵的倔强性格，冒辟疆不由暗赞着：好女子！果然是南曲中的佼佼者，比之陈圆圆有过之而无不及。圆圆……唉，怎么这节骨眼儿上想起了她？可怜的女子，虽说现在成了吴三桂的宠姬，但不知她过得如意不如意。自己一介书生，无权无势，连心爱的女子也无力保护，唉！但愿，此番能与小宛姑娘朝夕相伴，永不分离！

"冒公子万福，请恕小宛失迎之罪。"

董小宛微露皓齿，向冒辟疆道了万福，微微低下了头，一副小鸟依人的乖巧模样。

冒辟疆收回了思绪连忙抱拳还礼："今日得见芳卿，乃冒某三生有幸。小宛，你让冒襄找得好苦啊！"

一声深情的呼唤，两双情意交融的眼睛。两人一个是有援琴之挑，一个是无投梭之拒，"身无彩凤双飞翼，心有灵犀一点通"。纵有千言万语，也无须多说，四目里早已充满了互相爱慕的光彩……

谁知冒辟疆与董小宛只匆匆见了一面，两天后冒辟疆便奔赴扬州、无锡等地，四处会晤复社会友，共议反清复明之大事。这一别就是三年！冬去春来，年复一年，董小宛晨占鹊喜，夕卜灯花，闭门不出，一心一意盼着冒辟疆早日归来，以脱风尘，偕归如皋故园。可董小宛望穿了秋水，冒辟疆仍是如同泥牛入海，杳无音讯！并不是冒辟疆冒公子无情无义，而是他们遭逢这个动荡的乱世，家事、国事、天下事，事事难以预料呀！

董小宛万般无奈，悄悄打点了行装，从苏州又回到了南京，投奔柳如是、钱谦益夫妇，暂时住在桃叶渡的一所寓馆里，苦苦等待冒辟疆。

在冒辟疆复社里的一班朋友和柳如是秦淮要好姐妹的努力下，冒辟疆与董小宛终于再次相会。悲喜交集的董小宛已经弱不禁风，再也受不了这许多的相思和颠簸之苦了，冒辟疆心中惭愧不已，终于决定与董小宛在桃叶渡定下终身，然后夫妻二人偕归如皋归隐田园。正是中秋佳节，朋友们借桃叶渡河亭上的画舫设宴，庆贺冒、董二人永结同心，白头偕老。看着月色中柳如是的鬓影钗光，再看看一头银发的"风流主教"钱谦益；想想远在京城的顾横波与老夫子龚鼎孳，还有远在滇中被称为陈娘娘的陈圆圆与粗俗的武夫吴三桂……董小宛觉得自己在南曲姐妹中应该是最最幸福的人了，她与冒辟疆，心心相印年纪又悬殊不大，不像如是姐姐和横波姐姐她们那样，嫁的是花甲老人，虽说自己为偏房，但也应该心满意足了。于是，容光焕发的董小宛轻舒玉喉，唱起了一首情意绵绵的曲子，来表达她心里的感受："彩袖殷情捧玉钟，今宵拼却醉颜红，舞低杨柳楼心月，歌尽

· 371 ·

桃花扇地风。从别后，忆相逢，几回魂梦如君同。今宵剩把银缸照，犹恐相逢是梦中……"

　　春去秋来，天气愈来愈凉，人心也愈来愈冷了。唉，这是一个兵荒马乱的年头呀。且说当初钱侍郎钱谦益与龚尚书龚鼎孳等复社老夫子迎降清朝的时候，原想是位登台辅，名动公卿，却不料他二人先后只做了一两年的侍郎和尚书，不久就被鼎革解职，身上还背了个骂名，龚鼎孳在北京做起了寓公，而钱谦益本想不问政事饮酒自娱以消磨时光，却禁不住关心国事的柳如是的再三劝说，终于拖着老迈之身，奔波于南京、常州等地，与有志复明之士来往密切，并为郑成功进攻南京做暗中准备。此时的钱氏夫妇已从当年的含情儿女变成了复国英雄，而士人尤其是柳如是对老夫子在当年"乙酉之变"中的折节行为也基本谅解了。只是岁月不饶人，虽然门生故旧都尊钱谦益一声"虞山宗伯"，但这两朝领袖的名声，终究留着痕迹。年近八旬的钱谦益因感而愤，因愤而悔，这老境也益发困窘了。年近不惑的柳如是眼见得债台高筑，只得一次次地变卖首饰和以前收藏着的古董字画聊以度日了，真想不到往日朝朝寒食、夜夜元宵的钱老夫子的日子也会这样落魄！

　　其实，如皋的冒辟疆与董小宛的生活也充满了艰辛与磨难。冒府在如皋原为大户人家，其中的水绘园内有寒碧堂、湘中阁、枕烟亭、碧落庐等十余处亭台楼阁，乃当地名园，是居家消遣之佳地。成亲之后的董小宛就住在水绘园里，着实过了一段神仙般的日子，与冒辟疆研读诗文，形影不离，恩恩爱爱，冒府上下对这个脱籍从良的女子也极为友善。可是好景不长，自弘光政权灭亡之后，清兵铁蹄南下，南京、杭州、合肥、江西、福建、江浙都落入了鞑子之手，全为清朝所有，只有附近州县，如太湖、英霍山等偏僻之地以及云贵一带，还有聚众抗清，不肯剃发的。清兵四处搜刮，见了江南美女更是非夺即抢，可怜这些粉装玉琢、锦簇花团的弱女子，落花无主，大半被清军掳掠去了。

　　心惊胆战的董小宛与冒辟疆只得收拾起家中细软，四处躲避。可是"覆巢之下，安有完卵"？处处兵荒马乱，盗贼蜂起，劫财掠物，杀人如麻，冒府全家老少数十口人屡遭劫难，细软珍玩也丢失殆尽。万般无奈之中，一家人又悄悄回到了如皋，此时的冒府早已被毁坏得凋零不堪了。

　　面对窗外的潇潇秋雨，愁肠百结的董小宛擦去了琵琶上的灰尘，弹唱起李煜的《浪淘沙》："窗外雨潺潺，春意阑珊，罗衾不耐五更寒。梦里不知身是客，一晌贪欢。独自莫凭栏，无限江山，别时容易见时难。流水落花春去也，天上人间！"

董小宛哀怨地弹唱着，当她再次弹到"别时容易见时难"的时候，"咔嚓"一声，琴弦断了！她怔怔地看着断弦，心里一酸，泪水悄然滑落。

"无耻，真是无耻之徒！"冒辟疆大声嚷嚷着从外面进来了，一脚将本已摇晃的门板踢得嘭嘭直响。

"又出什么事了？"董小宛吓了一跳，连忙揩去脸上的泪痕。

"堂堂经略使洪承畴，口口声声宁死不降，可是与那清朝皇后睡了一夜之后，筋骨全散了，剃发称臣乖乖地成了鞑子的奴才！这还不说，现如今他穿着那个风流小皇帝赐给他的顶戴花翎和黄马褂，到江浙湖广做什么五省经略来了。真是无耻，无耻之极呀！"

"哦，"董小宛轻叹一声，"冒郎，人各有志，那钱老爷和龚老爷不也都做了北朝的大官了吗？生死关头，这样的行径，真不如我们青楼女子了。如是姐姐嫁了钱老爷真是不如愿啊。"

"钱先生不是已经后悔了吗？可怜七八十岁的老人了还四处奔走呼号，也真难为他了。既有今日又何必当初呢？唉。"冒辟疆长叹了一声，跌坐在床上，他面容瘦削，鬓角已出现了白发。"满洲衣帽满洲头，满面威风满面羞。满眼干戈满眼泪，满腔忠愤满腔愁。这可恶的辫子，拖在脑后，不三不四的，真恨不得一刀剪了去！"

"冒郎，千万不要感情用事！你这辫子一剪不要紧，府里上下老小数十口人可就要遭殃了。"

"可你知道吗？洪承畴那老色鬼一到江浙便广选美女，说是要找几个当年南曲的名妓好好享受一番，这，怎不令我担心和气愤？"

"真有此事？"董小宛心里一沉，脸色变得煞白。呆了半晌，她才喃喃地说道："冒郎，你我相伴几年了，无主落花一般的小宛，如今终于有了可心的归宿，就是吃糠吞菜小宛也不会变心的。再说，这两年，小宛随冒郎四处颠簸，面色蜡黄，体似枯柴，十指焦干，早已是个黄脸婆娘了，即使洪承畴那老贼看见了我，也不会动心的。"其实董小宛是在安慰着手足无措、动不动就大发雷霆的冒辟疆。人虽然瘦了也黑了些，但天生丽质的董小宛自有一种冰清玉洁冷艳高贵的美，这种美是衣衫打扮不出来的，因此冒辟疆郁郁寡欢，唯恐有朝一日董小宛会像陈圆圆那样，落入歹人之手而突然下落不明。但，这种担忧冒辟疆只是深埋在心里，有时候他真恨自己是个手无缚鸡之力的一介书生！

"冒郎，说起来，从前的秦淮姐妹，嫁的嫁了，死的死了，富贵的要算如是和横波姐姐，节烈的要算马婉芳和葛惠芳二人，卞玉京蝉蜕而去，也是有数人物，只是香君和妥娘二人已遁入了空门，倒算小宛我有了真正的归宿，你应该高兴才是呀。不如你我一起去鸡鸣寺拜佛吧，求菩萨保佑。"

"也罢。咱们快去快回，免得节外生枝。"

就在鸡鸣寺，冒辟疆和董小宛巧遇来鸡鸣寺做道场的湖州报恩寺的高僧玉林琇。施了银钱之后，董小宛求得一签请老和尚解释。

瘦小的玉林琇看着在人群中被挤得面色通红的董小宛，睁大了一双小眼："女施主休怪贫僧唐突，你求的是中下签。说起来，你的一生有大起大落，最终能大富大贵，只是好景不长。"

"大师，请直言相告。"董小宛的心里嘭嘭跳了起来。这时，冒辟疆被挤到了外边。这个书生因见前来求签问卦的大多是妇人，不好意思往里挤，所以渐渐地就退到一旁去了。

玉林琇合掌当胸，不慌不忙地念了一声"南无阿弥陀佛"之后，定定地看着董小宛："女施主，你两眉间的这粒朱砂痣，名之曰'二龙抢珠'，艳则艳矣，只是祸福实难预料，不如依贫僧之言，归入佛门吧，也许能逃过眼前这一劫。"

"可是大师，民女已是有夫之妇了，怎忍心抛下夫君呢？"董小宛心中焦急，一时没了主意。

"既是如此，那就随缘吧。阿弥陀佛！"玉林琇十分无奈地连连摇头，神情颇为古怪。

结果，在回家的路上，董小宛果真被歹人抢了去！果真自此下落不明，生死未卜！可怜的冒辟疆几乎在一夜之间头发全白，不到半日，终于郁郁成疾，卧床不起了！

董小宛是被洪承畴派人掳去的。在官场上春风得意的洪承畴身为钦定五省经略，在江南呼风唤雨，只手遮天。眼见得当年秦淮名妓均已名花有主，心里急得抓耳挠腮，坐卧不安。算来算去，柳如是已是半老徐娘，想来没多大味道了，而李香君等又已遁入空门，只有稍微年轻的董小宛还算称心。果然，被掳入洪府的董小宛被迫换上了鲜光的衣裙之后，令洪承畴垂涎三尺，这果真是个美色倾城的人儿！

怎奈，董小宛严词拒绝洪承畴的威迫，不惜以死相抗，竟以头撞墙，弄得满脸是血！洪承畴恼羞成怒，但却不愿就此放了已到嘴边的肥肉，干脆派人将董小宛悄悄送进了北京的家中，期望董小宛能慢慢地回心转意。

身不由己的董小宛在京城的洪府一住就是一年多，终于她借机说通了洪夫人。洪夫人巴不得将这个眼中钉送得远远的，趁洪承畴在南方，自作主张将董小宛卖到八大胡同里的胭脂巷。

小宛的新主人王姨娘是个势利的人，她知道董小宛迟早会给她的生意带来好处，所以每日只管好吃好喝的伺候着，并不敢过分强迫董小宛。直到董小宛听说冒辟疆身患重病已经去世的消息之后（这只是误传，其实冒辟疆活到了康熙年间，高寿八十二岁），才打消了回南方的念头。

每每想起自己飘花零叶的身世，董小宛都会悲从心来。今晚，不知为什么，董小宛想哭又想唱，她揉着红肿的眼睛，重又弹起了琵琶唱起了哀而不怨的《兰陵王》——

"柳荫直，烟里丝弄碧。隋堤上，曾见几番，拂水飘飘绵送行色。登临望故国，谁识京华倦容，龙亭路，去年岁来，应折柔条过千尺。

"闲寻旧踪迹，又酒趁哀弦，灯照离席。梨花榆火催寒食，愁一篙风快，半篙波暖，回头迢递便数驿。望人在天北！

"凄恻恨堆积，渐别浦萦回，津堠岑寂，斜阳冉冉春无极。念月榭携手，露桥闻笛。沉思前半，似梦里，泪暗滴！"

董小宛含泪弹罢，仰首窗外，但见惨白的天空又纷纷扬扬飘起了雪花，树林和房檐上已是一片洁白。这北国的冬夜，真是冷清难耐呀。楼下传来了一阵说话声，董小宛听出那是王姨娘正用柔媚的声音在与人搭腔。

"真的来客人了？"董小宛一怔，呆呆地立在窗前，果然楼下站着好几个人，提着灯笼，好像还有一抬轿子。唉，也许是自己的歌声被过客听见了？这生不如死的生活何时是个头？倒不如……董小宛不是没想过死，但她总是有些不甘心。尽管她已经一次次品尝到了人生的悲苦和生死离别的痛苦，但她对人生还有着眷恋，毕竟她才二十七八岁呀，难道就没有资格享受人生吗？听说顾横波在京城的日子过得很舒心，有龚大人宠着，又是朝中的诰命夫人，锦衣玉食，夜夜笙歌，仆役成群，这些，董小宛并不羡慕，她很为横波姐姐庆幸，庆幸她找到了一个好人。但董小宛却不想去找顾横波，虽说当年她们情同姐妹，可星转斗移，落魄的董小宛是绝不愿再遇上以前的朋友了，除非，她能扬眉吐气，重新做人，可，这可能吗？

"小宛姑娘，快快梳妆，楼下来了几位有钱的主儿，指名要见我的儿……"王氏颠着小脚咚咚地扭上了楼。与一般鸨妈一样，这会子她的一双小眼睛里闪出的是一股谄媚而又热烈的精光。"哎哟，我的儿，瞧你这双眼睛，桃子似的，真让姨娘心疼哟。来来，姨娘给你敷些粉，这头发也有些乱了。"

楼梯上又响起了咚咚的脚步声，董小宛有些急了，推开了王氏干枯的手："来的是什么人？烦您去告诉他们，本姑娘这会儿心情不好，不想唱了！"

"哟，这话说的！客人都已经来了，那白花花的银子都摆在桌子上了，

第四十四章　小宛求竹签算命运　僧人说真言惊众人

我的儿，好歹你就唱一曲吧，啊？"

　　楼梯上的脚步似乎停住了，随即传来了一男子温柔的声音："王姨娘，如果小宛姑娘不愿意唱，那我改日再来吧。"

　　王氏急了，到手的银子还能再让它飞了？慌得她一手拉着董小宛急急来到了楼梯口："这位大爷，既然来了就上来坐坐嘛，我们小宛知书达理的，想来不会怠慢您的，快说呀，小宛。"王氏又压低了声音用力掐着董小宛的手背。

　　"请……请这位公子上楼坐坐吧。"董小宛怯怯地说着，抬眼朝下看去。楼梯间的灯光不是很亮，可董小宛却看出此人非同寻常，他的衣帽色彩虽不是十分华贵，但看得出都是极上乘的质料，而且他的举止谈吐也很儒雅大方，他的眼睛……这双眼睛就像黑夜中的北斗，怎么那么亮？

　　董小宛的心怦怦地跳了起来，仿佛又回到了几年前她与冒辟疆初次见面的情形之中。这人看来比冒公子要年轻得多，一把修整得很漂亮的胡须并不能增加他的年纪。董小宛觉得奇怪，对这年轻而华贵的客人竟有一种似曾相识的感觉。

　　"是……你！"终于看清楚了，也想起来了，这个年轻人便是昨日在慈善寺中遇到的人！

　　王氏和使女忙不迭地拧亮了纱灯，又端来了香茗和茶点，把来客让进了楼上的客厅里，然后便悄悄下了楼。

　　来人端起茶盅，四下观望着，只见四壁挂着名人字画，书架上玉轴牙签陈列得井井有条，多宝橱里陈放着珍奇古玩，琳琅满目。来客的视线被一只晶亮精致的炉鼎吸引住了，脱口而出："这正是那只宣德炉吧？"

　　董小宛心里一喜：来客好眼力，一眼就认出了这个宝贝。"正是，小宛前些日子在报恩寺外的古玩店里购得的。"

　　"妙，妙哇！"来客抚掌笑道，"那一天我碰巧也去了那家店铺，也是一眼看中了这个铜鼎，但是掌柜的却说这个已经名花有主了。君子不夺人之所爱，所以我只能放弃了，想不到买主竟然会是宛君啊。"

第四十五章
小宛眉目暗传真情　妃嫔眼神明生嫉妒

　　董小宛的脸上出现了难得的笑容，左侧脸颊上出现了一个酒窝。毫无疑问，来客的言谈举止赢得了她的好感，他既儒雅又有气质，而且很有学识，超凡脱俗，倘若他是一位复社中人，董小宛会情不自禁的喜欢上他，这并不意味着见异思迁与对冒辟疆的背叛，若是，冒辟疆依然活在这个世界上，董小宛是绝不会对另外任何一个男人再动真情的。

　　来客紧紧盯着董小宛光洁的面庞，那眉心的一粒朱砂痣，那脸颊上的小酒窝，那张红润的嘴唇……天神，她怎么这么美呀！她的美不仅在于她如花的容颜和娇美的身姿，她的美更在于她那从容优雅的气度，还有她那双丹凤眼，本应是充满笑意的，但此时却隐约含着些忧伤。这才是真正的美人呀，江南名妓，难怪叔王多铎一下江南就被江南女子迷倒了！

　　"小宛……你，我……"来客忽然变得局促起来，面颊像火烧得一样红——也许是纱灯映的？说话也变得吞吞吐吐起来了，是的，他该怎样开口呢？

　　董小宛也吓了一跳，她再一次感受到了来客那异样的目光，火辣辣的，毫无顾忌。"他……到底是什么样的人？"

　　"这位公子不是要听曲子吗？小宛就为您献上一曲吧。"毕竟成熟了许多，董小宛迅速恢复了常态，避开了对方那灼热的目光，伸手从窗前的几案上拿起了琵琶。

　　"我……我要你跟我回宫去，我要你跟我在一起。"来客忽然勇敢起来，伸手抓住了董小宛的手、用力摇着。

　　"回……宫？"董小宛吃惊地睁大了眼睛，任由对方抓着自己的手。

　　"小宛，你千万不要紧张，我……我会对你好的，请相信我！来，坐下，我给你看一样东西。"

　　来人将董小宛按在椅子里，一手仍旧握着她的手，另一手撩开了衣襟。

　　"是……是皇上？奴婢不知，罪该……"

　　"眼下没有别人，不必行什么礼，其实我额娘喊我福临，你也这样喊我好吗？"福临微笑着贴在她耳边悄声说道。一股子热气弄得董小宛脖根子痒痒的，她只觉得浑身酥软，动弹不得，连开口说话的力气也没了。

"小宛，朕知道你心里很苦，也知道你这些年来的不幸遭遇。洪承畴那老杂毛，等他回京朕不会放过他！"福临轻轻拍着董小宛的肩膀，恨恨地说着。提起洪承畴，福临真是又气又恨，自从知道了当年他与母后曾有过那档子事以后，福临每次看见洪承畴就觉得不顺眼。这老家伙果真是色胆包天，又动起歹心打起了小宛的主意，幸亏……

眼前的这一切，已经把董小宛惊呆了！她万万没料到当今天子以万乘之尊居然微服乔装，逛到八大胡同来了！照一般的道理，不说是当今皇帝，就是达官显贵光顾这烟花柳巷，那也是喜从天降呀。可董小宛毕竟是董小宛，恃才傲物生性倔强的她突然清醒了过来：很显然，这大清皇帝也是个风流荒淫的人，绝不能相信他的话。今晚，风流皇帝闯到这里，这到底是祸还是福？想到这里，董小宛抬起头目光里充满了蔑视："皇上很会享乐呀，放着国家大事不闻不问，跑到了这胭脂胡同，就不怕天下人耻笑吗？"

"你……这是什么意思？我对你可是一片真情呀。"福临惊讶地扬起了浓眉。

"皇上的后宫佳丽如云，又何必嘲讽小宛这蒲柳贱躯呢？请皇上自重自爱！还有，你就不怕小宛会对你不利吗？"董小宛说完朝几案上看去，那里一只小竹筐里放着些针头线脑，还有一把明晃晃的剪刀。

"你不会，你不会这样对朕的！朕对你一见钟情，千辛万苦打听到你的住处，趁着天黑出了西华门。难道，你就这样对朕吗？"福临忽然用力扳过董小宛的肩膀，声音中充满了苦涩和悲哀："不错，朕的后宫有嫔妃无数，但有许多妃子朕根本就没碰过，连正眼都不愿意看！不用说她们，连正宫皇后朕都懒得理会！实说吧，朕当初亲政不久，就废了第一个皇后，这会儿朕又想废第二个皇后了。她们，全是额娘给我选的，我喜欢的人额娘不同意，额娘喜欢的我又不愿意。至于乌云珠，不错，朕一度对她很痴迷，可入了宫她怎么就变得那么庸俗和无知了呢？整天小心翼翼、察言观色的，朕一见心里就恼火！整个后宫，根本就没有一个朕真正喜欢的人！你明白了吧，啊？"

董小宛再一次惊呆了！她万万想不到这位少年天子竟张口就把宫闱之事给全盘抖落了出来。看着福临那万分痛苦的目光，董小宛的心被深深地震撼了！

"咚咚咚咚"，王氏扭着小脚慌慌张张跑了上来，"小宛，你可不能得罪这位大爷哟。大爷，老身给您赔不是了，求您多担待些呀。"

"姨娘，这里没你的事，退下去吧。"

"皇上，时辰不早了，请您回宫吧。"董小宛借机站了起来。

"要怎么样你才能相信朕？来吧，你就用这剪刀对准朕的胸口扎下去，看看朕的血是不是热的！"福临赌气拿起了剪刀，一手撕开了皮马夹。

"不要！"董小宛惊呼一声扑上前去，双手抱住了福临握剪刀的那只手："皇上，你身为一国之君，岂能以万乘之躯开这种玩笑？出师未捷身先死，你不后悔吗？"

"不后悔！"福临嘻嘻一笑，扔掉剪刀紧紧抱住了董小宛："你们汉人怎么说来着？牡丹花下死，做鬼也风流！朕若为你而死，一点也不会后悔的。"

"可是，你这么做一点也不值呀。"董小宛竭力挣脱着，一脸的严肃："小宛生来不事权贵，更不会为了你这位大清天子而卑躬屈膝。皇上，你若是位明君，就应该立即回去，此后再不要来这烟花之地！前朝是怎么亡国的，皇上不会不知道吧？"

"唉，朕这会儿不想与你谈什么政事！"

福临没辙，垂头丧气地跌坐在椅子里，嘴里咕哝着："朕今晚就在此坐一夜，等明天一早退了朝，朕还来，天天来，夜夜如此。"

董小宛皱起了眉头，果真是这样，到底怎么挨过今夜呢？

"皇上若想寻花问柳可走错了地方！"董小宛心里一急声音也高了起来，"小宛虽是风尘中人，但却不卖身，请便！"说罢董小宛一扭头走进了里间自己的闺房，忽然觉得这样很不妥，这不是"引狼入室"吗？慌的又转过身来，没想到福临已经跟着进来了！

"嗯，好雅致！"福临没事似的四处打量着。只见朝外是一张香梨大雕花床，一对金钩挂起粉色罗帐，两床锦被叠放在正中，一只绣花软枕横放在锦被上。床前临窗处放着一张妆台，摆着几只锦盒和一把象牙柄宫扇，还有一函书籍。两边壁上挂着字画，一幅是元代吴镇的《风竹》，一幅是明代唐伯虎的《雨竹》，一张小巧的香梨茶几上，放着一只彩绘陶熏炉，轻烟缕缕，满室芳香。

"这就是你的闺房？倒像是个书房，小巧而雅致，妙，妙！"福临兴致勃勃打开了话匣子，"等你进了宫，你一定会喜欢朕的大书房，就在乾清宫的大殿里，左、中、右三面墙摆着几十架书橱书柜，诸子百家、经书史书无一不备。对了，书橱之间的夹板上，还摆满了无数古玩珍品，什么商彝周鼎、晋窑宣炉、古砚古墨，至于印章画卷、名家字画就更多了……"福临掰着手指如数家珍，无意中却发现董小宛倚窗站着，一副漫不经心的样子，便打住了。

"朕就这么令你讨厌吗？跟你说说话不行吗？"福临今晚的脾气出奇地好，一直不恼不怒的，董小宛好说歹说，该说的都说了，可他却一副无所谓的样子。若是平常，有几个董小宛也早该死了，她还能再说什么？

"你简直是……无赖！"

"你在骂朕？像吗？朕乃真龙天子，堂堂大清国皇帝，你怎么敢……算了，只要你愿意爱怎么骂就怎么骂，朕都认了，朕反正是栽在你手里了，只好自认倒霉了。"福临嘴一撇，索性倚了几案旁。这闺房里只有一张圆凳，再就是床了，他虽然腿站得有些酸，可也不能就坐下去呀，再说，她还正在气头上，怎么着也得拿出一副正人君子的样子来呀。

董小宛哭笑不得。怎么就偏偏遇上这么个痴情的皇帝？她眉毛抬了抬，眼睛里闪过了一丝光亮，嘴角一弯，想笑又竭力忍住了，依旧倚窗站着。

"好，好，就这么站着别动！朕知道你喜欢收藏名人字画，朕就画个人儿给你看看！"福临像个顽皮的孩子，对着董小宛挤着眼睛，然后走了出去，不多时端着笔墨砚台又走了进来。他嘴里咕哝着："不行，这几案小了些，还是放在外间的桌子上画吧。"又朝董小宛看了一眼，似笑非笑地："不要动噢，待会儿画好了就让你来看。"又咚咚出去了。

"真是个大孩子。"董小宛无可奈何地一笑，纵然她经验再多，阅历再广，碰上这么个难缠的主儿，她也是束手无策了。也许他对自己是真心，否则他怎么能够如此低声下气的呢？他可不是普通人啊，天哪，他是当朝的皇帝！我董小宛若随他入了宫，不就成了皇妃了吗？不，不，绝不可能！我与他，分明是两个世界里的人，他是满人，我是汉人，他是皇帝，我是歌妓。唉，一个天上，一个地下，这中间的悬殊也太大了，简直是无法逾越啊！

董小宛胡乱想着，竟被自己的想法羞红了脸。恰在这时，福临已经在外室喊了起来："小宛，快过来看看，像不像？"

"哦！这是我吗？"董小宛举步出来，立即被桌上画的人儿所吸引，那略微斜点的发髻，那眉间的一粒小痣，还有，笑靥如花的脸上隐约可见一个小酒窝……

"扑哧！"董小宛终于忍俊不禁笑出了声，福临更是喜笑颜开："小宛，你终于笑了！"

坤宁宫里，几名主位娘娘正依次来向皇后请安。皇后病后初愈的脸上显得有些苍白，正横躺在临窗下的美人榻上，一名宫女正用一对美人拳为她轻轻地捶着腿。窗外春光明媚，盛开的玉兰花把浓浓的香气洒进了殿里，

380

沁人心扉。对面是一铺长炕，静妃、康妃、淑惠妃，还有董鄂妃乌云珠都在陪着皇后聊天儿，当然，这热闹的地方少不了孔四贞。

"皇后姐姐，让小妹给你擦些胭脂吧，你的气色不太好。"孔四贞说着打开了皇后的锦盒。

"得了吧四贞妹妹，"淑惠妃一撇小嘴，"整天舞刀弄枪的，要说教我们几套拳脚还差不多，涂脂抹粉的你就不在行了。瞧瞧，这下巴颏上还有一块白粉没涂开呢。还说天天跟着豫王福晋学化妆，啧啧，倒不如不学的好。"

"唉，没办法，我总是笨手笨脚的。咱们一会儿去承乾宫吧，小宛姐姐的手可巧了。"

"哼，你倒是嘴够甜的，随便什么人都是你姐姐？可别忘了自家的身份，怎么着也是格格，干什么低声下气地去喊她？"静妃两片薄薄的嘴唇一撇，说得孔四贞直伸舌头。虽然被贬低了身份，可这张嘴依旧不饶人，这就是本性吧。

姐妹们一时无语。承乾宫的那个新主子董小宛如今又成了她们共同的敌人。她们这些出身高贵的妃子们怎么也想不通，凭她董小宛的卑贱出身和下贱的身份也能当上皇贵妃？皇贵妃在后宫可是仅次于正宫皇后娘娘的主子呀，这个位子康妃没得到，生了四皇子的董鄂妃乌云珠也没有得到，这公平吗？

一阵悠扬的琴声伴着花香飘过了宫墙，透进了坤宁宫的帘墙。热闹的谈笑声倏然中止，坤宁宫里一时竟鸦雀无声，死一样的寂静！"啪！"淑惠妃一挥手打翻茶几上的茶碗，她的眼中进出了凶狠之光："岂有此理！我可咽不下这口窝囊气，咱们找太后评理去！"

"坐下！"皇后拿一双颇为恼怒的眼睛盯着妹妹淑妃，"论辈分，承乾宫的比你高，不要坏了宫里的规矩，自讨没趣！"

"姐姐！我真为你伤心！如今皇上一天到晚守在承乾宫，你就不觉得心寒吗？哼，拿个蛮女当宝贝，又是那种下贱的出身，这分明是往咱们科尔沁公主的脸上抹黑嘛。"

"我也就罢了，再不过一辈子当贵人居深宫，一辈子见不着皇上的面儿。"田贵人叹了口气。虽说此时除了她而外，来的都是各宫里的主位娘娘，但田贵人一向嘴甜腿又勤快，很能讨各位主子的好，所以这种场合也少不了她的。

"皇后娘娘，淑惠妃娘娘，还有佟娘娘和董娘娘，你们都是有位份的，我真为你们抱不平啊。"

"本以为我生下了四阿哥，皇上对我能回心转意，可……"董鄂氏长叹一声，眼圈红了。

"别那么天真了，妹妹，"康妃拍着乌云珠的手，劝慰着，"当初我生三阿哥的时候还不是这样？都说母以子贵，可皇上的心性太难估摸了，得陇望蜀，你也不要太痴情了。"康妃的声音有些苦涩，当初皇上痴恋着乌云珠，闹得宫里鸡犬不宁，她康妃不是曾对这个乌云珠恨得咬牙切齿吗？现在，同病相怜的命运，倒让她们摒弃前嫌，站到了一起。

"皇贵妃的确比咱们姐妹才华过人，谦和贤仁，虽然受宠于皇上，但却不恃宠干政，连皇太后对她也无可挑剔，你们又何必唠叨个没完呢？皇上的脾气你们也都知道，这阵子公务繁杂，皇上整日呕心沥血，身边能有个体己的人抚慰着，不也是咱们姐妹的福气吗？"毕竟是母仪天下的皇后娘娘，说出的话来格调很高，可谁人又能明白她内心的凄苦呢？

田贵人嘴快，愤愤说道，"可是宫里的人都说，皇上渐习汉俗，亲近汉臣，随意更改祖制，都是因为这个蛮子女人在皇上身边的过！"

"不许胡说！"皇后瞪了田贵人一眼，可能说话用了力，引起了一阵剧烈的咳嗽，慌得小宫女忙前忙后又是喂汤水又是揉胸口，田贵人低下了头。论辈分，她只是个贵人，比正宫皇后娘娘低五级，尊卑悬殊，幸好她也是科尔沁蒙古的格格，否则只怕连她说话的份儿也没有了。

"时辰不早了，你们回去吧。"皇后无力地摆着手，脸色因为刚刚的咳嗽变得有些潮红。

"姐姐，你得赶紧想法子生一个阿哥才好！"趁康妃、董鄂氏先后退出的机会，淑惠妃悄悄贴在皇后耳畔说道："如果抢在立太子之前你生个阿哥，那么立嫡不立庶，任谁生的阿哥也不能跟你比了，你这皇后的位子也就坐稳了。"

"瞎扯什么！已经废过一个皇后了，还能再废第二个？就是皇上这么想，皇太后也不会答应的，到底咱们是科尔沁博尔济吉特家的人啊。"

皇后这话说得可没错。算算宫里现今的主位娘娘，就甭说皇太后和她自己了，淑惠娘娘、静妃娘娘、恭妃娘娘、端妃娘娘，加上大贵妃、康惠太妃，甚至还有太祖皇上的寿康太妃，不都是科尔沁蒙古博尔济吉特家的人吗？可是，即便皇上仍让自己做中宫的主位，那又有什么意思？放在几案上的花瓶还能让他看上一眼呢，皇上什么时候正眼看过自己？连皇太后也埋怨她这个侄孙女兼儿媳妇的肚子不争气，可这又怨谁呢？

坤宁宫里一片寂静，只有隔壁那美妙的琴声在殿梁间缭绕，这声音在皇后听来是那么的刺耳，她一头扎进锦被中，胡乱扯着自己的头发，悲戚地哭泣起来。连哭，她也不敢放开声音，这到底过的是一种什么样的日子呀？

夕阳西下，暮色渐浓。最后的几抹余晖，斜映在赤墙绿瓦上，给大内的黄昏增添了一些更加绚丽的色彩，但这绚烂却是相当短暂的。大红宫墙里，无法领略到太阳落入西山的壮观。有的只是晚霞隐去之前的一刹那间，璀璨的火焰似乎更加光芒四射，这一刻火红的晚霞甚至比绚烂的朝霞更加美妙。

董小宛站在承乾宫正门前的玉阶上，对着西边的落日翘首观望着。紫禁城的黄昏是非常短暂的，这会儿那一抹云霞照射在乾清宫脊顶的金色琉璃瓦上，可一眨眼的功夫就只剩下一面金光耀眼的亮点，再一看，就变成了灰蒙蒙的一片。唉，阳光一消逝，大内瞬间就变得昏灰漆黑，仿佛陷入了无边无际的黑幕之中。董小宛叹了口气，收回了目光。这会儿她可不愿意去看那漆黑一团的高大宫殿了，那一幢幢凌空飞翘的重檐八角，活像一只只怪兽的犄角在向你舞爪张牙，令你心惊胆战。

"灯火小心……"东、西两条长街照例响起了掌灯太监的吆喝声，接着一盏盏昏黄的宫灯便悬挂在各宫门口和长街上了。

"娘娘，回吧。"宫女在一旁怯怯地说着。

董小宛心里有所企盼，又不愿意看宫外两侧那黑黢黢的宫墙，便点着头往回走。

"且慢！今天为什么不多等一会儿？"黑暗中传来了福临那温柔的声音，董小宛心里一热，忙迎上前来。

淡淡的灯光下，董小宛穿着宫中常服，松松挽就的飞燕髻，只簪了一只闪光的玉簪，藕荷色妆花缎子衣裙外面，套着一件长长的银红色绣花马甲。她的衣着几乎没有佩带什么华丽的饰物，却依旧绰约多姿，淡雅天成，若仙人一般。

福临嘻嘻一笑，挽住了董小宛的手臂："总不能每天都站在这玉阶上等朕吧？转眼已到了秋天，太阳落山之后，风冷露寒，倘若受了风寒可怎么办？都说朕是痴情天子，其实小宛你，比朕还痴情呢。"

"没有哇，妾妃只是想看看紫禁城的落日。一转眼，太阳就落下去了，天黑得真快呀，这会儿宫外的天色应该还放亮呢。"

"觉得无聊烦闷了吗？等朕忙完了手边的这些事，带你到南苑去散散心。"

俩人依偎着，窃窃私语，并肩回到寝殿正间，门外一班子宫女太监们只侍立两旁等候吩咐，没有娘娘的呼唤他们可不敢擅自入内。

"瞧瞧，皇上和贵妃娘娘真是天生的一对，地配的一双啊。"一个小宫女的声音低低的，充满了羡慕。

"死丫头片子，闭上你的臭嘴！"吴良辅朝宫女狠狠地呵斥着，"找死呀，刚才的话若是让坤宁宫的皇后娘娘听见了，有你的好儿吗？"

"奴婢再也不敢了，谢吴爷关照。"

"走走，咱们也用不着都在这儿傻呆着，有贵妃娘娘伺候，咱也落得个清闲。丫头，爷想到你屋里去喝碗热茶，有吗？"

小宫女忽闪着大眼睛一时不知该如何回答："走吧，吴爷这是看上了你啦，别不知好歹。"黑暗中，小宫女被吴良辅连拉带扯地带走了。

御膳房的太监摆好了酒膳便侧立一旁，福临坐在那张宽大的七宝雕龙御榻上却皱起了眉头。

"奴才给万岁爷报膳食名儿了！"御膳房的当值首领太监躬着腰细声细气地说着："大碗菜两品：燕窝'福'字三鲜肥鸡，燕窝'禄'字金银鸭；中碗菜四品：攒丝鸽蛋、溜鸭条、溜鲜虾、烩三鲜；碟菜四品：肉丝炒鸡蛋、什锦鸡丝、肉片炒翅子……"

"行了，还不是老一套。这只是晚点（小吃）嘛，非得摆这一桌子，看都看够了，哪里还有什么胃口？撤了吧。"

"万岁爷，奴才该死，奴才不中用，求万岁爷开恩哪。"老太监吓得趴在地上直打哆嗦。

"又没说罚字，开什么恩哪？烦不烦？退下！"福临靠在御榻上，眯缝着眼睛，一副疲惫倦怠的样子。

"皇上，好歹总得吃点儿呀，臣妾给您盛一小碗燕窝八仙汤尝尝？"董小宛伸手去拿勺子，却被福临轻轻地按住了："秀色可餐，真是秀色可餐哪，有你在这里，什么美味佳肴朕也咽不下去。"

董小宛也斜视着福临，故意皱起了眉头："皇上，求您别闹了。要不臣妾去弄几样小吃给您尝尝？"

"本来嘛，知道朕爱吃什么，却故意不端出来。快点快点，今天又给朕做了什么好吃的？"福临冲董小宛一乐，顽皮地眨着眼睛。

董小宛抿嘴儿一乐，起身从隔壁端来一只大托盘，摆上了几道小菜，还有两只带盖的大碗和两碟点心。

"皇上，这碗里盛的是燕窝冬笋乌鸡参汤，十分滋补，臣妾煨了两个时辰呢，您可得多喝些。"董小宛打开一只大盖碗，用勺子轻轻荡去上面的浮油，舀了大半碗清汤，小心翼翼地捧到了福临面前。

"嗯，很清淡。"福临边吹边喝连连点头，忽然想起了什么，放下碗，学着董小宛的样子也给她盛了一碗："喏，你也喝一些。朕看你似乎比入宫前还瘦呢。快坐呀。"

董小宛深情地看着福临，柔声说道："皇上的爱意妾妃心领了。只是妾身不能坏了宫里的规矩，省得她们在背后说闲话对皇上您不利。"

"是谁在背后乱嚼舌头？康妃还是静妃？一个个鼠肚鸡肠，一天到晚想法子搬弄是非，真是无聊之至！"

董小宛说漏了嘴，连忙说道："不是！皇上，是妾妃自己多心了，臣妃喝了这汤就是了。"

"不好！寻常百姓人家夫妻也是这样拘礼吗？若是这样还有什么朝夕唱随、闺房之乐？小宛，你我之间再不要行那些劳什子礼节了，烦透啦。好不容易才把你迎进了宫，若你又变得跟她们一个样，这不太令朕失望了吗？"

董小宛一阵激动，含情脉脉看着福临，红润的嘴唇嗫动着，却一个字也说不出来了。

在宫内外的一片訾议声中，董小宛进入掖庭，来到了顺治身边，为了表示隆重，顺治特地为董小宛举行了隆重的册立典礼。册封之文说："朕唯乾行翼赞，必资内职之良，坤教弼成，式重淑媛之选，爰彰彝典，特沛隆恩。咨尔董鄂氏，敏慧夙成，谦恭有度，椒诗敷秀，弘昭四法之修，兰殿承劳，允佐二南王化。兹仰承懿命，立尔为皇贵妃，锡之册宝。其尚祗勤凤夜，衍庆家邦，雍和钟麟趾三祥，贞肃助鸡鸣之理，钦哉！"皇文为"皇贵妃宝"。值得一提的是，在册文里，汉女董小宛入宫后成了皇上身边又一位满洲姓的董鄂妃，与前一位董鄂妃乌云珠不同，董小宛入宫后仅四个月就成了皇贵妃，在后宫里地位仅次于正宫皇后。顺治帝将原本应对后宫众多嫔妃的爱现在一股脑全集中于了董鄂贵妃一身，在众嫔妃眼中，这种专宠是比皇贵妃地位更令人艳羡之事，于是，董小宛取代了乌云珠，成了众矢之的，来自内庭的压力又远甚于朝中。

少年天子一意孤行，娶回了风尘女子为皇妃，唯恐天下人不知，特地举行了极为隆重的典礼，并特颁大赦天下恩诏。册封之日，在黎明之时，便设诏书黄案于太和殿内左侧，宗室觉罗固山额真、尚书、精奇尼哈番（子爵）等官以下，异姓公侯伯及满汉文武有顶戴官员以上，俱着朝服，齐集午门外，外郎、耆老等俱集天安门金水桥前。由大学士觉罗巴哈纳捧取诏书，交与礼部尚书恩格德，群臣随恩格德行至金水桥前，宣诏官向群臣宣诏，将诏书刊示天下，言明"逢兹庆典，恩赦特颁"，除十恶等真正死罪及贪官衙蠹应斩者不赦外，其余死罪俱减一等，军罪以下，一律赦免；

朝牢候决重犯，减等发落；啸聚山海者，真心来归，赦免其罪……"

　　有清一代，大赦恩诏名目繁多，诸如祥瑞、战功、庆典、万寿节等均有恩诏，但这一次却是因为册立皇贵妃而大赦天下。顺治帝对董小宛一见倾心，便大加恩封赏赐，然而这罕有的隆恩却令本来身份就低人一等的董小宛实在难以消受！

第四十六章

董贵妃撒手人间情　顺治帝哀入佛门中

　　但是年轻气盛的少年天子顺治却认为，他在这次斗争中的胜利多得到的不仅仅是爱情，还有信心、勇气以及作为一代君主所应该有的尊严！所以，此刻的他洋洋得意，开始向所有反对他的人宣战，册立董小宛为皇贵妃就是向母后的第一次宣战，接下来，福临还要再度废后！所以，在册封大礼正式告成之后的第二十天，顺治下旨："太庙牌匾停书蒙古文，只书满汉文。"

　　太庙是清廷供祀祖宗神位的圣地，中殿供奉着太祖努尔哈赤与太宗皇太极的牌位（以后清帝的牌位也都会供奉在这里），后殿还有太祖之前的肇祖、光祖、景祖、显祖等列祖列宗牌位。由于满蒙之间的姻亲关系，尤其是清太宗皇太极的五宫后妃均是蒙古人，因而蒙古女人在大清后宫之中有不可忽视的特殊地位——满洲爱新觉罗氏家族的男人们在外面征战四方，那是治国打江山，蒙古的女人们尽心尽力地为他们治理着后宫，这里就是家。没有家何来的国？所以，在太庙的牌匾上书写蒙古文，不仅仅是一种尊宠，还是蒙古王公贵族在后宫统治地位的象征！而现在，忘恩负义的顺治竟悍然下令太庙牌匾上停书蒙文，这无疑意味着这个冲动的少年天子要结束蒙古女人在后宫中的独尊地位，这还了得？他的生母——"统两朝之养孝、极三世之尊亲"的孝庄太后能答应吗？要保住自己所依靠的蒙古王公贵族们的地位与利益，便只有与儿子福临进行较量，而且这一回，孝庄太后绝不会再手下留情了。为什么？这个口口声声以孝治天下的不孝之子福临一而再、再而三地伤她的心，她决定给他一些教训，不能让他小瞧了蒙古女子和蒙古人！

　　董小宛知道自己在宫里的处境如何，虽然她贵为皇贵妃，大有取代皇后的气势——清初定制，后宫之中，皇后居中宫，皇贵妃一位，皇妃二位，妃四位，嫔六位，贵人、常在、答应还有很多，分居东西十二宫。但是除了皇后之外，后宫之中皇贵妃为最高封号的人。在顺治的后妃之中，除了十一年册立的蒙古科尔沁贝勒卓尔济之女（即孝庄皇太后之侄孙女）博尔济吉特氏为皇后外，尚有静妃（废后）、佟妃（康妃）、贞妃、淑妃（皇

之妹）、恪妃（汉吏部左侍郎石申之女）、恭妃、董鄂妃及庶妃数名，只有董鄂氏董小宛一人是皇贵妃——虽然自幼沦落风尘，但却兰心慧质、冰清玉洁的董小宛最痛恨的就是勾心斗角，互相倾轧，然而，她这一入宫恰恰成了众矢之的，势单力弱的她不得不谨小慎微，在深不可测的后宫这片土地上如履薄冰一般，提心吊胆，惶惶不安。纵然有少年天子"三千宠爱在一身"，但董小宛还是觉得孤立无援，十分惶恐，她不止一次地在心里哀叹：自己这一步棋走错了，为什么要拿自己的命运去赌明天呢？是为了向天下人证明南曲歌妓的冰魂玉魄，还是为了向世人炫耀自己身为蒲柳残絮之躯却赢得了当朝天子一往情深的眷恋？董小宛啊，你真是聪明一世糊涂一时呀！可是，每当面对少年天子顺治那纯洁无瑕的爱的目光，董小宛便忘记了一切的痛苦和忧伤。这是一双什么样的眼睛呀，毫无掩饰的、燃烧的目光，火一般地炽热，火一般地撩人，董小宛似乎明白了，以前她与冒辟疆所谓琴瑟之和，掺杂着过多的私念——她急于脱籍从良，避开歹人的纠缠，而他已有妻室，在这之前又与南曲名妓陈圆圆订下了终身。其实他与她是在朋友们的撮和下才费尽磨难走到一起的，当然，他是个好人，温柔、善良、儒雅、有才华……但这些，又怎能比上少年天子对自己毫无保留的火热的爱？就为了这纯真的爱情，董小宛才有了勇气和信心踏入了清宫，迎接着来自宫内宫外各样巨大的压力和挑战。每每想到这里，董小宛又感到欣慰和骄傲，她为自己遭遇这迟到的火辣辣的爱情而激动不已！世上还有什么比这更珍贵呢？

顺治果然是位多情天子。自董小宛入宫的一年多来，他们俩几乎形影不离，顺治对小宛的依恋与爱慕更是与日俱增，大有一日不见如隔三秋之感。渐渐地，董小宛摸透了少年天子"龙性难撄"的脾气，每每遇到顺治大发雷霆或闷闷不乐之时，董小宛总像位大姐姐似的耐心劝慰，或是为他弹唱一曲，或是一起在后花园里散心，或是亲自下厨做几道小菜，烫一壶美酒，这种有滋有味的充满了无限关爱的家庭生活一次次春风化雨般抚慰着顺治那脆弱的神经和孤僻的心田，两人之间的感情已超出了卿卿我我的小夫妻之间的情爱，他们是一对患难与共、心心相印的佳人！

乾清宫西暖阁，宫女们悄悄侍立一边，顺治伏在御案上专心批本，董小宛则坐在后宫的暖炕上静静地刺绣。寝宫里很安静，只能听到嘀嗒的自鸣钟和蜡烛芯毕剥的炸响，间或还有一两声木炭燃烧时的"噼啪"之声。这是十分温馨的生活画面。

突然，董小宛感觉自己的喉咙发痒，忍不住咳嗽起来，慌得她急忙用绢捂住了嘴，她是不忍心打乱了皇上的思绪啊。

"小宛，你这是怎么了？"福临放下奏本，凭借着烛光端详着董小宛那略带苍白的脸颊。她穿的是件葱绿色的缎面长袍，面料很软，亮晶晶的绣着小花，蓬松的乌发脑后挽着芙蓉髻，只绾了一根翡翠簪子，既不戴钗环，也不插珠花，然而却"淡妆浓抹总相宜"，越发显得风韵天成。福临见了更是充溢着一种不可名状的爱怜，双手将她拥到了怀里，一旁的宫女乖乖地低下了头。

"最近，你究竟是怎么了，为什么总是咳嗽？看御医了吗？不行，现在朕就给你派人去请！"

"不要！"董小宛连忙将手绢塞到了衣襟里面，莞尔一笑，"皇上，臣妾恐怕打扰了您，不如让臣妾到东暖阁去……"

"也罢，朕也觉得倦了，让那些劳什子的奏折见鬼去吧，咱们正好可以清清静静地共度良宵……"福临意味深长地朝董小宛一挤眼睛。

董小宛伸出玉手戳着福临的脑门："一脑子的坏主意！皇上，你不是把敬天法祖、勤政爱民放在嘴边吗？那些折子都是朝廷机务怎么可以搁置不顾呢？要不，臣妾去给皇上端些参汤来提提神？"

福临皱起了眉头："又来了。什么御案上一点墨，民间千滴血。你呀，真成了我身边的谏臣了，赶明儿个你与朕一同上朝如何？"

"皇上又取笑臣妾了。"董小宛头一低又想咳嗽，连忙又用手绢捂住了嘴。呀，这手绢上竟带着血丝！董小宛心里一惊：她咳嗽也有好些日子了，怎么竟咳血了？这……一时间，董小宛心乱如麻，手脚冰凉，自己若是得了痨病，可就是绝症呀！

"小宛，你怎么啦？不高兴了！过来，朕有一件事忘了告诉你，你听了一准高兴。"福临抬着晶亮的眼睛看着董小宛，并没注意董小宛的慌张神色。

"皇上有什么大喜的事情吗？快说给妾身听听。"董小宛强打精神，将手绢塞在线筐子里，慢慢起身走了过来。

"告诉你，朕今儿个临朝时下诏，停了中宫笺表啦！"福临笑吟吟地握住了董小宛的手。"咦，你的手怎么这么凉？"

"什么？"董小宛吃了一惊，苍白的脸上骤然泛出一片红晕，她用力抓住了福临的手摇晃着："这是真的？"

"哼，朕猜这会子坤宁宫里还不定乱成什么样子呢。她们也太过分了，得让她们知道一点厉害！"福临自以为得意，而董小宛的脸色却已经变得煞白！

中宫笺表，是皇后特权的象征。皇后在三大节——万寿节、元旦和冬至时，或在特殊喜庆之日，或有特殊请求，可以使用皇后之宝，直接向皇上进笺表表示致贺或提出要求，而皇上是不可以拒绝的。停了中宫笺表，就等于取消了皇后的权威，这不明摆着福临又要废后了吗？

"皇上！"董小宛"通"地一下跪在了福临的面前，连连叩头："皇上，请您收回成命吧，此举万万不可啊！"

"为什么不可以？她根本不配主持六宫！小宛，你这又是何苦呢？朕这么做是为什么难道你还不明白吗？快起来，地上凉。"

"皇上！"董小宛的声音里面带着哭腔，"臣妾蒙皇上厚爱早已知足了，如果皇上执意要废后，那么臣妾绝不再活在世上了！"

"你……"福临手一松，董小宛瘫倒在地上。"皇上，当初你废后就已引起了朝野大哗，废后已是不德，岂能一而再？再说，她们都是蒙古科尔沁的格格，皇上就不考虑蒙古四十九旗的人心？"董小宛泪流满面，哽咽着："臣妾何德何能？蒙皇上如此错爱，就是一死了之也心满意足了。臣妾只要以侧妃侍奉皇上，臣妾要让皇上的江山社稷永远太平！皇上……"

"我的爱妃，朕终于明白你的心意了！"福临不再犹豫，抱起了董小宛，紧紧拥在怀中，喃喃地说道："朕对你的爱，是无以言表的。如此容貌，如此心胸，如此才德，真让朕为你骄傲！"福临情不自禁地低头吻着董小宛的泪脸："我没有看错人呀！你为什么要委屈自己呢？朕的爱妃，朕的红颜知己……"

两人紧紧相拥，泪水交流，像两个受了无限委屈的孩子。半响，董小宛才低语了一句："看你，瘦成什么样了。"

福临揽着董小宛瘦削的双肩，也是无限感慨："清宫不是楚宫，可是小宛你的腰怎么也变得这么细了？朕要你胖起来，快乐起来，像真正的杨贵妃……"

这动情的话竟让董小宛呜呜地哭出了声！她贴在福临的胸前哭诉道："妾身怕……怕被放在炉火上烤呀！"

"唉，想不到让你如此受苦受累，朕心何忍？她们，皇太后和太后，为什么就不能容你？这是为什么呀？为什么宫里宫外都反对我们？"福临突然大声狂吼了起来，愤怒的声音在空荡荡的大殿里久久回响着。

"我是天子，可也是个人呀，为什么不能追求人间的真爱？母后，我是不是你的亲儿子？为什么你看到儿子幸福快乐而大发雷霆呢？满朝文武，朕是不是你们的君主为什么你们对朕的谕旨要群起反对呢？朕到底有什么错？谁能告诉我？对了，小宛，咱们一起去万善殿，现在就去！我佛慈悲，唯有佛门才能让我心安，让我得到清静！佛祖，保佑我和小宛，弟子行痴乞求你了!"

不幸的事接踵而至,于是宫里宫外有人悄悄传言:当今皇上与下贱歌妓的婚姻触怒了天庭,天神发怒了,要惩罚大清国的皇帝和他的臣民!

到了顺治十六年,起初倒是喜事不断。前方的胜利消息像雪片似的接连飞来,举朝上下一片欢腾!多尼、吴三桂、赵布泰等四路大军会师,所向披靡,一举收复了云南!永历小朝廷在中国已无了立足之地,只有李定国带着残兵败将逃到了缅甸。西南诸省平定,统一大业终于完成了!而朝中原先由于皇上撤议政改内阁造成的矛盾和龃龉,此时也化解了。可是,今年开春以来,皇贵妃董小宛就病倒了。她先是咯血,后来就吐血,大口大口殷红的鲜血从她嘴里往外冒,而她的脸色则一天比一天地苍白,不知看过了多少太医都不见起色。跳神、拜佛、求上帝保佑,可一切的努力似乎都不起作用,董小宛已经病入膏肓了!

忧心如焚的福临万般无奈之中,一次次地求神拜佛,把一线希望寄托在了佛祖的身上。爱情的力量是惊人的,而得之不易的爱情更令人珍惜,甘之如饴。福临自从得到了董小宛这个红颜知己后,格外勤政。这种真爱就像一团火,使少年天子那颗长期得不到爱而渐趋冷酷的心,重新温暖燃烧起来,愈烧愈旺,而这种爱,福临在母后那里从未体尝过。董小宛的爱,使他从冷漠无情的天上落到了人间,让他感到了生活的美好,董小宛成了福临的一切,是他活着的唯一爱的支柱!

黄昏时分,残阳如血,承乾宫浮上了一层使人心醉又叫人感到沉重的暗红色。多日来躺在病榻上似乎奄奄一息的董小宛突然睁开了眼睛:"太阳快要下山了吗?"

她的声音尽管微弱,却十分清楚。侍女们高兴地一声欢呼,围在了董小宛的身边,叽叽喳喳,像一群快乐的喜鹊。"娘娘,您好些了吗?""太后送来的汤药真管用!""娘娘,您想吃些什么?""对了,娘娘,要不要我去告诉皇上,免得他牵挂?"

"别吵了,"董小宛的嘴角露出了一丝笑容,"扶我起来,我想弹支曲子。这黄昏的时候过得最快,一转眼天就黑了,很沉闷的。"

董小宛果然见好了,一口气说了这么多的话,居然也没咯血!宫女们给她披上衣服,扶她坐到了琴旁,董小宛凝神想了想,伸出了青筋裸露的双手,拨动了琴弦:

"红藕香残玉簟秋。轻解罗裳,独上兰舟。云中谁寄锦书来?雁字归时,月满西楼。花自飘零水自流。一种相思,两处闲愁。此情无计可消除,才下眉头,却上心头。"

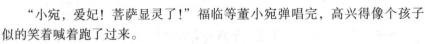

"小宛，爱妃！菩萨显灵了！"福临等董小宛弹唱完，高兴得像个孩子似的笑着喊着跑了过来。

董小宛的眼睛一亮，苍白的脸上现出了两朵红霞，她也笑了："皇上！"话音没落，眼泪却如断了线的珠子从脸颊上滑落。

"别哭，别哭！再哭，朕也要流泪了！"福临揽过了董小宛，可董小宛却一指正中的御座，柔柔地说道："皇上，好多日子没给您请安了，请上坐受妾身一拜！"

"来日方长，以后再拜不迟！"福临不愿意放开爱妃。董小宛咬着嘴唇，干瘦的面颊上显出了一个时隐时现的酒窝："皇上！小宛的日子怕是不多了，妾身实在是……舍不得皇上呀。"说完偎在福临的肩头，恸哭失声。

福临的眼圈红了，心里很不是滋味，突然长叹一声："天覆吾，地载吾，天地生吾有意无？一切为有法，如梦如泡影，如露亦如电，应作如是观。小宛，我的至爱，我们不是同年同月同日生，但是你不要离开我，我愿与你同年同月同日死！从此生生世世永不分离。在天愿做比翼鸟，在地愿为连理枝！"

恸哭不已的董小宛似乎从福临那颠三倒四的话语中体会到了什么，她轻轻抬起了泪眼："皇上，你贵为一国之君，大清国不可以没有你啊！答应小宛，请你一定要答应我！不管怎样，皇上都要以国事为重！小宛请求皇上多多保重！"

"朕心愿已了，这世界再也没有什么可以留恋的了。云贵已经平定，郑成功的水师也已被击溃，已经成不了大气候。朕的江山已经一统，就算是现在见了列祖列宗，朕也可以瞑目了！哈哈哈哈！"福临突然爆发了一阵怪笑，吓得房间里面的人都汗毛直立。看来皇上倒像是病了，而且病得不轻啊。

清顺治十七年（1660）秋冬之交时节，北京城笼罩在一派肃杀惨淡的气象之中。

就在爱妃董小宛弥留之际，顺治帝也已经因哀痛和绝望过甚而陷入了精神恍惚、举措茫然的失常状态，而这一切，做母后的孝庄太后却没放在心上，因为她最关心的是董小宛的死活。

皇三子、皇四子染上天花，后宫宫中乱作一团；郑成功一度兵围南京，再一次震惊了朝野，人心惶惶；京畿一带蝗灾，灾灾闹饥荒，京城里的乞丐越聚越多……为什么这些恶兆接踵而至？一心参佛的皇太后忽然明白，这全是那个贱人董小宛带来的！

中国人古来就有这样的观念，认为浪漫邂逅而来的婚姻必大为不祥，不是蛇在引诱女子，而是女人本身即为蛇蝎！本来是平平静静的后宫和朝

顺治传
SHUNZHIZHUAN

野，因为儿子福临不顾一切地爱上了董小宛这个歌妓而变得波浪迭起。朝中的王公贵族以济度和富寿为首，竟暗中纠集力量，准备废掉福临！幸亏老臣索尼打探到了消息并及时禀告了太后。孝庄太后能够理解王公大臣们对福临的失望，她本人也是恨不得猛扇福临几个耳光，让他清醒一下。可，这个儿子一心一意迷上了那个美女蛇，闹得不理朝政，寻死觅活，一有空就往烟花柳巷里钻！这成何体统？

万般无奈之下，太后答应了福临的要求——这哪是要求，根本就是要挟？没想到董小宛入了宫，宫里反而更不平静了，她居然野心勃勃要当皇后，怂恿福临停止了中宫笺表！孝庄太后又惊又气，一下子病倒了。思前想后，她终于做出了决定：除掉董小宛这个灾星！于是，太后突然改变了对董小宛的冷漠和歧视的态度，常常送参汤给她喝，这一喝董小宛的病就越发地重了，终于一病不起了！

当然，孝庄后此举也曾有过良心上的不安，正因为如此她才吃斋念佛，一天到晚待在佛堂里闭门打坐，口里称着"阿弥陀佛"的孝庄太后心中很明了，儿子永远斗不过自己的母亲，只要董小宛一死，宫中又会平静如常。唉，她怎么就生出这么个任性倔强做事不顾任何后果的愣头青的儿子？真是造孽哟！

董小宛终于撒手西归！闻听噩耗的福临一言不发，将自己关在了养心殿东暖阁，挥毫泼墨写了一天一夜。这情景令他想起了在西山参禅时诗兴大发的情形。他不停地写，泪水和着墨汁滴到了纸上：恼恨当年一念差，龙袍换去紫袈裟，我本西方一衲子，缘何生在帝王家？洞房昨夜春风起，遥忆美人湘江水。枕上传时春梦中，行尽江南数千里。人生无根蒂，飘如陌上尘，分散逐风转，此已非常身。——福临——岑参——陶渊明

渐趋镇静的福临不再闹着要寻死觅活的了，他将一腔哀恸之情转化成了巨大的怒火，他还是要向母后宣战！于是，一场清史上罕见而奇特的丧礼在这位痴情的少年天子的一手操办下出现了，顺治追封董贵妃为"端敬皇后"，臣子不敢违旨，最终的谥号为"孝献庄和至德宣仁温惠端敬皇后"，共计十二字，而清太宗皇太极的初谥也不过十五个字！

时已临近霜降，北京城里家家户户挂起了白帏，一片肃杀，朝廷有旨举国为皇后发丧，官吏一月，百姓三天。偌大的皇宫俨似一座大灵棚，在景山寿椿殿开设了水陆道场，法器喧天，哭声撼地，直闹了七七四十九天！

顺治的"师兄"茆溪森一向喜欢做偈语，这一回自然也是"偈"兴大发："景山启建大道场，忏坛、金刚坛、焚网坛、华严坛、水陆坛、一百八员僧，日里铙钹喧天，黄昏烧钱施食，厨房库房，香灯净洁；大小官员，

上下人等，打鼓吹笛，手忙脚乱，念兹在兹，至兹至敬，嵩申（特意为）供养董皇后，呵呵！"

到了火葬的那一天，顺治帝亲临寿椿殿，由茚溪森秉炬至棺前，他张口又做了一偈："出门须审细，不比在家时。火星翻身转，诸佛不能知。"

当火熄烟尽之时，顺治号啕大哭，哭得昏天黑地，弄得做法事的师兄弟们慌了手脚。白椎和尚扯了一下顺治的衣袖："皇上，该请茚师父收'灵骨'（骨灰）了。"

福临这才止住了哭泣，向茚溪森点点头："有劳师兄了。"

白椎和尚突然冒了一句："上来也请师接？"福临一时愣住了。而茚和尚闻言却变了脸色，举起禅杖就打，口中呵斥着："莫鲁莽！"

白椎和尚大概是触景生情，所以随口问了句："将来皇帝死后也是由茚师父来超度吗？"茚和尚一听怎能不大惊失色！谁知白椎和尚一语成谶。

少年天子顺治在爱妃仙逝后万念成灰，感到人世间的一切骤然黯淡无光，于是又演了一出削发为僧的闹剧。仿佛历史在跟满洲人开玩笑——过去是他们强迫汉人剃发，而现在汉族的和尚却在剃着他们主子的长辫子！

从皇宫出西华门就进入到西苑门，也就是"人间蓬莱"的西苑。这里曾经是顺治避痘与处理政务的地方。这一刻，西苑的万善殿里却成为了他礼佛参禅的处所。大殿的正中央高挂着顺治御笔"敬佛"大字。万善殿的后面是圆盖穹隆的千圣殿。里面供奉着七级千佛浮屠一座，左右配殿挂满了仙气十足的楹联或条幅。

此时，万善殿里烟雾笼罩，诵经木鱼的声音不绝于耳。就在殿上香光氤氲，法器齐鸣的时候，法事正在有条不紊地进行着：既入佛门为佛，顺治必须遵守"染衣"戒律，脱去龙袍扔在一边，穿上了僧衣和芒鞋，师兄茚溪森举起了锃亮的剃刀……

当玉林琇赶到万善殿的时候，顺治已经成为一个光头和尚，一个光头皇帝，突然见到，两人不由得相视而笑。顺治帝的龙性佛心在师父玉林琇的苦心劝说之下终于平静下来。就这样顺治帝成为了佛门弟子。

几个月之后，紫禁城举行了一场规模浩大的丧礼。顺治皇帝驾崩，皇三子玄烨继承大位。

一切都已经归于平静，大清国如绚烂的红日高挂在蔚蓝的天幕中，深情地俯视着它的国土和它的臣民。金碧辉煌的紫禁城里，少年天子康熙正陪着白发苍苍的祖母孝庄太皇太后，耐心地听祖母讲着那似乎永远也讲不完的故事……